U0451427

穿越迷宫

——指引女性领导者登上事业之巅

〔美〕艾丽斯·H.伊格利　琳达·L.卡莉　著

王　丽　译

商务印书馆
The Commercial Press
2011年·北京

Alice H. Eagly & Linda L. Carli
THROUGH THE LABYRINTH
The Truth about How Women Become Leaders
Original work copyright © Harvard Business School Publishing Corporation
Published by arrangement with Harvard Business School Press.

图书在版编目(CIP)数据

穿越迷宫——指引女性领导者登上事业之巅/〔美〕伊格利,〔美〕卡莉著;王丽译.—北京:商务印书馆,2011
ISBN 978-7-100-08636-3

Ⅰ.①穿… Ⅱ.①伊… ②卡… ③王… Ⅲ.①女性-领导学-通俗读物 Ⅳ.①XC933-49

中国版本图书馆 CIP 数据核字(2011)第 197374 号

所有权利保留。
未经许可,不得以任何方式使用。

穿越迷宫
——指引女性领导者登上事业之巅
〔美〕艾丽斯·H.伊格利 琳达·L.卡莉 著
王 丽 译

商务印书馆出版
(北京王府井大街36号 邮政编码100710)
商务印书馆发行
北京瑞古冠中印刷厂印刷
ISBN 978-7-100-08636-3

2011年12月第1版　　开本 787×1092　1/16
2011年12月北京第1次印刷　印张 19¾

定价:36.00元

商务印书馆—哈佛商学院出版公司经管图书翻译出版咨询委员会

（以姓氏笔画为序）

方晓光　盖洛普（中国）咨询有限公司副董事长
王建铆　中欧国际工商学院案例研究中心主任
卢昌崇　东北财经大学工商管理学院院长
刘持金　泛太平洋管理研究中心董事长
李维安　南开大学商学院院长
陈国青　清华大学经管学院常务副院长
陈欣章　哈佛商学院出版公司国际部总经理
陈　儒　中银国际基金管理公司执行总裁
忻　榕　哈佛《商业评论》首任主编、总策划
赵曙明　南京大学商学院院长
涂　平　北京大学光华管理学院副院长
徐二明　中国人民大学商学院院长
徐子健　对外经济贸易大学副校长
David Goehring　哈佛商学院出版社社长

致中国读者

哈佛商学院经管图书简体中文版的出版使我十分高兴。2003年冬天，中国出版界朋友的到访，给我留下十分深刻的印象。当时，我们谈了许多，我向他们全面介绍了哈佛商学院和哈佛商学院出版公司，也安排他们去了我们的课堂。从与他们的交谈中，我了解到中国出版集团旗下的商务印书馆，是一个历史悠久、使命感很强的出版机构。后来，我从我的母亲那里了解到更多的情况。她告诉我，商务印书馆很有名，她在中学、大学里念过的书，大多都是由商务印书馆出版的。联想到与中国出版界朋友们的交流，我对商务印书馆产生了由衷的敬意，并为后来我们达成合作协议、成为战略合作伙伴而深感自豪。

哈佛商学院是一所具有高度使命感的商学院，以培养杰出商界领袖为宗旨。作为哈佛商学院的四大部门之一，哈佛商学院出版公司延续着哈佛商学院的使命，致力于改善管理实践。迄今，我们已出版了大量具有突破性管理理念的图书，我们的许多作者都是世界著名的职业经理人和学者，这些图书在美国乃至全球都已产生了重大影响。我相信这些优秀的管理图书，通过商务印书馆的翻译出版，也会服务于中国的职业经理人和中国的管理实践。

20多年前，我结束了学生生涯，离开哈佛商学院的校园走向社会。哈佛商学院的出版物给了我很多知识和力量，对我的职业生涯产生过许多重要影响。我希望中国的读者也喜欢这些图书，并将从中获取的知识运用于自己的职业发展和管理实践。过去哈佛商学院的出版物曾给了我许多帮助，今天,作为哈佛商学院出版公司的首席执行官,我有一种更强烈的使命感,即出版更多更好的读物,以服务于包括中国读者在内的职业经理人。

在这么短的时间内,翻译出版这一系列图书,不是一件容易的事情。我对所有参与这项翻译出版工作的商务印书馆的工作人员,以及我们的译者,表示诚挚的谢意。没有他们的努力,这一切都是不可能的。

哈佛商学院出版公司总裁兼首席执行官

万季美

目 录

前言和致谢 ·· I

第一章 "玻璃天花板"仍在作祟吗? ······································ 1
    女性获取领导权道路上所经历的三个阶段 ························ 2
    女性担任领导职务的机会为什么少于男性? ······················ 9
    了解性别与领导权的证据 ·· 11

第二章 女性争取领导权的道路还有多远? ······························ 13
    女性就业和受教育程度的变化 ······································· 15
    女性和男性担任组织领导职务的情况 ······························ 17
    女性和男性担任政治领导职务的情况 ······························ 24
    女性和男性在其他情境下担任领导职务的情况 ··················· 26
    结论 ·· 28

第三章 男性生来就适合当领导吗? ······································ 29
    强调男性支配地位的进化心理学理论 ······························ 30
    进化心理学对领导力的分析存在哪些谬误? ······················ 32
    心理性别差异的生物社会起源 ······································· 35
    进化心理学所宣称的能够提升领导力的两性心理差异 ··········· 36
    真正与领导力相关的性格特点 ······································· 40
    男性和女性在真正与领导力有关的特点方面的比较 ············· 44

结论 ·· 49

第四章　家庭责任是女性的绊脚石吗？ ················ 51
男性和女性各自承担的家庭责任 ···················· 52
男性和女性就业的连续性 ·························· 59
工作偏好与对事业的付出 ·························· 63
结论 ·· 67

第五章　歧视还没有消除吗？ ························ 69
对工资和升迁的相关性研究 ························ 70
有关性别歧视的实验性研究 ························ 79
是否存在有利于男性获取领导权的性别歧视？ ········ 83

第六章　人们对女性领导者抱有怎样的心理偏见？ ······ 85
作为社会建构的模式化印象 ························ 86
有关男性和女性的联想 ···························· 88
有关领导者的联想 ································ 93
对女性领导者的偏见 ······························ 99

第七章　人们对女性领导权抱有抵触心理吗？ ·········· 104
双重约束 ·· 105
结论 ·· 121

第八章　女性的领导风格有别于男性吗？ ·············· 123
有关领导权的争论 ································ 125
男性和女性的领导风格相似还是存在差异,这两种观点哪一种
　看上去更可信？ ································ 126
任务导向型和关系导向型领导风格 ·················· 128
民主型和专断型领导风格 ·························· 130
变革型、交易型和自由放任型领导风格 ·············· 132
文化的重要性 ···································· 135

再问:女性的领导风格有别于男性吗? ………………………… 138

第九章　组织削弱了女性的领导力吗? ………………………… 140
阻碍女性升迁的组织障碍 …………………………………… 143
促进性别平等的组织变革 …………………………………… 155
有关优秀领导的组织标准的变化 …………………………… 162
结论 …………………………………………………………… 164

第十章　有些女性是如何找到穿越"迷宫"之路的? ………… 165
领导行为:陷阱和机遇 ……………………………………… 168
处理好工作和家庭的关系 …………………………………… 180
结论 …………………………………………………………… 186

第十一章　女性领导者干得好吗?她们的未来又会怎样? …… 188
部分女性晋升为领导的原因 ………………………………… 190
女性得到更多担任领导职务的平等机会的意义 …………… 194
有利于促进男女平等的社会压力 …………………………… 200
偏见心理的变化 ……………………………………………… 201
男性视角 ……………………………………………………… 202
前景 …………………………………………………………… 204

注释 ………………………………………………………………… 207

参考文献 …………………………………………………………… 249

作者简介 …………………………………………………………… 290

译后记 ……………………………………………………………… 291

前言和致谢

早在打算写《穿越迷宫》这本书之前好几年,我们俩就开始了有关性别如何影响领导权和社会影响力的研究。当时是20世纪80年代,这些研究在社会心理学领域仍属于全新的课题。女权主义学者在20世纪70年代就开始研究性别,但是他们却忽略了对领导权的研究。这些研究者当中有很多人认为领导是男性要做的事情,因此不应该把它作为新的女性研究的主要课题。但在我们看来,很少有女性担任有权力和权威的职务,这种现象需要一个解释。当时我们就知道,领导权会成为研究性别的学者们必须要研究的课题。现在,很多专家和研究者都赞同我们的观点,分析性别对领导力的影响的研究也多了起来。如果没有这些研究,我们不可能写成这本书。

回答为什么女性会被排除在领导权之外是一项横跨多个学科的复杂任务。回答这个问题——和另一个相关的问题:为什么现在女性担任领导职务的机会比以前增多了——要求我们必须开阔视野,去学习我们自己的学科——心理学以外的其他知识。在这个过程中,我们研究了很多经济学家、社会学家、人类学家、政治学家以及管理学和组织专家的著作。从不同社会学科中获得的深刻见解让我们受益匪浅。社会学家用来研究领导权和性别问题的各种方法帮助我们完成了这本书。

在整本书中,我们不断提到迷宫的比喻,以此来代表作为领导者和潜在领导者的女性所面对的情形。在古希腊、印度、尼泊尔、北美和南美、中世纪的欧洲及其他地方,迷宫形象都有着悠久而丰富的历史。作为现代的一个象征,迷宫代表的是一个充满挑战,但又有目标值得去努力争取的过程。穿越迷宫的道路蜿蜒曲折、复杂迷离,要求穿越者必须有毅力、清楚自己的进程并且要善于分析前方存在的难题。这就是我们要传达的意思。对于立志要登上领导职位的女性而言,通往目标的道路是存在的,只不过一路上她们会遇到很多意料之中和意料之外的迂回曲折。因为所有的迷宫都有通往中心的可行道路,所以穿越迷宫的人都知道自己的目标是可以实现的。但是穿越迷宫要比在笔直的道路上行走困难得多。因此,迷宫这个比喻既给有抱负的女性提供了激励,又帮她们认识到了她们需要面对的挑战。

我们这本书的英文副标题勇敢地宣称我们给大家提供了关于女性如何才能成为领导者的事实,这可能会让一些读者感到很吃惊。我们的后现代主义的读者可能会觉得,社会学家宣称一本书提供的是事实,是非常幼稚和自以为是的做法。当然,这本书中提到的事实取决于可以获得的科学证据。通过援引大量优秀的社会科学成果,我们为大家提供了比之前任何著作都充分和完整的分析。

本书不仅能帮助读者理解男性和女性领导权,而且还能让他们深入了解在当代实现男女平等的可行性。如果女性想获得平等的权利,那么女性和男性就必须平等地分配领导权。然而,即便是高度工业化的社会也远远没有实现这个目标。因此,让人们了解为什么尽管女性的地位有了很大的提高,但是还是没有实现男女平等,是至关重要的。

写这本书的计划多年前就有了。最开始有这个想法的是艾丽斯·伊格利(Alice Eagly),她本来是想写一本供教授和研究生使用的专著。后来,我们两个人开始合作。我们的合作开始于2001年,当时我们一起担任了《社会问题杂志》(*Journal of Social Issues*)一期主题为"性别、等级和领导权"的专刊的编辑。后来,我们受邀为一本名为《领导特质》(*The Nature of Leadership*)的书写一章有关性别和领导权的概论,这本书后于2004年出版。这次机会促使我们进行了一次前所未有的深入分析。后来,我们又写了一篇概论,发表在了2005年的《领导季刊》(*Leadership Quarterly*)上。做完这些课题之后,我们才开始动手写这本书。

我们一直努力想把这本书写得既通俗易懂又有趣,想让社会科学家和社会科学专业的学生以外的普通读者也能接受。在描述大量的研究时,我们没有使用生涩难懂的专业术语。在描述研究结果时,我们提供了足够的细节以帮助读者准确理解我们所引用的论据。我们把引文出处都列在了书后面的注释里,这样,感兴趣的读者之后可以去阅读完整的研究。图书馆使用方法的电子化革命使得这些材料中的大部分都能在网上找到。我们还在书中加入了很多定性材料,其中很多是由女性领导者所说的话构成的。我们加入这些段落不仅是为了证明我们的结论,也是为了说明我们提供的原理。

艾丽斯·伊格利获得的三个学术假期为这本书的撰写提供了便利。第一个假期是在 1994 年秋天,是由普度大学(Purdue University)提供的。在这段时间,艾丽斯·伊格利开始着手准备写一本有关性别和领导权的著作。1998—1999 年,伊格利得到了詹姆斯·麦基恩·卡特尔基金(James McKeen Cattell Foundation)提供的助学金,获得了到拉德克利夫高等研究所(Radcliffe Institute for Advanced Study)进修一年的机会,在此期间,她撰写了本书的几个章节,并在学术期刊上发表了几篇文章,这些文章后来也都收录进了我们的书里。最后,2005—2006 年,西北大学(Northwestern University)提供的公休假帮助我们完成了这本书。阿姆斯特丹大学(Amsterdam University)的阿格妮塔·费希尔(Agneta Fischer)及其他同事在这一年中的热情好客也为我们完成本书提供了良好的环境。

很多人为我们提供了写作建议,我们要感谢他们的帮助。首先,我们要感谢很多跟我们一起进行研究的合作者,本书引用了这些研究成果。这些人包括布莱尔·约翰逊(Blair Johnson)、史蒂文·卡拉厄(Steven Karau)、莫娜·马可贾尼(Mona Makhijani)、布鲁斯·克朗斯基(Bruce Klonsky)、温迪·伍德(Wendy Wood)、玛丽·约翰森-施密特(Mary Johannesen-Schmidt)、马洛丝·范恩根(Marloes van Engen)和克拉提·温肯伯格(Claartje Vinkenburg)。读完整本书并做出评论的有:勒妮·恩格尔恩-马多克斯(Renee Engeln-Maddox)、芭芭拉·古特克(Barbara Gutek)、安妮·凯尼格(Anne Koenig)和谢利·蔡金(Shelly Chaiken)。读过部分章节并给我们提供了很多有用的建议的有:克拉提·温肯伯格、马洛丝·范恩根、温迪·伍德、罗内特·卡克(Ronit Kark)、约翰·安东纳基斯(John Antonakis)、阿曼达·迪克曼(Amanda Diekman)、凯瑟琳·温伯格(Catherine Weinberger)、苏珊·西斯尔(Susan Thistle)、金斯利·布朗(Kingsley Browne)、伊利莎白·诺尔斯(Elizabeth Knowles)和珍妮弗·拉帕波特(Jennifer Rappaport)。书稿的很多匿名评论者也给我们提供了大量有价值的反馈意见。还有一些人在一些关键的地方给我们提供了精辟的见解,这些人包括:布鲁斯·克朗斯基、安妮·麦圭尔(Anne McGuire)和阿格妮塔·费希尔(Agneta Fischer)。安塔丽亚·詹姆斯(LaTanya James)、珍妮弗·斯蒂尔(Jennifer Steele)、德约翰·艾伦(deJohn Allen)、苏珊·雷塔卡(Susan Ritacca)和多米尼克·加尼翁克(Dominique Gagnon)这几位学生助理帮助我们核对了资料来源和参考文献,并组织了研究材料。所有这些人无私的帮助大大提升了本书的质量。

我们要感谢哈佛商学院出版社的优秀工作人员。高级编辑杰奎·墨菲(Jacque Murphy)为我们提供了建议和鼓励,助理编辑布赖恩·苏雷特(Brian Surette)帮助我们进行了组织协调。高级制作编辑马西·巴恩斯·亨利(Marcy Barnes-Henrie)帮助我们阐明和突出了书中的很多观点。

我们非常感谢我们的家人!我们的丈夫,罗伯特·伊格利(Robert Early)和迈克尔·多尔西(Michael Dorsey),一遍又一遍地阅读各个章节,并且在内容和写作风格方面给我们提出了很好的建议。他们鼓励我们坚持写下去,不要忘记我们写这本书的目的。当我们不断地重复"我正在写书"时,我们的孩子英格丽德·伊格利(Ingrid Early)、厄休拉·伊格利(Ursula Early)和亚历山大·卡利·多尔西(Alexander Carli-Dorsey)都表示非常理解。英格丽德和厄休拉每人都读了几章,并且提出了有用的反馈意见。正在上高中的亚历山大花了很长的时间帮我们做这个单调乏味但又非常重要的工作——核对每一章的注释。厄休拉是一位现代舞教练,而英格丽德是一位律师,同时也是两个孩子的母亲,她们都是有能力的年轻女性成功应对迷宫中挑战的活生生的例子。我们敬佩她们俩以及数千名我们所认识的女性学生、女性朋友和女眷们的才智与努力。

第一章
CHAPTER 1

"玻璃天花板"仍在作祟吗?

现在,已有不少的女性跻身公司总裁、大学校长、州长甚至国家总统之列。女性在获取权力和权威方面已经取得了一定的进展,这的确是一个不争的事实,但即便到了今天,身居要职的女性依然是少得出奇。像美国前国务卿康多莉扎·赖斯(Condoleezza Rice)那样的女性领导人依然是凤毛麟角;并且,就在20年前,女性身居政府要职这样的事情大概人们连想都不敢想。面对这种现实状况,大家禁不住会问:为什么女性荣登位高权重的领导职位的机会比过去多了?为什么男性跃居高位的机会仍然多于女性?本书中,我们将为大家解答这两个问题。

过去,人们一直用"玻璃天花板"理论解释女性领导稀少的原因,但现在,这种解释显然已经行不通了。"玻璃天花板"描述的是一种坚硬的、无法穿透的障碍,但现在,女性晋升道路上的障碍已经变得比以往更容易突破了。尽管长期以来,男性一直独揽领导大权,特别是一些位高权重的职位,一直以来都被男性所占据,但这种状况已经开始发生改变。在美国以及其他很多国家,女性已经开始慢慢占据各种各样的领导职位。

当然,那些延缓女性晋升速度,有时甚至是彻底阻断女性晋升道路的偏见和歧视并未消除,但"玻璃天花板"这种叫法以及它所描述的那些无法逾越的限制已经过时了。我们需要一个新的形象化的概念来描述现在的状况。因此,本书中,我们提出了"迷宫"这一新的比喻,来描述女性在其获取领导权的蜿蜒崎岖、险象环生的道路上遇到的各种挑战。

女性获取领导权道路上所经历的三个阶段

在分析女性领导权之前,让我们先来了解一下女性晋升之路上的三种障碍——"水泥墙"、"玻璃天花板"和"迷宫"。其中,第一种障碍"水泥墙"在美国已经不复存在了;第二种障碍"玻璃天花板"近年来正在不断销蚀,逐渐被更加容易掌控,但仍富有挑战性的第三种障碍"迷宫"所取代。

第一章 "玻璃天花板"仍在作祟吗?

"水泥墙"

很显然,阻碍人们前进的最有效办法就是为其设置公开的、绝对无法跨越的障碍。在整个人类历史的绝大部分时间里,人们制定了各种明确的规定和规范以阻碍女性获取领导权。就在20世纪初的时候,女性还没有获得与男性同等的法律权利和政治权利,女性甚至没有选举权,更不用说担任政治职务了。

尽管1920年美国女性终于获得了选举权,但是直到20世纪50年代,在女性获取领导权的道路上仍然存在很多根本无法跨越的绝对障碍。以美国最高法院法官露丝·巴德·金斯伯格(Ruth Bader Ginsburg)为例。1959年,金斯伯格以全班第一名的成绩毕业于哥伦比亚大学法学院(Columbia University's Law School)。像金斯伯格一样能力出色的男同学通常可以到最高法院担任书记员或进入纽约知名的律师事务所,但仅仅因为自己的女性身份,金斯伯格却无缘这些好工作。[1] 当然,没有任何一部法律规定女性不能担任最高法院法官或不能在律师事务所工作。但现实确是如此,而且对于这一点,大家全都心知肚明。

有时,因为没有受教育的机会,女性甚至无法获得与男性同等的学历。20世纪60年代以前,美国很多的顶尖级大学都将女性拒之门外。尽管州立大学实行男女同校,但招收女性学员的"常青藤"大学却寥寥无几,并且即便是招收,也只是将女性录取到自己旗下的女子分校就读。1963年,哈佛商学院(Harward Business School)开始实行男女同校;1969年,耶鲁大学(Yale University)和普林斯顿大学(Princeton University)步其后尘;1976年,美国各家军事学院也实现了男女同校。[2] 这些大学授予的学位往往是登上领导职位的敲门砖。

理查德·尼克松(Richard Nixon)总统不经意间说的一些话就可以证明"水泥墙"的存在。这些话最初是从白宫里面的录音带上获取的,后来依据《信息自由法》(Freedom of Information Act)而得以公之于世。在解释自己为何不愿任命女性担任最高法院法官时,尼克松说道:"我认为女性根本不适合在政府部门任职……我之所以有这种想法主要是因为女性大都反复无常,而且喜欢感情用事。当然,男性有时候也会反复无常和感情用事,但关键是在这方面,女性更甚。"[3]正因为美国人普遍抱有这种想法,所以女性几乎没有机会担任有影响力的领导职务。秘书、文员等女性干得比较出色的工作向女性大抛橄榄枝,最终女性也不得不委曲求全去从事此类工作。

直到20世纪70年代初,对于管理、法律、会计、学术及其他专业性较强的领域中的一些初级职位,很多单位甚至连面试的机会都不给女性求职者。同时,多数由男性主宰的行业以及管道工、建筑工和消防员等蓝领职业也将女性拒之门外。即便是某些女性求职者在教育和培训中表现出色,获得了与男性同样的甚至是优于男性的资格证书,也是于事无补。那些到大学校园招聘的单位往往会毫不避讳地打出"不招女生"[4]的牌子。

在商务领域,即便是工商管理硕士和其他出色的资历证书也无法帮助女性求职者谋得一个职位。让我们来看看下面的例子,听一听这位女士在20世纪70年代初搬到一座新的城市后去求职时,得到了怎样的答复。"我想去供职的某个地方的人对我说:'对不起,你身上有五个地方我们接受不了。第一,你是个女的;第二,你是一名工商管理硕士;第三,你在另一家银行担任过主管;第四,你以前的薪水太高;第五,你太聪明。'当时我回答说:'我还以为你说的这些都是我的优点呢。'"[5]某些文职和银行柜员职位本来是可以招收女性员工的,但大概正是这些出色的资历令这位女士丧失了这样的工作机会。

"水泥墙"赖以存在的基础是"男主外,女主内"的劳动分工模式。女性之所以无缘从事享有盛誉的职业,是因为大家都想当然地认为女性最适合的工作就是待在家里操持家务。一位行政主管在回答《哈佛商业评论》(*Harvard Business Review*)1965年发布的一项调查时这样解释道:"大多数美国人仍然崇尚家和家庭,因此,他们认为家里只能有一个人出去为事业打拼。女性所扮演的生物角色决定了由男性出去工作更为可行。"[6]

在"水泥墙"肆虐的时代,男女之间的劳动分工作为自然秩序的一个组成部分影响着每一个人。尽管也有个别女性曾经尝试着去打破这堵"水泥墙",但大多数人只是听天由命,默默接受了这堵墙所设置的无法逾越的绝对障碍。

"玻璃天花板"

20世纪70年代,将女性排除在领导职位之外的方法开始改变。原有的那些障碍发生了变化,它们不再将女性彻底排除在领导职位之外,而只是阻碍女性登上高层领导职位。我们将这个阶段称为"玻璃天花板"时期。1986年,两名记者卡罗尔·希莫威茨(Carol Hymowitz)和蒂莫西·谢尔哈特(Timothy Schellhardt)在其发表在《华尔街日报》(Wall Street Journal)上的一篇文章里首次提出了"玻璃天花板"一词,他们在这篇文章中写道:"即使是那些职位在稳步上升的女性,最终也会遇到一种无形的障碍。高管套房看似近在咫尺,但她们却无论如何都无法突破那道玻璃天花板。"[7]当时《华尔街日报》还给这篇文章配了一幅插图,图中一位女士正在奋力推玻璃天花板,这幅插图惟妙惟肖地刻画出了"玻璃天花板"的含义(见图1-1)。

© Douglas Smith, 1986

图 1-1

《华尔街日报》给希莫威茨和谢尔哈特发表的那篇提出"玻璃天花板"一词的文章所配的插图

穿越迷宫——指引女性领导者登上事业之巅

"玻璃天花板"一词捕捉到了将女性排除在高层领导职位之外的隐蔽做法,因此这种叫法很快便流行开来。然而,"玻璃天花板"指代的仍然是一种无法跨越的绝对障碍,一种阻断女性向高级职位晋升的坚固路障。同时,这种"玻璃"障碍形象地表明,女性被误导了,因为从远处她们很难看清前面的障碍,所以她们误以为自己还有晋升机会。

美国国会察觉了公众对"玻璃天花板"问题的关注,于是专门成立了一个委员会来调查此事。该委员会在其1995年发布的报告中指出,这种歧视源于对女性的某些看法,正是这些看法限制了女性晋升高层领导职位的机会。[8]这些看法的核心观点是,往女性身上投资是非常冒险的,因为女性很可能会辞掉工作去照顾家人。这种劳动分工假设在不断剥夺女性的晋升机会。正如一名行政主管所说的那样,"只要能找到满意的男性人选,即便是有更出色的女性人选,我也不会选择女性,因为男性可以一直全职工作下去(我认为绝大多数男性是这样的)"。[9]

家有幼子或表明自己正打算生子的女性会受到更严厉的惩罚。尽管法律禁止面试的时候询问女性应聘者现在的家庭状况以及将来的生育计划,但有些面试官还是会非常巧妙地进行打探。1989年,《华尔街日报》上刊登的一篇文章就揭露了面试官偷偷打探女性应聘者家庭状况的卑鄙伎俩。[10]

其中一种方法是(利用面试间隙)派公司的一名职员去询问求职者想要投保什么样的健康险(个人险、夫妻险还是全家险)。还有一种方法是安排求职者参加非正式午餐,席间由面试官先开始谈论自己的家长里短,诱使求职者参与讨论;然后,再由面试官很随意地将话题转向在拼车或儿童日托问题上遇到的困难。这样一来,毫无心计的求职者很可能会透露自己已经有了一名或几名子女,或者是正打算生子,因此也非常关心儿童保育问题。直接询问求职者家庭状况的现象也很常见,但遇到这些她们认为不合适或非法的问题,女性应聘者往往在回答时会有所戒备。精明的女性参加面试的时候常会摘掉手上的结婚戒指。[11]

尽管已经有越来越多的女性获得了低层职位,但多数高层职位仍将女性拒之门外。对于剥夺女性晋升机会,我们最常听到的一种理由就是女性可能会离职回家生子。除此以外,很多人还给出了许多其他的借口。例如,有些雇主声称客户不愿与女性共事。一家猎头公司的男总裁在跟"玻璃天花板"委员会的调查人员交谈时就明确表达了这种看法："听我说,关键问题是我必须去找客户想要的人。我的声誉是靠业绩积累出来的,而要想有好的业绩,就必须找到客户满意的应聘者。因此,我不可能给客户引荐太多少数族裔或女性应聘者。"[12]很显然,尽管已经有越来越多的女性获得了低层职位,但这种观点的存在阻碍了女性登上高层领导职位。

"迷宫"

2004年,《华尔街日报》上刊登了一个名为"突破'玻璃天花板'"的专版。在这篇报道中,记者卡罗尔·希莫威茨,即1986年提出"玻璃天花板"一词的那篇文章的第一作者,介绍了一些迅速升职或已经成功晋升为本企业高管的女性。在该专版头版的位置印了50张成功女性高管的笑脸,在这50人当中没有一个还在苦苦挣扎或是挫折不断。这篇报道介绍了一批正在企业一线慢慢崭露头角的女性骨干。当初提出"玻璃天花板"一词的这家报纸向人们传达了一个明确的信息,那就是这种障碍已经一去不复返了。[13]"玻璃天花板"已经被打碎了。

这次又被《华尔街日报》说中了。形势在不断变化,在"水泥墙"时期,女性被彻底排除在领导职位之外;到了"玻璃天花板"时期,女性仅被拒于高层领导职位之外。随着形势的发展,女性所面临的障碍变得越来越容易突破,至少在某些时候对某些女性确实如此。通往高层领导职位的道路的确存在,并且有些女性已经找到了,只不过这些路不太好找,因此,我们把这些迂回曲折的道路称为"迷宫"。[14]

迷宫里有数不尽的障碍,有些障碍很隐蔽,有些则是一眼就能看穿。例如,希望母亲负担大部分育儿工作,这种想法就属于后者。但是,几乎没有法律或明确的、广泛认可的准则将女性拒于高层领导职位之外。"玻璃天花板"时期盛行的那种仅仅因为性别的缘故就将女性拒于高层领导职位之外的做法,现在在大多数决策者看来是显失公平的。如果有人因为女性承担着繁衍后代的责任或者是因为某些人不愿接受女性领导而拒绝给女性机会,那么立刻就会有人举起反对性别歧视的大旗。"玻璃天花板"的叫法在很多方面已经脱离现实了。

很多女性已经意识到她们所面对的已不再是不可跨越的绝对障碍。例如，1998年，在波士顿地区参与调查的女性中有大约一半的人认为女性和男性享有同等的晋升机会。2002年，在接受调查的10家大型跨国公司的女性主管中，大多数人承认"女性在获得高层职位方面已经取得了很大的进展"。1999年，在荣升惠普（Hewlett-Packard）公司执行总裁之际，卡莉·菲奥里纳（Carly Fiorina）曾发表过下面这番名言："我希望，从现在开始，'玻璃天花板'能永远成为历史。"[15]尽管性别歧视的受害者通常可以将实际的歧视程度降到最低（参见第十章），但现在，很多女性都觉得"玻璃天花板"所代表的那种障碍已经不复存在了。

一些新兴行业并没有受传统准则的制约，将女性和少数族裔拒于高层职位之外。一家猎头公司的执行总裁戴维·帕克（David Parker）这样解释道："在新兴行业中，例如技术行业，能否晋升完全取决于个人的能力。因此，跟保险、银行、钢铁和制造业等传统、因循守旧的行业相比，在这些新兴行业中，我们可以看到更多的女性和少数族裔的人担任企业高层领导职务。"[16]在美国最有影响力的女性首席执行官当中，很多人曾效力于或正效力于高科技公司，例如，eBay的总裁梅格·惠特曼（Meg Whitman）、施乐（Xerox）的总裁安妮·马尔卡希（Anne Mulcahy）、阿尔卡特-朗讯（Alcatel-Lucent）的总裁帕特里夏·拉索（Patricia Russo）以及惠普的前总裁卡莉·菲奥里纳，这种现象或许并非偶然。

"玻璃天花板"比喻带有误导性的七大原因

1. 该比喻让人误以为女性和男性获取初级职位的机会是一样的。
2. 该比喻错误地认为组织内部在某一特定层级上存在无法逾越的绝对障碍。
3. 该比喻让人误以为阻碍女性的障碍难以察觉，因此是无法预见的。
4. 该比喻错误地认为女性领导者所面临的障碍具有单一性和同质性，从而忽略了这些障碍的复杂性和多样性。
5. 该比喻未能识别出女性为获取领导职位而制定的各种策略。
6. 该比喻排除了女性攀越障碍、登上领导职位的可能性。
7. 该比喻没有告诉我们通过深思熟虑解决问题可以帮助女性登上领导职位。

第一章 "玻璃天花板"仍在作祟吗?

本书中,我们要告诉大家:女性被拒于高层领导职位之外的概率仍大于男性,但具体方式却不尽相同,并且也未必像过去那么明显。尽管仍有很多人认为就影响领导力的性格和性情而言,女性有别于男性,但这种观点已经越来越模糊。随着男女工作和家庭责任的逐渐趋同,坚持男女应有不同劳动分工观点的人越来越少(参见第二章和第四章)。但这并不代表男女就完全平等了,因为弱化的劳动分工依然存在。有子女的女性仍要在做一名好母亲与追求事业之间进行艰难的抉择。

多数美国人希望用人单位能够根据个人的能力和成绩来雇用和提拔员工。他们认为,用人单位不能仅凭性别、种族或信仰就将人拒之门外。[17]随着社会进步,男女机会趋于均等,女性现在所面临的障碍已不再是过去那种无法翻越的"水泥墙"或难以突破的"玻璃天花板"。现在,女性是可以登上高层领导职位的,只不过登上高层领导职位可能需要出类拔萃的能力和绝佳的运气。

有些女性能力出众,也有一些能力与运气兼备。尽管中途遭遇了很多歧视性障碍,但这些女性最终还是穿过了令人眼花缭乱的迷宫,登上了集权力、权威和声望于一身的高层领导职位。也有些女性经过一番兜兜转转、停停歇歇或另辟蹊径,最终获取了权威。例如,当初有谁能想到,第一夫人的身份可以帮助希拉里·克林顿(Hillary Clinton)成为议员和总统候选人呢?面对特殊的挑战,很多女性并没被吓倒,也没有因此而痛苦不堪。例如,曾担任过新泽西州州长和美国环保部部长的克里斯蒂娜·托德·惠特曼(Christine Todd Whitman)曾经说过:"我知道,就因为我是女的,所以我要面对很多的困难,但是我不愿意去想这些,也不愿意去抱怨,因为那样做于事无补。我告诉自己,'你是个女的,所以你要走的路会比别人艰辛一点'。别忘了,有很多人运气还不如我呢!"[18]

女性担任领导职务的机会为什么少于男性?

"迷宫"的比喻说明女性担任领导职务的现状是由极其复杂的原因造成的。在本书的各章中,我们将分析为什么女性获取权力和权威的机会有所增加但仍非常有限,并通过分析详细解释这一比喻。正如我们在本书第十章中所讲到的,了解其中的原因可以帮助女性穿越迷宫。在开始分析之前,让我们先来解释一下什么是领导权。

本书中,我们给**领导者**所下的定义既简单又直接:所谓领导者是指可以对他人行使权力的人。按照这一定义,组织和团体中非正式的领导以及那些担任管理职务和政府领导职务的人都属于领导者的范畴。而**领导权**是指从多个方面监管别人。影响、激励、组织和协调他人的工作都属于领导权的范畴。在团体、组织和国家中,领导权是指将很多人组织在一起并让他们为了共同的目标而努力。在激励人们相互合作的过程中,领导者要鼓励他们将狭隘的个人利益抛诸脑后。简言之,领导者要影响和激励他人的活动以推动整个团体、组织或国家朝着其目标迈进。[19]

组织要依靠有效的领导管理维持。管理者既能控制工作安排,也能决定下层员工的去留。一些研究领导权的学者对管理权和领导权进行了明确的划分,他们认为,管理者的责任是安排和控制组织内的工作流程,管理者不一定要承担制定新方向、推动创新和应对挑战的责任。尽管这种划分方法很有用,但组织中的领导活动和管理活动却往往是交织在一起的。只有等到事后,我们才能搞清楚管理者是否推动了创新、是否应对了挑战。因此,在讨论组织领导权时,我们同时用到了管理者和领导者这两个概念,并且这两个概念是可以相互替换的。另外,我们还将讨论进行了拓展,将小型团体的领导权和城市、国家等大型组织的领导权都纳入了我们的讨论范围。[20]

女性领导的不断涌现给我们提出了很多问题。关于偏见和歧视是否限制了女性的晋升之路的争论不断升级。女性是否因为领导职位与自己的家庭责任存在冲突所以才选择了放弃,对于这一点,众说纷纭。究竟是组织设置了非正当的障碍阻碍了女性获取领导职位,还是组织本身也在为缺少合格的女性领导而深感困扰,对于这一"管线问题",各方还在争论不休。为解决这些问题,本书中,我们将给大家解释男性主宰领导职位现象得以产生、维持以及后来逐渐削弱的各种原因。

了解性别与领导权的证据

我们的分析是在对心理学、经济学、社会学、人类学、政治学、沟通学和管理学等学科进行科学研究的基础上进行的。因此,我们的结论也都是在研究的基础上得出的,但同时我们还引用了很多其他资料(其中包括奇闻逸事、新闻报道、传记、自传、个人回忆等)作为论据来论证我们的研究结果。我们使用翔实的例子证明了这些研究结果在人们的生活中都有所体现。

我们是利用各种研究方法得出的结论。有些研究只是对某些具有代表性的对象进行了调查,有些则是对组织内部的行为进行了调查。有些研究试图从政府就业和工资数据等档案中寻找蛛丝马迹;有些研究则是通过在实验室里做实验的方式进行——在实验中,我们通过改变我们所关注的变量设置不同的情境,然后再随机地将人加入到这些情境中。由于这些方法都是既有利又有弊,因此我们始终铭记每种方法的局限性以理智地看待它们。希望广大读者也能做到这一点。

科学研究的一大优点是我们可以一遍遍地去检验我们的假设,以确定研究结果是否普遍适用于各种情境以及各种参与者。由于重复研究会产生大量的研究结果,所以一种名为**荟萃分析**(**meta-analysis**)的技术便流行开来。荟萃分析就是采用统计学的方法将很多研究结果合并在一起,从而找出某个问题大概的答案。[21] 由于这种方法能够搞清楚各种相关研究结果的异同点,因此,我们非常看重高质量的荟萃分析的结果。

尽管进行了大量的科学研究,但是在论述性别差异的过程中,政治影响仍不容忽视。之所以会涉及政治是因为性别问题对社会生活和公共政策都有着深远的影响。在论述领导权的过程中,我们讨论了其中最重要的影响。不同政治派别的人对于是否应该让女性和男性分享领导权看法不一,这不足为奇。

科学的方法可以减少调查者自身的政治倾向对研究造成的影响,因为这些方法要求每一项研究都必须接受他人的监督,并且还要附带有关研究结果和研究方法的详细说明。但是,即便有科学传统的检验,研究还是不可避免地会带有一定的倾向性。幸运的是，很多政治取向不同的学者都非常关注女性领导权问题，这些学者间的争论有助于防止研究结果带有明显的倾向性。[22]

下面，我们的讨论就开始了。从第二章开始，每一章我们都会回答一个不同的问题。第二章回答的是女性争取领导权的最新进程。第三章回答的是一个基本问题，即是不是因为女性天生就比男性欠缺领导才能，所以才导致女性成为领导者的机会少于男性。第四章回答的是另一个基本问题，即是不是家庭责任限制了女性从事有报酬的工作，导致她们不能全力投身于自己的事业。第五章考察的是，是否存在明显的证据证明人们对女性担任领导职务抱有偏见。第六章回答的是：旧框框和偏见是否限制了女性获取领导权。第七章考察的是人们是否更容易抵制女性的领导。第八章分析的是女性的领导风格是否有别于男性。第九章介绍的是组织内部是否存在某些惯例和做法阻碍了女性获取领导权。第十章解释的是某些女性如何成功穿越迷宫登上了集权力和权威于一身的高层职位。最后，第十一章回答了最重要的问题，即让女性担任各级领导职务有什么样的重要意义。

本书中所有的分析都是基于来自美国的研究和案例进行的。我们之所以这样做，一方面是因为我们对自己国家的情况比较熟悉，同时也是因为世界上对这一问题研究最多的就是美国的学者和研究人员。尽管如此，我们还是努力争取通过引入其他国家的研究和案例使我们的研究成果适用于世界各国。

领导权是一个重要的问题。正因如此，本书肩负的责任甚为重大。只有网罗各方人才，并允许女性加入竞争，我们才能选出最优秀的领导者。向女性敞开领导职务的大门不仅可以促进机会均等，还有助于实现整个社会人力资源的最佳配置。由于优秀领导人才的稀缺，任何团体、组织或国家都承受不起由于限制女性担任领导职务而带来的损失。本书就是要分析是否存在这样的限制，以及如果存在这样的限制，我们如何才能将其消除。

第二章

CHAPTER 2

女性争取领导权的道路还有多远？

穿越迷宫——指引女性领导者登上事业之巅

借用美国前总统比尔·克林顿（Bill Clinton）的说法，组织和政治中的权力精英"看上去不够美国"。[1]但是，跟以前相比，权力精英已经"美国"多了。本章中，我们将分析女性在争取领导权的道路上在哪些方面已经取得了较大的进展以及在哪些方面仍然落后。

尽管女性享有的机会比过去多了，但是担任高层职位的女性仍然是凤毛麟角，因此媒体往往对她们极其关注。像eBay总裁梅格·惠特曼和议会发言人南希·佩洛西（Nancy Pelosi）这样的领导人，就因为是女的，所以频频出现在媒体上。关于某人成为担任某重要职务的"第一位女性"的报道频繁见诸媒体报端，这种现象说明尽管有些女性已经成功地走出了"迷宫"，但距离实现男女平等的目标仍相去甚远。某公司的律师这样说道："在公司高层领导会议上，房间里坐满了优秀的女性。我们周围坐的都是突破了'玻璃天花板'的先驱……她们都是各个领域的'第一人'……这可真让人沮丧，现在都已经进入21世纪了，我们却还在在地球上占半数的人当中盘点什么'第一人'。"[2]

男女之间存在不平等是显而易见的事实。但是，女性已经获得了担任多数中低层领导职务的机会，有些女性甚至已经登上了高层领导职位。事实上，如果将各种组织（例如，慈善机构、社会服务机构、保健组织和公司）都算进去，那么在美国所有的高管当中有23%是女性。[3]

20世纪80年代以前，很少有女性有机会升任高管，考虑到这一点，我们不该去抱怨女性在高管中所占的比例"只有"23%。事实上，这一数字恰恰反映了过去几十年间巨大的社会变化。在20世纪60年代美国通过划时代的联邦立法之前，大部分通往高管职位的道路对女性都是关闭的。在"水泥墙"时期，人们不但纵容性别歧视，而且还将它写入了法律。1964年美国《民权法》第七章（Title VII of the Civil Rights Act of 1964）将因性别、种族、肤色、国籍、宗教信仰等产生的雇用歧视列为非法行为，此后，女性的机会大大增加。[4]但是，让大家都来遵守该法案却经历了漫长的过程。尽管有些组织自发地为女性提供工作机会，但仍有不少组织公然对抗法律。

为了解释这些巨大的变化,本章中,我们将分析女性在就业、教育和担任领导职务方面取得了哪些进展。我们引用了大量美国本土的事实和数字,同时,我们还将它们与其他国家的统计数字进行了比较。另外,我们还研究了小型团队、陪审团以及高中学生活动中的领导权问题。

女性就业和受教育程度的变化

从20世纪初开始,女性的劳动力参与率和男性的劳动力参与率变得越来越接近,这一点非常值得我们关注。如图2-1所示,20世纪,女性的劳动力参与率大幅度上升,而男性的劳动力参与率则有所下降。尽管20世纪90年代,女性就业人数的增加有所减缓,但女性在所有从事全职和非全职工作的总人数中所占的比重已经达到了46%,略低于女性在总人口中所占的比重(51%)。很多其他国家的就业形势走向也都非常类似,但无论是哪个国家,女性的劳动力参与率都略低于男性的劳动力参与率。[5]

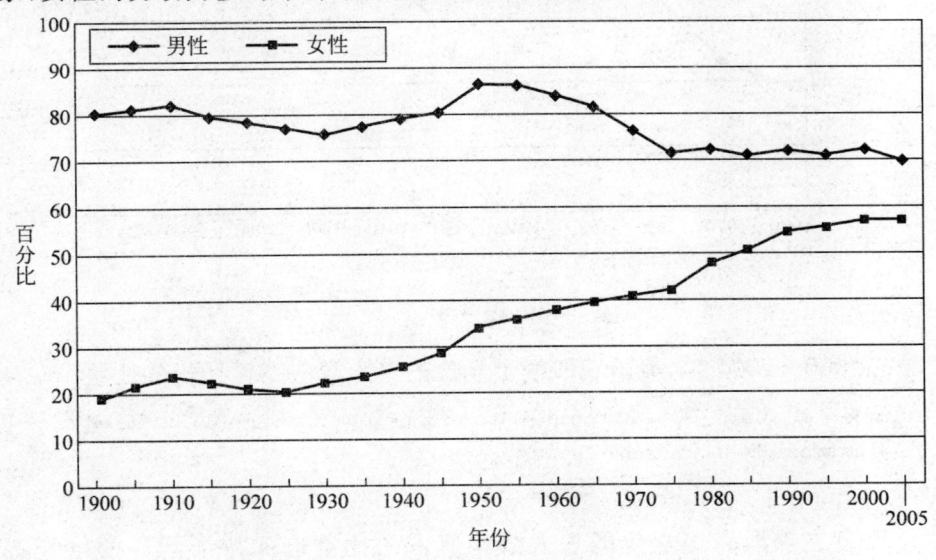

图 2-1

1900—2005年美国男性和女性的民用劳动力参与率

资料来源:改编自 U. S. Census Bureau, 1975. Statistical Abstract of the United States: 1973, series D11-25; 2007, Statistical Abstract of the United States: 2007, table 575。

另外，就业女性和就业男性工作的时间长短也存在差异：美国25%的就业女性从事的是非全职工作，但只有11%的就业男性从事的是非全职工作。近几十年来，从事非全职工作的女性在女性就业人数中所占的比例和从事非全职工作的男性在男性就业人数中所占的比例都没有太大的变化。[6]

在受教育程度方面，女性现在拥有很大的优势。年轻女性受的教育不仅远远多于她们的母亲和祖母，甚至比年轻男性还多。进入20世纪以来，女性在取得学士学位的总人数中所占的比重一直在不断增加，直到二战刚结束的那段时期，因为有大量二战士兵上了大学，女性在获取学士学位的总人数中所占的比重才有所下降。1950年以后，该比重又迅速上升，并于1981—1982年间超过了50%（见图2-2）。[7]

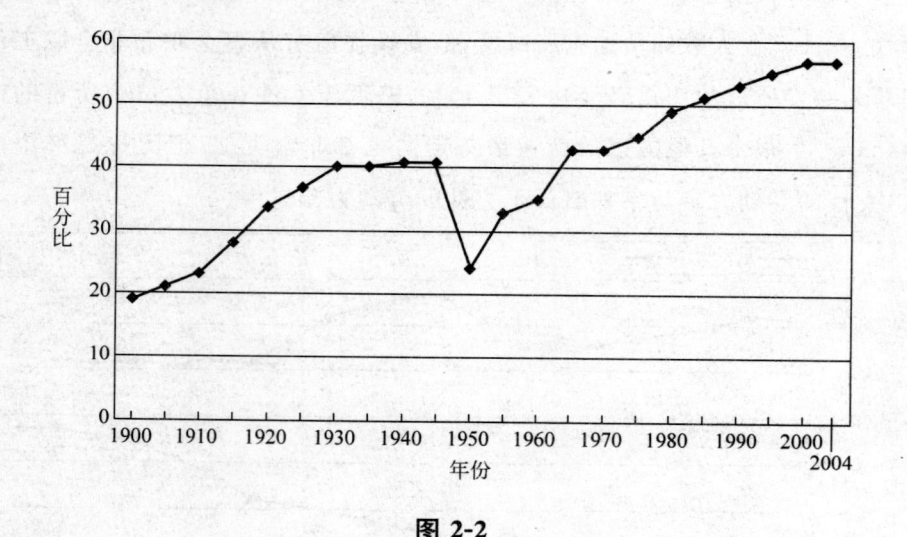

图 2-2

1900—2004年，美国获取学士学位的总人数中女性所占的比重

资料来源：改编自 U. S. National Center for Education Statistics, 2005. Digest of Educational Statistics, table 246。

女性在获取高等学位的总人数中所占的比重也保持了同样的增长态势。目前，女性在取得学士学位的总人数中所占的比重为57%，在取得硕士学位的总人数中所占的比重为59%，在取得博士学位的总人数中所占的比重为48%（如果不将国际生计算在内的话，女性在取得博士学位的总人数中所占的比重为53%)。同时,49%的法学学位和42%的工商管理硕士学位也由女性取得,而这两种学位往往是获取政治或组织领导职务的敲门砖。[8]这些变化,特别是在高级学位方面的变化,反映了社会模式的巨大变迁。如果将各个年龄段的人都计算在内,那么在美国,男性在获取学士学位的总人数中所占的比重仍然略高于女性,但从总体趋势上来看,男性所占的比重在不断下降,而女性所占的比重在不断上升。[9]

女性在受教育程度方面的优势不断增加,这种情况不光发生在美国,其他很多国家也是如此。在各类高等教育机构中,美国、瑞典、阿根廷、英国、加拿大、法国和西班牙七国男女学生的比率分别为100∶139、100∶155、100∶151、100∶137、100∶136、100∶128和100∶122。[10]在工业化国家当中,日本算是一个特例,在日本各类高等教育机构中,男女学生的比率为100∶89。尽管女性总体的受教育程度在不断提高,但在科技领域,女性获取的学位仍少于男性,这也是一个不争的事实。但总的来说,受教育程度不高已经不再是阻碍女性晋升的绊脚石。相反,女性在受教育程度方面已经具备了优势。女性受教育程度的不断提高预示着女性将来在职场上也能步步高升。

女性和男性担任组织领导职务的情况

下面,让我们来看一看女性和男性各自担任的领导职务。现在女性领导已经司空见惯了呢,还是只是比以前多了呢?女性是否只是担任某些领导职务,而很少担任其他的领导职务呢?

统计数字

在美国,担任管理和行政职务的女性增幅最大。[11]图2-3给出了从1983年到2006年在担任管理和行政职务的总人数中女性所占比重的增长情况,最后几年该比重一直在42%左右徘徊。这种状况与1972年的情形形成了鲜明的对比,当时,在担任管理和行政职务的总人数中女性所占的比重只有18%。[12]在这方面,美国并非特例。在许多其他国家,担任管理职务的女性人数同样也有了大幅度增长。联合国的资料显示,在美国,42%的"立法委员、高级主管和经理"由女性担任,而在德国、英国、瑞典、西班牙、阿根廷和日本,这一比例分别为 35%、33%、31%、32%、25% 和 10%。[13]

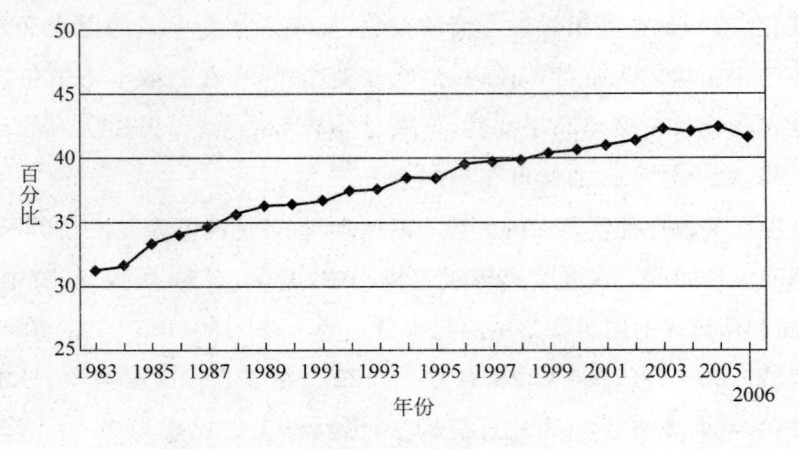

图 2-3

1983—2006 年,在美国管理、商务、财务运作三种职业中女性所占的比重
资料来源:改编自 U.S. Bureau of Labor Statistics, 2007a. Historical CPS Employment for 1983-99 on the 2002 Census Industry and Occupational Classifications, Series LNU02032202 and LNU02032527。

在美国所有的就业女性中,有 13% 的人担任管理职务,而在所有的就业男性中,有 16% 的人担任管理职务。而且,担任管理职务的白人女性和亚裔女性多于非洲和拉丁裔女性。乍一看,好像是女性取代了男性的管理职务,但事实并非如此。实际上,这是因为管理职务,特别是中低层管理职务增加了很多,而这为更多人创造了担任管理职务的机会。另外,很多女性担任的都是办公室文员、行政管理人员和零售人员的"一线主管"等底层领导职务。[14]

在大公司里,有很多女性担任中层管理职务,但担任高级管理职务的女性却很少。担任公司高层领导职务的女性的统计数字是由一家名为"Catalyst"的机构提供的,该机构的宗旨就是促进女性在商务和专业领域的晋升。Catalyst 的研究人员重点研究了《财富》500 强公司的情况。在这些公司中,有 16% 的高管职位由女性担任(其中,2% 由有色人种女性担任)。就在十年前 Catalyst 第一次统计的时候,在这些公司中,仅有 9% 的公司主管职务由各个种族和民族的女性担任。[15]因此,从总体趋势上来看,女性在公司高管中所占的比重在不断增加。

康斯坦丝·赫尔法特(Constance Helfat)、唐·哈里斯(Dawn Harris)和保罗·沃尔夫森(Paul Wolfson)三名管理科学研究人员对公司高级主管进行了最完整的调查,在调查中,他们分析了2000年《财富》1 000强公司的情况。该项调查显示,在这些公司的主管中,女性占的比例只有8%。在这些公司中,大约有1/4的公司拥有两名或两名以上的女性主管,有1/4的公司仅拥有一名女性主管,有一半的公司里面根本就没有女性主管。在拥有一名或多名女性主管的公司中,那些女性主管要比男性主管年轻,并且在公司供职的时间和担任主管的时间也要比男性主管短。由此似乎可以看出,近年来有些公司已开始雇用女性,并提拔女性担任主管职务。[16]

公司主管分为幕前业务主管和幕后参谋主管。业务主管要负责公司的盈亏,并且要跟客户直接打交道,例如销售主管、生产主管和营运主管都属于业务主管。而参谋主管则恰恰相反,他们主要负责支援公司的生产经营。由于直接影响公司财务成果的重要战略决策都是由业务主管负责制定的,因此,跟参谋主管相比,业务主管被提升为公司高层主管的机会更大。Catalyst最近进行的一项调查显示,在《财富》500强中,女性在业务主管中所占的比例只有11%,而在参谋主管中所占的比例则是21%,并且女性主管大都集中在公共关系、人力资源、法律服务和会计等职能部门。正如某位女性主管在文章中写到的,"在过去30年间,女性都被分流到了后勤领域,并没有机会负责企业的生产经营,因此,在任何一家大公司里,接受过专门的培训可以担任领导职务的女性人才储备都非常少。在MBA教育和大学本科教育过程中,我们应该明确地告知女性学员,鼓励她们将来工作以后一定要坚持做业务工作。"[17]有时候,即便女性主管和男性主管在组织中负责类似的工作,往往也会因为组织内部的某些安排,导致女性主管能对他人行使的权力少于男性主管。[18]

在《财富》500强企业中,董事长、总裁、运营总监和执行总裁等最高层主管往往是公司中薪水最高的。在这些人当中,女性所占的比重只有6%。更值得一提的是,在《财富》500强的执行总裁中,女性所占的比重仅有2%。

但即便是只有2%,也已经是个很大的进步了,因为早在20世纪70年代,在《财富》500强的执行总裁中只有两名女性——《华盛顿邮报》(*Washington Post*)的凯瑟琳·格雷厄姆(Katharine Graham)和金色西部(Golden West Financial)公司的玛丽安·桑德勒(Marian Sandler)。[19]

董事会负责监管公司的各种政策和运营活动。在《财富》500强中,女性在董事会成员中所占的比重为15%(其中3%是有色人种女性),与Catalyst 1995年的调查结果10%相比,这已经是一个不小的进步。尽管在《财富》500强中,几乎90%的公司都拥有至少一位女性董事会成员,但该女性往往是董事会中唯一的女性代表。在这些公司的董事会中,特别是在经费审查委员会和薪酬委员会中,女性委员很少。总的来说,女性董事会成员并没有掌握大权。[20]

在除美国以外的其他工业化国家,同样很少有女性担任公司最高层的领导职务。[21]在加拿大最大的500家公司当中,14%的公司主管、3%的执行总裁和11%的董事会成员由女性担任。在欧盟各国最大的50家上市公司中,平均有11%的高层主管以及4%的执行总裁和董事会主席由女性担任。[22]在《财富》500强中,仅有1%或者说7家公司的执行总裁由女性担任;而在这7位女性执行总裁中,有4位手下掌管的是美国公司。[23]

在美国,女性在《财富》500强以外的公司中担任公司主管的机会远远高于在《财富》500强中担任主管的机会,因为这些公司中的工资和资本投资相对较低。[24]在这些公司中,女性往往是她们所掌管的公司的所有人。在美国,女性掌握着1 040万家公司至少一半的所有权。尽管女性所拥有的公司大都规模较小(其中,年营业额在100万美元以上的大概只有3%),但这些公司也为美国经济做出了很大的贡献。这些公司占到了美国全国私有企业的40%,它们雇用着1 280万名员工,带来了19 000亿的销售额。在过去20年间,女性所拥有的公司的发展速度是全部私有企业整体发展速度的两倍。[25]

在教育领域,女性在争取领导权方面取得了很大的进展。目前,64%的教育机构负责人由女性担任,其中包括23%的学院和大学校长。现在,像麻省理工学院(Massachusetts Institute of Technology)、普林斯顿大学、哈佛大学、密歇根大学（University of Michigan）和宾夕法尼亚大学（University of Pennsylvania）等很多知名大学的校长都是女性。并且，有些女性已经跻身美国薪水最高的大学校长行列。[26]

联邦政府高级行政服务部门中有27%的职务由女性担任，这些职务都是不经过政治任命的最高级职务。在律师事务所中，17%的合伙人是女性。另外，23%的联邦地方法院法官和24%的联邦巡回法院（地区法院）法官均为女性。但女性在军事官员中所占的比例较低：女性在所有军官中所占的比例为15%，在准将和海军上将或更高级的军官中所占的比例只有5%。[27]

女性已经获得了很多基金组织的高层领导权。在美国802个基金和捐赠项目中，有55%的项目由女性担任最高负责人，其中包括福特基金会（Ford Foundation）会长和洛克菲勒基金会（Rockefeller Foundation）会长。[28] 在电影行业，尽管男性主管控制着拥有电影工作室的公司，但在六大电影工作室中有四家的最高创意总监由女性担任。[29] 匿名试听制推广开来以后，交响乐团中的女性音乐家人数大幅度增加，尽管如此，担任交响乐团首席指挥的女性仍是凤毛麟角。在美国最知名的26支管弦乐队中，只有一支乐队的指挥是女性。[30]

总而言之，尽管担任某些主管职务的女性仍然很少见，但女性主管的人数已经大幅度增加。现在，已经有很多领域的主管大都由女性担任，其中比较集中的领域包括医疗服务（女性在主管中所占的比重为68%）、人力资源（女性在主管中所占的比重为66%）、社会与社区服务（女性在主管中所占的比重为66%）和教育（女性在主管中所占的比重为64%）。[31]

这些统计数字的含义

我们的统计数字显示，尽管女性获取公司领导权的道路仍然是任重而道远，但女性在职场上已经获得了很多的权力。到目前为止，很少有女性被列入"最优秀、最有权威的"公司领导人。2005年，在《商业周刊》（Business Week）发布的最佳经理人排行榜上，只有施乐总裁安妮·马尔卡希和eBay总裁梅格·惠特曼两名女性上榜。[32] 在《财富》杂志2004年发布的商界最有影响力的25位人士中只有3名女性：惠普总裁卡莉·菲奥里纳、梅格·惠特曼和阿比·约翰逊（Abby Johnson）〔阿比和自己的父亲——富达（Fidelity）集团总裁一起上榜，她被称为总裁的法定继承人〕。[33]

显然，公司权力精英中的女性人数很少，而且她们担任的往往还是一些无足轻重的职务。有时，某些公司授予女性主管头衔仅仅是为了改变公司管理层由男性一统天下的局面。一位广播公司主管透露说："我们将公司通信部、宣传部甚至是图书馆的副总裁职位交由女性员工，并为公司高层主管中有了女性而庆贺。但事实上，我们从不让女性负责销售、工程或节目策划。"[34] 这种现象或许解释了为什么女性在公司主管中所占的比重为16%，但在业务主管和公司高层主管中所占的比重却低于16%的部分原因。

在《财富》500强中女性领导稀少，但在其他公司里女性领导却相对较多，导致这种现象的一个原因在于：由于在大公司里职位晋升很慢，所以很多女性选择自主创业。事实上，对于为什么会选择到外面自己打拼，女性给出的最常见的理由就是她们希望自己的事业能够节节攀升。例如，曾就职于某家公司的一位女性企业家抱怨说："不管你说什么，公司一概置若罔闻、不予理会，但若是这些话出自男性员工之口，公司的态度则会发生180度的大转弯。在这种情况下，选择自主创业不失为一种明智的做法。"[35] 正是公司里这些迷宫般的障碍促使女性到障碍少的地方去寻找机会。

有些人认为公司权力精英中女性之所以稀少是因为女性管理人员供给不足。[36] 但这种说法显然忽视了下面的事实：1975年以后，在获得工商管理硕士学位的人当中，女性所占的比重急剧增加。[37] 女性管理人员供给不足的说法显然是站不住脚的。很多拥有工商管理硕士学位的女性都已经步入或者即将步入最适合担任高层管理职务的年龄段，因此，担任公司高管的女性人数应该会继续增加。

但是，我们在进行预测的时候仍需谨慎。一直以来，总有人乐观地预言女性能够跻身公司权力精英之列。在过去25年间，《商业周刊》、《华尔街日报》以及《财富》杂志都曾发布过各家公司女性高管的名单，并曾预言在这些女性当中，很多人将会荣升为公司的执行总裁。但事实上，在这些女性当中,最后真正当上执行总裁的却是寥寥无几,这一结果与对执行总裁供给渠道的系统研究恰恰是一致的。根据职务低于执行总裁的女性公司高管人数,最准确的预测应该是:在未来十年间,女性在执行总裁总数中所占的比重将会缓慢上升。[38]

几年前,某些人提出了"女性中途退出"的说法来反驳那些杂志记者对女性升迁的乐观预言。2003 年,《财富》杂志在发布商界最有影响力的 50 位女性的同时,还刊发了一篇文章探讨女性是否真的想要掌握权力。该篇文章中提到:"令我们感到非常吃惊的是,很多得到快速升迁的女性对于自己未来何去何从竟会举棋不定。我们采访过的许多有影响力的女性告诉我们说她们并不想成为卡莉·菲奥里纳——其中还有很多女性压根儿就不想成为大公司的掌门人。"[39] 2003 年,《纽约时报》(New York Times Magazine)上也刊发了一篇类似的特别报道,当期的杂志封面上还打出了一个非常具有煽动性的标题——"问:为什么没有更多的女性登上最高权力的宝座?答:因为她们不想那样,她们选择的是放弃登攀,回归家庭。"《快速公司》(Fast Company)杂志和《时代》(Time)杂志也不约而同地刊发了文章,质疑女性是否愿意担任高管职务。[40]

很快就有另一些记者出来驳斥"女性中途退出"的说法,他们坚持说女性仍在不断晋升。据 2004 年《华尔街日报》上刊登的宣布"玻璃天花板"已不复存在的专版称,女性"现在正在改变公司内部的领导格局"。该报道称,很多女性的职位仅次于最高行政主管,她们还有可能继续升迁。2006 年《华尔街日报》上刊发的一篇关于"值得关注的 50 名女性"的特别报道也认为,"从重工业、化工业、计算机技术到生活消费品制造业、时尚业和媒体行业,几乎各个行业里都有女性在负责运营及战略制定"。[41]《财富》杂志则将 2005 年称为对商界女性而言意义非同一般的一年,并声称"美国商界的女性领导人大都一言九鼎,手里的权力大到了史无前例的程度"。紧接着,《财富》杂志又在 2006 年刊发了一篇关于商界最有影响力的 50 名女性的特殊报道,仅在这一期杂志中就花了整整五页的篇幅来刊登这些女性的照片,以引起人们对女性公司高管杰出表现的关注。[42]

尽管人们对于女性担任公司领导职务的前景看法不一,但凭借女性在教育方面越来越突出的优势,我们可以预测,在各种机构中担任各个层次的领导职务的女性人数将会不断增加。在以后各章中,我们还会讨论女性应该继续晋升的其他原因,特别是在分担家庭责任方面男女越来越平等以及女性心理的变化。

女性和男性担任政治领导职务的情况

在政治领域,女性担任领导的情况又如何呢?在美国政府机构中,担任领导职务的女性比例和在公司部门中担任高管的女性比例一样低。在美国国会中,仅有16%的参议院和众议院席位由女性占据。[43] 2007年,南希·佩洛西成为了第一位登上众议院高层领导职务的女性。

美国国会议员中女性所占的比重略低于世界平均水平(17%),并且远远低于很多其他的工业化国家,例如,在瑞典、西班牙和瑞士,女性在国会议员中所占的比重分别为47%、31%和25%。[44]女性国会议员所占比重明显较高的国家通常都有确保女性候选人能够达到一定比例的配额制度,而这些配额既可以由政府下达,也可以由各政党自愿制定。有时候,政府还会在议会中为女性保留一定比例的席位。[45]但在美国,由于政府没有采取任何类似的措施,所以美国的选举制度不利于女性从竞选中脱颖而出。

1984年,杰拉尔丁·费拉罗(Geraldine Ferraro)曾作为副总统的候选人和沃尔特·蒙代尔(Walter Mondale)一起参加美国总统大选,尽管最后两人未能获胜,但费拉罗总算是与联邦政府的最高层领导职务进行了一次短暂的亲密接触。在获得提名时,费拉罗曾说过:"美国历史即将翻开新的一页。"[46]但在其他很多国家,已经有女性担任过或正在担任国家总统或首相。仅20世纪90年代,就有25位女性担任过国家总统或首相;而在本书编写期间,在任的女性总统就有7位,女性首相就有5位。[47]

在美国,女性担任总统内阁已不再是什么新鲜事儿。美国第一位女性内阁弗朗西斯·珀金斯(Frances Perkins)曾在富兰克林·罗斯福(Franklin Roosevelt)政府中担任过劳工部长;第二位女内阁奥维塔·卡尔普·霍比(Oveta Culp Hobby)则曾在艾森豪威尔(Eisenhower)政府中担任过健康教育福利部长。1955年霍比卸任后,在随后20年间,一直没有女性担任内阁,直至杰拉尔德·福特(Gerald Ford)总统任命卡拉·安德森·希尔斯(Carla Anderson Hills)担任住房与城市发展部长。卡特(Carter)总统、里根(Reagan)总统和乔治·H.W.布什(George H. W. Bush)总统每个人都曾任命过4位女性内阁。克林顿总统则任命过14位女性内阁。在本书编写期间,乔治·W.布什则任命了8位女性内阁。其中,最出格的做法就是任命女性担任大权集于一身的国务卿一职,如马德琳·奥尔布赖特(Madeleine Albright)曾于1997—2001年间担任美国国务卿,康多莉扎·赖斯则从2005年开始担任美国国务卿。[48]

在州一级的领导层面上,女性表现更为突出。从某种意义上讲,州政府里的领导职务,特别是州长,是通往联邦政府领导职务的跳板。目前,有18%的美国州长由女性担任,其中第一位女州长就是1974年当选康涅狄格州州长的埃拉·格拉索(Ella Grasso)。另外,在由选举产生的各州政府官员中,有24%是女性,在各州议会中24%的席位也由女性占据,并且在有些州的州议员当中有很多少数族裔女性。例如,在佛蒙特州,少数族裔女性在州议员中所占的比重为37%。而在美国最大的100个城市中,有12%的城市的市长由女性担任。[49]

有些关于女性在政界发展前景的报道始终比较悲观。在《纽约时报》发表的一篇文章当中,记者盖尔·柯林斯(Gail Collins)讲述了自20世纪70年代以来女性在获取政府公职方面取得的缓慢进展。据柯林斯描述,尽管在州议会中女性所占的比例相对较高,但女性担任的通常都是一些薪水较少且微不足道的职务。柯林斯认为:"女性很难获得高层政治职务的一个原因就在于男性想把这些职务据为己有。女性最容易获得的是那些男性不屑去做的职务。"[50]

1992年国会中女性成员的增加驳斥了那些悲观的看法。在提名克拉伦斯·托马斯(Clarence Thomas)担任美国高院大法官的听证会上,全部成员都是男性的参议院司法委员会对待安妮塔·希尔(Anita Hill)的恶劣态度是导致国会中女性成员增加的部分原因。[51]从1992年开始,国会中女性成员的人数开始慢慢增加。

女性和男性在其他情境下担任领导职务的情况

现在,让我们来看一看没有正式任命领导的小型团队中的情况。研究这些小型团队可以帮助我们了解社交在帮助人们获取领导权方面发挥着怎样的作用。谁能脱颖而出成为团队的领导者取决于团队成员的行为,以及他们对什么样的人能成为好的领导者的看法。大多数研究都是由社会心理学或组织行为学方面的研究者进行的,并且通常都有大学生的参与。其中有些研究是通过小组讨论或解决问题等实验室实验完成的,有些则是通过整个学期都在见面的小组完成的。

研究人员通常通过以下两种方法来确定团队的领导者:一种方法是询问团队成员谁是他们的领导,另一种方法则是选择每个团队中在影响、激励和协调团队成员方面表现得最像领导的人。根据随后对58项评价领导如何出现的研究进行的分析,男性成为整个团队领导者的概率高于女性。女性成为社交协调员(即帮助其他成员友好相处的协调员)的概率高于男性。尽管这些协调员通常都深受团队成员爱戴,但他们往往不是团队中最有影响力的人。[52]

同组织机构和政治领域中的情况一样,近年来,在这些小型团体中,男性在领导权方面所拥有的优势也在不断减弱。遇到团队需要在长达几周的时间里多次聚在一起活动的情形,或者是团队从事的活动需要使用复杂的社交协调能力或其他通常女性比较擅长的技能(如缝纫活动)的情形,男性在领导权方面所拥有的优势也会减弱。这些情形往往对女性更为有利。[53]

在一种重要的自然情境下,领导人也会自发出现,即陪审团聚在一起听审时。在听取完证据以后、开始审议以前,陪审团会选出其领导人——陪审长。在统计男性和女性陪审长人数的几次研究中,男性成为陪审长的次数多于女性。例如,1971—1974年间,在美国西南部的两个联邦地区法庭上,女性成为陪审长的实际次数仅为根据女性陪审员人数估算出来的次数的1/5。但在1997年,对由大学生或适合担任陪审员的市民组成的模拟陪审团进行的一项研究显示，男性和女性成为陪审长的概率是相同的。[54]最近的这次研究是否反映了选择女性陪审长的实际趋势，关于这一点，还需要使用法庭记录进行系统的分析。

最后，我们还研究了在运动领域、学生自治会、学生刊物、学校社团和表演艺术中高中生担任领导人的情况。这些学生领导有的是选举产生的，有的是任命的，有些则是通过非正式的渠道产生的。如图2-4所示，在选定的这几个年份中，在对高中高年级学生进行的调查中，在白人男孩儿和白人女孩儿中，学生领导所占的百分比大体是相等的。在与运动有关的活动中，男孩儿担任领导人的概率高于女孩儿，但在其他活动中，女孩儿担任领导人的概率则高于男孩儿。值得注意的是，尽管导致这种趋势的原因尚不清楚，但从1982年开始，黑人学生领导所占的百分比，尤其是黑人女生领导所占的百分比，呈现出了不断下降的趋势。但在其他团体中，在领导权分摊方面，高中男生和高中女生基本上算是平分秋色。[55]

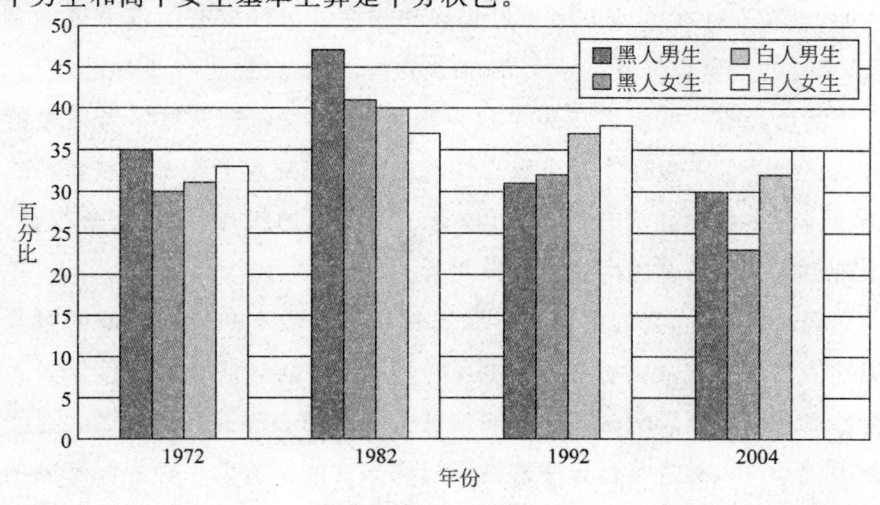

图 2-4

1972—2004年，在美国不同族裔、不同性别的高中高年级学生中
在学校担任过领导职务的学生所占的比重

资料来源：改编自 C. Weinberger, "Are There Racial Gaps in High School Leadership Opportunities?" Working Paper, University of California, Santa Barbara, 2006. Used with permission.

总之，对大学中的小型团体进行的研究显示，男性成为领导人的概率高于女性，但近年来，男性领导人的优势已经在不断减弱。多数陪审长都由男性担任，但由于资料不足，所以我们无法证明，近些年来，男女在担任陪审长方面的差距是否已经缩小。在高中里，至少从20世纪70年代初开始，担任学生干部的男女生比例基本上已经变得不相上下。

结论

在获取领导权方面，女性已经取得了很大的进展，但要想在领导权上与男性平分秋色，女性依然是任重而道远。无论是在美国，还是在其他国家，都很少有女性能在公司里或政府中担任高层领导职务。但在美国，如果将各种组织类型都计算在内，那么目前，已有40%以上的管理职务和将近1/4的行政主管职务被女性占据。这些统计数字反映了巨大的社会变化，同时也表明，现在女性在事业方面比过去成功得多。男性握有的权力依然多于女性，享受的工资也依然高于女性，但在这些方面，女性正在迎头赶上。[56]

因为已经有一些女性成为了权力精英，所以说阻挡女性晋升之路的绝对障碍已经一去不复返了。少数女性已经成功地穿越了在晋升权力精英道路上阻碍大多数女性前行的迷宫，成为了大公司的执行总裁、大学校长、基金主管、参议员、总统内阁成员以及州长。

在以后各章中，我们将揭示导致女性领导人数不断增加的原因以及导致男性依然占据着大多数领导职务，特别是高层领导职务的原因。有人认为男性之所以占据着大多数领导职位是由根本的心理原因造成的。这个心理原因就是在人类进化过程中慢慢形成的男性所特有的一种根深蒂固的支配欲。在第三章中，我们将讨论（并驳斥）这种观点。

第三章
CHAPTER 3

男性生来就适合当领导吗？

男性生来就更擅长获取权力和地位、更适合当领导吗？如果真是这样，那么女性领导稀少只是反映了男女在性格和抱负方面的根本性别差异，因此在获取领导权方面，永远也实现不了男女平等。那我们提出的"迷宫"的说法就纯属多余了。

本章中，我们将驳斥认为男性天生就更有支配欲和竞争欲、更适合担任领导职务的观点。我们先把认为男性生来就适合当领导的观点摆出来，然后再对它进行批判。另外，我们还会总结男女两性在攻击性、自信心、竞争力等支配性性格方面存在的一些众所周知的异同点。最后，我们将找出真正与领导力之间存在相互关联的性格特点，然后再确定这些性格特点是不是在某种性别的人身上更为普遍。该项研究表明，优秀领导者的心理特征既不是男性所特有的，也不是女性所特有的，而是二者兼有，并且二者所占的比重不相上下。

强调男性支配地位的进化心理学理论

很多进化心理学家称领导力是内生于男性心理中的。[1]他们认为，男性天生就比女性强势、好斗，因此与女性相比，男性获取权力职务的可能性更大。金斯利·布朗（Kingsley Browne）是这种观点的主要倡导者，让我们来看看下面这段他对这一观点的简要陈述："人类的性别差异也是那些导致其他物种不同性别之间存在行为差异的选择因素作用的产物——纵观整个人类历史，对男性而言，有地位就意味着能够繁衍更多的子孙后代，因此男性总喜欢互相争夺地位，男性的这种偏好常常也会影响到现在的职场。"[2]

这种理论的基本观点就是：男性之所以能占据领导和支配地位，是由男性的特点决定的，而这些特点则是在人类进化过程中为了适应原始环境而慢慢形成的。如果这种观点成立，那么男性的这种在人类进化过程中慢慢形成的生理特征将会对女性晋升领导职位的前景造成永久性的制约。在这一点上，布朗的观点很明确："如果我们只能在家庭以外的地方才能找到位高权重的职务,那么女性将永远只能屈居人下,因为男性会凭借自身的性格在这些地方占有优势。"[3]按照这种逻辑,女性命中注定在厨房和婴儿室以外的地方都要将权力和地位拱手让给男性。

进化心理学家的基本观点是:在人类漫长的进化过程中,男性和女性对于繁衍后代采取了不同的行为策略,从而导致男性和女性形成了不同的性格特点。这一理论涉及**性选择**(sexual selection)。所谓性选择是指男性和女性用来选择配偶的策略。进化心理学家研究的主要依据是他们发现男性和女性投入到后代身上的时间和精力是不同的。具体来讲,对于人类(及其他哺乳动物)而言,女性在孕育和看护幼儿方面需要投入大量的时间和精力,因此,她们所能孕育和照顾的后代数量是有限的。相反,男性提供精子所花费的时间和精力相对较少,并且等孩子出生以后,男性可能也不用花时间和精力去照顾他们,因此,男性繁衍的后代可能要比女性多得多。根据这一理论,女性的高投入导致女性在选择配偶时非常挑剔。而女性的挑剔进而又迫使男性不得不相互竞争以获得与女性,特别是有繁殖能力的女性交配的机会。能在竞争中获胜的男性更有机会将自己的基因传承到下一代。[4]

根据进化心理学,男性有担任领导职务的心理准备,因为人类的男性祖先当初为了获取与有繁殖能力的女性交配的机会彼此之间都会展开激烈的竞争。在这些繁衍竞赛中,那些有攻击性、敢冒险并且有竞争力的男性可能占了上风,从而将他们的基因传给更多的子孙后代。按照这种逻辑,现代男性心理中包含了男性祖先相互争夺配偶的竞争心理的部分残余。

按照这一理论,女性的求偶策略造就了女性心理。女性祖先只有挑选能够让自己和孩子丰衣足食的配偶,才能更好地生活和繁衍。女性的这种偏好进而驱使男性通过争夺地位、权力和财富而努力获取资源。

有些进化心理学家进一步推断说,女性在后代身上花费的时间和精力多于男性,这一点对她们的心理还造成了其他的影响。由于孩子更依赖母亲而非父亲的照顾,所以后代能否存活主要取决于女性是否能存活。因此,与男性相比,女性可能更关心自身安全,更胆小怕事,更爱躲避危险及规避风险。[5]

简言之,在很多进化心理学家看来,现代男性之所以会努力去压倒其他男性、控制女性，是因为男性身上还保留着人类长期进化过程中起决定作用的选择压力的残余。[6]根据这一逻辑，男性天生就比女性更有攻击性、竞争力和控制力，也更喜欢争名逐利，而这些特点都有利于他们获取领导权。公共政策专家弗朗西斯·福山（Francis Fukuyama）根据这些理论提出，男性天生就更有竞争力，更喜欢争权夺利，这些特点极大地限制了女性想要争取平等的进程。弗朗西斯说："尽管女性在不断晋升，但在后工业化国家的管理中，男性仍将继续发挥主导或主要作用，更不用说那些欠发达国家了。特别是在战争和国际政治领域，仍将是男性的天下……"[7]这一推理是建立在一系列关于远古时代两性关系的假设之上的，而这些假设根本无法直接验证。现在，就让我们来看一看这些假设是否真正足以令人信服。[8]

进化心理学对领导力的分析存在哪些谬误？

这一理论的一大弱点就是其资料来源很有限。要想了解人类特征的起源，科学家必须观察各种不同文化背景中人们的行为，特别是小规模、非工业化社会中人们的行为。这些社会尽管有别于人类进化之初的原始群体，但与工业化社会相比，它们与原始群体有更多的相似之处。然而，进化心理学家进行的大部分研究都是以美国或其他一些国家的大学生为研究对象。由于资料来源非常有限，导致研究人员忽视了这样一个事实：与现代工业化社会相比，在人类学家所研究的采集和放牧社会（foraging and Pastoral society）中出现他们所预测的性别差异的可能性更小。[9]

男性普遍处于强势地位，女性普遍处于弱势地位就属于这类预测。[10]如果攻击性和竞争力是男性与生俱来的性格特点的话，那么无论在任何时间、任何地点，男性都应该处于主导地位。然而，人类学研究的证据表明，在大约1/3社会经济体制比较简单的小型社会中，即使男女分工略有不同，在权力和权威方面男女也几乎是平等的。这一发现推翻了认为权威和强势是男性与生俱来的特点的论断。[11]

Vanatinai是一个小型放牧和农耕社会，它位于新几内亚东南部的一个偏僻的小岛上，在那里，人人都是平等的，不存在男尊女卑的思想。由于

Vanatinai是一个母系社会，所以在那里，女性有很多机会能够占有物质资料。夫妻及其子女经常来来回回地变换住所，这段时间住在妻子家人居住的村庄，过段时间又搬到丈夫家人居住的村庄。尽管没有正式的首领，但是男性和女性都有机会担任非正式的领导职务。人种志里面的记录显示："除了双方都深恶痛绝并且也极其罕见的身体暴力以外，男性不享有任何凌驾于女性之上的正式权威或强权。"[12] 像其他社会一样，Vanatinai在一些常见活动中存在男女劳动分工，但其劳动分工并未赋予男性凌驾于女性之上的权力。

进化心理学家的另外一种观点认为：出于生存的需要，女性要努力寻找拥有资源的男性伴侣，而男性为了获得女性的青睐，则要与其他男性抢夺资源。[13] 这种论断忽略了女性在大多数非工业化社会及早期人类社会中在谋生活动中做出的贡献。因此，无论是男性还是女性，要想生存下去，要想繁衍生息，就要找到能够提供资源的异性伴侣。在获取基本生活资料方面，究竟是男性更依赖于女性还是女性更依赖于男性，取决于该社会主要是通过采集还是渔猎获取食物。跨文化研究表明，通常，女性更擅长采集食物，而男性则更擅长打鱼和狩猎，特别是一些大型猎物。在某些生态环境中，食物采集社会主要通过采集植物获取食物，因此，在这种社会形态中，男性在很大程度上依赖女性为其提供基本的生活资料。[14]

随着社会的发展，经济体制变得越来越复杂，而新的生产活动也越来越多（例如耕种和采矿），其中很多活动需要人们离开家庭到外面去工作。越来越多的新的生产活动需要人们接受培训、付出大量的精力，并要离开家工作。由于男性不需要怀孕生产和照顾孩子，因此，他们更容易适应这些新的生产活动。另外，与女性相比，男性体形更大、力气更足、速度更快，这些优势也使得他们更适合从事精耕细作、熔炼矿石、砍伐树木和抵御外敌等非工业化社会的生产活动。在男性承担起这些工作的同时，他们也获得了对资源的控制权，积聚了社会权力。

随着新经济体制下性别等级的形成，男性获得了凌驾于女性之上的权力。我们不能将造成这种结果的原因解释为男性生来就具有支配欲。对于这种结果，更为合理的解释是：因为男性不需要承担孕育后代的重任，并且在生理方面具备一定的优势，因此，他们更适合从事社会朝着复杂经济体制演变过程中出现的各种人类赖以生存的生产活动。随着这些更为复杂的经济体制的发展，男性所具备的生理特性将他们推上了通向财富和权力的职位。而女性则被困在家里，负责照顾子女，并承担起了烹饪、缝补、编织和碾磨等家务劳动。因此，父权制度并非人类社会与生俱来的特点，而是随着包括精耕细作和战争在内的各种经济和社会现象的出现而逐渐形成的。

随着社会经济的发展，由于女性更常待在家里照顾孩子、负责家人的饮食起居，人们渐渐养成了习惯，认为女性就应该待在家里做家务、带孩子。无论女性从事的这些活动对家庭有多重要，它们都无法像男性从事的活动那样给女性带来同等的权力和财富。由于男性生产的可以在市场上进行交易的产品多于女性，因此男性获得了凌驾于女性之上的权力和影响力。由于人们对社会群体的期望源自他们对各个群体典型行为的观察（参见第六章），因此，人们对男性和女性形成了不同的社会期望。

一般来讲，进化心理学家所强调的性别差异更常出现在经济体制较为复杂的社会形态中。从进化的时间框架来看，跟人类刚刚在生理上和心理上进化成现在这个样子的社会相比，经济体制较为复杂的社会距现在更近。在这些距现在更近的农业和工业社会中，男性通常是家庭资源的主要提供者，很多的资源女性都要从男性那里获得。在这些更为复杂的经济体系出现之前，人类社会处于传统的食物采集阶段，当时，人类的取食手段更加多样化，当时也未必存在父权制度。但即便在这些较为简单的社会形态中，男性的竞争心理和权力欲等固有的心理特征也一直存在。进化心理学宣称，当代社会男性在担任领导方面具备明显的优势，但由于在较为简单的社会形态中缺乏证明父权制度存在的相关证据，所以人们对这一论断仍心存疑问。

进化心理学家是如何得出有关性别差异起源的结论的呢？首先，他们假设我们从男性和女性身上所观察到的行为模式肯定也同样适用于人类祖先，因此这些行为模式都成了根深蒂固的进化而来的生理特征。然后，他们再利用所谓的"逆向工程"来推导过去的情况，找出我们的祖先可能遇到过哪些适应性问题导致他们需要进行心理调整并形成了这些行为模式。[15]认为男性天生就具备控制力和竞争力，所以生来就适合当领导的观点，就是根据这种非常流行但带有猜测性的推理方法得出的。

心理性别差异的生物社会起源

温迪·伍德和艾丽斯·伊格利提出了另一种进化理论——**生物社会起源理论**,她们认为,心理性别差异主要是由男性和女性在社会中所扮演的角色类型造成的。[16]男性和女性都形成了适合自己所经常扮演的角色的行为倾向。这些角色不是固定不变的,而是随着时间的变化而变化的,它们反映了每种性别在其特定文化中完成重要任务的能力。从历史观点来看,完成各种任务的能力主要取决于男性和女性与生俱来的生理特征。女性的主要生理特征是她们要生儿育女和照顾幼儿,而男性的主要生理特征则是体形更大、速度更快、力气更足。

男性和女性的这些生理差异对于他们所扮演的角色产生了不同的影响,因为它们的影响取决于一个社会的社会结构、经济制度、生态关系和技术水平。男性和女性都有自己擅长扮演的角色,并且学会了扮演自己的角色所需要的技能。当某一性别能够更高效地扮演某种角色时,大部分的该角色都将由效率高的这个性别来扮演。随着社会的变化(例如,随着先进技术的出现),男性和女性的角色分配会发生变化。男性和女性的心理也会随着他们所扮演的角色的变化而变化。

当代高度工业化的社会带来了社会环境的极大改变。出生率的大幅度下降使得女性得以解放,有机会出去工作。医学技术为生育控制提供了便利。人们所从事的职业也发生了翻天覆地的变化。现在,很少有社会地位高的职业还会去青睐男性的体形大、力气足,先前阻碍女性获取权力和地位的障碍已经不复存在。当一名律师、企业主管或大学教授,都没有身高或仰卧举重方面的要求。当初,由于女性要繁衍后代且体形和力气都小于男性,她们需要面对很多的生物社会障碍,但现在这样的障碍已经越来越少,因此,女性可以选择的职业范围越来越大。在服务部门占主导地位的后工业化经济体系中,许多女性已经占据了社会地位很高的职位。[17]

正如本书第六章中给大家介绍的那样,男性和女性所扮演的角色对其行为和性格会产生很大的影响。因此,只要人们仍在根据性别来划分重要的生活责任(例如育儿),那么某些心理性别差异也将继续存在,这一点并没有什么好奇怪的。[18]

单凭编故事描述原始时代某些心理方面的性别差异可能的适应过程还不能很好地解释这些性别差异的进化起源。对于中间发生的、可能会导致今天与领导力有关的男女之间性格差异的过程,进化理论学家通常都缄口不提。例如,如果女性的竞争力生来就没有男性强,那么我们应该能找到证据证明男性或女性的荷尔蒙作用、男性或女性所特有的基因、特异的基因表现或其他生理反应能够减少两性在竞争力方面的差异。在很大程度上,这些问题都还有待人们通过科学研究加以解释。[19]

进化心理学所宣称的能够提升领导力的两性心理差异

进化心理学家常常宣称,之所以担任领导职务的多数都是男性,是因为男性和女性在攻击性和控制力方面存在差异。现在,就让我们来研究一下这些差异。首先,我们不去管这些差异到底是先天就有的还是后天养成的,只是来看一看男性和女性在这些特性上是否存在差异。然后,我们再看一看这些特性是否有助于提升领导力。

攻击性

攻击性是指意欲用自己的行为伤害他人的倾向,通过对大量研究的回顾分析,我们发现:总的来说,男性的攻击性比女性要强。男性的口头攻击力(例如用语言侮辱别人)仅略强于女性。但在诸如打人等能够导致疼痛或受伤的身体攻击能力方面,男性远远超过了女性。在采用暴力攻击同性方面,男性,尤其是年轻男性的攻击性强于女性。在自然环境中,男性对其他男性的暴力行为有很多表现形式,其中包括袭击和杀人。[20] 目前在美国,在因犯暴力罪而被拘捕的犯人当中,男性占82%;在因犯谋杀罪和非过失杀人罪而被拘捕的犯人当中,男性占89%。[21]

攻击别人不一定非要直接使用语言或身体。采用迂回的社交手段,例如在背后说人闲话或散布诽谤别人的谣言,同样可以损害他人的地位和人际关系。[22]尽管有时候女性似乎更擅长使用这种间接的方式攻击别人,但研究结果却表明,在这方面男性和女性的攻击性不相上下。[23]

在职场中,成年人之间的攻击往往是间接的,并且有很多种表现形式。例如,怀有敌意和伤害性的行为包括以不公正的方式评价别人的业绩、未将别人需要的信息传递给他以及盗窃公司的现金或财物。总的来说,在职场上,男性比女性更常攻击别人。[24]

总而言之,通过对攻击性进行的几百项研究,我们可以得出一个明确的结论:具体来看,在用身体攻击同性同龄人方面,男性的攻击能力强于女性,但男性的口头攻击力仅略强于女性。男性比女性更喜欢在职场中攻击别人。

控制力、自信心与竞争力

拥有更强的控制力,包括拥有更强的自信心和竞争力,未必会伤害他人,但却可以提升个人潜在的领导力。在针对控制力和自信心进行的性格测试中,男性的分数通常略高于女性。[25]在自信心方面,男性和女性的表现存在差异。男性通常用强有力的、压倒别人的方式来捍卫自己的权利,而女性则是在捍卫自己权利的同时,还会尊重别人的权利。此外,女性还经常通过为他人工作提供便利的团队行为来表现自己的控制力和自信心,例如与他人一起成为会议上众人关注的焦点或帮别人发挥他们的才能。男性比女性更喜欢摆出胜人一筹的姿态。[26]

男性似乎比女性更喜欢维护自己在等级关系中的权力。例如,统计显示,男性管理者对传统的指挥—控制式的管理方式的兴趣略高于女性管理者。男性比女性更重视社会等级,这一特点的另外一种表现就是男性的社会支配倾向高于女性。所谓社会支配倾向是指期望内群体优于和支配外群体的程度。[27]

进化心理学家认为,男性生来就具有竞争心理。我们主要通过谈判和讨价还价实验来研究男性和女性的竞争力。这些实验表明,男性的竞争力略强于女性,而女性的合作能力却强于男性。[28] 在自然的状态下研究人的竞争力,要比仅在实验室实验中研究更理想。经济学家尤里·格尼兹(Uri Gneezy)通过观察以色列儿童在体育课上的赛跑对人的竞争力进行了研究。他的结论是:男孩子比女孩子更有竞争力,因为在跟其他孩子比赛的时候,男孩子会加快速度,而女孩子则不会。但这一解释却忽略了一个很重要的事实——通常,男孩子在运动方面的心理投入比女孩子多。[29] 因此,要想让我们的结论更站得住脚,我们还需要在各种不同的情境中研究人的竞争力,这些情景可能有些对女性更有吸引力,有些对男性更有吸引力,而有些则对男性和女性同样有吸引力。

长期以来女性支配倾向的变化

认为男性的行为更有攻击性、更自信、更有竞争力,所以男性的控制力强于女性,这种观点是存在争议的,因为男性和女性在上述各方面的差异本身就不大,并且在某些方面,女性正在不断地逼近甚至超过男性。犯罪数据显示,即使是在身体攻击能力方面,女性也可能正在逼近男性。近年来,美国暴力犯罪的整体数量呈下降趋势,但女性暴力犯罪数量却有所增加。从1995年到2004年,男性暴力犯罪的逮捕率下降了20%,而女性暴力犯罪的逮捕率却上升了3%。[30] 女性的攻击性得到了文化上的认同,因此,娱乐业塑造了很多骁勇善战的女性角色,例如《西娜》中的战神公主西娜、《史密斯夫妇》中的邦德女郎史密斯夫人以及南方小鸡组合(Dixie Chicks)的畅销歌曲《再见,伯爵》中那两个将施暴丈夫杀死的勇敢女性。[31]

通过分析女性对自己自信心的描述,我们也可以明显感觉到随着时间的推移,女性的自信心正在不断地发生变化。现在,女性认为,跟过去相比,她们身上具备了更多从传统意义上来看属于男性的特质,例如她们比过去更有野心、更自立、更自信了。但同时,她们并不认为自己身上的女人味儿少了,例如,女性认为她们依然跟过去一样富有爱心、善解人意。但在这些方面,跟过去相比,男性则变化不大。[32]

女性在自信心和控制力方面的变化趋势表明,之所以会出现这些变化,是因为现在女性有机会接触更多的生活角色。通过对20世纪针对控制力和自信心两大性格特点的各种研究的荟萃分析,心理学家琼·图文齐(Jean Twenge)证实,从1931年到1945年,女性的自信心和控制力呈上升趋势,从1946年到1967年则呈下降趋势,从1968年到1993年,又恢复了上升趋势;而在这段时间,男性的自信心和控制力则没有太大的变化。这些变化与女性角色的变化正好是一致的:二战前和二战期间,限制女性登上较高职位的障碍不断减少;二战后,随着传统家庭结构的盛行,这方面的障碍又不断增加;最终,到了20世纪后期,女性登上较高职位的机会又大幅度增加。近年来,随着女性所拥有的机会的不断增加,女性的自信心不断增强,结果导致在很多研究中,性别差异已经变得很小。[33]这些研究结果都证明了一点——近几十年来,女性的自信心和控制力正在不断增强,而这一点与生物社会学理论对性别差异起源的论述恰好是一致的。

控制力与领导力之间的关系

这些趋势对领导力的影响取决于控制力到底是不是决定领导力的关键因素。男性的身体攻击能力比女性强,而身体攻击能力会影响那些主要从事团伙犯罪活动或足球、篮球等体育活动的青少年及年轻成年男性团体的领导权归属。另外,身体攻击能力也会影响很多军事活动的领导权归属。但除此以外,在所有其他背景下,身体攻击能力都不会影响领导力。并且,在职场中,人们普遍反对相互攻击,有时候,个别员工甚至会因为攻击他人而丢掉工作。

语言攻击能力对领导力的影响比身体攻击能力要大,而在语言攻击能力方面,男性较女性略胜一筹。具体到组织中,这一性别差异的表现为:男性老板的语言攻击能力略强于女性老板。但这种趋势并不会给男性带来什么优势,因为口头威胁在提升老板权威方面发挥的作用非常有限。[34]尽管有些老板喜欢威胁下属,但是这种控制方法往往会在员工中造成不良影响,降低员工对老板素质和领导能力的评价。正如一家猎头公司的总裁彼得·克里斯特(Peter Crist)所说的那样,"在知识方面骄傲自大和横行霸道,这两种做法是公司里的大忌"。[35]

总而言之,进化心理学家认为,男性天生就具有攻击性、控制力和竞争力，这些特点是理解为什么男性占据着绝大多数领导职位的关键。尽管在大多数情况下，身体攻击能力和语言攻击能力似乎都不能增强领导力，但控制力中某些积极的因素（例如自信心）却有助于领导力的提升，关于这一点，在后面的内容中我们会加以说明。然而，很多专家强调，要想实施有效的领导，领导者必须很好地掌握人际沟通能力。有些管理学专家甚至极力推崇母亲在抚养孩子过程中所具备的教养技能。[36] 那么，根据研究，到底哪些特点能真正提升领导力呢？

真正与领导力相关的性格特点

性格是影响领导力的重要因素，下面这个事实就能说明这一点。一个人对领导权的热衷程度通常是在他进入青春期之前形成的。对男孩子进行的一项专门的研究表明，在上十年级之前曾经担任过领导职务的男生在成年以后成为领导者并凭借其领导才能而享受高薪的可能性更大。[37] 一个人在自己人生的不同阶段对领导权的热衷程度基本上是一致的，同时，人的性格特点会影响其对权力的欲望，这两种解释正好相互吻合。

研究还表明，男性和女性到底谁能担任领导职务，其中1/3是由遗传因素决定的，另外2/3则是由环境因素决定的。因此，从某种意义上来讲，领导者既是先天因素决定的，也是后天因素造就的。[38] 但证明遗传因素会影响人的权力偏好的证据并不能证明男性和女性的基因差异决定了男性在获取领导权方面存在优势。如果说男性生来就具备担任领导职务的天赋，而女性则不具备这种天赋的话，那么在高中阶段，担任领导职务的男生人数就应该超过女生人数。但正如第二章所述，在高中阶段，担任领导职务的男生人数和女生人数基本上不相上下。[39]

心理学家对影响领导力的性格特点非常了解。[40] 这些研究的结果与根据进化心理学家对攻击性和竞争力的观点拼凑出来的结论截然不同。这一研究表明，一个人的综合智力水平越高，其总体职业成就就越高、工作业绩就越好，并且他成为领导者的可能性就越大。[41] 但仅仅拥有聪明才智还是不够的，优秀的领导者除了聪明以外，通常还具有一系列的性格特点。

哪些性格特点可以助人成为领导者,并能提升其领导力呢?为了找出答案,研究人员将人的性格特点分成了五大类,这就是心理学上著名的"大五"性格模型。研究人员通过精心设计的有效的性格测试来评价这五类性格特点,在测试中,研究人员要求调查对象描述他们典型的行为和偏好。利用这一模型,组织心理学家蒂莫西·贾奇(Timothy Judge)、乔伊斯·博诺(Joyce Bono)、瑞摩斯·艾莱斯(Remus Ilies)和梅甘·格哈特(Megan Gerhardt)分析了人的性格特点与这个人能否成为领导者以及能否发挥卓越的领导力这两大结果之间的关系。[42] 图 3-1 给出了这几位心理学家的研究

对能否成为领导者的预测

"大五"性格特点
- 责任心
- 外向性
- 开放性
- 情绪不稳定性
- 随和性

对能否发挥卓越领导力的预测

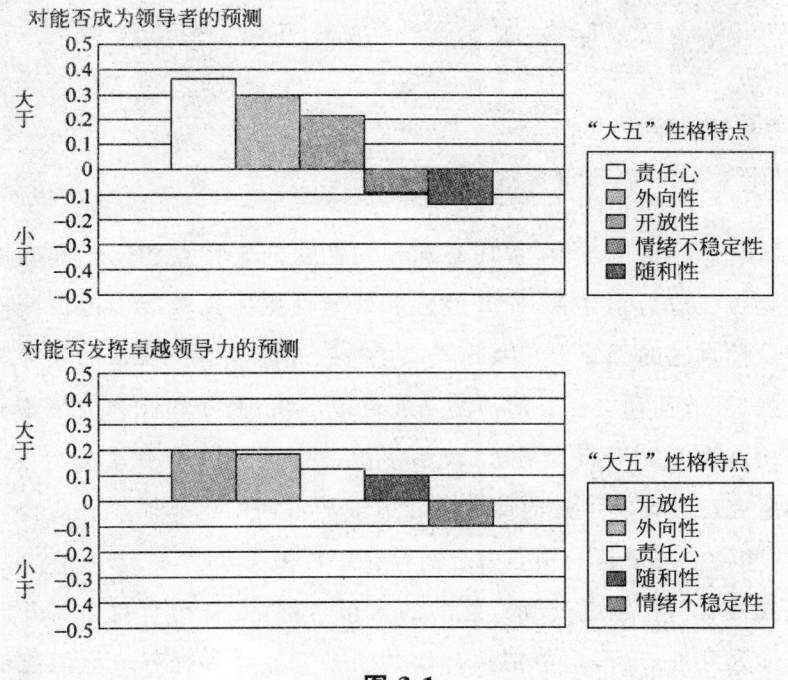

"大五"性格特点
- 开放性
- 外向性
- 责任心
- 随和性
- 情绪不稳定性

图 3-1

与能否成为领导者及能否发挥卓越领导力相关的性格特点

纵轴代表根据各项研究结果计算出来的平均回归系数。正值表示该特点有助于人们成为领导者及发挥卓越的领导力;负值则表示该特点会妨碍人们成为领导者及发挥卓越的领导力。

资料来源:改编自 T. A. Judge et al., "Personality and Leadership: A Qualitative and Quantitative Review," *Journal of Applied Psychology* 87(2002):765-780. Data from table 6. Used with permission。

结果。正相关表示这种性格特点有助于人们成为领导者,负相关则表示该性格特点会阻碍人们成为领导者。首先我们需要注意的一点就是:从统计学的角度来看,"大五"性格特点与能否成为领导者及能否发挥卓越的领导力之间的关联性都不是很大,这表明性格仅仅是影响领导力的众多因素之一。

> **"大五"性格特点**
> 1. 情绪不稳定性:表现为不擅长调节自己的心理状态以及表现出负面情绪
> 2. 外向性:表现为擅长交际、有自信、行为活跃以及带有积极情绪
> 3. 开放性:表现为富有创造力、不墨守成规、喜欢掌握自主权以及不按常理办事
> 4. 随和性:表现为体贴、信赖、柔顺和温柔等个性
> 5. 责任心:表现为成就导向和可依靠性

在"大五"性格特点中,责任心和外向性这两个特点能比较准确地预测一个人是否能成为领导者,而开放性和外向性则能比较准确地预测一个人是否能发挥卓越的领导力。因此,总的来讲,外向性这一要素的领导力预测功能最强;开放性和责任心的预测功能也很不错;而随和性和情绪不稳定性的预测功能最差。[43]对权力需求、政治手腕、情商、移情作用等相关心理特征进行的研究已经证实了外向性在领导力预测方面的可靠作用。研究人员还发现,这些特征与卓越的领导力之间存在正相关关系。[44]

外向性有何特别之处呢?外向的人很合群,并且很有自信。外向的人喜欢与他人共处,也喜欢与别人合作共同去完成各种任务。他们能够带头去解决团队或组织所面临的问题。这样的人通常很适合担任领导者。他们能够组建团队、激励他人并施加自己的影响力。[45]

通过观察很多成功领导者的生活,我们发现,这些人都具备良好的人际沟通能力,这一点与对外向性的研究结果刚好相符。富兰克林·罗斯福(Franklin Roosevelt)早在学生时期担任哈佛大学校报《深红色》主编时,就在这些方面表现出了过人的才能。一位后来也担任过《深红色》主编的罗斯福的同学说:"罗斯福热爱他人,并且能让别人不由自主地喜欢上他。他的

亲切能让人心甘情愿地按他的吩咐办事。"⁴⁶桑德拉·戴·奥康纳（Sandra Day O'Connor）是一位非常有影响力的美国最高法院前法官，她凭借着自己卓越的政治手腕和谈判能力而闻名，她"勤奋、思维敏捷、精力充沛、在政治活动中游刃有余，并且是一位打电话和写便条的高手"。⁴⁷

但这并不是说领导者都必须具备外向型性格，成功领导者当中性格内向的也不乏其人。例如，微软总裁比尔·盖茨（Bill Gates）据说就是一位性格内向的人。不过，性格外向的人通常更愿意与他人共事，因此也就更容易成为领导者。⁴⁸

具备一定的冒险精神对于发挥领导力很重要，冒险精神属于"大五"性格特点中的开放性范畴。⁴⁹领导者必须勇于探索新道路，用商业用语来讲，就是要具备创造性思维。特别是在快速变化的环境中，领导者能够在不确定的情况下创造性地探索新方向并朝前迈进，从而从中受益；当然，过分冒险的行为也可能会产生反效果。领导者还应该值得信赖并能够坚持不懈，这些都属于"大五"性格特点中的责任心范畴。

最近在美国及其他地方发生的商业丑闻引起了人们对领导者道德素质的关注。缺乏道德素质的领导者甘愿冒着名誉扫地、降职、众叛亲离，甚至是锒铛入狱的风险行事。经验证据显示，良好的道德素质通常可以提升领导力，只有值得信赖、正直诚实并且具备健全的道德伦理的人才能成为优秀的领导者。⁵⁰

综上所述，除了综合智力水平之外，一个人的人际交往能力与这个人能否成为领导者及能否发挥卓越领导力之间的联系是最紧密的。然而，仅凭高智商和性格外向还是不够的。优秀的领导者还必须具有创造力，并且能够提出新的想法，这些特质都属于"大五"性格特点中开放性的范畴。领导者还要具备完成项目所需要的将事情坚持到底的决心，这一特质属于"大五"性格特点中责任心的范畴。另外，诚实也非常重要，因为不道德的行为会让领导者的行为出轨。

总而言之，尽管很多优秀的领导者并不是在所有这些性格特点上都有过人之处，但某些特定的性格特点的确有助于提升人的领导力。当然，领导环境决定了什么样的领导者才是最优秀的领导者，关于这方面的内容我们将在后面各章进行讨论。

男性和女性在真正与领导力有关的特点方面的比较

对于男性和女性是否具备成为优秀领导者所需要的素质,这项特点研究有何发现呢?问题的答案取决于男性和女性在那些能够提升或降低领导力的特点上面是否存在差别。我们没有必要花太多的精力去思考这个问题,因为已经有人做了大量的研究来评价男性和女性的智力水平及性格特点等指标。[51]

智力水平与"大五"性格特点

男性和女性在与领导力存在密切关联的特点和能力方面差别很小。具体来讲,在与领导力存在密切关联的综合智力水平方面,男性和女性不分伯仲。关于性格特点,我们给出了由心理学家保罗·科斯塔(Paul Costa)、安东尼奥·泰拉恰诺(Antonio Terracciano)和罗伯特·麦克雷(Robert McCrae)收集到的数据,从这些数据中,我们可以找出一些具有代表性的研究结果。这三位心理学家设计了性格测试来评价被调查对象的"大五"性格特点及每一大类性格特点所包含的各种具体的性格特征(我们将其称为性格"层面"),他们还比较了1 000位美国成年男性和成年女性在性格测试中所取得的分数(见图3-2)。[52]

其中最重要的一项发现就是:尽管在构成外向性性格特点的某些微观层面上男性和女性存在一定差别,但就外向性(它是在预测一个人能否成为领导者及能否发挥卓越领导力方面预测功能最强的指标)而言,男性和女性几乎不相上下。如图3-2所示,外向性包括热情、乐观、合群、活跃、自信和冒险六个性格层面。在自信和冒险方面,男性优于女性,但在热情、乐观、合群和活跃方面,女性则优于男性。[53]因此,就总的外向性而言,男性和女性都没有绝对的优势。男性领导者如果多注意一下热情等女性身上比较突出的外向性性格层面就可以受益匪浅,而女性领导者如果多注意一下自信等男性身上比较突出的外向性性格层面也可以获益良多。

男性和女性在外向性方面存在的差异

外向性的构成要素
- 热情
- 乐观
- 合群
- 活跃
- 自信
- 冒险

男性和女性在开放性方面存在的差异

开放性的构成要素
- 审美
- 情感丰富
- 创造
- 智慧
- 想象力
- 求异

男性和女性在责任心方面存在的差异

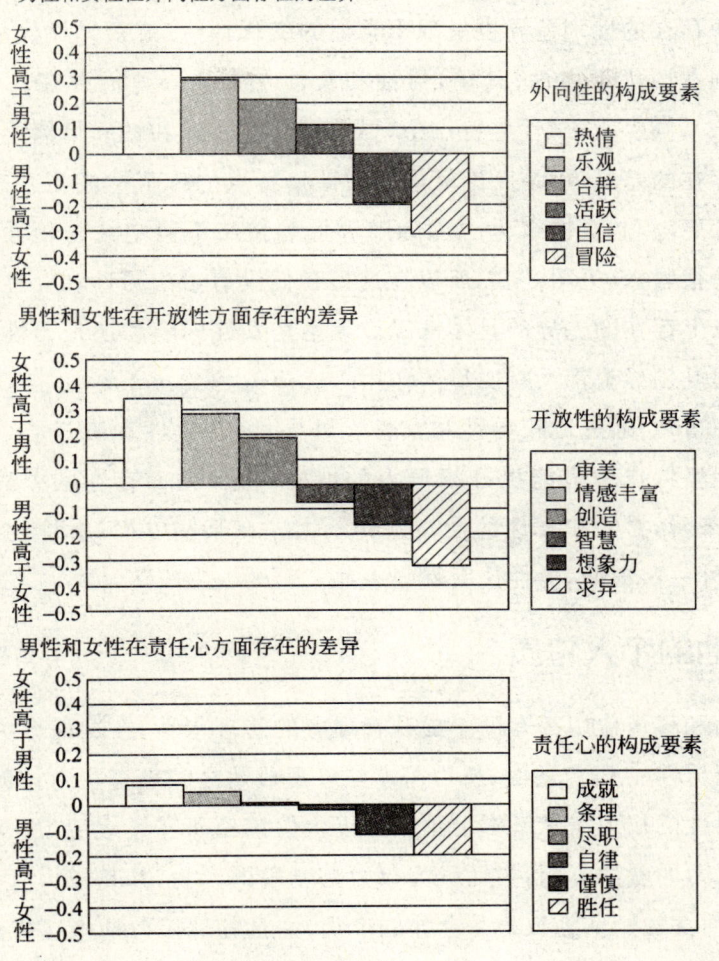

责任心的构成要素
- 成就
- 条理
- 尽职
- 自律
- 谨慎
- 胜任

图 3-2

1 000位美国成年男女在外向性、开放性和责任心方面存在的性别差异

纵轴代表在d效应量方面存在的差异。效应量为正值表示女性被调查对象的得分高于男性，效应量为负值则表示男性被调查对象的得分高于女性。

资料来源：改编自 P. T. Costa Jr., A. Terracciano, and R. R. McCrae, "Gender Differences in Personality Traits Across Cultures: Robust and Surprising Findings," *Journal of Personality and Social Psychology* 81(2001): 322-331. Data from table 2. Used with permission.

有助于提升领导力的其他性格特点——开放性和责任心，它们的各构成要素中存在的性别差异也呈现出类似的变化，有些要素男性优于女性，有些要素则女性优于男性；其中，男性和女性在责任心方面存在的差异最小（见图3-2）。在"大五"性格特点中，男性和女性在随和性和情绪不稳定性两个方面存在的差异最大，无论从这两大性格特点的哪个构成要素来看，女性都比男性更随和、更情绪化。[54] 因为随和性和情绪不稳定性与领导力之间的关系不是很紧密（见图3-1），所以在这里我们没有给出男性和女性在这两大性格特点上存在的差异的具体情况。无论是女性的随和还是男性的情绪稳定对于提升领导力都没有明显的作用。

总而言之，通过比较男性和女性在外向性、开放性和责任心（这三个是"大五"性格特点中最能提升领导力的性格因素）方面存在的差异，我们发现，总的来看，男性和女性的性格差异不大。在某些方面，女性比男性强一些；在另外一些方面，男性比女性强一些。

其他的个人特质

情商和移情作用都有助于提升管理者的管理水平，在这两个方面，女性都略强于男性。[55] 研究表明，权力需求与管理成效之间也存在密切的联系，而男性和女性的权力需求基本上不相上下。但该项研究还表明，通常，男性和女性对权力的看法不同：男性认为权力是竞争的产物，并且权力存在大小等级之分；而女性则认为权力是合作的产物，并且各种权力是相互依存的。[56]

各种研究都表明，男性比女性更富有冒险精神。[57] 但男性和女性在这方面的差别不大，并且随着时间的推移，差别还在逐渐缩小。而且，我们还不清楚领导者到底应该具备多少冒险精神。英国电信消费者服务部（BT Retail）的常务董事帕特里夏·瓦斯（Patricia Vaz）表达了自己在这件事情上的看法：

> 我在西印度群岛度假时曾经遇到过一位潜水者……他告诉我他更喜欢教女性而不是男性学习潜水。他说，这是因为男性喜欢在鬼门关前面转悠，他明知道前面有危险却还是会游过去。男性喜欢说"我能行"来表现自己的男子汉气概。而女性总是在问："我

们能避开危险吗？如果……的话会怎样呢？我们能想办法克服它吗？我们安全吗？"努力去确认了解这种做法可以帮你找出你要做的事情存在哪些缺点和风险。这样一来，你就可以想办法来减少风险。[58]

考虑清楚潜在的收益和损失之后适当地冒点儿险要比为了冒险而冒险更有效。

道德素质

男性和女性在某些道德素质方面存在差异。对于包括婚外恋、离婚、自杀及大麻合法化在内的很多违反传统道德观念的行为和政策，女性的抵制情绪较男性更强。这种道德旋律与女性比男性更虔诚的表现是吻合的。女性对不幸的人更富有同情心，更关注解决道德难题对亲密的人际关系的影响。[59]

在职场中，相较男性，女性更反对使用内部信息等违反道德规范的业务操作，但男性和女性的这一差别在管理者身上的表现没有在非管理者身上表现得那么明显。与男性相比，女性更不愿接受谎报信息、假装套近乎以套取信息、做出根本不打算履行的承诺等不道德的谈判策略。同样，对43个国家的价值观进行的一项调查显示，在多数国家，相较男性，女性更难容忍受贿等不诚实或非法行为。[60]另外，人事选拔考试中经常出现的诚信度评价也显示，女性的诚信度自评高于男性。[61]

从行为方面来看，在多数犯罪活动中，女性的涉案率都低于男性。研究人员做了很多实验，在实验中禁止实验对象把玩、触摸、观看或食用一种或多种诱人的物品。结果研究人员发现，无论是小女孩儿还是成年女性在抵制诱惑方面的表现都比小男孩儿及成年男性更好。因为道德规范通常要求人们必须要抵制诱惑，所以这一发现能给我们带来一定的启发。[62]

总而言之，女性和男性的某些伦理和道德观念存在差别。近年来在美国，重大道德违规行为的披露者多数都是女性，这种现象正好与我们的研究结果相符。例如，美国安然（Enron）公司的谢伦·沃特金斯（Sherron Watkins）就是这些女性中的一个，她给公司的执行总裁肯尼思·莱

(Kenneth Lay)发备忘录揭露了公司虚假财务信息披露的事实,并因此而名声大噪。[63] 据某大型零售企业的一名女性主管讲,尽管肯站出来揭发真相的女性为数不多,但很多女性都经常质疑公司的做法是否属于道德违规行为。

> 我过去非常天真,总是认为报表上的数据都应该是真实的,做任何事情都应该按规矩来,任何发生过的事情都应该如实地披露。我并不知道原来我们还能根据公司的需要去发布虚假信息。但从战略角度来看,明明是第四季度才能实现的收益,却将它提前在报表中披露,这种做法是必需的。……现在我就职于这家大型连锁零售企业,这里也很黑暗。我经常对自己说,你现在所处的就是一个肮脏的商业世界,对此,我感到很难过。[64]

现在,因为人们越来越重视商业和政治中的道德问题,女性和男性在道德观念方面存在的这些差异将有利于女性担任领导职务。尽管很少有研究去探讨具体的道德素质与领导力之间的关系,但一些管理顾问指出,让更多的女性加入管理队伍可以减少高级管理层的欺诈行为,研究人员的这些话还是非常令人信服的。[65]

另外,公众普遍认为女性犯道德错误的可能性较小,这种观念也有助于女性登上管理职位。很显然,帕特里夏·瓦斯(Patricia Vaz)就是凭借这种优势当上了阿彻·丹尼尔斯·米德兰(Archer Daniels Midland)公司的执行总裁。在瓦斯将阿彻·丹尼尔斯·米德兰公司的腐败文化公之于众之后,公司的几位高层管理者纷纷锒铛入狱,公司还被迫支付了数亿美元的罚款及和解金。随后,身为局外人的瓦斯经推选当上了该公司的执行总裁。用一位产业分析家的话讲:"这家公司已经给人留下了黑手党的印象,这样做(即选瓦斯担任执行总裁)可以改善公司的形象。我觉得该公司的董事会做了个明智的决定。"[66] 同样,金融业巨头美邦(Smith Barney)公司因在财务调研中舞弊而被曝光之后,公司也被迫支付了大笔的罚金。随后,萨莉·克劳切克(Sallie Krawcheck)当上了该公司的执行总裁。因为人率直和注重自身道德修养而素来被称为"无暇娘子"的克劳切克总裁当得非常出色,后来又升任了美邦母公司花旗集团的高层管理职务。[67]

结论

过去，人们一直以男性和女性性格不同为由拒绝让女性担任领导职务。心理学研究对这一过时的论调提出了质疑，并找出了男性和女性在性格特点方面的异同点，以及这些特点与能否成为领导者及能否发挥卓越领导力之间的关系。通过研究，我们找到了一些与出色的领导力有关的男性和女性在性格方面存在的细微差异，例如自信心、合群与否、冒险意识以及道德素质。研究结果表明，女性所具备的适合担任领导职务的性格特点并不比男性少，从而推翻了布朗认为女性领导稀少是因为男女两性在性格方面存在根本性差异的论断。[68]

进化心理学家认为，攻击性和控制力对于领导力至关重要，但这一观点与现代组织不符。正如我们在以后几章中详细论述的那样，判断领导能力出色与否的标准在随着时间的变化而变化。例如，大型新职介绍公司睿仕管理顾问公司（Right Management Consultants）进行的一项调查显示，各家公司最期望其管理人员具备的能力是"激励别人和引起别人关注的能力"。[69]集作家、编辑和评论员三重身份于一身的戴维·格根（David Gergen）写道："命令—控制式领导法已经被人们称之为'影响式领导法'的新方法所取代……新型的领导者主要是通过说服、授权、合作与拍档等方式来实施其领导权。"[70]

科学研究表明，尽管影响领导力的因素很多，但人的某些性格特点和综合智力水平与领导力之间的确存在一定的联系，这一研究结果刚好也符合上述的观点。成功的领导者身上往往兼备了男性的某些性格特点和女性的某些性格特点，他们通常很合群、有决断力、擅长交际、聪明、有良心、正直、值得信赖，并且擅长说服、鼓舞和激励别人。简言之，要想提升自己的领导力，单凭男性的性格特点或女性的性格特点都是不够的。事实上，在大多数现代组织中，性格极端男性化或极端女性化都可能会削弱一个人的领导力。[71]

因此，我们不能用男性和女性生来就具备不同的心理特点来解释为什么很少有女性担任某些领导职务。然而，报纸上常常会刊登一些宣扬进化心理学的文章,宣称男性和女性在心理方面存在的差异是与生俱来的,这些文章误导大家更加相信上述论断。[72]这些观点会削弱我们的信心,令我们对女性是否具备成为优秀领导者的素质产生质疑,这样一来,女性要想登上领导职务,就要穿越更加令人扑朔迷离的迷宫。

在第四章中,我们将继续探索迷宫的构造。我们将讨论一个基本问题,即女性所承担的家庭责任是否阻碍了女性担任领导职务。在照顾子女和家庭责任方面,女性所承受的负担都重于男性,这是否会导致女性不愿再去担任领导职务或导致女性升上领导职务的机会少于男性?

第四章
CHAPTER 4

家庭责任是女性的绊脚石吗？

女性所承担的家庭责任对于她们能否成为领导者会产生怎样的影响？照顾孩子和家庭是否是女性领导道路上的绊脚石？如果我们无法用男性的性格特点来解释为什么绝大多数的领导职务都是由男性担任，那么我们或许可以用家庭劳动分工来解释其中的缘由。本章中，我们将揭示这样一个事实：女性所承担的家庭责任的确减少了她们在社会上获取权力和权威的机会。但是，男性逐渐开始越来越多地分担家务劳动和抚养孩子的责任，并且有迹象表明，这些使得家庭内部男女越来越平等的变化可能会持续下去。尽管如此，女性目前仍承担着繁重的家务劳动。这种状况降低了女性穿越迷宫的可能性。女性要想在社会上获得充分发挥其领导力的机会，男性必须再向前迈进一步，更加平等地跟女性分担家庭责任。

男性和女性各自承担的家庭责任

女性所承担的家务劳动量远大于男性。女性在做家务和照顾孩子方面花费的时间也比男性多。通常，女性还要负责安排家人会面、照顾上了年纪或生病的家人以及安排孩子的活动。她们就像黏合剂一样，通过跟一大家子人保持联系、为家里的重要事件安排庆祝活动、寄送卡片、跟邻居聊天等活动，将家人紧紧凝聚在一起。[1]

家务劳动

通过研究记录当事人一天24小时每时每刻都在做些什么的时间日志，我们可以非常清楚地找出人们在家务劳动和其他活动上到底花费了多少时间。由美国一些具有代表性的样本对象完成的时间日志显示，女性所承担的家务量已经下降了，而男性所承担的家务量则上升了。如图4-1所示，1965年，已婚女性每周要花高达34小时的时间来打理家事，而到2005年，女性从事家务劳动的时间则降到了每周19小时。就在这段时间，男性每周花在做家务劳动上的时间则从5小时上升到了11小时。现在，家务分担情况比过去公平了,但女性花在家务劳动上的时间仍是男性的 1.7 倍。尽管可能有很多因素导致女性从事家务劳动的时间减少,但其中肯定不包括女性外出工作时间增加这一因素,因为没工作的女性从事家务劳动的时间比有工作的女性降得还要多。[2]

图 4-1

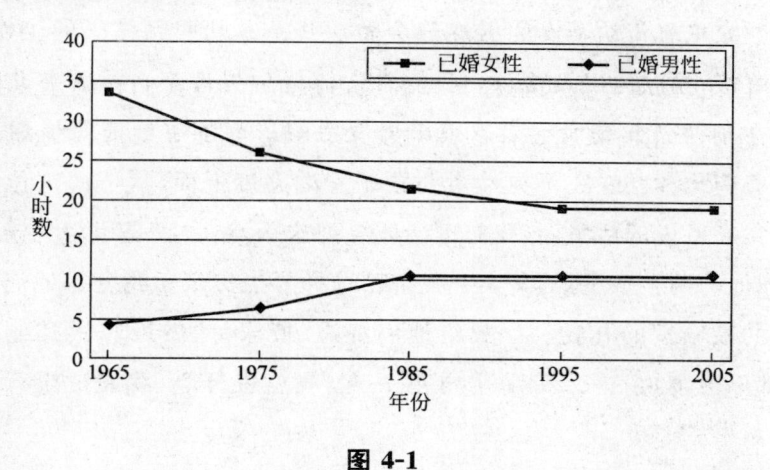

1965—2005 年美国 25—64 岁的已婚女性和已婚男性周平均家务劳动时间

资料来源:改编自 S. M. Bianchi, M. A. Milkie, L. C. Sayer, and J. P. Robinson, "Is Anyone Doing the Housework? Trends in the Gender Division of Household Labor," *Social Forces* 79(2000):table 1. Used with permission. U. S. Bureau of Labor Statistics, 2006b, News: American Time-Use Survey—2005 Results Announced by BLS, table 3.

尽管男性和女性的家务劳动时间呈趋同走势,但像烹饪、打扫、洗熨等基本的"核心"家务劳动大多仍由已婚女性承担,而像整理庭院、家用设施维护及支付账单等工作则主要由已婚男性承担。[3]女性所做的大都是日常生活中频繁出现的家务活,而且一般很难逃脱、缺乏机动性,这都给女性造成了很大的负担。

有趣的是,家里有个男性伴侣并没有减少女性的家务劳动量,而女性在外面挣钱挣得多也没有增加男性的家务劳动量。事实上,已婚女性做的家务活比单身女性还多。而女性的薪水在家庭收入中所占的比重对于其配偶承担的家务劳动量影响不大。然而,随着女性收入的增加和工作时间的延长,她们可能会通过购买更多的商品和服务来设法减轻自己的家务劳动负担。[4]

照顾孩子

多数家里有年幼子女的男性都会做一些基本的照顾孩子的工作,例如给孩子喂饭、换尿片以及洗澡。[5]我们常常能看到男性亲自推着婴儿车或领着孩子在各种公共场所行走。很多男洗手间里面都有给婴儿换尿片的台子。这些变化都反映在了男性对照顾子女的态度上面,从下面这位有两个孩子的父亲所说的话里面,我们也能体会到这一点。"我是一名父亲。我是他们(即他的两个孩子)的父亲。我自己选择要当父亲。我觉得他们是上天赐予我的最珍贵的礼物。让我给他们洗澡、换尿片、做饭和做其他任何事情,我都不会嫌烦。只要能跟孩子在一起,我就很开心,我非常愿意花时间为孩子做事。"[6]

时间日志研究证实,男性花在照顾孩子上面的时间越来越多。在婴儿潮时期出生的那些孩子的父亲比之前的男性花在照顾孩子上面的时间要多。X世代(Generation X)的孩子们的父亲比婴儿潮时期出生的孩子的父亲花在照顾孩子上面的时间还多,而Y世代(Generation Y)的孩子们的父亲花在照顾孩子上面的时间是最多的。尽管已经发生这些巨大的变化,但是已婚女性花在照顾孩子上面的时间仍是已婚男性的2.1倍。即使是政界和商界顶尖级的女性世界领袖,她们在照顾孩子方面花费的时间也比她们的丈夫多。[7]

因此,很多女性管理者需要面对男性管理者所不必面对的挑战,那就是如何平衡家庭和工作之间的关系。存在这种差异的主要原因在于:大多数男性管理者的妻子都是全职主妇,而大多数女性管理者的丈夫都有工作。只有少数非常有影响力的女性管理者,例如惠普公司的前执行总裁卡莉·菲奥里纳、施乐公司的总裁安妮·马尔卡希和皮特尼—鲍斯管理服务(Pitney-Bowes Management Services)公司的前总裁卡伦·加里森(Karen Garrison),她们的丈夫是全职主夫。由于女性管理者大都没有全职主夫做后盾,所以她们当中很多人不得不放弃生孩子或推迟生孩子。[8]

父亲需要承担照顾孩子的责任，人们对这件事情的态度的变化要比行为的变化还快。最近对很多美国夫妇进行的一项调查显示，对于认为日常照顾孩子的责任应该由孩子的父亲和母亲平均分担的这种平等主义的做法，多数女性和男性都表示认可。特别是受过教育的男性和女性更是普遍抱有这种态度。总体来看，支持男性和女性都可以出去挣钱养家以及学龄前儿童的妈妈们也可以出去工作这两种观点的美国人越来越多。并且，越来越多的美国人认为，有工作的妈妈们也可以像全职妈妈一样跟自己的孩子亲密无间。[9]

尽管对于倡导男女平等的大原则的支持者越来越多，但夫妻二人在进行劳动分工时，主要还是看他们自己觉得如何分配比较公平。夫妻二人越是认为他们在家庭内部应该分担家务劳动，他们对打理家事和挣钱养家两种责任的分配就越公平。但通常妻子干的活比丈夫多，而丈夫却在每个人应该做哪些工作上面更有发言权，对于这种状况，很多丈夫表示满意，而不少妻子则心存不满。[10]一位担任值长（shift supervisor）的女性道出了多数女性心中的怨言：

> 我丈夫在照顾孩子方面帮了我很多。但他一点家务也不做，并且只要我在家，他就不看孩子。他知道自己一周要工作五天……但他从来就没想过我一周要工作七天……他周末休息的时候，我就得雇保姆看孩子，好让他去钓鱼。而我放假的时候，却整天都要看孩子，一点休息的时间都没有。我不在家的时候他会帮忙，但只要我一回家，他就把家里所有的活儿都推给我。[11]

尽管大家都明白母亲花在照顾孩子上面的时间比父亲多，但很少有人知道现在母亲们花在照顾孩子上面的时间比前辈的人还多。研究人员进行了四次全国范围的时间日志调查，追踪观察从1965年到2000年之间父母花在照顾孩子上面的时间，结果发现：事实上，在美国，无论是父亲还是母亲，花在照顾孩子上面的时间都比以前增加了（见图4-2）。[12]女性在照顾孩子上面需要多花费的时间几乎可以抵消因为男性多分担部分责任而减少的时间。

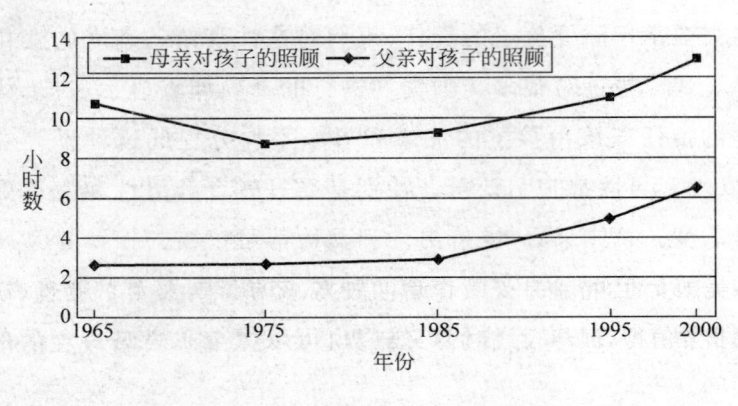

图 4-2

1965—2000 年美国已婚父母平均每周花在照顾孩子上面的时间

资料来源：改编自 Suzanne M. Bianchi, John P. Robinson, and Melissa A. Milkie, *Changing Rhythms of American Family Life*, table 4.1, 64. © 2006 Russell Sage Foundation, 112 East 64th Street, New York, NY, 10021. Used with permission.

从前，母亲们一直忙于烘焙、烹饪、洗熨衣服、缝纫、打理花园，再早一些，还有纺纱和织布等工作。她们待在孩子身边，但却忙得没有时间跟孩子交流。即便是在 20 世纪 60 年代女性就业率相对较低的时期，女性花在跟孩子交流上的时间也不比现在多。孩子玩耍的时候，母亲通常都在做家务。[13]一位 70 岁高龄的老奶奶说道：

> 我女儿照顾她儿子花的时间比我照顾自己的孩子花的时间要多，而我花的时间比我母亲当年照顾我们花的时间要多。我母亲真的是没时间。她要到农场里面去干活，所以没有时间做家务、陪我们玩或带我们出去……现在的女性，即便是有工作，也要承受很大的压力。为了让孩子更幸福、更聪明、能够享受到各种优越的条件，她们不得不花大量时间陪孩子。[14]

文化上的变化使得母亲花时间好好照顾孩子变得越来越重要。[15]一战后，多数富有家庭没了佣人，开始依赖母亲来照顾孩子，从那以后，母亲开始花越来越多的时间照顾孩子。认为母亲对孩子的照顾非常重要的观点是在 20 世纪二三十年代形成的，在 20 世纪随后的几十年间，信奉这种观点的人越来越多。¹⁶ 这种观点在一定程度上是受了像本杰明·斯波克博士（Dr. Benjamin Spock）所著的《斯波克育儿经》（*Baby and Child Care*）等育儿手册的启发。近年来又有不少此类书籍面世，例如贝里·布雷泽尔顿（Berry Brazelton）所著的《婴儿所懂的那些事》（*What Every Baby Knows*），这些书一直在强调孩子需要自己母亲的照顾。¹⁷

很多美国女性，特别是受教育程度较高、经济条件较好的女性，认为做妈妈是一件非常值得，但却很耗时而又耗费心力的事情。尽管现在的母亲花在陪孩子上面的时间比上几辈人多，但大多数妈妈都觉得自己陪孩子的时间太少了。¹⁸ 事实上，2000 年，有工作的妈妈们花在与孩子交流上面的时间跟 1975 年全职妈妈们在这上面所花的时间是一样多的。一位四岁女孩儿的妈妈回忆了自己养女儿的方法："（我们）经常跟孩子协商，我们不会对孩子直接说'不'，但是会告诉她哪些事能做，哪些事不能做。我们不会像老一辈那样对孩子说'我是爸爸（或妈妈），我说了算'，而是会试着多花时间陪孩子一起玩……我的意思是说，这些事情非常耗费时间和精力，很容易让人筋疲力尽。而且孩子越大，他们的讨价还价能力越强。我女儿现在已经是个谈判高手了！" ¹⁹

研究显示，妈妈们普遍认为为了让孩子健康成长，做妈妈的必须有忘我精神，而且要花费大量心力。因为当妈妈非常耗费心力、很具挑战性，所以妈妈们通常对自己培育儿女的技能有极高的要求。在接受皮尤研究中心（Pew Research Centre）调查的妈妈们当中，只有约 1/3 的人对自己当妈妈的表现"非常满意"，接受过大学教育的妈妈们对自己的表现尤其不满意。²⁰ 女性渴望培养出完美无缺的子女，因此她们承受着巨大的压力，而这种自我批判就是她们压力太大的一种症状。《纽约时报》的专栏作家兼撰稿人埃林·斯普拉金斯（Ellyn Spragins）说："人们会根据蹒跚学步的孩童是否会把盒子的玩具拿出来跟小朋友一起玩儿以及谁家的孩子成绩名列前茅来给孩子的母亲打分。过去，人们会等孩子长大以后再去判断父母教育得好不好。而现在，孩子必须在每个年龄段都沿着完美的轨迹成长，才能说明他们的父母教育得好以及他们的父母做出了正确的事业选择。" ²¹

讽刺的是，尽管受过教育的女性尤其不满意自己当妈妈的表现，但她们花在孩子身上的时间却比受教育程度稍低的女性多。²² 这种现象带来的后果就是：事业上最有潜力的女性往往在教育孩子方面承受的压力也是最大的，这就使得这些女性在穿越迷宫时要面临更多的挑战。

考虑到父母对子女教育问题的重视程度，有工作的妈妈和全职妈妈花在跟孩子沟通上的时间相差无几。2000年进行的一项时间日志调查显示，全职妈妈们平均每周花在与孩子沟通上的时间比有工作的妈妈们多5个小时。[23]

家庭内部劳动分工的影响

家庭责任带来了时间压力，这就给那些想在工作中有进一步发展的女性带来了挑战。有工作的妈妈们承受的时间压力尤其大，她们要投入大量的时间来完成自己的工作和家庭责任。一项全美范围内的调查显示，在拥有大学及大学以上学历的双职工已婚父母中，女性周平均工作时间长于男性。将带薪工作时间和家务劳动时间都计算在内，爸爸们每周投入的工作时间为67小时，而妈妈们投入的工作时间为71小时。[24]

耗费心力的子女教育问题使得有工作的妈妈们无论在工作上还是在家里都要承受很大的压力。为了弥补外出工作的时间，女性不得不放弃休闲活动和独处时间来陪孩子。妈妈们工作的时间越长，她们花在个人闲暇和社交活动上的时间就越少，而花在可以同时跟孩子交流的休闲活动和家庭活动上的时间就越多。如果有个不到六岁的孩子，那么女性的休闲时间每天减少一小时，结婚同样会让女性的休闲时间每天减少一小时。而男性的休闲时间则不会受孩子或婚姻的影响。[25] 与男性相比，女性的休闲时间明显不足。在美国，已婚男性每周能享受的休闲时间都比已婚女性多好几个小时，一年累计下来，男性每年可享受的休闲时间比女性多212小时，如果按每周工作40小时计算的话，就相当于大约5周的工作时间。[26]

因为就业和家庭的需要，与男性相比，女性感觉更匆忙、更有时间压力感。女性花在工作上的时间越长，她们对自己可以支配的时间和可以用来做其他事情的时间就越不满意，特别是如果她们有孩子的话，情况就更是如此。相反，男性工作时间的长短对于他们的时间压力感却没有太大的影响。[27]

担任管理和专业职务的女性所面临的工作和家庭之间的时间冲突最为严重，因为她们的工作往往要求投入更多的时间（参见第九章）。工作需要常常会挤占个人生活时间,因为她们周末经常需要加班。电话、电子邮件及其他联系常常会打扰到她们的家庭生活。[28] 一名女律师讲述了她在一家知名律师事务所工作期间挤不出时间参与家庭生活的难处:"我休完产假回公司上班以后,发现自己已经无法按照生孩子以前的工作时间表(包括周末和晚上工作)工作了,为此,我的合伙人感到很恼火。我试图跟主要合伙人商量能否给我安排一些非全日制的工作,但他却暗示说我并不是真心想当一名'真正的刑事律师'。于是我就辞职了……顺便说一句,那些'真正的刑事律师'合伙人家里都有全职太太。"[29]

一般而言,婚姻和为人父母对男性和女性的要求是不一样的。因为女性承担着更多的家庭责任,所以妈妈们和妻子们被雇用的可能性更小。有了孩子以后,妈妈们带薪工作的时间会减少,而爸爸们带薪工作的时间反而会增加。对女性来讲,孩子越多,投入到工作上的时间就越少。[30]

这些不平等反映了传统的母亲和父亲的角色定位。从传统意义上讲,做一名优秀的父亲意味着要让家人丰衣足食,而做一名优秀的母亲则意味着要细心地抚养和照顾孩子。尽管现在只有少数美国人认可这种劳动分工,但其影响依然存在。如果丈夫和妻子不能平均分担家庭责任,那么妻子在职场中就会处于劣势,她们必须克服更多困难才能晋升到能给她们带来更高收入和更高威信的职位。[31]

当然,单亲父母既要养家糊口又要照顾孩子。因此,跟已婚夫妇相比,单亲妈妈和单亲爸爸的就业模式之间的差别相对较小,因为在已婚夫妇当中,男性和女性的不平等是最突出的。即便是在单亲父母当中,单亲妈妈的工作时间也比单亲爸爸少。单亲爸爸之所以能够花更多时间工作挣钱,是因为大多数单亲爸爸都是跟可以帮他们分担家庭责任的父母或其他成年人一起生活,而大多数单亲妈妈则享受不到这样的便利。[32]

男性和女性就业的连续性

对大多数女性而言,家庭需要和工作责任之间常常会起冲突,结果导致女性时不时要中断自己的职业,这种状况继而又会降低女性在职场上获得升迁的机会。现在就让我们来比较一下男性和女性的就业模式。

职业中断

有些女性,甚至是那些职业前景极好的女性,会为了能有时间承担家庭责任而彻底放弃自己的工作。例如,一项调查显示,37%拥有高级文凭的女性(高级文凭包括专业学位、研究生学位、荣誉学士学位)会在自己人生的某个阶段自愿放弃工作,而具有同等文凭的男性中,只有24%的人会在某段时间自愿放弃工作。[33]在有一个或一个以上子女的女性当中,这一比例会上升到43%。这些女性放弃工作的主要原因是为了有时间照顾家庭,而男性遇到同样的问题通常不会中断自己的职业,而是会改变职业。

辞职回家照顾孩子的女性未必就能很轻松地做出辞职的决定。当事业忽然没了的时候,一想起自己在长期准备过程中在事业上投入的心力,就会让人感到很痛苦。用一位曾做过报纸高级主编兼记者的话说:"当你为了有更多的时间陪孩子而放弃自己成功事业的时候,你失去的不仅仅是漂亮的衣服、汽车和度假的时间,你同时也放弃了自我。"[34]

除了放弃自己在带薪工作上投入的心力以外,职业中断还有很多明显的成本,如收入没了、职业发展受阻、技能贬值以及很难重振自己的事业。女性职业中断所带来的长期收入损失是巨大的。近15年来,美国女性的平均收入为273 592美元,而男性的平均收入为722 693美元。根据这一计算结果,女性的收入只有男性的38%,其中主要的原因就在于女性只是在断断续续地工作挣钱。另外,妈妈们职业中断时间越长,她们的经验和资历就越浅,重新开始工作后挣到的钱就越少。这种收入损失会一直持续很长时间。就业就像长途赛跑一样,对大多数长期中断职业的女性而言,她们的工资永远也赶不上那些一直坚持工作的女性。[35]

通常,女性生孩子的最佳时期与建立成功事业的关键时期是重合的,这种情况进一步提高了女性中断职业的成本。即使是拥有高级文凭的女性,也很难重新找回事业发展的良好势头。想要重新开始工作的女性中有约1/4的人找不到工作,而重新开始工作的女性当中也只有少数人能找到全职专业性的工作。[36]

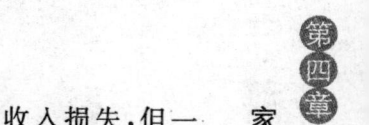

尽管限制职业中断的时间可以减少有工作的妈妈们的收入损失,但一直坚持工作也不能全部消除生儿育女给女性带来的收入损失。大多数研究显示,即便控制职业中断时间、工作时间及其他因素,生儿育女仍然会给女性带来收入损失(参见第五章)。[37]

尽管因家庭原因中断职业的女性多于男性,但大多数从事全职工作的妈妈们并不会因为生孩子而辞职。一项研究显示,已经生过孩子的女性生完孩子后继续从事全职工作的概率是之前没生过孩子的女性生完孩子后继续从事全职工作的概率的75%。相反,从事非全日制工作的女性的确会在生孩子时辞掉工作。[38]

部分身为人母的女性会选择辞职回家带孩子,这一事实给人们留下了女性比男性更常辞职的错误印象。但实际上,因为导致人们辞职的原因很多,所以女性辞职的频率并不比男性高。相反,男性管理人员辞职的频率还略高于女性管理人员。实际上,尽管在管理人员和年轻人当中,因家庭责任辞职的女性多于男性,但无论是男性还是女性,大多数情况下,辞职的原因都与家庭无关。[39]

综上所述,家庭责任导致女性无法一直工作、经验不足,因此减少了她们在职场中获得升迁的机会。彻底放弃事业,即便只是一时的权宜之计,也会对女性的升迁和工资造成非常严重的负面影响。尽管生完孩子以后继续从事全职工作对女性来讲是一项很大的挑战,但限制中断职业的时间可以减少生儿育女给女性带来的损失。然而,多数女性不会选择彻底放弃工作,而是会想一些其他的办法来处理家事。现在就让我们来看一看这些方法。

请事假和请病假

请假可以帮助父母们挤出时间做家事。尽管女性请假的次数比男性多,但在管理人员当中,请假的事情却很少发生。因家中有事请假和因病请假给女性管理人员的事业造成的损失,与请病假给男性管理人员的事业造成的损失大体上是一样的。因为很少有男性因为家中有事请假,所以我们无法确定因家中有事请假给男性带来的麻烦是否比给女性带来的麻烦更大。[40]

偶尔缺勤比请假更常见。美国及多数其他国家的女性请病假的时间比男性长。孩子越多,女性请病假的天数越多,而男性请病假的天数则不受他们有几个孩子影响。[41]因此,女性缺勤现象显然反映了其沉重的家庭负担,继而也反映出了她们认为生病的孩子应该由母亲照顾的想法。一位孩子妈妈解释说:"孩子们生病时,都是我待在家里照顾他们……并不是我丈夫想要偷懒,而是他根本就不知道怎么去照顾。他本意是好的,但做什么事儿都需要有人告诉他怎么做……让男人去照顾生病的孩子?唉,还是妈妈们对孩子照顾得比较多。"[42]

寻找机动性强的工作和非全日制工作

为了能挤出时间做家事,很多女性,特别是有孩子的女性,会去找一些机动性强的工作。尽管偏好机动性强的工作,但女性通常需要付出极大的努力才能找到这样的工作。总的来说,女性享受弹性工作制的机会略低于男性。事实上,专业职位、管理职位和行政职位在工作时间安排方面的机动性要比大多由女性担任的文书职位和行政助理职位更强。[43]

无法享受弹性工作时间的女性可能会去寻找非全年制工作或非全日制工作。但总的来说,尽管非全年制工作可能有很多优点,但女性找到非全年制工作的机会并不比男性多。女性找到的常常是非全日制工作。即使是从事医生、律师等过去主要由男性从事的地位较高的专业工作的女性,也会比男性同行更常减少自己的工作时间。[44]

尽管非全日制工作可以提供更多时间做家务,但照顾孩子并不是女性从事非全日制工作的唯一理由。在至少有一个不满六岁的孩子的就业女性当中,有29%的人从事非全日制工作,而在没有孩子的就业女性中,有25%的人从事非全日制工作。在至少有一个不满六岁的孩子的就业男性当中,只有4%的人从事非全日制工作,而在没有孩子的就业男性中,却有15%的人从事非全日制工作。[45]因此,有年幼的子女会减少从事非全日制工作的父亲人数,而略微增加从事非全日制工作的母亲人数。

显然,从事非全日制工作收入少,养老金缴款等工作福利也低。即使是按小时工资计算,从事非全日制工作的工人的工资也比从事全日制工作的工人低。尽管从事非全日制工作会阻碍事业发展,但跟不工作相比,它对事业更有利。不管做的是全日制工作还是非全日制工作,女性的工作年限越长,其当期收入就越高。[46]

总而言之,尽管家庭内部的劳动分工已经弱化了,但家庭责任给女性职场生涯带来的负面影响远大于男性。少数孩子妈妈选择辞掉工作,这当中有些人是因为喜欢做全职家庭主妇,另外一些人则是因为工作时间安排不够灵活。其他孩子妈妈则通过请事假、根据孩子的需要请病假或安排非全日制工作的方法让自己的时间安排机动性更强。这些做法拖慢了女性升任领导职务的进程,并且很多女性很清楚她们的选择会带来这种后果。事实上,尽管大多女性感觉性别歧视仍然是个问题,但多数女性认为职场中缺乏灵活性这个问题更严重。[47]因为女性会根据家庭责任的需要来调整就业,所以她们找工作的要求有别于男性,或者她们的敬业精神没有男性强。现在,就让我们来评价一下这些可能性。

工作偏好与对事业的付出

一些领导权方面的专家坚持说,女性的领导欲可能没有男性强。哈佛大学肯尼迪政府学院(Harvard University's Kennedy School of Government)院长芭芭拉·凯勒曼(Barbara Kellerman)指出,除了家庭责任以外,男性领导比女性领导多的原因之一在于女性被领导的压力和难度震慑住了:

> 身居高位需要花费大量时间、耗费大量精力,并且通常还需要付出各种各样的代价。或许女性的价值观不同于男性。或许为了担任高级职务所需要放弃的东西正好是女性所不愿放弃的。或许在决定什么东西最重要时,女性和男性的看法不同。在谈及领导职务和位高权重的职务时,人们很少提起为担任这类职务所付出的代价。担任领导职务压力很大。担任领导职务需要耗费大量的精力。担任领导职务会给人带来各种各样的束缚。担任领导职务会让人感到孤立无援。担任领导职务会让人筋疲力尽。[48]

如果当领导这么难的话，那么或许大多数女性都会望而却步。当然，可能大多数男性也会知难而退。评价女性找的工作是否比男性轻松的一个方法就是分析女性和男性各自所偏爱的工作的特征。例如，男性是否比女性更喜欢在工作中行使领导权和迎接挑战？

对工作特征及晋升机会的偏好

多年来，研究人员对男性和女性各自所青睐的工作特征进行了大量研究，并通过对242名成人、青少年及儿童的荟萃分析进行了总结。与传统的性别角色相符，成年男性和小男孩儿更青睐能够提供独自工作机会、领导权或监管权、丰厚的收入以及自主权的工作。成年女性和小女孩儿则更喜欢有机会与他人合作和帮助别人的工作以及通勤比较方便的工作，这一点可能反映了女性对弹性工作时间的偏好。但并没有证据证明成年女性和小女孩儿偏好轻松的工作。相反，与成年男性和小男孩儿相比，成年女性和小女孩儿常常更偏爱诸如智力挑战之类的能带来成就感及本身就很刺激的工作。[49]具有讽刺意味的是，在工作偏好方面，男性和女性最明显的差异之一恰恰是：年轻男性更喜欢能够提供充裕闲暇时间的工作。[50]

在任何一个时点上，这些差异都不大。女性和男性的偏好非常相似，特别是对收入丰厚这样的从传统意义上来讲属于男性所从事的工作的特征，男性和女性的偏好程度是一样的。而且，随着时间的推移，在从事类似职业的成年人当中，包括男性对领导权、晋升机会和自主权的偏好在内的很多差异都已经减弱了。但仍有一些差异经历了很长时间以后依然保存了下来，例如女性对灵活工作时间、与他人合作及帮助别人的偏好以及年轻男性对闲暇时间的偏好。[51]

在升职抱负方面，女性和男性存在差异吗？担任类似职务的有管理经验的女性和男性都有着类似的抱负，都很想升职以行使更大的权力。即使是在大学生当中，尽管女性认为自己登上管理职务的可能性小一些，但男性和女性都认为管理职务对他们具有同样的吸引力。[52]

还有另一种可能就是：有工作的孩子妈妈和已婚女性不想担任领导职务，因为她们觉得这些职务会跟她们的家庭责任发生冲突。但尚没有证据

能证明这一观点。如果就业女性会为了更好地履行家庭责任而自愿放弃领导职务的话,那么需要承担家庭责任的女性就很少能担任权力大的职务。然而,在美国及其他国家,有工作的已婚女性和有孩子的女性在职场中所拥有的权力并不比单身女性或没孩子的女性少。总的来说,家庭责任和家务劳动似乎并没有削弱就业女性对升职机会的渴望。53

对带薪工作和对家庭的心力投入

女性和男性的工作偏好大体上是类似的,这说明,就业男性和就业女性在对其事业及工作单位的心力投入方面差别不大。事实上,对 26 项研究进行的荟萃分析显示,男性和女性同样愿意为自己的工作单位付出。另外,在个人身份方面,无论是男性还是女性都更看重自己的家庭角色而不是员工角色。而且人们对于家庭投入的心力还在不断增加。与上几代的人相比,认为自己的生活应该以家庭为中心的女性和男性所占的比重越来越高。即使是在上过大学的人当中,也有很多人愿意为了家庭而放弃过分费精力的事业。54

女性依然比男性更重视家庭。尽管认为事业比家庭重要的男性和女性都占少数,但视带薪工作重于家庭的男性略多于女性。女性较男性更愿意接受家庭主妇(夫)角色。例如,曾有一项研究要求接受调查的美国人必须在工作和全职打理家务之间做出选择,结果从各年份来看,愿意工作挣钱的女性和愿意担任全职家庭主妇的女性基本都各占一半,而男性由始至终都会优先选择工作挣钱,而不是担任全职家庭主夫(见图 4-3)。尽管如此,在对家庭和事业的关注度方面,男性和女性之间存在的差异也在不断发生变化。目前,27% 的男性(这是有史以来最多的)说,跟工作挣钱相比,自己更愿意担任全职家庭主夫;并且,有 350 多万对儿夫妇或者说 6% 的已婚夫妇,正在由妻子而不是丈夫工作挣钱养家。另外,越来越多的女性称,即使家里不需要她们挣钱养家,她们也会继续工作下去。55

从人们在工作上花费的精力也可以看出其对工作的投入程度。提出性别工资差异的人力资本观点的著名经济学家加里·贝克尔(Gary Becker)认为:"由于跟休闲及其他家庭活动相比,照顾孩子和做家务需要花费更多的

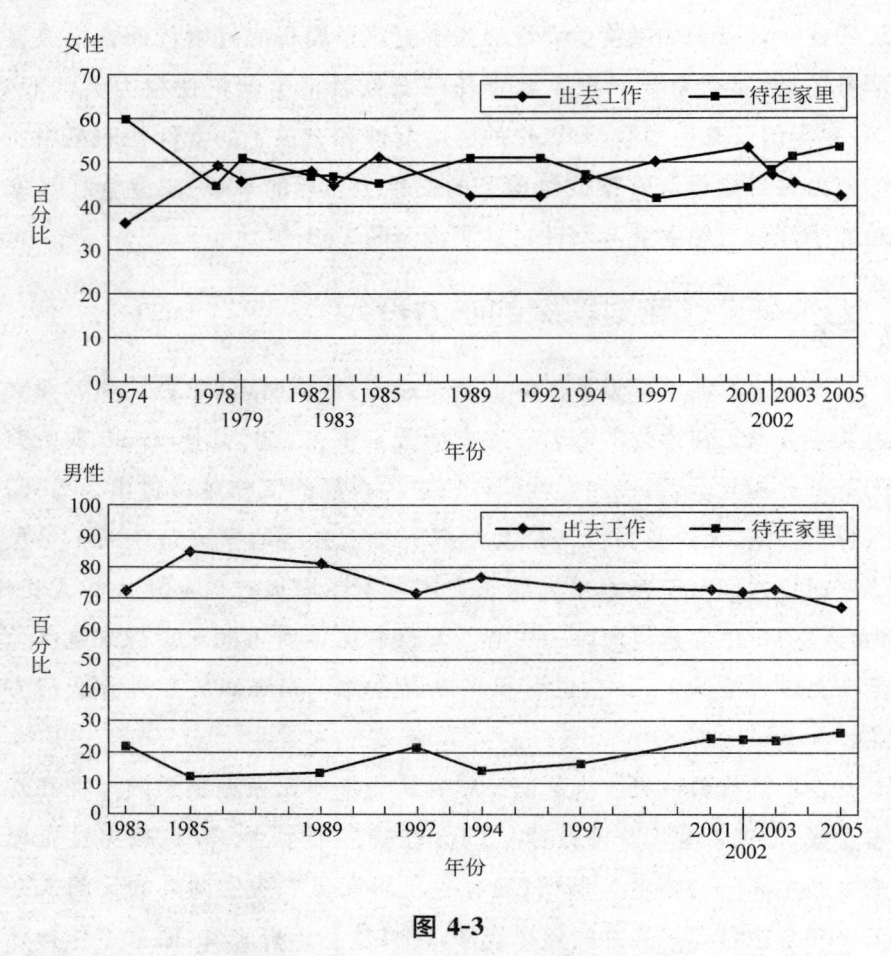

穿越迷宫——指引女性领导者登上事业之巅

图 4-3

1974—2005 年,愿意出去工作和愿意待在家里的美国男性和女性各自所占的百分比

资料来源:改编自 D. W. Moore, *Gender Stereotypes Prevail on Working Outside the Home*, tables 1 and 2, August 17, 2005, Gallup Brain。

精力,所以,已婚女性比工作时间相同的已婚男性在单位小时市场工作上花费的精力少。因此,已婚女性每小时的收入比拥有同样市场人力资本的已婚男性低,并且她们会通过寻找花费精力少的工作来减少自己在市场工作上花费的精力。"[56]

贝克尔认为,女性在单位小时市场(或带薪)工作上花费的精力比男性少的论断是错误的。首先,这一观点与女性更偏爱有挑战性和能带来成就感的工作、年轻男性更偏爱工作节奏轻松的工作的事实是矛盾的。其次,这一观点与男性和女性在对其事业及工作单位的心力投入方面差别不大的事实也是矛盾的。再次,社会学家丹尼丝·比尔比(Denise Bielby)和威廉·比尔比(William Bielby)发现,总的来说,女性和男性在工作上花费的精力是相当的,但家庭状况和工作状况类似的男性和女性相比,女性花费的精力比男性多。最后,男性在工作日中休息的时间比女性多,并且其工作时间安排也比女性灵活。[57]

尽管就业男性的平均带薪工作时间比就业女性长,但无论男性还是女性都愿意减少带薪工作时间以换取更多的时间待在家里。实际上,更多的孩子爸爸觉得自己陪孩子的时间太少。[58]因为很多管理和专业工作都会给人带来很大的压力,所以男性常常觉得自己被需要长时间工作的工作给困住了。一位男性工程师感叹自己无法像自己的父辈那样享受八小时工作制,他说道:"我讨厌自己的工作……工作就是一场你死我活的竞争。我宁愿在离家只有半小时路程的地方找一份朝九晚五的工作,这样就可以有更多的时间来陪伴家人。"[59]这种观点反映了人们在个人身份方面越来越觉得家庭应该优先于事业的趋势。

总而言之,从事类似工作的女性和男性同样渴望获取领导权,对事业的投入程度也不相上下。女性在工作上投入的精力至少不亚于男性,并且女性比男性更喜欢从事刺激性的工作。为了平衡家庭和事业之间的关系,更多的女性会选择放弃事业。尽管需要承担繁重的家庭责任,但就业女性对职业升迁仍保持着高度的热情。然而,由于主要精力放在事业上的男性比重高于女性,所以这种状况可能导致男性享有的升迁机会比女性多。

结论

养孩子和干事业都不容易。很多女性担心,想取得事业上的成功就必须以牺牲家庭生活为代价。[60]能否让更多的女性既能养好孩子又能保住自己的事业,这取决于男性是否能更公平地与女性分担家庭责任。目前,尽管男性承担的家庭责任比过去多了,但男性并未与女性充分分担家庭责任。因此，为了打理家事，女性仍不得不中断自己的事业、经常请假或从事非全日制工作。这些做法导致女性工作经验少、年工作时间短并且事业经常中断，而这些因素最终都会使女性事业发展受阻及收入减少。

收入高或有其他经济来源的女性所面临的家庭责任和工作责任之间的相互牵绊可能会小一些，因为她们可以花一大笔钱雇人帮忙做家务。这些女性可能会将照顾孩子和料理家务的部分责任委托给保姆和管家，并且她们也有足够的经济实力将孩子送到条件好的托儿所。然而，由于大多数家庭没有这样的经济实力，所以女性能否在职场上有更好的发展，在很大程度上取决于男性能否在家务上投入更多的时间。

女性在职场上获取领导权的道路不是笔直平坦的，而是错综复杂、遍布障碍，孩子妈妈们面临的状况更是如此。对想要穿越迷宫的女性而言，处理好家庭需要和工作需要之间的关系至关重要。当然，家庭因素并不是女性面临的唯一障碍。在第五章中，我们将探讨女性所面临的另一种障碍——对女性领导能力的歧视。

第五章

CHAPTER 5

歧视还没有消除吗?

因为现在美国人普遍支持机会均等,所以歧视应该已经成为历史了。但说到让女性享有同样的获得权力和权威的机会,很多人可能就犹豫了。如果女性获取权力的机会比具有同样条件的男性少,那么就存在性别歧视。在第二章中,我们曾经说过,据研究显示,担任领导职务的女性很少;在第三章中我们的研究也表明,担任领导职务的女性少并不是因为性格和能力方面的性别差异造成的。以上两点都表明,美国好像真的存在性别歧视。

在第四章中,我们已经讨论了家庭责任对女性事业的影响。但是,女性承担的家庭责任多于男性仅仅是造成男性领导多于女性领导的原因之一,这一点在本章中也将得到证明。职场中可能存在性别歧视,这种现象应该引起我们的关注,因为这可能是导致女性获得的升迁机会少于男性的一个原因。并且,研究显示,职场中确实存在性别歧视,正因为它的存在,女性在穿越迷宫时需要跨越更多的障碍、绕开更多的死胡同。当通往终点的道路因为性别歧视的存在而变窄时,在迷宫中行进将变得异常困难。

为了找到更有力的证据证明性别歧视的存在,社会科学家不光询问了人们在职场中的个人感受,他们还设计了各种调查,比较了具有相同条件的女性和男性在应聘、工资和升迁等方面的表现。首先,让我们来回顾一下有关工资和升迁的研究,从统计学的角度来看,该研究验证了女性和男性在很多方面都存在差异。然后,我们再来做些实验,看看人们对具有相同条件的男性和女性分别做何评价。这两种方法都可以回答女性(或男性)在职场中是否遭受了不利于自己的性别歧视。[1]

对工资和升迁的相关性研究

如果男性工资高、升迁快全都是因为他们能力强,那么就不存在性别歧视。为了证明这种情况是否属实,经济学家和社会学家进行了几百次的相关性研究。该项研究与领导权有关,因为工资和升迁都能说明事业发展的好坏——升迁是反映事业发展情况的一个直接指标,而工资是反映事业发展情况的一个间接但非常有用的指标。下面,就让我们先来看一看对工资的研究,然后再来分析一下对升迁的研究。

对工资的研究

通过对男性和女性平均工资的简单比较,我们发现男性的收入高于女性,对于这一点,大家都习以为常。如果不考虑工作时间及其他因素,那么2005年在美国的全体工人当中,女性的平均收入只有男性的73%。在所有从事全日制工作的工人当中,女性的平均收入只有男性的81%。这种工资差距在各个民族和种族中都存在,但在白人和亚裔美国人中比在黑人和说西班牙语的美国人中差异更明显(见图5-1)。在1979年,即有数据记录的第一个年头,在美国的全体工人当中,女性的平均收入只有男性的63%,而现在的收入差距要比当时小得多。[2]

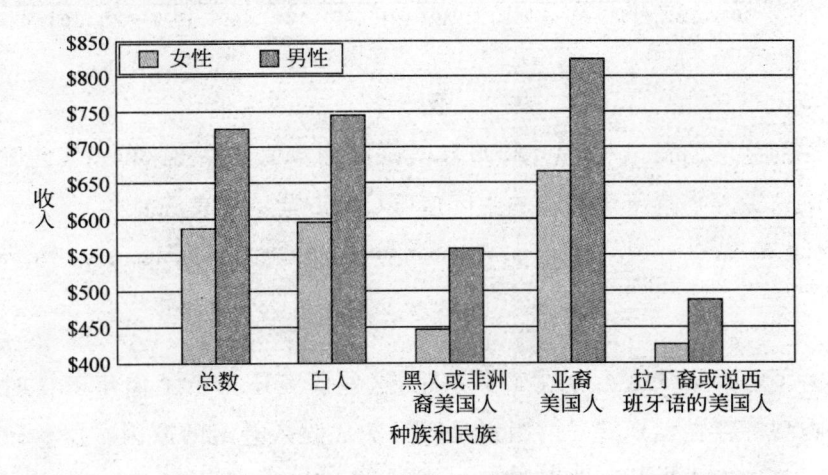

图 5-1

按性别及种族或民族列示的根据2005年美国年均数值计算出来的从事全日制工作的工人平常每周收入的中间值

资料来源:U. S. Bureau of Labor Statistics,2006a,Highlights of Women's Earnings in 2005,Chart 2。

图5-2给出了从1979年到2005年,从事全日制工作的男性和女性的收入变化。女性的收入增加了,而男性的收入则减少了,特别是在20世纪90年代

前半期,这种变化尤为明显。[3] 经济学家认为由此引起的工资差距的变化是"显著的"。在经历了 20 世纪 80 年代和 90 年代前期的巨大变化之后,近年来,收入差距缩小的速度变慢了。经济学家预测,在可以预见的未来,收入差距将继续以非常缓慢的速度缩小,并且不会停止。[4]

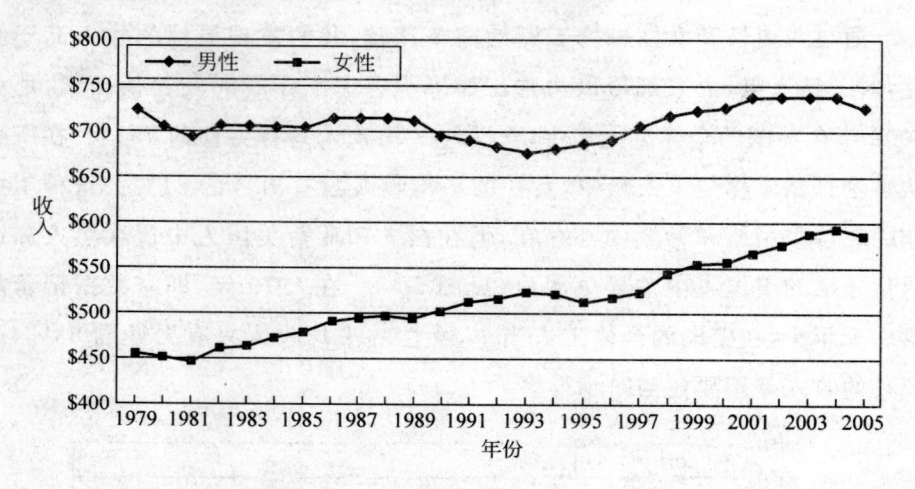

图 5-2

按性别列示的根据 1979—2005 年美国年均数值计算出来的从事全日制工作的工人平常每周收入的中间值(以 2005 年不变美元计价)

资料来源:改编自 U. S. Bureau of Labor Statistics, 2006a, Highlights of Women's Earnings in 2005, table 12。

为了解释为什么会存在工资差距,这些研究还分析了像年工作时数和工作类型等存在性别差异的因素是否是造成收入差距的原因。这些研究有时候将男性和女性的数据汇聚在一起进行回归分析,然后再根据工人的性别、受教育年限、工作经验及很多其他因素预测工人工资。通过这些分析,我们可以确定在控制住其他特征所带来的影响以后,即在其他统计变量都不存在性别差异的情况下,工资差异是否依然存在。我们可以利用最后剩下的收入差距来估计性别歧视对男性和女性的收入造成的影响。

还有一种相关的方法则是通过单独分析男性和女性的工资收入,以检验技能及其他个人特征所带来的收益或损失是否存在性别差异。[5] 例如,可能会出现下面的情况:对某一性别的人而言,工作经验每增加一年,工资收

人都会大幅度增加；而对另一种性别的人而言，工资增加幅度就没有这么明显。就像第一种方法一样，这种方法也可以研究像受教育年限和工作经验等特征方面存在的性别差异对工资收入的影响；而且，这种方法还可以控制这些特征对男性和女性的工资收入影响的大小。

几乎所有使用了这两种方法的数百项研究都表明，在使用统计学的方法将男性和女性的特征取平之后，工资差距缩小了，但却没有彻底消除。工资差距依然存在的事实表明：性别歧视影响着工资收入。

由美国政府责任办公室（GAO）的工作人员进行的一项研究是这些研究中最全面的研究之一。[6] 该项研究是基于 1983—2000 年从年龄介于 25 岁和 65 岁之间的有代表性的美国受访对象那里得到的数据进行的。由于多年来都是由同一批人接受调查，所以该项研究能够比较准确地估算影响未来工资的重要因素——过去的工作经验。

GAO 的研究人员使用我们上面介绍的两种统计方法来验证是否能够根据一个人的性别及其他特征预测其工资总额。研究人员对从事非全日制工作和全日制工作的员工都进行了研究，并且将他们能想到的所有可能影响收入的因素（例如教育和工作经验）都考虑了进去。在不控制这些变量的情况下，数据显示，在 1983—2000 年间，女性的收入比男性低 44%。如果对这些变量加以控制，那么在 1983—2000 年间，女性的收入仅比男性低 22%，但这一收入差距仍然很大。在缩小工资差距方面最有效的控制因素就是男性和女性之间存在的不同的就业模式：男性每年从事带薪工作的时间比女性长，因此工作经验也比女性丰富。

尽管大多数变量对男性和女性工资收入的影响都差不多，但其中也有例外。有些特征，例如结婚成家和为人父母，会导致男性收入增加和女性收入减少（参见第四章）。而另外一些特征，特别是受教育年限，会给女性工资收入带来更加正面的影响。GAO 进行的研究及一些类似的研究都表明，即使剔除掉其他性别差异对工资收入的影响，女性的工资收入仍然低于男性。[7] 1983—2000 年间，除掉其他性别差异对工资收入的影响后，女性的平均工资收入仍比男性低 21%，这一事实正好印证了工资歧视的存在。这一差距是很显著的。

从这一类型的研究中，我们搞不清楚，性别歧视是否在随着时间的推移而逐渐减弱。有些研究人员，例如 GAO 报告的撰写者们，通过多年跟踪同一批研究对象来解决这个问题。他们进行的这些研究发现，从 20 世纪 80 年代以来，性别歧视没有发生明显的变化。但其他一些方法，通过比较不同时期的研究得出的工资差距，的确发现性别歧视已经减弱了。[8]

尽管在少数职业中（例如电脑支持专家、收款员），女性的工资略高于男性，但在绝大多数职业中，男性的工资都高于女性。在包括管理在内的高收入职业中，这种**职业内部的工资差距**对男性尤为有利。[9]另外，还存在**不同职业间的工资差距**，即主要由男性从事的职业比主要由女性从事的职业收入要高得多。男性在某一职业中所占的比重越高，从事该职业的人的工资收入就越高。因此，大量女性聚集在服务、文秘、管理支持领域以及护理和小学教育行业的现状造成了行业间整体的工资差距。[10]

是不是因为存在性别歧视才导致主要由女性从事的各种职业的工资水平普遍偏低，对于这个问题人们还存在争议。传统的经济学理论认为，这种不同职业间的工资差距不是由性别歧视造成的，而是由自由市场因素（例如男性和女性在职业偏好和工作经验等方面存在的差异）造成的。然而，大多数社会学家认为，劳动力市场已经被性别歧视障碍和贬低女性劳动的文化意识给污染了。[11]不管到底是什么原因导致了主要由女性从事的各种职业的工资水平普遍偏低，事实证明，为此所采取的法律补救措施都很容易规避。法庭越来越倾向于将这种不同职业间的工资差距解释为纯粹由市场因素造成。[12]

总而言之，尽管对主要由女性从事的职业工资普遍较低的现象存在不同的解释，但对工资进行的研究的确能证明职场中存在不利于女性的性别歧视。尽管我们没有直接去评价性别歧视，但是我们可以从充分解释男性和女性为什么存在工资差距的各种因素——教育无能、就业模式、职业类型及其他特征——中推断出性别歧视的存在。

对升迁的研究

升迁直接代表了职场权力的扩张。大多数员工在刚进入其工作单位时都需要从基层干起。有些人在同一家单位升上了经营管理职务,有些人则为了获得升迁跳到了其他单位,还有人根本没能升职。升迁机会是有的,但并不是每个人都能遇到。

在第二章中我们已经讲过,大量的研究表明,女性担任的职务能够握有大权、制定重要决策、操控别人的工资和升迁机会的可能性较小。即便拥有同样的头衔,女性管理者手中掌握的决策权也少于男性管理者。[13]

检验升迁过程中是否存在性别歧视的统计学方法与检验工资中是否存在性别歧视的方法是一样的。研究人员检验了在控制住技能、受教育年限和工作经验等人力资本变量后,女性和男性的职位差距以及他们升迁速度的差异会发生怎样的变化。这些研究显示,在权力方面的性别差异依然存在。具有同等条件的女性升迁速度比男性慢。与男性相比,被雇用后,女性要等较长的时间才能升任主管或经理职务,而且女性从低一级的管理职务升上高一级的管理职务中间经历的时间也比男性长。[14]

研究人员从1980年到1992年,对美国全国范围内有代表性的工人样本进行了跟踪研究,结果发现,白人男性获得管理职务的可能性比白人女性、黑人男性和黑人女性都大。在剔除掉教育和年工作时数等其他特征的影响以后,白人男性在进入劳动力市场之初就比其他群体有优势,在整个职业生涯中,他们在获得管理职务方面的优势不断增强。很多其他的研究也证实了白人男性的事业之路有别于其他群体。[15]

这些研究是否证明了"玻璃天花板"的存在呢?尽管没有证据证明职场上存在女性根本无法逾越的坚硬障碍,但如果我们把"玻璃天花板"的定义放宽一些,可能大家就能赞同职场中存在"玻璃天花板"的观点了。这种观点认为,越是级别高的职务,女性晋升上去的难度就越大;换句话说,在机构内部,越是级别高的职务,男性和女性晋升机会的差距就越大。事实上,即便是放宽了"玻璃天花板"的定义,研究通常也不能证明职场中存在这种"玻璃天花板"。对美国的数据进行的大规模的研究并没有发现这种现象,但却发现:在剔除掉其他变量的影响以后,性别歧视给各个级别的女性带来的影响都差不多。[16]

职位高的女性可能并没有遭受更严重的性别歧视,这种现象或许让读者感到困惑。很少有女性能当上美国 500 强公司的 CEO 或高级主管,这一事实难道不能说明要想登上高层管理职务,女性就要冲破更多障碍吗?答案是否定的。事实上,职位越高,任职的女性就越少,这种现象可能是由女性在各种级别的职位上都遭受了一样的性别歧视待遇造成的。

为了弄清楚这到底是怎么回事儿,我们假设有一家公司,该公司内部存在五个职务等级:工人、主任、业务经理、主管和执行总裁(见表 5-1)。假设该公司有一万名男工人和一万名女工人。为了说明问题,我们引入性别歧视,假设男性升上高一级职务的概率为 10%,而女性升上高一级职务的概率为 5%。这样一来,在每个级别上,男性获得升迁的机会都是女性的两倍。在这种带有性别歧视的升迁制度的作用下,尽管在工人当中,男女比例为 1:1,但是到执行总裁级别上,男女比例就变成了 16:1。这种始终如一的性别歧视待遇(男性获得升迁的机会始终是女性的两倍)给人带来了错觉,感觉好像级别越高,女性受到的性别歧视越严重。但事实上,如果女性在各种级别的职位上都遭受一样的性别歧视待遇,那么结果就会导致职位越高,任职的女性越少。[17]

表 5-1 在一家虚构的公司中,同一种有利于男性的性别歧视待遇对担任各级职务的男性和女性人数的影响

职务等级	男性人数	女性人数	男性升迁率	女性升迁率	男女人数之比
CEO	1	0.06	—	—	16:1
高管	10	1.25	10	5	8:1
业务经理	100	25	10	5	4:1
主任	1 000	500	10	5	2:1
工人	10 000	10 000	10	5	1:1

在女性主导的领域,女性获得的升迁机会是不是比男性多呢?答案也是否定的。即使是在这些领域,男性升迁的速度也比女性快。尽管在主要由男性从事的职业中,女性升迁速度特别慢,但在主要由女性从事的职业中,男性却升迁得很快。社会学家克里斯蒂娜·威廉斯(Christine Williams)将这种即使是在女性主导的领域,男性的升迁速度也比女性快的现象称为"玻璃电扶梯"(glass escalator)。[18] 威廉斯指出,在护理、图书管理、小学教育和社会工作这四个主要由女性从事的行业中,男性获得权力职务的速度比女性快。

其他一些研究也有类似的发现。[19]但是，男性在女性主导的领域获得的升迁优势究竟是比在男性主导的领域获得的优势更大，还是跟在男性主导的领域获得的优势一样大，关于这一点，我们还不清楚。[20]

研究人员进行了几百项调查，对个别机构内部的升迁和工资情况以及经理人和专业人士等特定人群的工资和升迁情况都进行了分析。这些调查有些是出于学术目的，有些则是为指控某些机构中存在性别歧视的诉讼案搜集证据。[21]在诉讼中提交的证据通常是统计数据，但也可以是女性对自己的升迁过程的描述。

近年来，在美国，最著名的一项针对某一机构的性别歧视调查就是沃尔玛性别歧视案中进行的调查，几年前联邦法院就对该案做出了裁决。2004年，一名联邦地方法院的法官裁定，该案是一起集体诉讼案，牵涉了160多万名沃尔玛在职及离职的女性员工。[22]证明沃尔玛存在性别歧视的统计证据显示，尽管女员工的任职资格过硬、服务记录也很好，但女员工的工资比男员工低，并且女员工获得晋升的机会也比男员工少。在各种层次的管理职务中，女性得到的升迁机会都比按照她们在有资格获得晋升的候选人中所占的比例计算出来的她们理应得到的机会要少。统计学顾问理查德·德罗金（Richard Drogin）代表被告总结了这些定量化的证据，他说道："沃尔玛的女员工大多从事的是收入较低的工作，她们的收入比做同样工作的男员工低，并且她们升任管理职务的机会也比男员工少。即使女员工的资历更深、离职率更低、在多数工作中的业绩评级更高，也改变不了这种性别模式。"[23]

沃尔玛性别歧视案的另一部分证据是来自公司女员工的证词，在证词中，她们描述了因无法获得与男性同等的晋升机会而给她们带来的困扰。在这些证词中，沃尔玛的女员工们常常会描述一些明目张胆的性别歧视的例子。女员工们说，尽管她们的业绩评级很高，并且也提出了升职请求，但她们却得不到升职机会，而那些经验不如她们丰富、能力不如她们强的男员工却得到了升迁。例如，某位女员工在联邦地方法院出庭作证时说的下面这番话就代表了这些女性原告的心声："我向每一位我能想到的可以促成这件事情的人要求升任经理助理，因为担任这个职位我当之无愧……我多次向区域经理表示想要升任经理助理,但他总是搪塞我……最后,我们的店长偷偷告诉我说,原来区域经理反对让女员工担任高层管理职务。"[24]

与沃尔玛的情况正好相反,管理顾问加里·鲍威尔(Gary Powell)和安东尼·巴特菲尔德(Anthony Butterfield)通过对内阁层次的政府机构中高级行政人员人事制度的调查发现,女性的升迁率高于男性。[25]但是,与她们的男性对手相比,这些女性在教育背景、业绩评价及其他方面都更优秀。如果剔除掉这些因素的影响,那么女性获得升迁的机会和男性是一样的。

尽管在个别政府机构中发现了这一激动人心的结果,但对联邦政府的工作人员进行的更广泛的调查显示,剔除掉经验、教育和调动次数的影响后,女性升迁的速度比男性慢。尽管如此,鲍威尔和巴特菲尔德的研究却证明了,在大型机构中,女性未必会成为性别歧视的受害者。联邦政府某些机构的评价程序要求必须有明确的标准和详细的证明材料,因此,在那里,男性和女性享有的机会可能是均等的(参见第九章)。公共部门的性别工资差距比私有部门小,同样,政府职位为女性提供的获取领导权的机会也相对较多。[26]

其他一些研究人员还从某些特定行业的多家公司、猎头公司及 MBA 毕业生名单中挑选了更多的经理人和专业人士作为研究对象,分析了他们的升迁和工资情况。这些研究与对全国范围内有代表性的样本进行的研究得出的结果是类似的,即在剔除掉各种其他因素的影响后,女性挣的工资比男性低,获得的升迁机会比男性少。[27]

总之,即便是剔除掉工作经验等因素的影响,男性通常在升迁方面仍比女性有优势。这一结论很有说服力,因为它是在进行了大量各种类型的研究后得出的。

相关性研究的局限性

经济学家和社会学家进行的这些研究证明了职场中的确存在性别歧视。剔除掉男性和女性在工作经验、教育背景和其他因素上面存在的差异以后,研究依然证明在工资和升迁方面存在性别差异。但我们还有很多不确定的地方,这些性别差异有可能是由我们在研究中没有考虑到的因素造成的。

例如,工人对不同类型的工作的偏好和他们为了照顾孩子而想要离职的打算,这些心理因素都是我们在研究中很少考虑的。[28]另外,研究人员很难获得一些公司人事部门所掌握的数据,例如成绩报告单和反映员工过去工作表现情况的信息。因此,这类研究可能会因为忽略了某些导致工资和升迁差异的非歧视因素而高估了性别歧视带来的影响。相反,这些研究也可能因为忽略了某些有利于女性的因素(例如学习成绩)或者包含了某些本身就可能受到性别歧视影响的因素(例如工作经验)而低估了性别歧视带来的影响。

因为有这些不确定的地方,所以我们把使用另一种方法所进行的研究作为相关性研究的补充。这些研究都属于实验性研究,这种方法可以找出更加密切的因果关系,但它研究的不是自然情况下真实存在的性别歧视,而是对假定的男性或女性研究对象存在的性别偏见。

有关性别歧视的实验性研究

一些研究人员,特别是心理学和组织行为学方面的研究人员,会通过做实验要求每位参与者对假定的每个男性或女性经理人或职位候选人都给出自己的评价,并通过这种方法研究性别歧视。在这些实验中,这些假定的研究对象除性别以外,其他特征都是相同的。实验的参与者要评价这些假定的研究对象是否应该被录用、是否应该得到升迁机会以及是否能胜任他们的工作。

这种实验方法使用了**戈德堡范式**(*Goldberg paradigm*),该范式因1968年菲利普·戈德堡(Philip Goldberg)做的一项试验而得名。[29]在那次简单而又构思巧妙的实验中,戈德堡要求参与实验的学生就几篇论文做出评价。其实学生拿到的论文都是同一篇文章,只是分别附上了男性或女性的作者姓名,而对此,那些学生一无所知。最早的一次实验就揭示了一种普遍存在的性别歧视:女性作者得到的评价相对较低,除非论文本身是有关女性话题的。

这种方法的优点恰恰来自该实验方法的特点。实验需要控制一个变量

（在这个实验中，这个变量就是作者的性别），然后将实验参与者随机安排进因变量改变而产生的不同情景。这种方法避开了相关性研究最主要的不确定因素——我们不可能将男性和女性在与工作相关的所有特征上的差异全部剔除。因此，与前面提到的相关性研究相比，实验性研究能够更清楚地证明性别因素是导致男性和女性在工资和升迁方面存在差异的一个直接原因。

研究人员很快就开始使用戈德堡范式来研究女性是否在成为职位候选人和领导者方面处于劣势。因为这种方法确保了被评价的对象除了性别不同以外其他各方面都是完全相同的，因此实验参与者之所以会给出不同的评价，唯一的理由就是因为参与者对男性和女性抱有不同的期望。例如，如果实验参与者表示不太想雇用某位女性求职者，那么他们之所以做出这个决定，肯定是因为他们之前就对男性和女性求职者抱有不同的看法，而不是因为实验给他们提供了不同的信息。[30]

在早期进行的一场实验中，研究人员让商务专业的男生担任顾问，对申请担任主管职务的求职者做出评价。[31]这些学生每人都拿到了一些记载着求职者标准个人信息、工作经历和面试官评语的求职表，并且每份求职材料上都写着一个男性或女性求职者的名字。结果，男性求职者得到的成绩比女性求职者高，特别是对于一些要求比较高的工作，情况更是如此。多年来，研究人员不断做着这种类型的实验，让学生或员工对被研究对象做出评价。

根据我们在第一章和第三章中介绍过的荟萃分析法，通过分析戈德堡雇用实验，我们就可以得出明确的结论。在最近一次研究中，组织科学家希瑟·戴维森（Heather Davison）和迈克尔·伯克（Michael Burke）对49项研究进行了荟萃分析。结果发现，对于汽车销售员和重工业产品的销售经理等男性化的工作，人们更喜欢雇用男性；而对于秘书和家庭教师等女性化的工作，人们更喜欢雇用女性；对于心理医生和汽车旅馆职员等中性工作，人们更喜欢雇用男性，但男性在这些工作上的受青睐程度略低于他们在男性化的工作上的受青睐程度。[32]

这些数据证明了一个普遍存在的模式：在男性化职业中，男性占有明显的优势，而在中性职业中，男性也占有一定的优势。女性只有在女性化的职

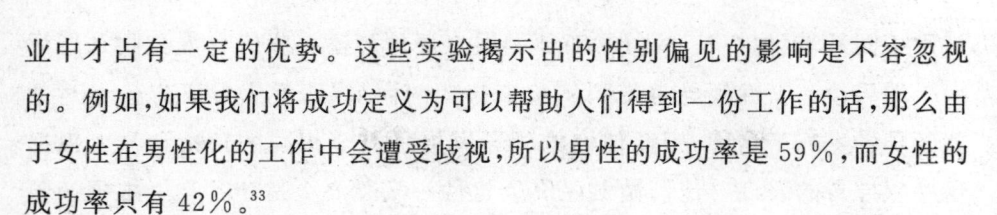

业中才占有一定的优势。这些实验揭示出的性别偏见的影响是不容忽视的。例如，如果我们将成功定义为可以帮助人们得到一份工作的话，那么由于女性在男性化的工作中会遭受歧视，所以男性的成功率是59%，而女性的成功率只有42%。[33]

从文化的角度来看，人们普遍认为领导职务是男性化的工作（参见第六章），因此，该项研究显示，即便女性具备与男性对手完全相同的条件（性别不同除外），她们在担任领导职务方面仍然处于劣势。即使是在担任现在越来越中性化的管理职务方面，女性可能也处于劣势。男性只有在像接待员和秘书等主要由女性担任的职位上才处于劣势，而且男性一般不会去找这样的工作。

研究这一传统的有些实验是在比较自然、人为控制较少的情况下进行的。例如，一些研究人员派了一些假求职者到各家公司去应聘，还有些研究人员让研究助理假装求职者给发布招聘信息的各家公司打电话。[34]在这些现场实验中，是否存在性别偏见也取决于工作到底是男性化、女性化还是中性的工作。为了说明这种方法，让我们来看一个实验。在实验中，研究人员首先从亚特兰大市的两份报纸上找了一些招聘广告，这些广告有些招聘的是主要由男性从事的工作，有些招聘的是主要由女性从事的工作。[35]然后，研究人员让一些男学生和女学生假装成求职者拨打广告里留的电话去应聘。

如果学生们应聘的工作与他们的性别不符，他们通常会得到带有性别歧视的答复。在这些答复中，有些是一听到性别不符就立刻拒绝，例如"不好意思，我们想招个男的做这个工作"或"我们想招个女的"。还有一些情况是，对方如果发现电话应聘者的性别与他们招聘的工作不符，就告诉应聘者他们需要的职位已经招满了；但如果发现电话应聘者的性别与他们招聘的工作相符，就告诉应聘者他们还在招人。有时候，性别不符的电话应聘者尽管没有立刻被回绝，但他们听到的答复却充满了怀疑，让人感到很泄气。例如，"很难相信一个大小伙子会胜任这份工作"或"这份工作很脏，你确定想来我们公司吗？"[36]

研究人员还做了很多评价领导者领导能力的实验。有些研究人员让参与者根据对被研究对象领导行为的书面描述（这些描述除了被研究对象的性别不同外,其他都是一样的)对他们做出评价。还有些研究人员则是把活生生的男性和女性领导者带到实验参与者的面前(研究人员事先已经对这些领导者进行了培训,因此他们的领导风格是完全相同的),让参与者根据这些领导者的表现对他们做出评价。[37]这两种实验要么是让参与者根据亲眼见到的领导者的表现来评价其领导能力,要么是让参与者根据对领导者领导行为的描述评价其领导能力。研究人员将61项这两种实验放在一起进行了荟萃分析,结果发现人们对女性抱有一些不好的小偏见。在主要由男性担任的领导职务上,这种不利于女性的偏见更强,这一发现跟对应聘者的研究结果刚好是一致的。[38]

人们除了在评价男性和女性时带有偏见以外,在解释成功和失败的原因时也抱有偏见。如果人们认为一个人之所以能成功,是因为他工作努力和运气好,而不是因为他能力强,那么这就说明人们不太相信这个人的能力。人们是不是会根据一个人的性别对这个人成功或失败的原因给出不同的解释呢?答案是肯定的。特别是对于从传统意义上讲比较男性化的工作,情况更是如此。对58项相关实验进行的荟萃分析发现,人们普遍认为,女性做男性化的工作做得好是因为她们肯努力,而男性做男性化的工作做得好则是因为他们有能力。人们对失败的反应则不同。人们普遍认为,女性做男性化的工作做不好是因为她们无法应付工作带来的挑战,而男性做男性化的工作做不好则是因为他们懒惰或仅仅是因为他们运气不佳。[39]

总而言之,对雇用偏见的实验性研究显示,在大多数情况下,人们都抱有不利于女性(或有利于男性)的偏见。在通常主要由男性从事的工作和更加中性化的工作上面,男性比具有同样条件的女性更占优势。同样,跟具有同样条件的女性领导者相比,男性领导者得到的肯定性评价更多,特别是在通常都是由男性担任的领导职务上面,情况更是如此。因为领导工作常被看成是男性化的活动,所以人们常常把女性在领导方面获得的成功归功于她们的努力而不是能力,并把女性遭遇的失败归因于她们无法应付工作中遇到的困难。

实验性研究的局限性

这些实验有一些局限性。根据这些实验的结果归纳出一般性的结论,

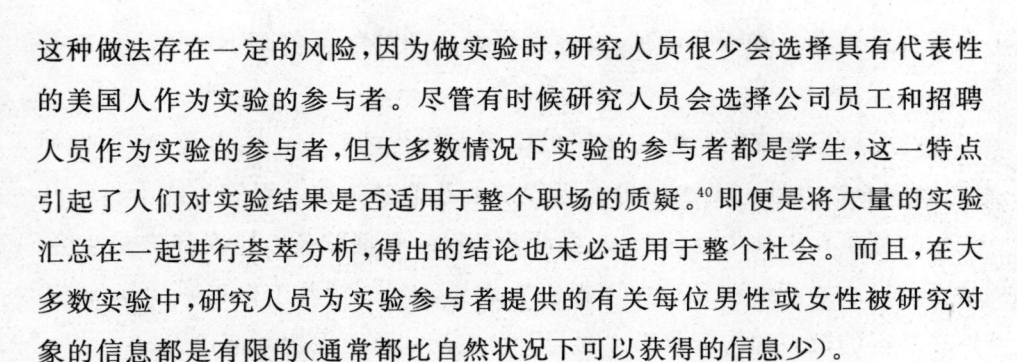

这种做法存在一定的风险,因为做实验时,研究人员很少会选择具有代表性的美国人作为实验的参与者。尽管有时候研究人员会选择公司员工和招聘人员作为实验的参与者,但大多数情况下实验的参与者都是学生,这一特点引起了人们对实验结果是否适用于整个职场的质疑。[40]即便是将大量的实验汇总在一起进行荟萃分析,得出的结论也未必适用于整个社会。而且,在大多数实验中,研究人员为实验参与者提供的有关每位男性或女性被研究对象的信息都是有限的(通常都比自然状况下可以获得的信息少)。

而且,即便进行的是实地研究,这些实验评价的也不是真实存在的性别歧视,因为没有人真的会被雇用。它们评价的是态度上的偏袒或偏见,而如果雇主也抱有同样的偏见,就可能会导致性别歧视。实际上,正如第六章将会讲到的那样,整个文化中普遍存在性别偏见,因此在许多情况下,这种偏见都可能会发挥作用。

是否存在有利于男性获取领导权的性别歧视?

我们有确凿的证据证明,性别歧视导致了男性在工资和升迁方面都比女性有优势。我们已经使用两种不同的方法证明了,人们对女性怀有的歧视很可能不利于女性获取领导权。幸运的是,我们使用的这两种方法都有自己的优点可以弥补对方的不足。尽管相关性研究的大多数优点和缺点都有别于实验性研究,但这两种研究方法都得出了同样的结论。这两种惯用的研究方法都认为,跟客观上看具有相同条件的女性相比,男性更具优势。性别歧视似乎是造成迷宫迂回曲折、让女性找不到出口的原因之一。

相关性研究既提供了充分的证据证明了性别歧视的存在,又找到了男性和女性之间存在的导致他们之间在工资和升迁方面出现差距的各种差异。这些差异主要集中在就业模式方面,正如我们在第四章中讲过的那样,它们反映了女性承担的家庭责任比男性多。因此,相关性研究证实了除了明显的性别歧视以外,还有很多其他因素可以解释为什么男性和女性获取领导权的机会不同。检验性别歧视是否在随着时间的推移而逐渐减弱的实验结果不确定,这说明女性受教育程度越来越高、工作经验越来越丰富是导致女性管理者人数不断增加、女性和男性之间的工资差距不断缩小的主要原因。

尽管有证据证明女性在文职工作等女性化的职业中占有优势,但即便在这些领域,女性也无法比男性更容易地获取领导权。不管是在女性主导的领域还是在男性主导的领域,男性升上行政管理职务的速度都比女性快。由于男性由始至终在升迁方面都占有优势,因此,随着工作年限的增加,男性在获得的权力和工资收入方面与女性之间的差距也会逐渐拉大。

美国人如何看待性别歧视呢?尽管盖洛普民意测验显示,越来越多的美国人认为男性和女性享有平等的就业机会,但男性和女性对这个问题的看法略有不同。2005年的盖洛普民意测验显示,61%的男性和45%的女性认为女性享有和男性一样的就业机会。[41]然而,尽管大约一半的美国人都认为男性和女性享有平等的就业机会,但我们却找不到科学的证据来证明这种观点。

之所以有越来越多的人对职场公平持乐观态度,一方面是因为人们发现已经有很多女性登上了高能见度的领导职务,另一方面则是因为大家都忽略了在很多地方依然存在性别歧视。然而,很显然,人们在男性和女性是否享有平等的就业机会问题上缺乏共识,但这一点恰好符合女性在迷宫中遇到的障碍所固有的不确定性(也就是说这些障碍有时是可以克服的,但通常不细心的观察者很容易把它们忽略掉)。但性别歧视是如何产生的呢?偏见是导致性别歧视产生的因素之一。在下一章中,我们将会讨论偏见心理。

第六章
CHAPTER 6

人们对女性领导者抱有怎样的心理偏见？

第五章中所揭示的对女性的歧视源自产生偏见的日常心理活动。人们对女性领导者抱有偏见的心理是在一些有关女性、男性、领导者的有意识或无意识联想的驱使下产生的。人们会将女性和男性与不同的特征联系在一起，通常，人们会把男性与更多的暗示着领导权的特征联系在一起。这种想法会让人们做出女性都没有能力从事权力大的工作的论断。这种预先判断普遍存在，正如《华尔街日报》上写的，"男性管理者仅仅是害怕承担因选择女性而带来的不必要的风险"[1]。那么，选择女性会带来怎样的风险呢？

即使是在21世纪，还是有很多人认为女性不具备做领导的素质，因此选择女性担任领导职务就会带来风险。要想搞清楚人们为什么会有这样的想法，我们需要把我们的分析框架转向偏见心理。这种心理非常微妙，因为目前在美国，很少有人故意去歧视别人。人们会本能地将自己心目中男性和女性的形象与优秀领导者的形象进行比较。他们会去支持自己认为最有资格的人。这种想法很公平吧？

实际上，只要在人们脑海中浮现出来的与领导者和领导权有关的特征会让人想到男性形象，那么我们就有充分的理由质疑这种想法的公平性。长期以来，绝大多数的领导职务都是由男性担任，结果时间一长，人们就把领导职位当成了男性的专属领域。不管男性具有怎样的客观条件，男性比女性有优势仅仅是因为人们总是将领导者与男性特征联系在一起。为了解释这种现象，让我们来看一看人们日常对女性、男性和领导者的看法是如何促进男性优势形成的。

作为社会建构的模式化印象

我们在内心深处都会根据人们身上所共有的特征把他们划分成不同的群体，而这些特征通常是性别、种族、民族和职业等易于观察的属性。然后，对这些群体的行为方式我们会形成自己的期望，并且会假设同一群体的人都具有某些有别于其他群体的兴趣和技能。例如，人们通常认为学校老师都擅长跟孩子打交道，而职业运动员则都具有良好的肢体协调能力。

对社会群体的看法来自人们对这些群体的了解，人们既可以通过直接接触这些群体去了解他们，也可以通过媒体和文化传统等间接方式去了解他们。这些看法构成了各种模式化印象，进而成了社会共识的组成部分。这些看法包括对某一群体的成员**实际**是什么样子的期望（**描述性观点**）和对他们**应该**是什么样子的期望（**规范性观点**）。例如，大家认为工程师实际上在数学方面很擅长，并且他们也应该在数学方面很擅长。[2]

我们都会使用各种模式化印象帮助我们快速做判断，但我们却往往意识不到它们的存在。模式化印象可以帮助我们猜测别人会怎么做以及如何更好地跟他们打交道。例如，如果知道我们刚刚结识的这个人属于哪个政治派系，我们就可以比较准确地猜测他的态度。这种模式化印象可以帮助我们避免刚一张口就得罪人的尴尬。

尽管模式化印象在日常生活中很有用，但它们也很容易把我们引入歧途。它们会令我们处理信息的方式有失公正，因为我们会将新的信息以适应我们的模式化印象的方式来解读。下面这个简单的例子就证明了这种同化现象的存在。研究人员首先让参与试验的大学生相信一个孩子出身于一个富有家庭或贫困家庭。[3]在看完这个孩子参加考试的录像之后，那些认为她出身富有家庭的人给她打的分数比她的实际成绩高；而那些认为她出身贫困家庭的人给她打的分数比她的实际成绩低。这些大学生将他们看到的东西同化成了他们对来自不同社会背景的孩子的模式化印象中描述的样子。

当人们无法获取其他信息时，模式化印象对他们的影响尤为明显。[4]获取更多的信息需要花费时间和精力。即便人们可以获取除一个人的性别、种族或所属社会阶层以外的其他信息，这些信息可能也不太明确。人们也可能因为太忙、思绪太乱或心思都放在其他事情上而无法将大量的额外信息考虑进去，因此他们还是会回过头利用模式化印象仓促地做出判断。

大多数时候，对我们中的大多数人而言，模式化印象都是在我们不知道的情况下发挥作用的，大家并没有意识到它们的存在。要想限制模式化印象对人们的影响，人们必须能够确定自己的模式化印象已经开始发挥作用了,并且还必须非常渴望去抵制它们的影响,但这样的事情都很少发生。[5]

有关男性和女性的联想

人们在瞬间之内就可以把人区分成男性和女性。在极少数情况下,人们无法瞬间做出判断,只好不断探究,直到搞清楚这个从外表上难以辨别是男是女的人到底是个男的还是个女的。事实上,性别是用来给人分类的一个最重要的依据;在给人分类的速度和普适性方面,性别胜过了种族、年龄和职业。[6]将一个人归类为男性或女性会让人产生有关男性特征和女性特征的联想或期望。这些联想很有说服力和影响力,尽管人们可能并没有意识到它们的存在。

为了证明这些自动过程的存在,社会心理学家马扎林·贝纳吉(Mahzarin Banaji)和她的同事一起做了一个试验。在实验中,她们让实验参与者在电脑屏幕上看一些可以与男性化或女性化画上等号的单词。这些单词代表了一些男性化或女性化的特征,例如"**敏感的**"或"**有逻辑性的**"。每个代表男性化或女性化特征的单词闪过之后,屏幕上就会出现一个像简或约翰之类的带有明显性别特征的男名或女名。实验参与者按照指示通过按电脑上的两个按键中的一个快速将每个名字归类为男名或女名。尽管每个特征词和名字依次闪现的速度非常快,试验参与者基本上没时间思考。但是当名字暗指的性别和他们刚刚看到的特征词暗含的性别刚好一样时,试验参与者的反应速度就会快些。也就是说,在快速闪过诸如"**敏感的**"和"**温柔的**"之类的表示女性化特征的单词之后,试验参与者辨别出简之类的女名所代表的性别的速度更快;在快速闪过诸如"**有逻辑性的**"和"**强壮的**"之类的表示男性化特征的单词之后,试验参与者辨别出约翰之类的男名所代表的性别的速度更快。[7]

我们用一个简单的原理就可以解释这些结果:对于总是一起出现在人们面前的事物,例如面包和黄油、女性和敏感性、男性和逻辑性,人们会把它们作为一个整体一起去回应。对于一起出现的事物,人们能够更快地将它们联系在一起,而对于不是一起出现的事物,人们将它们联系在一起的速度要慢一些。这些快速反应说明人脑中提前就存在各种联想了,例如,将女性与敏感性联系在一起以及将男性与逻辑性联系在一起。这些联想会自动浮现在脑海中,而人们甚至都不知道它们的存在。

像这样的研究表明,男性化的单词或事物(消防员、棒球手套)或女性化的单词或事物(销售小姐、烤箱防热手套)都能让人自动产生与该性别有关的联想。这些联想瞬间涌进脑海(并且通常都是在无意识的情况下),结果人们下意识地就会选择一名女性担任幼儿园教师,选择一名男性担任律师,因为幼儿园教师会让人联想到女性,而律师会让人联想到男性。[8]因为领导权本身就会让人联想到男性,所以大家都觉得选择男性担任领导职务是再正常不过的事情。因此,人们一方面会为男性提供一条通向权力的康庄大道,另一方面又会把女性拖进迷宫。关于这一点,我们将在下文中加以讨论。

尽管是在人们无意识的情况下发挥作用,但是这些联想会支配人们的想法和行为,还会帮着维持传统的安排,例如绝大多数领导职务都由男性担任的安排。任何与性别有关的暗示都会让人自动联想到男性和女性,因此这些联想几乎对社交活动的方方面面都会产生影响。[9]

有关男性和女性的联想的内容

人们有关男性和女性的联想主要有两种:社群性的和个体性的。**社群性**联想传达的信息是待人接物常常为对方着想。女性常常会引起人们的社群性联想,人们通常认为她们富有爱心和同情心、乐于助人、友好善良,在人际交往中表现得敏感、文雅、言语柔和。相反,**个体性**联想传达的信息是有决断力和支配力。男性常常会引发人们的个体性联想,人们通常认为他们富有攻击性、雄心勃勃、有统治欲、自信、强硬,同时更倾向于独立自主、我行我素。

这些对个体性特质和社群性特质的联想构成了性别模式化印象的基础。在美国全国范围内进行的民意调查以及在很多其他国家对大学生进行的调查都显示,人们普遍认为女性具有社群性特质,而男性具有个体性特质。[10]尽管不同文化间存在细微的差别,但各种文化中都存在非常相似的有关个体性特质和社群性特质的性别模式化印象。

这些关于个体性特质和社群性特质的想法既属于描述性观点,又属于规范性观点。人们普遍认为,女性亲切、善良、懂得呵护别人以及男性坚强、果断和有抱负都是好事儿。人们不但会鼓励别人照这些标准去做,而且还会把它们作为自己理想的行为准则。[11]例如,如果女性接受了这种观点,认为自己应该亲切待人,那么她们就很难果断地获取领导权,并且在管理别人,例如训斥下属的时候,可能感到束手束脚。在这些方面,规范性的对女性的模式化印象是将女性引入迷宫、使得女性无法快速获取权力的罪魁祸首。

某一性别的人通常应该具备的特质未必另一性别的人就不能具备。[12]敏感等女性特质放到男性身上也很受欢迎,有抱负等男性特质放到女性身上也同样受青睐。但是男性并非一定要敏感,而女性也并非一定要有远大抱负。对于每种性别,也都有人们所不能接受的特质,通常这些特质对另一性别来讲则是更为负面的特征。[13]软弱和伤感等不受欢迎的女性特质放到男性身上是让人非常不能接受的,但放到女性身上大家则比较能够容忍。控制欲强和滥交等不受欢迎的男性特质放到女性身上是非常令人不能接受的,但放到男性身上大家则比较能够容忍。在第七章中我们将会讲到,人们尤其讨厌和抵制那些具有独断专行和作威作福等不受欢迎的男性特质的女性领导者。

有关男性和女性的联想的来源

这些有关女性和男性的联想源自女性和男性之间的社会劳动分工。[14]劳动分工和这些联想之间有着怎样的关系呢?我们无法直接观察人的特征,因此我们通过观察他们的行为方式形成对他们的印象。然后,我们假设他们的行为可以反映他们的性格特点。例如,如果一个人举止体贴,那么他就是一个善良体贴的人;如果一个人行为大胆、积极进取,那么他就是一个野心勃勃、有控制欲的人;依此类推。

在判断人们的性格特点时,我们往往会忽略下面的事实:在我们扮演某种社会角色时,通常必须要做出某些特定的行为。我们之所以会认为男性和女性具有完全不同的性格特点,仅仅是因为他们通常在家庭和职场中从事不同的活动。例如,观察者往往会忽略角色压力的影响,认为孩子妈妈之所以会对孩子照顾得体贴入微是因为她有一个体贴周到的性格,而不是因为这是母亲角色的需要。[15]

这种根据观察推断性格特点的心理过程很容易就可以推广到对整个群体的认知。模式化印象是由群体成员在扮演他们经常扮演的角色的过程中所表现出来的特征构成的。人们喜欢将女性与家庭角色联系在一起,而家庭角色涉及养儿育女和维持家庭的和谐,这些责任都需要细心呵护、敏感和热情。因此,人们会预期女性具备良好的社交能力。

相反,人们喜欢把男性与职业角色,特别是权力很大的职业角色联系在一起。在扮演职业角色时,男性经常表现出果断和自信的行为。因此,在大家看来,男性具有个体性特质。当然,多数女性也有工作,但她们从事的常常是女性占主导地位的职业,而且大家认为很多女性从事的工作都非常需要具备社群性特质。[16]

男性和女性的地位差异也导致人们预期男性控制欲强、办事果断和喜欢发号施令,而预期女性愿意支持别人、富有同情心和乐于合作。[17]这些期望来源于人们对男性个体和女性个体之间不平等地位的日常观察。男性通常会跟收入和工作都不如自己的女性交往(例如,男主管跟女秘书和女职员交往)。男性很少跟收入和身份与自己一样或比自己高的女性交往(例如,男主管与女主管交往)。[18]

男性个体和女性个体之间经常出现的地位不平等被转化成了大家普遍接受的观点——人们普遍认为男性更有权力、更有地位,也更有知识、更有能力。一旦人们把男性与地位高、把女性与地位低联想在一起,男性就更容易在再次遇到女性时(甚至是在职场以外的地方遇到时)对她们施加影响,而女性就更容易接受这种影响。男性地位高所带来的这些预期随后会影响从客观上看地位相同的男性和女性之间的交往方式。例如,即使是两个地位相同的男性和女性在一起工作,女性最终也会去做冲咖啡、跑腿儿和其他的低级工作。正如一位在 IT 公司工作的女性所说,"组织圣诞晚会、生日晚会和节假日庆祝活动似乎都是女性的工作。尽管我很欣赏让工作环境变得更加令人愉快的做法,但这样做的代价却是女性在这种努力营造的氛围中被晾在了一边"。[19] 这种明显的、受性别影响的职场行为很容易识别。但在更多时候,人们并没有意识到性别等级正在影响自己和他人的行为。[20]

因为我们有关女性和男性的联想来源于我们对这些群体的观察,所以当观察到新的现象时,这些联想会发生变化。社会心理学家尼兰亚娜·达斯古浦塔(Nilanjana Dasgupta)和夏奇·阿斯加里(Shaki Asgari)通过让女学生看一些像托妮·莫里森(Toni Morrison)、梅格·惠特曼(Meg Whitman)和玛丽安·赖特·埃德曼(Marian Wright Edelman)等著名女性的照片或简短传记的方式证明了这种变化。从测试学生们能在多短的时间内将个体性特质与男性名字联系在一起、将社群性特质与女性名字联系在一起的实验来看,即使是看一小会儿照片或传记也能稍稍减弱学生们的性别模式化印象。

在相关的一项实地研究中,这两位研究者将女子大学学生和男女合校大学学生的性别模式化印象进行了比较。他们发现,到大学二年级的时候,在女子大学里,学生的性别模式化印象已经减弱了,而在男女合校的大学里,学生的性别模式化印象却没有什么变化。在女子大学里,学生的性别模式化印象减弱的幅度与她们在教室里跟女教师接触的时间长短有关。这些研究表明,当人们看到群体扮演新角色时,人们自发产生的对这些群体的联想也会发生变化以适应这些新角色。[21]

读者们或许会认为,因为女性地位较低,所以人们会对她们抱有负面的看法。但事实正相反,通常,人们对女性的负面联想并不比对男性的负面联想多。因为人们对女性的看法大都是亲切、友好、体贴等正面的评价,因此,人们对女性的赞许比对男性更多。[22] 有些女性沉浸在这种美好感觉之中,尽情享受着传统的女性特质给她们带来的赞许。但是,正如社会学家玛丽·杰克曼(Mary Jackman)指出的那样,对女性这种非常正面的描述会强化其诸如照顾孩子和料理家务之类的传统责任。[23] 而这些责任当中并不包括担任领导职务。

总而言之,性别是用来给人分类的最基本、最常用的一个标准。看到一个人,我们就会在瞬间之内自动把他(她)归类为男性或女性。紧接着,我们就会自动联想到男性化特质或女性化特质。我们会把个体性特质与男性联系在一起,把社群性特质与女性联系在一起。这种模式化印象并不神秘,而是来源于日常的观察,它反映了日常的心理过程。

但是,情绪会加深模式化印象。一些生气或沮丧的人可能会特别留意暗示女性不适合担任领导职务的信息。那些希望现在这种男女关系模式能够维持下去的人可能也会对女性的领导能力给出非常严苛的评价。[24] 因此,有时会因为情绪而加深的对女性的模式化印象是迷宫的重要组成部分,而已经成为领导者或有机会成为领导者的女性需要费尽九牛二虎之力才能走出这个迷宫。但是,要想弄清楚性别模式化印象为什么会限制女性获取领导权的机会,我们还必须来研究一下人们对领导者的看法。

有关领导者的联想

我们认为性别对人们获取领导权的机会有很大的影响,这一心理学观点的难点在于要将人们常有的有关男性和女性的联想与有关领导者的联想进行比较。这些有关领导者的联想就是构成领导职务的要素。一旦人们将某个人归类为领导者,他们就会认为这个人跟他们期望的领导者的样子是一样的。[25]

有关领导者的联想并不能抵消有关男性和女性的联想。在工作中,职务似乎比性别重要得多,但并非总是这样,因为性别会影响人们对职务的期望。[26] 在职场上还有其他地方,在分辨出一个人是男性还是女性之后,性别模式化印象还是会自动出现在人们的脑海中。因此,人们认为女性管理者具有女性和管理者双重身份赋予她们的混合特质,例如,人们会认为成功的女性管理者既亲切又有能力。[27]

在某些情况下,人们会将这种混合特质更多地解读为女性特质。例如,性别对于人们对长得有魅力的女性的看法有较大的影响,因为魅力会给人带来更加女性化的感觉。因此,在职场中,女性的美丽或女性化的外表实际上不利于女性获取领导职务,因为人们认为领导者需要具备的主要是一些男性化的特质。相反,长得漂亮却有利于女性获取人们认为需要具备更多女性化特质的职务(例如秘书或上菜员)。[28]

领导权的男性化解释

从人们对领导者的日常描述中可以看出,人们常把领导权与男性和男性化特质混为一谈。记者弗兰克·里奇(Frank Rich)在一篇名为《父亲一样的人》的文章中回忆 2001 年 9 月 11 日的恐怖袭击时,把美国人描述成正在寻找父亲的样子,他这样写道:"当一个国家受到攻击时,需要有个人站出来告诉我们怎么做,保护我们不受欺负,告诉我们没事了,现在可以安全回家了。"[29] 纽约市市长鲁迪·朱利亚尼(Rudy Giuliani)就扮演了这个父亲角色,后来还被《时代周刊》评为了"2001 年年度人物"。里奇关于遇到危机时人们渴望有父亲在身边的描述证明了通常男性在获取权力大的领导职务和担任好这些职务方面具有优势。

在研究人员对管理职务的描述中,我们也可以发现认为领导权具有男性化特质的想法。例如,20 世纪 50 年代,管理学专家约翰·迈纳(John Miner)提出了在商业组织中管理人员必须要做的六件事。这一观点一直在强调竞争和等级:管理人员必须要能从团队中脱颖而出,要告诉别人做什么,要跟同伴竞争。[30]

约翰·迈纳提出的担任管理职务所具备的条件

- 与同伴竞争:在职业或与工作有关的活动中与同伴展开竞争
- 将自己的意愿强加给下属:告诉别人怎么做,并使用约束力影响他人
- 办事果断:以积极、果断的方式行事
- 从团队中脱颖而出:承担独特的、令人瞩目的特殊工作
- 履行日常的行政职责:完成日常的行政工作
- 与领导维持良好的关系:跟上司处好关系

当代对管理人员的描述中包含一些模式化的女性特质(例如乐于助人和善解人意)和一些中性特质(例如聪明和有献身精神),但其中仍然包含很多一贯被认为比较男性化的特质。[31] 例如,商学院学生列出了很多男性化的管理行为,例如差遣、训练、制定战略决策、解决问题和惩罚。他们也列出了一些女性化的管理行为,例如认可和奖励、沟通和通知以及支持。[32]

尽管管理者可能具有某些女性化的特质,但人们通常认为管理者跟男性之间有更多的相似点。组织心理学家弗吉尼娅·沙因(Virginia Schein)通过让人们根据模式化的女性或男性特征给男性、女性或成功的中层管理人员评级的方式证明了这种"一想到管理者,就想到男性"的现象。[33] 在很多个体性特征方面,例如喜欢竞争、自信、客观、有闯劲儿、有抱负、有领导能力,人们对管理人员和男性的评级都很相似。只有在个别社群性特征方面,例如直觉敏锐和乐于助人,人们对管理人员和女性的评级才比较相似。就连最近的研究也显示,人们普遍认为领导者具有的男性化、个体性特质比女性化、社群性特质多。[34] 沙因和其他研究人员发现,这种"一想到管理者,就想到男性"的现象不仅在美国存在,在英国、德国、新加坡、日本、中国和其他一些国家同样存在。[35]

领导职务给人的印象无疑非常男性化。人们认为政治职务需要具备的个体性特质比社群性特质多。[36] 过去,人们的这种想法尤其强烈,正因为这种想法的存在,当时,为数不多的几个担任位高权重的政治职务的女性不得不把自己当男性看待。英国的伊丽莎白一世"总是称自己王子,拿自己跟国王和皇帝相比较"。[37] 当她在蒂尔堡(Tilburg)召集军队去对抗帕尔玛公国军队时,她说:"我身为女儿身,心是男儿心。"[38]

即使是在性别界限已经变得比较模糊的社会中,第一个担任位高权重的政治职务的女性身上有时也会折射出男性化或双性化的特征。例如,玛格丽特·撒切尔(Margaret Thatcher)常被说成是一个非常强势、非常有斗志、办事风格非常男性化的领导人。为她编写传记的一名作家写道,她"抛弃了大多数重要的性别特征,出于各种实用目的,把自己变成了一名荣誉男性"。[39] 英迪拉·甘地(Indira Gandhi)宣称:"作为首相,我不是一个女人,而是一个人。"[40] 同样,1979年当选芝加哥市市长的简·伯恩(Jane Byrne)也说:"我从来都不把自己看成一个女人。"[41] 这些女性担任的高度男性化的领导职务使得她们无法表现出女性化和女人的一面。

很多领导职务仍然保持着高度男性化的形象,特别是在男性占主导地位的机构中,情况更是如此。如果人们认为再优秀的女性也成不了优秀的领导者,那么对女性来讲,担任领导职务将会变得非常困难。英国的一名高级女警官承认说，把权力让给女性是很困难的。她这样解释道："在我看来，权力就是不管你说什么、做什么，别人都会听你的……你必须很有本事、很聪明、很勇敢，才能成为警界英雄……尽管现在我们这里已经有一些女性在担任领导职务，但是她们在这些方面做得都不太好。"[42]

因此，文化上的模式化印象使得男性在应聘领导职务时具备了双重优势。一看他是一名男性，人们就会产生有关男性的联想；因为有关男性的联想与人们对领导者的看法很相似，所以他被当成领导者的机会就增加了。一旦人们把一名男性看成是领导者，人们就会赋予他更多与领导权相关的特质，这就使得这名男性在竞争领导职务时又有了额外的优势。而女性就得不到这样的支持。实际上，实验显示，即便女性表现出个体性的行为，人们可能也不认为她的行为有竞争力和决断力。因此，性别模式化印象可以帮助男性获取领导权，也会让女性在获取领导权的道路上需要穿越的迷宫变得更加迷离复杂。[43]

有关男性的看法和有关领导者的看法混杂在一起，使得人们更难想象女性担任顶尖级的领导职务。例如，早在2001年劳伦斯·萨默斯（Lawrence Summers）当选哈佛大学校长之前，一位哈佛最著名、最有影响力的管理者就曾对手下说过，哈佛大学下一任校长有可能是名女性。这种看法是在评价候选人之前提出的。[44]但在随后几年，被聘为顶尖高校校长的女性人数迅速增加。在这股大潮中，哈佛大学也起到了推波助澜的作用，因为在2007年，哈佛也聘用了一位女校长——德鲁·吉尔平·福斯特（Drew Gilpin Faust）。

因为文化上对领导者的模式化印象相对比较男性化，因此，光是想到对女性的模式化印象就会让很多女性对领导职务失去兴趣。社会心理学家保罗·戴维斯（Paul Davies）、史蒂文·斯潘塞（Steven Spencer）和克劳德·斯蒂尔（Claude Steele）做了个简单明确的实验证明了这一点。在实验中，他们让一群男性和女性大学生看了很多网络电视上出现的广告。其中，一半学生看的是没有人物出现在其中的广告，例如手机广告。另一半学生看的是中性广告和将女性描述成模式化印象中的样子（例如想要成为校园皇后的女大学生）的广告。然后，研究人员让学生们分成小组，以组长或组员的身份一起去解决一个问题。与只看过中性广告的女生相比,那些看过带有模式化印象的广告的女生更不愿意当组长,更愿意当组员。而男生没有受到广告内容的影响。可见,光是想到对女性的模式化印象就足以降低女性对担任领导职务的兴趣。[45]

这种现象叫做**模式化印象威胁**,它是个体经历的一种风险,处于该风险中的个体担心自己会验证所属群体的消极模式化印象。知道模式化印象的存在,并且担心自己会验证它,这种心理会影响一个人干好一件事情的能力,即使这个人根本就不赞同这种模式化印象,结果也是一样。[46]性别模式化印象一旦被激活,它就会通过降低女性对担任领导职务的兴趣和破坏她们担任领导职务时的表现而成为一种自我实现的预言。有关女性化的联想会导致女性避开领导职务。因此,模式化印象主要通过以下两种方式阻碍女性穿越迷宫获取领导权:一是激起人们对女性领导能力的怀疑,二是让女性担心自己会验证这些怀疑。

尽管人们习惯将领导权和男性特质混为一谈,但情况正在发生变化。随着时代的发展,人们"一想到管理者,就想到男性"的习惯已经有所改变,特别是那些过去一直抱有传统看法的男性管理者已经改变了看法。[47]研究人员还发现,对自己的领导能力非常自信的女性不会因为联想到男性比女性更适合担任领导职务就灰心丧气。相反,这些女性会表现出比正常情况下更强的领导能力作为反击。[48]只要能够意识到模式化印象的影响,非常自信的女性就能坚强地把它们克服掉。而隐蔽的、在无意识的状态下激活的模式化印象要难对付得多。

领导职务的差异

人们对领导者的看法取决于环境。人们不是把所有的领导者都想象成一个固定的样子,而是会根据领导者所从事的工作类型及其领导环境来调整他们的想法。当想到小学校长、公司执行总裁和部队军官时,人们联想到的东西会略有不同。尽管人们认为大多数领导者都具备某些特质,例如睿智,但是对于另一些特质,例如竞争性和纪律,却只有某些特定类型的领导者才具备。[49]

机构中的层级会影响人们对领导者的看法。最上层的领导者通常都具备男性化的特质。例如,男性管理者认为成功的主管需要具备高度个体性的特质(参见"成功的主管应具备的特质")。[50] 人们认为这些特质对于高级政治职务也非常重要。相反,对中层领导职务的文化印象中则包含了很多可以促进合作和下属发展的从传统意义上看比较女性化的人际关系技巧。[51]

在现代社会的某些情况下,即使是位高权重的政治职务在某些时候也需要具备一些更加女性化的特质。2006年,利比里亚[埃伦·约翰逊·瑟利夫(Ellen Johnson Sirleaf)]和智利[米歇尔·巴切莱特(Michelle Bachelet)]选出的女总统就说明了这种变化。这两个国家都经历过战争所带来的创伤,而瑟利夫和巴切莱特身上折射出的母性光辉都可以帮助抚平国家的伤痛,为国家带来和平和稳定。瑟利夫把利比里亚描述成一个需要她细心呵护的生病的孩子,而巴切莱特则以"与人民心灵相通和真正关心人民"而著称。[52]

成功的主管应具备的特质

- 变革推动者:有灵感,敢冒险,精力充沛,果断坚决,有说服力
- 管理勇气:勇敢无畏,善于从逆境中吸取经验,适应力强,足智多谋
- 领导能力:睿智,领导能力强,擅长组建团队,见多识广,有梦想,擅长战略性思考
- 注重结果:先发制人,勤奋,口才好,有政治能力,注重行动,期望高,注重成绩

1990年,在尼加拉瓜经历过激烈的内战之后,维奥莉塔·切莫诺(Violetta Chamorro)也借助其母性形象当选了总统。切莫诺的形象就像"圣母玛丽亚一样,是一位勇敢、有自我牺牲精神并且经历过很多磨难的母亲……她是尼加拉瓜人民的女救世主"。[53] 2007年法国社会党总统候选人塞格琳·罗亚尔(Segolene Royal)"把自己说成是守护国家的母亲"。[54] 即使是在美国,一些有影响力的女性政治家现在也会用自己的母性特质来吸引眼球。例如,1992年,参议员帕蒂·默里(Patty Murray)凭借"就是一位穿网

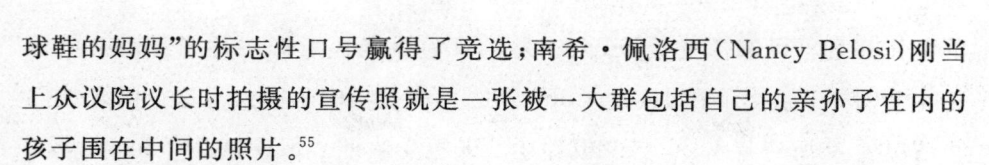

球鞋的妈妈"的标志性口号赢得了竞选；南希·佩洛西（Nancy Pelosi）刚当上众议院议长时拍摄的宣传照就是一张被一大群包括自己的亲孙子在内的孩子围在中间的照片。[55]

领导职务千差万别。最顶尖、最有实权的职务通常都具有更多个性化的特质，即使是在给人留下的印象一贯比较温和的领域（例如教育和健康护理）也是如此。通常，领导职务的男性化特质反映了男性在这些职务上发挥了主导作用。当女性登上这些男性占主导地位的职务时，她们会遇到带有男性价值观念和风格烙印的文化，关于这一点，我们将在第九章加以解释。

对女性领导者的偏见

人们之所以对女性领导者抱有偏见，是因为他们有关女性的联想和有关领导者的联想完全不搭调。正如我们在前面讲过的，人们总是把社群性特质与女性联系在一起，把个体性特质与领导者联系在一起，所以才会出现这种不匹配的现象。对于女性担任领导职务，人们有着两套相互矛盾的期望，一种是根据性别做出的，另一种是根据领导权做出的。当人们对领导权的想法不符合他们对女性的想法时，他们就会做出女性不适合担任领导职务的评价。因此，尽管人们认为女性更亲切、更善良，综合来看比男性更好，但他们通常还是会选择男性担任领导者。

人们对其他群体成员抱有偏见的原因也是类似的；之所以会产生偏见，是因为某个群体在人们的传统观念中具有的特征与大家认为某种特定社会角色应该具备的特征不符。[56]因此，人们不管这个人到底是怎样一个人，只要他是个负责照顾孩子的男性或担任领导职务的女性，大家就会对他（她）有偏见。这种偏见不一定是公开且易于察觉的，常常是隐蔽且不易察觉的。偏见会导致人们对模式化印象与角色不符的人态度较差或评价较低。

有很多例子可以证明跟女性领导者相比，人们更偏爱男性领导者。[57]例如，在多次民意调查中，人们都被问到了下面的问题："如果你要去做一份新

第六章 人们对女性领导者抱有怎样的心理偏见？

的工作并且可以选择老板,那么你是愿意为男老板工作还是愿意为女老板工作?"图 6-1 给出了在 1953—2006 年的其中几年中美国人对这个问题的回答情况。[58] 在所有年份中,男老板都比女老板受欢迎。但在这几年间,偏爱男老板的被调查者所占的比重下降了,从 2000 年到 2002 年,该比重的降幅非常大,但从 2002 年到 2006 年,该比重又有所上升。2006 年,偏爱男老板的被调查者所占的比重为 37%,而偏爱女老板的被调查者所占的比重为 19%。[59]

图 6-1

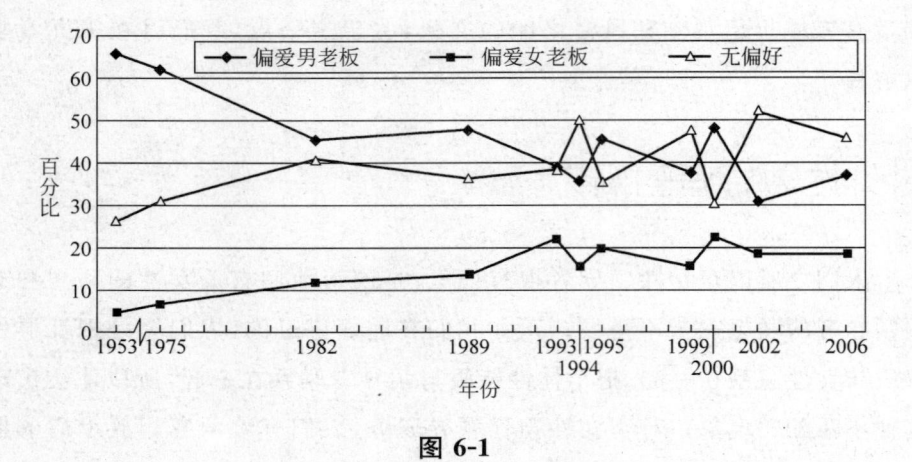

1953—2006 年,在接受民意调查的美国人中偏爱男老板或女老板的被调查者所占的比重

资料来源:改编自 J. Carroll, Americans Prefer Male Boss to a Female Boss, September 1, 2005, Gallup Brain。

人们对女性政治领导人的态度也发生了改变。图 6-2 给出了美国人在全国范围的有代表性的调查中对其中两个问题的回答情况。对于"女性应该负责照顾家庭,应该把经营公司的工作留给男性去做"这一保守观点,1974 年,有 34% 的被调查对象表示赞同,但到这个问题被最后一次问及的 1998 年,只剩下 15% 的被调查对象表示赞同。而对于另外一个观点——"从情感角度来看,大多数男性比大多数女性更适合从政",1974 年,有 47% 的被调查对象表示赞同,但到 2004 年,只剩下 25% 的被调查对象表示赞同。

从 1937 年以来,在民意调查中,人们每年都会被问到是否愿意投票给

1971—1998年
观点：女性应该负责照顾家庭，应该把经营公司的工作留给男性去做。

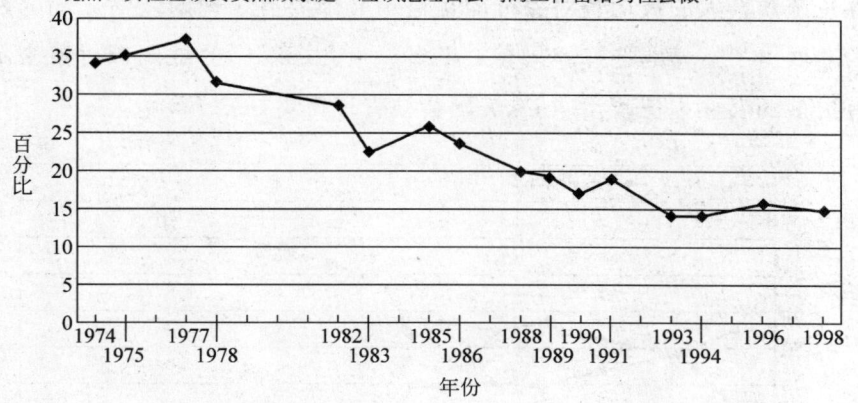

1974—2004年
观点：从情感角度来看，大多数男性比大多数女性更适合从政。

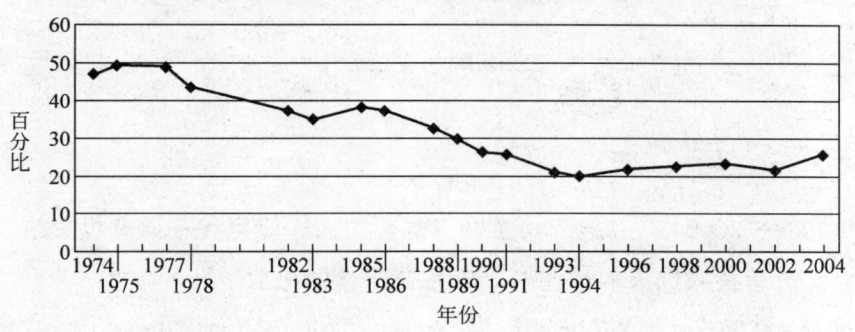

图 6-2

在接受民意调查的美国人中同意综合社会调查中提到的观点的人所占的比重

资料来源：改编自 J. A. Davis, T. W. Smith, and C. V. Marsden, General Social Surveys, 2nd ICPSR version (Chicago: National Opinion Research Center, 2005). Reprinted with permission.

他们自己所属的党派提名的优秀女性总统候选人。如图6-3所示，1937年，只有33%的被调查对象表示愿意，而到2006年，这一比率上升到了92%。相比较而言，当被问及美国是否"可能出现女总统"时，2006年，只有55%的被调查对象表示可能，而在1996年，当这个问题第一次在民意调查中被问及时，有40%的被调查对象表示可能。[60] 由于认为美国可能出现女总统的人比愿意投票给女性总统候选人的人少很多,因此有些现在表示愿意投票给女性总统候选人的被调查对象可能是迫于必须要有正确的政治立场的社会压力才做出了这样的选择。只有一半多一点儿(57%)的被调查对象表示如果有更多的女性担任政治职务,美国会被管理得更好。[61]

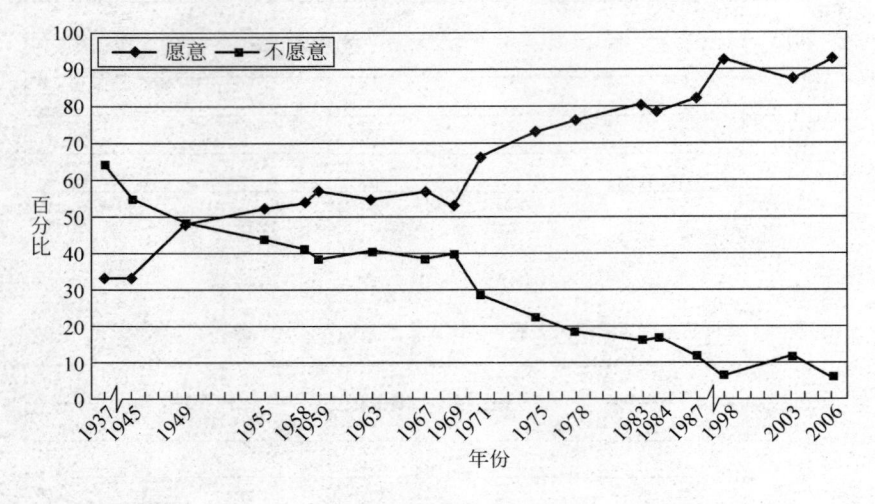

图 6-3

1937—2006 年,在接受民意调查的美国人中愿意和不愿意投票给女性总统候选人的被调查对象各自所占的比重

资料来源:改编自 D. W. Moore, Little Prejudice Against a Woman, Jewish, Black, or Catholic Presidential Candidate, June 10, 2003. Gallup Brain; CBS News/New York Times, 2006. A Woman for President. February 5, 2006。

总而言之,对态度的研究表明,人们对女性领导者的评价没有对男性领导者的评价高。但人们对女性领导者越来越认可,这一变化至少跟人们依然对女性抱有偏见的事实一样令人印象深刻。乔治·W.布什总统在谈到总统职务时提到了这一变化,他说:"毫无疑问,在我看来,女性一样可以当总统。"[62] 然而,人们对女性还抱有一定的偏见,并且这种挥之不去的偏见使得女性获取领导权的道路变得更加迂回曲折。而且,人们还可能把性别偏见跟对其他人口特征的偏见(特别是种族偏见和性取向偏见)混杂在一起。从表面上看,有色人种女性和女同性恋或女双性恋会遭遇更严重的偏见,但我们对这方面的研究还很少。[63]

第六章 人们对女性领导者抱有怎样的心理偏见？

　　尽管带有偏见的态度未必会导致歧视行为，但这些态度，再加上其他一些因素，会限制女性获取领导权的机会。然而，随着时代的发展，人们对女性领导者越来越认可。这种现象表明，女性的晋升之路并没有被"玻璃天花板"彻底阻断，而是需要穿越依然存在的"迷宫"。那么，我们是不是就可以说，"玻璃天花板"已经被打碎，女性晋升道路上的障碍已经被彻底清除干净了呢？显然不行！因为女性并没有享有和男性一样的获取领导权的机会。因为人们还不确定女性的领导能力是好是坏，所以女性需要面对很多男性不会遇到的复杂情况。在第七章中，我们将提供证据证明人们对担任领导者的女性越来越肯定的评价未必表现为无条件的认可，可能会表现为在继续保留传统观念和引入新的、更加进步的观点之间越来越难以取舍的矛盾心理。[64]

第七章

CHAPTER 7

人们对女性领导权抱有抵触心理吗？

第七章 人们对女性领导权抱有抵触心理吗？

看到一个人，我们最先留意到的就是他的性别。正如我们在第六章中讨论的，性别会让人自动联想到性别模式化印象。这些模式化印象及其所带来的偏见导致了第五章中提到的职场中的性别歧视。本章中，我们将讨论人们对女性和领导者的模式化印象是如何通过给女性设置一些互相矛盾的要求而让人们对女性领导权产生抵触心理的。一方面，人们希望女性领导者能够表现出女性的热情和无私；另一方面，人们又要求女性领导者必须展现出领导者的果断和能力。

大家都认为女性领导者应该亲切、友善，因此当担任领导职务的女性对别人行使权威时，她们可能会遭到很多白眼。尽管女性在穿越迷宫时已经经历了重重险阻，但是还是经常有人怀疑她们的领导能力，要求她们打败男性以证明自己和男性一样有能力。在这些双重要求的左右夹击下担任领导职务并非易事。尽管障碍重重，但很多女性还是能够并且已经成为了非常优秀的领导者。关于这一点，我们会在后面的章节中加以说明。

双重约束

女性领导者面临着两难的选择。女性性别角色要求女性必须具备明显的社群性特质，而大多数领导职务要求领导者必须具备明显的个体性特质。具备社群性特质的女性要热情和乐于助人。她不会过分自信，也没有太强的控制欲，不会去宣传或炫耀自己的成绩，也不会公然地试图影响他人。具备个体性特质的领导者要直率、果断、自信、有能力和有影响力。

这些期望给女性带来了双重约束：具有强烈社群性特质的女性领导者可能会被人批评个体性特质不足，而具有强烈个体性特质的女性领导可能又会被人批评缺乏社群性特质。

有了这双重约束，难怪人们对女性影响力的抵触心理比对男性影响力的抵触心理更强。这种抵触心理在迷宫中给寻求领导权的女性带来了障碍。[1]要想有效地发挥领导力，领导者必须具备影响力，即影响别人想法和行为的能力。因为双重约束的存在，人们可能会抵制女性的影响力，特别是在男性化的环境中更是如此。有时候，人们抵制的原因是因为觉得女性领导者缺乏社群性特质，不招人喜欢。有时候，人们抵制的原因是因为觉得女性领导者没有能力，不值得尊敬。而只有当某个人看上去既有能力又热情时，她才既能得到大家的爱戴，又能得到大家的尊敬，因此也就会有较大的影响力。[2]

因此，对于想要获得影响力的女性而言，双重约束要求她们必须要平衡好社群性特质和个体性特质的关系，而这一点做起来非常困难。曾于1993年短暂担任过加拿大总理的金·坎贝尔（Kim Campbell）很明确地承认了这个问题：

> 我说话的方式与传统的女性说话的方式不同。我不会在每个句子后面都加个问号。我这个人非常果断。如果我不是用这种方式说话，当初也当不了领导人了。但是，我说话的方式可能会让不习惯听女性这样说话的人感到反感。这是领导人正确的讲话方式，但却不是女性正确的讲话方式。这种说话方式有悖典型的女性讲话方式。[3]

期望女性具有社群性特质

双重约束为女性设置障碍的一种方式就是使得女性无法享受热情和体贴所带来的好处。正如我们在第六章中讲过的，人们认为女性勇于自我牺牲、乐于助人、乐于支持别人，并且觉得这些特点都是女性身上特别讨人喜欢的优点。尽管这些特点能帮女性得到大家的认可，但却不能为担任权威和领导职务的女性赢得尊重。相反，人们认为热情和无私极其适合料理家务、照顾家人和教育孩子等传统的女性角色。因为人们期望女性在这些传统的方面能够做得很好，所以待人亲切放到男性身上会是非常引人注目的优点，但放到女性身上大家却不会去留意。例如，一项研究显示，助人为乐的男性能获得大家的认可，但助人为乐的女性却不能。男性会对别人遇到的困难视而不见、转身离开，而女性通常都会施以援手。一项机构研究显示，愿意帮助机构承担额外工作的男性员工能获得更多的升职机会，而女性员工能否升职跟她们是否愿意帮助机构承担额外工作无关。[4]

对专断、喜欢发号施令或有支配欲的女性的抵触心理

双重约束要求女性具备社群性特质,避免发号施令和专断的行为。因此,支配型的办事风格可能会让大家对女性产生反感,从而削弱她们发挥影响力的能力。例如,一家大型金融机构的管理者说,对于使用直接、专断的方式影响别人的男性下属,他们会给予更多的指导和支持;而对于女性下属,他们则把更多的支持给了那些使用间接、温和的方式影响别人的人。[5]

女性如果太直接,就要承担得不到工作或升迁机会的风险。例如,研究表明,人们认为,跟没有要求加薪的女性相比,要求加薪的女性要求太过苛刻,不值得雇用。[6]因此,女性经常使用比较间接的方式发挥影响力。华尔街的一名女性主管这样解释自己是如何使用这个策略的:"你必须坚强、果断,但前提是不能冒犯别人。所以,你可以往前推一推,然后再往后倒一倒,再推一推,再倒一倒。你总是在试水,想看看自己到底能走多远,并且还要努力让自己不要生气、不要跟别人对抗,还要想办法用不带攻击性的方式反驳别人的观点。职务越高,这件事情做起来就越困难。"[7]

因为黑人女性比白人女性更专断,所以这种对女性专断的矛盾心理可能会让黑人女性在迷宫中遇到比白人女性更多的障碍。能够证明黑人成年女性和少女比白人成年女性和少女办事方式更直接的证据非常有限。例如,在一项调查中,黑人女性称自己的行事风格非常粗鲁无礼。[8]这项调查显示,跟白人女性管理者相比,黑人女性管理者的权力受到了更多来自上级、下属和跟她们平级的同事的对抗,这一结果跟人们可能对黑人女性的影响力抱有更强的抵触心理的观点刚好一致。

很多研究提供了有着各种各样的支配性行为的男性和女性,并且评估了人们对他们的反应。这些研究的结果非常一致。非语言支配行为,例如跟别人说话时盯着人看或用手指人,给女性带来的不利影响比给男性带来的不利影响更大。用语言威胁他人的行为会减少女性得到工作或升职的机会。不同意别人的观点有时也会给女性带来麻烦,有损她们的吸引力和影响力。不同意别人的观点,同时自己又不必为此付出代价,这种事情更常发生在男性身上。因此，为了应付这种情况，女性可能要用比较含蓄的方式提出不同的观点。例如，一位女性主管兼公司董事会成员使用下面这种比较温和的方式反对男老板的意见："我和我的老板，也就是我们公司的执行总裁的关系很好，感情也很深厚。我学会了或者说采用了一种可以让他接受的给他提反对意见的方式。并不是说这种方式总能让他改变想法，赞同我的观点。但是，这种方法既可以跟他说明我的想法，又不会冒犯他，不会让他觉得我认为他的想法不对。"[9]

尽管女性只要像上面这位女士一样采用比较温和的方式工作，就可以更受喜爱，更有影响力，但是男性却自由得多。研究人员做了几个实验和机构研究，评价了人们对温和、友好的行为和支配、专断的行为的反应。研究结果发现，男性既可以用温和的方式与人沟通，也可以用支配性的方式与人沟通，对他们来说，沟通方式并不重要。不管男性态度是否温和，人们都一样喜欢他们，一样受其影响。[10]因此，通常，人们不会因为男性支配欲强而减少对他们的喜爱，但却会因为女性支配欲强而讨厌她们。因为人们的这种反应，女性迫于压力不得不微笑，不得不亲切待人。一名女性管理者这样说道："刚开始工作时，我遇到的女性都属于传统观念中的那类，她们总是很亲切随和、细致体贴，总是在微笑，总是在赞同别人的观点。当时我自己也是那个样子。我真的就是那样的。我有一盘磁带，上面说，'不管别人对你说什么，都要微笑着表示赞同'。因此，在我演讲时，我总是面带微笑。我可能在谈世界上最严肃的问题，但从我的肢体语言和姿态上你绝对看不出。"[11]

对自我标榜的女性的抵触心理

对女性而言，自我标榜也是很危险的。尽管自我标榜可以让人们了解你的地位和能力，但是它不属于社群性特质，因此也不符合双重约束的要求。相反，说大话既可以帮助男性吸引眼球，又不会给他们带来什么负面影响。一名女性管理者评论道："我看到很多男的都很喜欢炫耀。只要大家在看他们，他们说些什么并不重要。他们极力装出一副很有深度的样子，但实际上只是想吸引眼球。"[12]

人们或许能接受男性的自吹自擂，但正如好几位研究者证明的那样，更多时候，人们会讨厌自我吹嘘的女性，认为跟更加谦虚的女性相比，喜欢吹嘘的女性不配得到赏识和支持。因此，尽管人们认为喜欢自我标榜的人比谦虚的对手更有能力，但自我标榜的女性要承担自己的影响力不如更加谦虚的女性大的风险。[13] 即使是非常有成就的女性，人们也期望她们能够谦虚。对此，语言学教授德博拉·坦宁（Deborah Tannen）评论道："显然人需要谦虚。例如，在一次教师晋职会议上，听完对一名女教授成绩的描述（她发表了很多论文，在该领域有非常高的知名度）后，一名男老师称赞道，'她掩饰得很好啊！'换句话说，这名女教授因为行事低调、不显摆自己的成绩而受到了表扬。"[14]

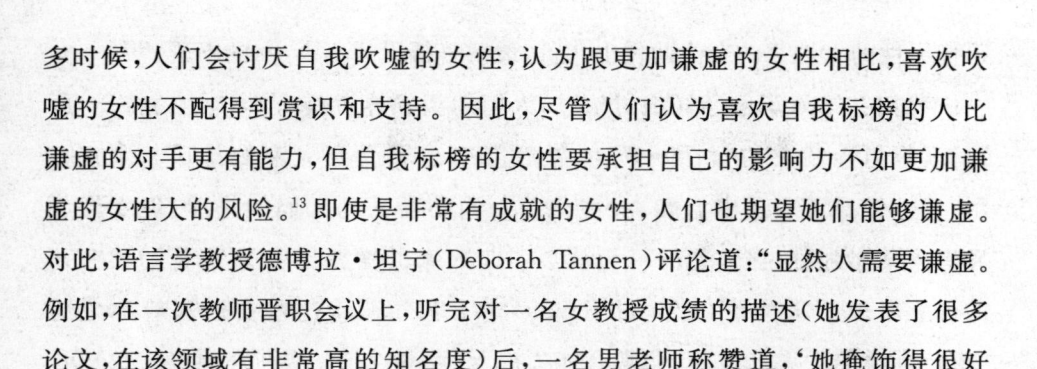

迫于要避免自我标榜的压力，很多女性都表现得非常谦虚。并且，至少在某些情况下，领导者的谦虚可以激励下属为团队工作贡献出自己的力量。例如，某位女总裁将自己的行为和她所看到的男性领导者的行为进行了比较，她说道："当领导并不是要去炫耀……男人们喜欢自己的观点能占上风，但我从一开始就非常谦逊。因此，如果开会的时候有人对我说，'我们为什么不这样做呢？'，这种做法我是可以接受的，并且我经常听取别人的意见……我并不觉得自己受到了威胁……"[15]

对在男性领域工作的女性和担任领导职务的女性的抵触心理

在男性领域，双重约束表现得尤其明显，因为在该领域，对女性社群性特质的期望和对男性个体性特质的期望之间的反差非常大。男性领域通常需要表现出强烈的支配欲和进取心，因此人们怀疑这些领域里的成功女性可能不具备太多的社群性特质。例如，在运动领域，做出侵犯行为的女性受罚的可能性比做出侵犯行为的男性更大。[16] 同样，正如一项研究发现的那样，当人们听说某位女性在诸如电子工程之类的男性占主导地位的职业中干得很成功时，他们就会想当然地认为这名女性不如在通常女性占主导地位的职业中干得成功的女性可爱、有魅力、幸福和受欢迎。另一项研究显示，人们认为"成功的女性管理者"比"成功的男性管理者"更不诚实、更爱出风头、更自私、更粗暴。[17] 因为没有证据能证明情况并非如此，所以，人们怀疑这些非常成功的女性都不太可爱、不太亲切。按一位女性领导的话说："我觉得表现得像男性的女性真的会为此付出代价,最后落得男的不疼、女的不爱。"[18]

我们在第六章已经详细讨论过,人们期望领导者具有个体性的特质,所以,就像男性领域的女性一样,女性领导者也会受到大家的排斥。调查显示,男性领导者表现出温和、女性化的一面不会受到人们的排斥,但女性领导者表现出强硬、男性化的一面就会引起大家的憎恶。[19]一家高管辅导公司的创立者琼·霍兰兹(Jean Hollands)毫不客气地将这些女性高管称之为"横行霸道的女人"。这些非常有能力的女性"做生意、签订合同、经营公司、打败对手"样样拿得起放得下,可是一旦她们的专断得罪了别人,她们就会落得众叛亲离。霍兰兹承认,很多男性高管待人也非常专横,但他们却能逃脱惩罚。

> 为了升官,有些男性利用胁迫、急功近利和攻击别人的手段抓住一切机会、不惜一切代价争夺权力,最后终于如愿以偿。或许,他们并不受下属和同事爱戴,但他们却是管理者眼中的宠儿,并且他们做的事情会得到丰厚的回报。然而,很少有女性能够通过这种强硬的手段获取成功。[20]

有时,即便女性领导者没有横行霸道,只是做自己分内的工作、给别人一些明确的指令,她们也会引发下属的愤怒。凯特琳·弗里德曼(Caitlin Friedman),一本给女性提建议的书的作者,说她听到了很多对女性老板的抱怨:"(大家都说)'以前她没对我发号施令的时候,我挺喜欢我那位女老板的。'本来发号施令是老板分内的事。如果发号施令的是个男老板的话,我不会觉得怎么样,但即便是在这个理应比较开通的时代,换成是女老板,我就常常觉得不舒服。"[21]

男性对具有个体性特质的女性的抵触心理

男性对女性领导权的抵触心理尤其强烈,这是因为男性的社会地位比女性高,他们会把想要发挥影响力的女性看成是在跟他们争夺权力和权威。实验证明,平均来看,男性对能力强、有权威的女性比对能力强、有权威的男性更加不支持,并且男性对女性影响力的抵触心理比女性对它的抵触心理更强。²² 例如,在一家全球性零售企业的会议上,人们对男性想要发挥影响力的明显意图比对女性的这种意图更支持。按这家公司的一位女性高管的话说,"为了维护自己的地盘,人们常常不得不大声说出自己的想法。当女性这样做的时候,她们会遭到大家的鄙视,会被大家称为'控制狂';但当男性这样做的时候,大家却说他们'有激情'"。²³

同样,一位娱乐行业的女性高管描述了男性在开会时是如何维护自己的权威的,她说道:"主持会议的男性就像个投手似的,把各种各样的问题抛给各个击球手。这是他们维护自己主导地位的一种方式。就像打比赛一样,他们仿佛在向人们炫耀:'看我多厉害!'……如果你把球抛回去,他就会在椅子上直起身来。"²⁴

有些男性面对女性的专断会很敏感,因为他们不喜欢女性这样。实际上,由于男性的抵触心理很强,女性有时可以换一种方式,用彼此都认为比平时更温和的方式与对方沟通(例如用试探性或间接的方式讲话),从而增加自己对男性的影响力。²⁵ 例如,一项研究发现,一位女性高管用这种较间接的方法成功说服了一名男性下属去参加他本来不愿去参加的会议。她没有直接发号施令,而是说:"我真的认为你应该去。我自己去不了,但我认为应该有人代表我们公司出席……这件事情我们必须参与。这么说吧,约翰,我请求你去。但什么时候动身,你自己决定。"²⁶ 这位高管多说了几句巧妙的鼓励的话之后,这名男性下属终于被说服去参加了会议。

男性对女性影响力的抵触心理还会影响雇用女性从事传统上男性化的工作。实验发现,跟女性相比,男性更喜欢优先雇用男性求职者,即便是女性求职者的工作经历跟男性对手不相上下,甚至是比男性对手更好,结果也是一样。²⁷ 贝迪公司(Brady Corporation)前执行总裁兼总经理凯瑟琳·赫德森(Katherine Hudson)见过男性的这种反应,她描述了在得知自己被贝迪公司聘用后男同事们的反应:"1994 年 1 月,我去密尔沃基经营贝迪公司……我去见我的管理团队……走过大厅的时候,我看到六个男的正等在那里,想要弄清楚来的到底是谁。当他们意识到'天哪!竟然是个女的!'的时候,我在他们的脸上看到了奇怪的表情。"²⁸

男性可能想跟女性竞争,特别是竞争过去一直由男性担任的高层领导职位,因为他们知道如果女性升任这些职位的话,他们会失去更多。女性领导者,特别是商务、工程和科学等领域的女性领导者,可能会遭到男性的强烈抵触。曾于1997—2003年担任过《纽约时报》科技版主编的科妮莉亚·迪安(Cornelia Dean)解释了作为担任这么有影响力的职务的女性所遇到的挑战,特别是在跟那些男科学家打交道的过程中遇到的挑战。

> 我去参加有成千上万的研究者和教师出席的美国科学促进协会的年会。我的姓名牌上列出了我的新职务。结果,来参加会议的所有科学家在看到我的姓名牌时似乎都是同一个反应:"你是《纽约时报》科技版的主编!?"刚开始,我还没明白过来,以为他们的意思是我太可爱了,不适合做这么责任重大的工作。后来我才发现,原来他们是对这样的工作居然交给一个女人来做感到震惊。几星期后,在出席一次为科学巨头举办的晚宴时,我又遇到了同样的事情。当我的一名同事把我介绍给一位顶尖级的神经科学家时,这位科学家扫视了整个房间,看都没看我一眼,小声嘀咕道:"谁是《纽约时报》科技版的新主编?你是说那个穿短裙的小女孩儿吗?"结果,我目瞪口呆,回答说:"就是我。"[29]

数项研究表明,当在一群男性中间,女性势单力薄或只有孤家寡人一个时,女性也处于非常不利的地位。在这种情况下,女性的想法常常被男性忽略。[30]在一个男女比例相当的群体中,女性的劣势会有所减轻,因为有其他女性可以帮助她们更加轻松地穿越迷宫。但位高权重的女性很少能发现自己置身的群体男女比例相当,因此,她们常常要面对对其领导权更强的抵触心理。

性骚扰的盛行就是男性对女性领导权和权威抱有抵触心理的一个表现。从法律上讲,如果一个人因提供性方面的好处而得到了报偿,因拒绝提供性方面的好处而受到惩罚,或被迫进行了干扰其工作或营造了一种胁迫感和不快感的工作环境的行为,那么这个人就是遭遇了职场性骚扰。[31]

平均来看,58%的就业女性在工作中都遭遇过符合性骚扰定义的对待。[32]如图7-1所示,在男性主导情况最严重的领域——军队,性骚扰发生的频率最高。在军队中,69%的女性曾遭遇过性骚扰。另外,调查发现,大多数性骚扰都是男性对女性进行的性骚扰。[33]负责实施反对就业歧视法的美国就业机会均等委员会收到的绝大多数有关性骚扰的投诉都来自女性(见图7-2)。

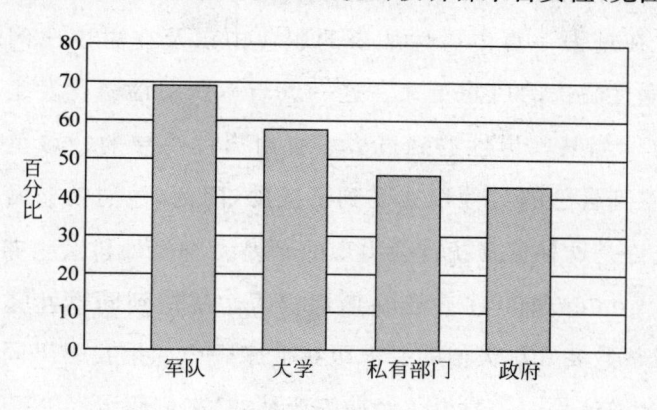

图 7-1

在不同类型的机构中,在工作中遭遇过性骚扰的美国女性所占的比重

资料来源:改编自 R. N. Ilies et al., "Reported Incidence Rates of Work-Related Sexual Harassment in the United States: Using Meta-analysis to Explain Reported Rate Disparities," table 2, *Personnel Psychology* 56(2003):607-631。

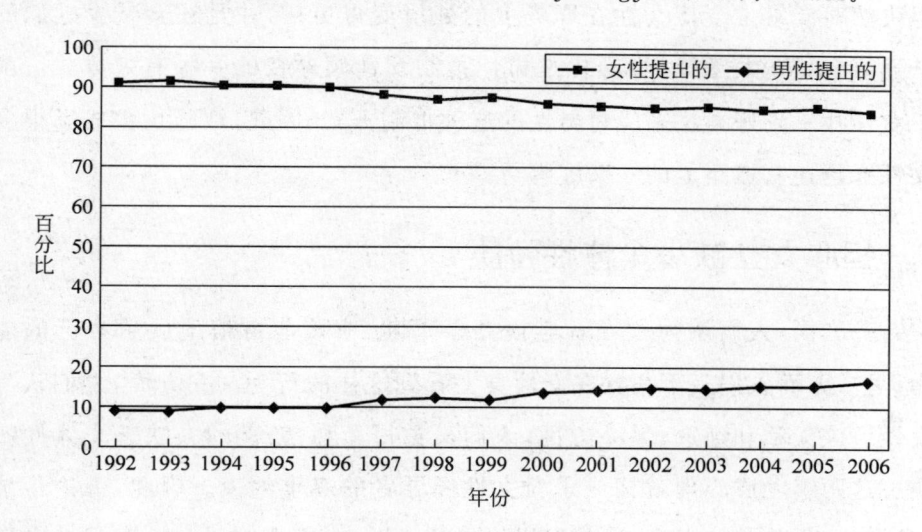

图 7-2

在美国就业机会均等委员会收到的有关性骚扰的投诉中,男性提出的投诉和女性提出的投诉各自所占的比重

资料来源:改编自 U. S. Equal Opportunity Employment Commission, 2007, Sex-Based Discrimination, table "Sexual harassment charges"。

尽管年轻的未婚女性和担任初级或实习生职务的女性也非常容易成为性骚扰的受害者，但受过良好的教育或担任管理职务的女性遭受性骚扰的风险更大。在过去一直由男性从事的职业中以及在男性比例较高的环境中，女性遭遇性骚扰的风险更大。这一点与军队中性骚扰发生率较高的事实是一致的。[34] 当某些男性遇到过去一直由男性主导的领域里的女性专家时，他们会感到自己的男性权威受到了威胁，因此，他们就会做出性骚扰的行为。这或许是这种性骚扰行为出现的原因。[35] 神经外科医生弗朗西斯·康利（Frances Conley）描述了自己在斯坦福医学院遭到同事性骚扰的一些经历："同事经常假装开玩笑似的要求跟我上床……如果我跟男同事的意见不合，他们就会说这是因为我得了经前综合征或'来例假了'。"[36]

女性在工作中遭遇性骚扰后，其事业也会受到严重威胁。如果她们保持沉默，就会受到同事的胁迫和蔑视。然而，大多数女性都不愿正式起诉对她们做出性骚扰行为的当事人。[37] 尽管不采取任何行动看似会产生反效果，但决然对抗常常会让女性在职场上的处境变得更糟，并且还会减少她们的升迁机会。[38] 这样看来，性骚扰是男性抵制女性领导权的一种有效方式。由于女性找不到好办法来应付男性的这种抵制方式，因此，性骚扰也成了很多女性穿越迷宫道路上的一大绊脚石。[39]

担心女性缺少个体性特质

一方面，人们认为领导者应该办事果断、应该能自信地展示自己的能力；另一方面人们又不喜欢在女性身上看到这样的行为。一方面，人们认为女性应该无私和谦逊；另一方面，人们又觉得无私、谦逊的人缺乏个体性特质。这两组矛盾心理就构成了对女性领导者的双重约束。因此，无论是被当成粗鲁无礼的凶女人，还是不堪一击的小女人，都会减缓女性穿越迷宫的进程。卡莉·菲奥里纳在担任惠普执行总裁时，就遇到了这样的双重约束。她说："从我一进惠普，一直到我离开后很长一段时间，在硅谷周围的聊天室里，人们一直都叫我'蠢妞'或'恶婆娘'。另外，他们还说我这个人专断跋扈。"[40]

怀疑女性的领导能力

因为人们担心女性缺乏个体性特质,所以要求女性要做得格外好才行。在第四章中,我们曾经提到,人们对女性领导者做出的评价比对客观上具有相同条件的男性领导者做出的评价低。跟这种现象刚好相符,人们给女性的领导能力定的标准比给男性定的标准更高。男性可以果断地发挥影响力,而不必担心会不会因此而不受欢迎,而且男性也不必像女性那样需要去证明自己的能力。[41]

这种双重约束妨碍了女性获取中意的工作、影响他人和获取领导权的能力。面对这些压力,很多女性领导者依然凭借其格外突出的表现获得了成功。例如,凯瑟琳·赫德森就凭借其骄人的工作履历征服了那些当初反对她进入贝迪公司的人。她说:"自从我来了以后,公司规模扩大了一倍,公司的股票市值翻了两番,公司还收购了11家企业……我已经通过了他们的测试,他们现在正在接受我的测试。"[42]

女性很清楚,人们对她们能力的质疑会削弱她们的影响力。如果一名男性有重要的事情要讲,人们可能会认真去听,但如果换成是一名女性,人们可能就会不理不睬。[43]一家制造公司的女副总描述了在开会的时候人们是如何忽视她自己和其他女性的观点的,她说:"你说的话很快就被大家的交谈给淹没了。两分钟后,当有男同事提出同样的建议时,大家就会发出'哇!好主意!'的赞叹。于是,你会坐在那里想,'刚才大家怎么没有这种反应呢?'"[44]

研究心理学家凯瑟琳·普洛普(Kathleen Propp)通过实验证明了人们存在忽视女性观点的倾向。在实验中,凯瑟琳让参与者四个人为一组来决定离婚案中的孩子应该由谁抚养。每个小组的一名或多名成员会被告知具体的案情,然后再由全组经过讨论和投票做出表决。实验发现,人们在做决定时,更常使用男性组员提供的信息。在只有一名组员被告知案情的情况下,这种倾向表现得最明显。如果信息是由唯一知情的男性组员提供的,那么该信息被使用的概率为72%;如果信息是由唯一知情的女性组员提供的,那么该信息被使用的概率为13%。[45]还有一个日常的例子,一名女律师觉得在法庭上很难让大家听她说些什么,她说:"我正讲到一半,法官就打断我

说,'别说了！让我们来听听这位男士有什么要说的'。"⁴⁶

如果女性发现很难让大家听自己讲话,有时候她们会通过不停地讲或发挥幽默感的方式加以应对。例如,一名女性发现无法让会场安定下来,于是她又试着说:"尽管可能很难相信,但是这么一大群人还真是安静。"当她发现一名男同事仍对她的话置若罔闻时,她又加了一句:"汤姆,你也安静会儿呗！"就这么简单的一句话引来了大家的一片笑声,然后会场就静了下来。

特别是在由男性主导的领域,女性会遇到对她们能力的质疑。在第四章中我们已经讲过,对于男性化的工作,人们明显更喜欢雇用男性;对于中性的工作,人们也比较喜欢雇用男性。⁴⁸在这些情况下,人们可能认为之所以有少数女性被雇用,是因为她们受到了特殊照顾,而这种想法会让他们轻视这些女性的能力。⁴⁹并且,在由男性主导的领域,女性只有做得比男性更好才能被看成和男性一样有能力。例如,在对军校学员进行的一次调查中,尽管按照成绩和级别等客观标准衡量,这些男学员和女学员的条件不分上下,但无论男学员还是女学员给男同伴的干劲儿和领导能力的评级都比给女同伴的评级更高。之所以会出现这种结果是因为女性只有做得比男性更好才能被视为和男性一样有能力。⁵⁰

安·霍普金斯(Ann Hopkins)当初就是因为这个原因才起诉普华永道会计师事务所的——尽管业绩不如霍普金斯的男同事都已经升职当上了合伙人,但是公司却拒绝将她升做合伙人。在被拒绝之前,霍普金斯刚刚跟美国国务院签订了一笔2 500万美元的合同。办公室的合伙人都说霍普金斯的"这一业绩非常出色","实际上已经做到了合伙人需要达到的业绩"。霍普金斯的评估员也表扬她是一位"性格坚强、独立和正直的出色的专业人士"。客户也称赞她"非常有能力、非常聪明、坚强、坦率、高效、有活力和创造力"。在歧视案审判时,法院判定"在成功为事务所签订大单方面,普华永道会计师事务所当年所有其他的合伙人候选人都比不上霍普金斯"。⁵¹尽管如此,霍普金斯的业绩还是不够好。

即便人们认为男性和女性具有同样的条件,他们可能还是会选择男性来担任某个职务,因为在他们看来,同样的条件放在男性身上似乎给人留下的印象更深刻。研究人员做了一项实验来证明这种现象。在实验中,参与者要对男性或女性候选人是否适合担任警察局长职务——这一过去大都由男性担任的领导职务做出评价。候选人被描述成两种情况,一种是受过高等教育并且拥有丰富的管理经验,另一种是拥有丰富的基层工作经验但没受过高等教育、缺乏管理经验。在评价男性候选人时,如果候选人受过良好的教育,实验参与者就会将教育背景作为一个重要的评价依据;如果候选人没受过良好的教育,实验参与者就会将丰富的基层工作经验作为一个重要的评价标准。无论男性候选人拥有怎样的资历,这些资历似乎都是担任警察局长职务应该具备的条件,因此选他担任警察局长都是顺理成章的。但是对于女性候选人,实验参与者却不会为了适应她所具备的条件而改变雇用标准。[52]因此,人们可能会创造性地改变聘用标准以适应性别符合工作要求的候选人的条件。

讽刺的是,一些实验证据显示,在男性化工作方面具有非凡能力的女性有时甚至会招来更多有关其能力的质疑。女性专家怎么会看上去能力不足呢?显然,人们常常很难判断谁的观点是最正确的,特别是在涉及没有明确答案的复杂问题的情况下更是如此。[53]在这种情况下,人们会根据传统印象来判断大家的表现,这在现实世界中是非常常见的一种做法。在过去一直由男性主导的领域,人们对女性的专业知识持怀疑态度,因此,女性专家常常受到质疑,而对于男性专家,人们在没有证据之前绝不会去怀疑他们的观点。

因为人们很难辨别女性身上的优点,所以女性身上的任何缺点都会被放大。当卡莉·菲奥里纳被草率地免去惠普执行总裁职务时,她就意识到了这一点。尽管在菲奥里纳刚离开不久,公司的业绩就开始蒸蒸日上,但大家并没有把这当成她的功劳。在一次电视采访中,菲奥里纳这样评价自己受到的待遇:"改革需要时间,也需要大量的付出。惠普今天的成功在很大程度上是数万名和我一样辛勤工作的员工埋头苦干了五年半换来的……我是第一个出局者。我不是工程师。我来自东岸的大公司,而不是硅谷刚成立的小公司。我以前从事的不是计算机行业,而且我是个女的。"[54]

正如我们在第四章中讲过的,有关雇用决策的双重标准在女性化的领域中就会被颠倒过来。[55]在儿童护理等工作上面,人们常常会质疑男性的能力。因此,在过去一直由女性主导的领域,女性比男性更有影响力;在军队等过去一直由男性主导的领域,男性比女性更有影响力。因为在一定程度上领导权被看成是男性主导的领域,因此,女性领导者在发挥影响力时会面临挑战。

这些发现可能看起来很公平,因为每种性别的人都在各自的领域中更受青睐。认为男性更擅长做消防员和企业高管、女性更擅长做秘书和小学教师的想法会有怎样的危害呢?其最大的问题在于,如果人们按照这种模式化印象行事,他们就会只允许女性从事收入较低的工作,忽视个人之间真正的能力差异,并且仅仅因为大家都认为领导者具备更多的男性特质就拒绝让女性担任领导职务。

由于女性的优秀表现会被大家所忽视,遭遇的挫折又会减缓其前进的步伐,因此,女性要想成功,就必须持之以恒、付出双倍的努力,并不断地超越别人。宇航员卡迪·科尔曼(Cady Coleman)叙述了自己在麻省理工学院参加团体划船比赛时是如何从面临的挑战中汲取经验的,她说:"完成比赛的唯一方法是不去想后面还有206下要划,因为这种想法会让你想要放弃。你应该想'划一下,划一下,再划一下'……我学会了量力而行,并且一次只走一步……你必须有坚持不懈的决心。"[57]

改变能力标准

人们会自动将个体和与之相似的其他个体进行比较——拿女性和女性进行比较、拿男性和男性进行比较,这种做法使得双重标准变得更加复杂。正如社会心理学家莫妮卡·别尔纳特(Monica Biernat)及其同事已经证明的那样,将个体和与之相似的其他个体进行比较的做法会导致评价标准的变化,因为人们会用不同的标准评价男性和女性。为了说明评价标准的变化,我们假设有一名女性,她的身高为五英尺十英寸,人们普遍认为她个子很高。而对于相同身高的男性,人们则会认为他也就是中等身高。可见,在判断不同性别的人的身高时,人们对于身高的期望发生了变化。

同样,当人们称一名男性和一名女性有能力时,他们要表达的意思可能并不是这名男性和这名女性能力相当,而是这名女性在女性中算是有能力的,这名男性在男性中算是有能力的。因此,即使男性和女性的能力得到相似的评价,这些评价也有不同的含义。如果让人们用共同的标准对男性和女性的能力给出评价,他们给出的结果很可能会大相径庭。[58]

因为共同标准有固定的含义,所以它们很容易暴露人们对不同群体的模式化印象。例如,如果让人们按照共同的英尺英寸标准来判断男性和女性的身高,他们就会(精确地)感受到男性比女性高。但是,如果让人们按照从"非常高"到"非常矮"的主观标准去判断同样的身高,那么他们认为男性比女性高的想法就会变得比较模糊。按照主观标准,对于中等身高的男性(在美国,男性的平均身高为五英尺九英寸)和中等身高的女性(在美国,女性的平均身高为五英尺四英寸),人们判断的标准是"中等",因此,这种判断方法就掩盖了男性群体的身高比女性群体高的事实。[59]

对美国部队军官进行的一项调查证明了这种不断变化的标准。研究人员让参加领导力培训课程的军官对他们培训小组中每位成员的领导能力给出评价。总的来说,女性得到的评价低于男性,考虑到部队的环境,这种结果并不奇怪。但当研究人员要求军官们根据从"有待提高"到"表现突出"的主观标准对同伴做出评价时,女性得到的评价却非常好,这是因为这些主观标准使得军官们可以改变标准以适应对女性较低的期望。如果让军官们通过比较小组中各个成员的表现来确定每位成员的等级,女性得到的等级要差得多,这是因为在这种情况下,军官们采用的是共同标准。[60]因此,当要求人们从很多男性和女性中找出更适合的领导者时,人们就会显示出对男性的强烈偏爱。

如果不了解这些变化的标准,正在穿越迷宫的女性在别人对她们的看法上可能会被误导。特别是在男性主导的领域,尽管人们会对女性做出肯定的评价,但他们通常认为女性的能力不如男性。如果让人们使用共同标准评价人的能力,女性的能力往往会被贬低,但如果让人们使用普通的主观标准进行判断,则不会出现这种现象。

人们必须掌握了明确的证据证明女性候选人比其他男性候选人优秀得多,他们才会做出女性更适合担任这项任务的判断,这一点与很多判断能力的实验的结果刚好相符。[61]因此,如果女性能够符合人们的高期望值,大家就会觉得她的表现非常突出,并且认为她的能力比客观上具有同样资历的男性更强。人们认为只有拥有极强的个人能力,女性才能战胜她们不得不去应付的挑战。[62]由于白人对黑人的期望值通常比对白人的期望值低,所以他们会认为有建树的黑人女性非常了不起。[63]一名黑人女性管理者注意到了大家的这种反应,她说:"发现我很聪明、很有能力,他们都感到很吃惊,因为他们原来根本就没想到……有时候,他们之所以对我大加赞扬,我觉得是因为他们对我不抱任何期望。当我说英语或做任何我本来就该会做的事情时,他们都会感到非常惊讶。于是,我就成了一个特例。"[64]

这种反应可能只是一种表面现象,也就是说,按照变化的标准,人们会认为这名女性在黑人女性中算是优秀的。但当人们拿她和她的同事进行比较,判断是否可以让她升职时,性别和种族的模式化印象可能又会占了上风。这些模式化印象会让想要证明自己有能力的黑人女性承受更多的压力。[65]女性应对这些压力的一种方法是既要表现得特别出色,同时还要明白别人可能会低估自己的价值。一名黑人女神经外科医生说:"我们不是想去证明个人的能力,而是想让后来者享受到不同的待遇。我们必须干好自己的工作,最终工作成绩能说明一切……每天,我都在提醒自己,不要用别人认不认可来衡量自己的价值。"[66]

因为女性面临的障碍比男性更多,所以女性要想得到一份工作就必须"比男性多付出一倍的努力",这句古老的谚语现在依然成立,至少在包括领导职务在内的过去一直由男性主导的工作上面,它还是成立的。但是,研究显示,当人们对某一群体所报的期望较低时,他们通常给这一群体设置的最低能力标准也相对较低。[67]因为最低标准相对较低,所以女性可能更容易成为众多候选人中的一员。但要想从众多候选人中脱颖而出就是另外一回事儿了。由于人们对女性能力的要求更高,所以一名女性要想被选中,就必须表现出卓越的能力。

一家投资公司打算通过面试更多的女性求职者的方式多雇用几名女性员工,结果却遇到了女性求职者很难脱颖而出的问题。这一策略之所以未能奏效是因为"按照多数商业学校的惯例,公司给每场面试安排的时间为30分钟。但30分钟的时间对主持面试的中年男性管理者而言,根本就不足以了解年轻的女性求职者……(女性求职者)没有足够的时间打动她们的面试官"。[68]由于这些面试官会暗暗地提高对女性的要求,所以女性求职者在短暂的面试中想要有好的表现很难。

因为人们对女性的能力心存疑问,难怪女性高管常说良好的工作履历对她们的事业成功至关重要。关于这个问题,我们将在第十章中继续讨论。[69]华尔街一家公司的女性高级副总裁就遭遇了这种针对女性的高要求,她说:"在采取行动之前,我们必须洞悉一切。男的可能更厚颜无耻一些。即便被捉奸在床,他也可以笑着说'没啥大不了的',但被抓的女的就会像个十足的傻瓜。任何一丝一毫的疏忽都可能会让你遗憾终生。"[70]

高级领导职务干得好不好,不光要看当事人是否能很好地完成自己的工作,因此,对于高级领导职务,人们尤其会怀疑女性是否具备足够的个体性特质去担任这样的职务。例如,让我们来看一看《商业周刊》(*Business Week*)的记者米歇尔·康林(Michelle Conlin)是如何描述女性管理者的:"她有远大的抱负、良好的工作履历和敏锐的决策技巧。'我很想提拔她,'执行总裁说,'但是她身上好像总缺点什么'……她身上缺少的是掌控人群的能力。男性会风度翩翩地走进房间,立刻跟大家握手,并迅速与大家打成一片,而女性则是机械化地寒暄之后就立刻缩到椅子上。"因此,康林认为,**女性缺少高管风度**(executive presence),因为她们被"多听少说的淑女型交流方式"给束缚住了。[71]

担心女性缺乏个体性特质也包括担心女性因为过于软弱而无法成为有效的高层领导者。尽管有很多成功的男性领导者都非常谦逊,但很少有男性因不够强硬而受到指责。实际上,通过对《财富》1 000强中那些最成功的公司的分析,管理学专家吉姆·柯林斯(Jim Collins)发现,这些公司的男性CEO都非常谦逊、不喜欢自我吹嘘,例如金佰利公司(Kimberly-Clark)的达尔文·史密斯(Darwin Smith)和吉列公司(Gillette)的柯尔曼·M. 莫克勒(Coleman M. Mockler)。同样,亚伯拉罕·林肯(Abraham Lincoln)和杰拉尔德·福特(Gerald Ford)等美国总统也都是谦逊但很有能力的政治领袖。[72]但女性就享受不到这样的自由。

结论

在日常工作中,女性遇到的妨碍其领导权和权威的障碍比男性多。过分自信、有竞争力,甚至有能力的女性时不时会威胁到别人,因此,那些受到威胁的人就会抵制她们的影响力和领导权。对她们领导权的抵触会降低人们对女性的性格和才能的评价、掩盖女性为团队工作做出的贡献、破坏她们的业绩,甚至使她们成为性骚扰的对象。但是,女性如果太过亲切,可能也会遭到大家的批评。

女性只有自己非常受欢迎才能发挥影响力,才能让大家接受自己的领导,而相比之下,男性则没有这样的思想包袱,而且他们也不必证明自己很有能力。人们相信男性具有适合担任领导职务的个体性特质。如果女性做出某些行为,人们会认为她们很无能,但如果男性做出同样的行为,人们却不会因此而质疑他们的能力。人们可以接受男性的控制欲,因此,即便男性在与人交往时表现得比较自私、比较缺乏社群性特质,他们也不会有任何损失,或者即便有,损失也非常小。因为人们通常喜欢用善意的方式解释男性的行为,所以男性表现出来的能力高低和社群性特质强弱对他们都不会有太大的影响。他们在如何领导和影响别人方面享有很大的自由空间。因此,男性获取领导权的道路是比较畅通无阻的。

而女性就没有这么幸运。女性获取领导权的道路需要经过一座迷宫。在穿越迷宫的过程中,女性会遇到各种各样令她们无法专心前进的障碍——有时有人会怀疑她们能力,有时有人会担心她们不够温和,有时有人会怨恨她们的存在。通过分析,我们发现,在某些领导职务中,特别是在那些通常由男性担任的高层领导职务中,这些问题表现得更为严重。在那些女性管理者人数比较多的领域(在第二章中我们已经讲过,在很多领域都已经出现了众多的女性管理者),女性和男性可以得到更加公平的对待。在这些情况下,双重约束会减弱。特别是在像教育和社会服务等更为女性化的职业中,我们所说的这种抵触心理无疑没有这么严重。[73]

而对于担任其他领导职务的女性而言,双重约束则依然较为严重。但正如我们将在第八章和第十章中讲到的,为了应付双重约束带来的挑战,女性领导者常常使用不同的领导风格来克服她们在迷宫中遇到的危险。

第八章

CHAPTER 8

女性的领导风格有别于男性吗?

人们普遍认为女性的领导方式比男性更民主、更注重协作。如果真是这样的话,那么为什么领导权方面的专家还坚持说只要担任同样的领导职务,男性领导者和女性领导者就没有任何区别呢?实际上,这两种观点都有一定的道理。很多女性的领导方式中都掺杂着一些女性的特点。但男性领导者和女性领导者只在某些方面和某些情况下存在差别,总的来说,二者差别不大。女性所采用的男子气较弱的领导方式越来越流行,这对女性来讲是一件好事。现在,人们推崇的是**好教练**或**好老师式**的领导者,而不是传统的**发号施令式**(command-and-control)的老板。女性的领导方式与现在受推崇的领导模式比较接近。

这些问题都属于**领导风格**(leadership style)的范畴。所谓领导风格是指带有稳定的含义或功能的领导者个性化的行为方式。例如,具有协作式领导风格的领导者非常重视协作行为(商议、鼓励、讨论和磋商),他会在不同的情况下采用不同的协作行为。所有的领导者都有自己典型的行为模式,这就是他们独特的领导风格。本章中,我们将讨论两个与领导风格有关的问题:女性的领导风格有别于男性吗?如果答案是肯定的,那么这些差异是对女性有利还是不利呢?[1]

领导者的风格很重要,人们经常将领导者失败的原因归咎于其不够完美的领导风格。例如,2003年,当《纽约时报》前任总编辑豪厄尔·雷恩斯(Howell Raines)迫于压力辞职时,他的管理风格受到的指责甚至比该报的一名著名记者挑起的突如其来的新闻造假事件受到的指责还要多。这一事件将由来已久的对"自上而下的管理风格"的抱怨摆上了台面。[2]同样,当时任哈佛大学校长的劳伦斯·萨默斯发表言论,暗示女性不如男性有天分,很难取得很高的科学成就时,他的领导风格和对女性的看法都受到了来自各方的批评。这些批评也是导致他后来辞职的一个原因。[3]

记者们会非常详尽地报道女性的领导风格和性格特点,但对于男性,他们却很少这样做,除非男性领导者像萨默斯和雷恩斯那样正面临严重的问题。记者们之所以如此关注女性的办事风格,是因为像男护士、女外科医生、男秘书和女CEO这样挑战常规的人最能吸引公众的眼球。[4]在观察领导者时,人们更常问"她是怎么做的?",而不是"他是怎么做的"。[5]

人们的这种关注常常令女性领导者非常反感。用一位名叫伊莱恩·拉·罗奇(Elaine La Roche)的公司高管的话说:"遗憾的是,人们往往更关注女性的办事风格,而不是其他实质性的问题。"[6]惠普的前任总裁卡莉·菲奥里纳也抱怨说:"在我一路打拼,凭业绩和成果终于登上总裁职位之后,有关我的性别、长相和性格分析的报道比其他正儿八经的报道要多得多。"[7]

女政治家也常抱怨说她们不仅要担心自己的发型,还要注意自己的"行为是否庄重"[此话出自美国前议员帕特里夏·施罗德(Patricia Schroeder)之口]。[8]作为1999年的总统候选人,伊丽莎白·多尔(Elizabeth Dole)的领导风格及其性格特点、长相、家庭生活和性别都成了媒体争相报道的话题,而对于其他男候选人,媒体却不太热衷此类的报道。[9]

人们为什么会对有权势的女性抱有偏见呢?这是因为长期以来位高权重的职务都是由男性担任,所以人们对领导权的看法都是根据男性做出的。因此,男性很少需要担心自己的领导风格是否太过男性化、是否太过女性化、是否需要改进以引起人们对他们的关注。但女性领导者却要花大量精力考虑这些事情,这就使得她们穿越迷宫的道路变得更加错综复杂。

有关领导权的争论

只要提起男性和女性的领导风格不同这一话题就会引起社会科学家的争论。[10]那些不喜欢讨论这件事的人争辩说,认为女性的领导风格更亲切、更友善、更重视协作的看法会强化人们的性别模式化印象。那些喜欢谈论这个问题的人则辩解说,认为女性和男性的领导风格相同的观点会助长男性化的领导风格,从而让女性领导者觉得不舒服和不可信。

但是这些有关领导风格的论断的依据是什么呢?最著名的有关男性和女性领导风格差异的论断是由一些为管理学读者和大众撰写著作和文章的作者提出的。[11]在这些作者当中,最著名的就是管理学教授朱迪·罗珊娜(Judy Rosener)。在1990年发表在《哈佛商业评论》上的一篇文章里,罗珊娜提出,女性领导者通常采用**互动式的**领导风格。她这样写道:

第八章 女性的领导风格有别于男性吗?

> 女性领导者常常提到自己为了鼓励大家参与工作以及分享权力和信息所做的努力……几乎在描述每个管理环节时,接受调查的女性都会提到要努力让大家感到自己是组织的一分子。她们通过各种各样的方式努力给大家灌输这种团队意识,例如,赋予大家发言权,鼓励他们发表对工作各个方面的看法……为了便于大家的参与,她们想出了一些可以让大家都参与进来的办法,并且她们还使用对话式的方式,发出信号,邀请大家都加入进来。[12]

罗珊娜的这些结论是根据一项调查得出的。在调查中,她对一家帮助女性获得事业成功的机构中的女性进行了调查,并且还找了一组男性作为对照组。为了找到对照组,接受调查的每名女性都要推荐一位跟自己职务相当的男同事。罗珊娜使用定性分析的方法总结了这些男性和女性对他们的领导方法的描述。[13]

很多领导权方面的研究者都不赞同罗珊娜归纳出来的这些有关女性特有的领导风格的结论。例如,领导权方面的著名专家伯纳德·巴斯(Bernard Bass)写道:"目前获得的大量证据都显示,女性的管理风格和男性相比没有明显的差异。"[14]管理学专家加里·鲍威尔也在一篇很有影响力的文章中表达了类似的观点。[15]

其他一些研究者也认为,男性和女性的领导风格看似不同,但这只是一个假象,因为管理风格上的任何差异实际上都是由男性和女性通常所担任的职务不同引起的。[16]显然,不同的职务需要有不同的领导风格。例如,如果多数女性从事的是人力资源管理,而多数男性从事的是部门管理,那么男性和女性在领导风格方面的明显差异实际上可能只是由于他们的职务不同引起的。但我们真正要讨论的问题则是当女性和男性担任相同的职务时,他们的领导风格是否存在差异。

男性和女性的领导风格相似还是存在差异,这两种观点哪一种看上去更可信?

人们有充分的理由相信,担任相同职务的男性和女性会使用类似的领导方式。通常，人们在挑选男性和女性领导者时使用的是同样的标准，并且对他们的背景的要求也是一样的，例如要求他们拥有 MBA 学位。另外，领导者的行为会受他们所担任的职务的影响：担任某些特定的职务要有某些特定的办事方式。因此，女性迫于压力，要用和男同事一样的方式办事。[17]交响乐团指挥郑念华(Marietta Nien-hwa Cheng)是这样描述自己是如何适应指挥角色的："过去我讲话声音更柔和，音调更高。有时候我说话的语调会往上走，而不是往下走。我意识到，自己的这些言谈举止缺乏权威感，于是我调高了声音力度，压低了音调……现在，我也不再努力与每个人交朋友。当领导和社交不是一回事。"[18]

郑念华的话反映了指挥职务的高度权威性。指挥很少跟小提琴手或笛子手讨论对乐章的理解。成功的指挥都有自己独特的行为和怪癖，但是他们都能适应相对比较独断的领导方式。

尽管认为职务相同的男性和女性领导者领导风格也类似的观点从逻辑上来讲很有说服力，但是情况并非完全如此。正如我们在第六章和第七章讲过的，领导者会受到性别的束缚。人们期望男性领导者能够讲话果断、努力吸引眼球、影响他人，以及办事主动。相反，人们则期望女性领导者能够讲话留有余地、不爱出风头、喜欢接受别人的建议、乐于支持别人，以及擅长处理人际关系。按一位女性高管的话说："人们对女性最基本的期望就是要温柔、宽容、让人感到轻松自在，并且还要擅长团队合作。"[19]

对不同性别的期望还会影响领导者对自我的看法。例如，在一群女性高管中，有98%的人从一大长串领导特点中选择了**协作**、**温顺**、**融入**和**参与**等词语来形容自己。我们很怀疑是否会有这么高比例的男性高管选择用这些具有社群性特质的词语来形容自己。但是，在这些女性当中，形容自己**果断**、**坚决**和**强硬**的人所占的比例只比98%低一点点。[20]

人们为什么希望女性领导者具有社群性特质呢？答案就是这些女性必须同时成功扮演好女性和领导者两个角色。她们必须协调好人们喜欢女性具备的社群性特质和希望成功的领导者所展现出来的个体性特质二者之间的关系。因此，找到一个适当有效的领导风格是非常棘手的一件事情，女性也很清楚这一点。Catalyst对《财富》1 000强企业中的女性高管展开了一项调查，结果发现，她们中有96％的人都认为，培养一种"令男性管理者感到舒服的领导风格"是非常关键或相当重要的。[21]

正如我们在第七章中讲过的，女性承受着双重压力的打击，因此，她们穿越迷宫的道路变得更加深邃莫测。女性面临着两难的选择。一方面，女性办事畏首畏尾，因为她们担心毅然决然地对别人施加权威会招来大家的反感。而且，自己的办事风格"就像个男人"的想法也让人感到很难受。但另一方面，大家又暗示她们说如果软弱和犹豫不决就得不到大家的尊重。按法国总统候选人塞格琳·罗亚尔的话说，"不够强硬"很快就会招来大家的指责。[22]

女性往往通过折中的办法，找到一种既不是特别男性化，也不是特别女性化的方法来应付领导职务的要求。例如，让我们来看一项在加拿大对工作行为进行的调查。调查显示，受性别角色的影响，无论职务高低，女性都比男性更友善、更以人为本、更擅长表达。[23]受职务角色的影响，无论什么性别，职务高的人都比职务低的人更果断、更自信、更有能力。担任管理职务的女性同时具备了上面两个特点——既是女性，又担任着较高的职务，因此她们表现得既果断、有能力，又友善、乐于支持别人。但是，女性也会调整自己的领导风格来满足其特定领导职务的需要。关于这一点，我们将在下文中加以论述。

性别能够影响领导力，因为领导者在履行职责时可以享受一定的自由。例如，他们可以自由决定是采用比较友好的领导方式，还是采用比较冷漠的领导方式；是对未来的目标表现得很兴奋，还是不兴奋；是跟很多同事商量，还是不跟同事商量；是给予属下大量的指导，还是给他们有限的指导；等等。领导方式中这些可以自由发挥的地方很容易受性别规范的影响，因为领导职务对这些东西都没有严格的规定。[24]但是，男性和女性的领导方式真的存在差异吗？为了证明男性的领导方式至少在一定程度上有别于女性，让我们回过头来研究一下领导风格。

任务导向型和关系导向型领导风格

很多的研究已经证明，有些领导者喜欢采取**任务导向型**的领导风格，他们看重的是可以完成指定任务的行为；而有些领导者则喜欢使用**关系导向**

型的领导风格,他们看重的是可以维持良好人际关系的行为。要求下属遵守规则和程序、设置很高的业绩标准以及明确划分领导和下属的职责,这些行为都属于任务导向型领导风格的范畴。帮助和照顾下属、关心他们的福利、友善待人以及乐于助人,这些行为都属于关系导向型领导风格的范畴。[25]受性别规范的影响,男性领导者倾向于采取任务导向型的领导风格,而女性领导者则倾向于采取关系导向型的领导风格。但是,领导者的工作往往要求他们必须要同时注重这两种领导风格。

为了评价这两种领导风格,研究人员通常会让观察者判断领导者使用这两种风格的频率各有多高。他们通常会选领导者的下属来担任观察者,有时候也会选领导者的上司或与他们平级的人来担任观察者。在某些调查中,研究人员也会让领导者描述自己的行为。结果,各种调查都显示,任务导向型和关系导向型领导风格都是有效的领导方式,而关系导向型领导方式能够很好地提高下属对领导者的满意度。[26]

对这些研究进行的荟萃分析发现,男性和女性同样喜欢使用任务导向型的领导风格,而女性对关系导向型领导风格的青睐程度略高于男性。[27]但通过仔细研究数据,研究人员发现了一些非常复杂的情况。更青睐关系导向型领导风格的女性大都是非管理人员,这一点跟我们的预期——担任同样的管理职务的男性和女性会采用类似的领导方式——是一致的。[28]只有在男女比例相当的职务上,女性管理者对关系导向型领导风格的青睐程度略高于男性管理者,而在男性主导程度较高的职务上,则不存在这种情况。[29]担任很少由女性担任的领导职务的女性如果采用女性化的领导方式,她们可能会丧失权威。在女性势单力薄的领域,最有效的领导方式可能就是男性通常所采用的领导方式。

金融行业的一名女性高管明确表示,女性迫于压力,不得不采用男性化的领导方式。她这样说道:"不知从什么时候开始,我渐渐懂得了,你不能太温和、不能脾气太好、不能总笑、不能总表现得无忧无虑和开开心心。你必须态度严肃一点,以便快速赢得大家的信任。我并不是让你们摆出一副恶人的嘴脸,而是让你们不要过于亲切、和蔼。因为这种方式更有效。"[30]

荟萃分析还发现,在担任比较适合自己性别的领导职务时,男性和女性都更喜欢使用任务导向型的领导风格。但在担任不太符合自己性别的领导职务（例如女体育指导主任或男护理主管）时，也就是说，他们在胜任职务方面得到的认可较少时，领导者的任务导向性就没有这么明显。这一发现揭示了为什么非传统角色会让领导者处于劣势地位（参见第六章）。[31]

民主型和专断型领导风格

我们还可以将领导风格分为**民主型**和**专断型**，或**参与型**和**指令型**。民主型或参与型领导者在制定决策时会考虑其他人的观点，而专断型或指令型领导者则很少考虑其他人的观点。[32]尽管民主型的领导风格更符合美国人的价值观，看似带有与生俱来的优越性，但这两种领导风格是否有效仍取决于环境。专断型的领导风格能够高效地制定决策。当需要快速制定决策或下属没有能力或兴趣帮助制定决策时，这种领导风格更有效。在这种情况下，不能发号施令的领导者处境会非常被动。但另一方面，专断型的领导者会招来下属的不满、破坏他们的士气，甚至导致下属离开团队或组织。[33]

根据传统观念，女性的协作性和参与性比男性强。实际上也有经验证据证明，女性成员较多的团队比女性成员较少的团队人与人之间的关系更平等。[34]因为人们尤其讨厌专断的女性领导者（参见第七章），所以女性更喜欢采用民主型的领导风格。[35]人们认为专断的女性领导者行事过于男性化，通常，人们对她们的厌恶程度比对专断的男性更深。[36]因此，女性常常通过让别人参与决策的方式来软化自己的领导方式。下面，一名女性领导者描述了自己是如何渐渐开始采用协作式的领导方式的。

> 我有时候可能比较粗暴，多年的磨练让我不得不这样。而且，在我职业生涯的某些阶段，我表现得非常强硬。但基本上，我采用的还是协作式的领导风格。我会尽量让大家参与决策。几年下来，我在这方面的经验更丰富了，因为我能敏锐地觉察到什么样的行为会惹来麻烦。前些年，我对人性的了解没有现在这么深。因此，现在遇到障碍的时候，我能更镇定，能通过支持别人的方式让他们接受我要做的事情。[37]

因为高度指令型的领导风格可能会招来严厉的批评,因此女性选择避开这种领导方式,这种做法是很明智的。这与对领导风格进行的荟萃分析所得出的结果是一致的。荟萃分析发现,总的来讲,女性的领导风格比男性更民主,更注重大家的参与。[38]对美国各州立法机关的议席进行的一项研究也发现了类似的结果。与男性议员相比,更多的女性议员担任的是协调员职务,而不是"独揽大权"的领导职务。为了说明这种政治领导权的分配情况,让我们来听一听一名同事是如何描述纽约市议会发言人克里斯蒂娜·奎因(Christine Quinn)的:"她为市议会带来了一丝民主的气息,大大推动了政治民主化进程。每个市议员都可以就预算问题发表自己的看法。每个市议员都有能力为自己的选民而奋斗。"[39]

在就职演说中,女州长比男州长更常提到协作问题。例如,1997年,新罕布什尔州州长珍妮·沙欣(Jeanne Shaheen)在结束就职演说时说:"毕竟,历史不仅是由大事件组成的,还需要大家一起默默地不断努力去创造更加美好的明天……让我们共同携手。这样,我们将会真正地创造历史。"[40]

对领导风格进行的荟萃分析还发现,尽管女性倾向于使用民主型的领导风格,但在女性势单力薄的情况下,她们则会放弃这种领导风格。一旦没了众多女性同伴对参与型领导风格的肯定,女性领导者往往会选择男性经常使用的领导风格,这种风格常常是专断型的。很多国家的第一位女性国家领导人,例如玛格丽特·撒切尔、果尔达·迈耶(Golda Meier)和英迪拉·甘地,她们在领导过程中和男性一样发号施令,有时甚至比男性更厉害。高度男性化的环境要求男性和女性领导者都要采用自上而下的领导风格。

下面,一名加拿大新兵的父亲讲述了他女儿的经历,证明了这种压力的存在。他说:"今年夏天,我让我17岁的女儿去参加加拿大部队的新兵训练营,作为她迈向军官的第一步。她通过了除领导力训练以外的所有课程。因为领导能力太差,她没能通过考核,因此被军队开除了……士官对她唯一的忠告就是,她需要更有闯劲儿,表现得更像个泼妇。"[41]

在男性主导的机构中,女性管理者也会采用高度指令型的领导风格,美国国家航空航天局(NASA)航天项目高管琳达·哈姆(Linda Ham)就是一个很好的例子。2003年在返回地球时发生了坠机事故的"哥伦比亚"号航天飞机就是哈姆负责的一个项目。哈姆采用的就是高度专断型和指令型的领导风格。"她是一个令人望而生畏的人物。穿上性感的衣服,她就是一位年轻貌美的可人儿,但就是这样一位可人儿却因强硬、专断的领导风格而闻名遐迩。在下属看来,哈姆眼里揉不得半点沙子,非常不好说话。她一点都不温和。她是一位在男性世界里奋力向上打拼的女性。大家都说她个性太强。"42

NASA中专断的领导风格或许是导致这架及其他航天飞机出事的原因。当下面的人说飞机有问题时,如果高层管理者肯多花点时间听听下属的意见,或许在危险迹象出现时,他们就能做出更好的应对。

总而言之,很多细心的女性领导者觉得使用协作成分多一些的领导风格更容易让大家接受她们,因此,她们愿意与下属分享权力。在某些情况下,女性领导者还会公开宣扬自己民主、协作的领导风格。但是,男性和女性的领导风格经常有很多相似的地方,二者的差异并不太明显。在担任很少由女性担任的职务时,很多女性领导者和她们的男同事一样专断。

变革型、交易型和自由放任型领导风格

20世纪八九十年代,领导权专家开始思考在当代环境下好的领导模式的复杂性。领导大型机构,特别是一些全球性机构,不能单靠一个或几个高层管理者,而是要靠来自机构内部的方方面面的力量。人们有时候把这种领导模式称为**超英雄领导模式**,因为它强调的是众人的影响力,而不是无所不能、无所不知的少数领导者的力量。43这种超英雄领导模式融合了民主型和参与型领导风格的一些特点,但同时,它还包含一些其他的特点。

政治学家詹姆斯·麦格雷戈·伯恩斯(James MacGregor Burns)就是这种当代领导模式的有影响力的早期倡导者之一。他提出了**变革型**领导风格。44在这种领导风格下,领导者会通过获取追随者的信任和信心让自己成为他们的行为典范。变革型的领导者喜欢革新,他们会确定未来的目标,并制订计划去实现它们。即使在组织整体发展状况良好的时候,他们也会坚持革新。变革型的领导者会指导追随者,并授权给他们,从而鼓励追随者充

分发挥自己的能力、为组织做出更大的贡献。[45]

巴宝莉（Burberry）公司的前任执行总裁、现任董事会副主席罗丝·玛丽·布拉沃（Rose Marie Bravo）就是变革型领导者的一个典型代表。布拉沃这样描述自己的领导风格："我们有很多人,很多有创造力的人,我要做的就是不断地激励他们,不让他们走弯路,让他们朝着我们的远大目标不断迈进。我一直在观察、关注、鼓励和激励我的员工……我们努力广纳意见、动员每位员工献力献策,对公司的各项活动都制定了日程安排。"[46]

与变革型领导者不同,**交易型**领导者是通过交换关系满足下属的自我利益。交易型领导者采用的是传统的管理方式,即明确下属的责任,如果下属能够完成任务就给予奖励,如果完不成就予以纠正。尽管变革型和交易型管理风格存在差异,但多数领导者会同时采用这两种管理风格中的某些做法。

除这两种领导风格以外,研究人员还发现了另外一种**自由放任型**领导风格,它的特点就是领导者基本撒手不管,下属爱怎么做就怎么做。研究人员通常通过使用多因素领导力调查问卷（Multifactor Leadership Questionnaire, MLQ）获取对领导者的评级,并以此来评价这三种领导风格。如表 8-1 所示,这种方法列出了变革型领导风格五个具体的层面、交易型领导风格三个具体的层面和自由放任型领导风格。[47]

研究人员的本意是要证明在现代条件下,变革型领导风格具备了有效领导管理模式的精髓。那么,他们能找到证据证明变革型领导风格真的有效吗？答案是肯定的。对大量有关领导风格有效性的研究进行的荟萃分析显示,变革型领导者的总体领导效果优于交易型领导者和自由放任型领导者。[48]

对交易型领导风格的研究结果比较复杂。领导者的领导效果与"权变奖励"（即对下属适当的行为给予奖励）要素正相关。对好的工作表现给予奖励,这一点与下属对领导者的满意度也存在密切的关联。领导者关注下属的过失或因下属犯错而对他们加以惩罚（即所谓"积极的例外管理"）,这些行为只能略微提高其领导效果。而且正如我们预期的一样,事实也证明,只在情况变得很糟糕时才加以干预（即所谓"消极的例外管理"）的做法

表 8-1　多因素领导力调查问卷（MLQ）中变革型、交易型和自由放任型领导风格的定义以及男女比较的平均效应量

MLQ 评价标准	对领导风格的描述	效应量
变革型		−0.10
理想化的影响（品质）	表现出在交往中赢得尊敬和崇拜的品质	−0.09
理想化的影响（行为）	传授价值观、决心和组织使命的重要性	−0.12
鼓舞性激励	表现出对目标和未来的乐观和期待	−0.02
智力激发	研究解决问题和完成工作的新方法	−0.05
个性化关怀	关注下属的发展和对下属的指导，关心每位下属的需要	−0.19
交易型		
权变奖励	对下属令人满意的工作业绩给予奖励	−0.13
积极的例外管理	关注下属的错误和不足	0.12
消极的例外管理	当问题变得严重时才会去关注和干预	0.27
自由放任型		
	经常听之任之，在关键时刻也不予干预	0.16

资料来源：Eagly, Johannesen-Schmidt, and Van Engen. 2003. Transformational, transactional, and laissez-faire leadership styles: A meta-analysis comparing women and men. *Psychological Bulletin* 129: 569-591, table 1 and 3.
所有研究都用效应量加以衡量。正值表示男性的得分高于女性，负值表示女性的得分高于男性。因为交易型领导风格下的各个子标准的效应量既有正值也有负值，所以总的交易型领导风格没有对应的效应量。

和自由放任、撒手不管的领导风格一样没有什么作用。

在这些领导风格方面，男性和女性管理者比较的结果是怎样的呢？研究人员对有关这个问题的 45 项调查进行了荟萃分析，[49] 这些调查既包括涉及数千名管理者的大型调查，也包括一些小型调查。如表 8-1 所示，跟男性领导者相比，女性领导者更喜欢使用变革型的领导风格，特别是在支持和鼓励下属的时候更是如此。另外，女性也更喜欢使用交易型领导风格中的奖励下属的做法。但男性比女性更喜欢使用交易型领导风格的另外两种做法，即积极和消极的例外管理（management-by-exception）。而且，男性使用自由放任型领导风格、撒手不管的可能性也比女性更大。[50]

这项荟萃分析发现了一个非常令人震惊的结果：多数女性的领导风格比男性更有效，而跟女性相比，多数男性的领导风格效果不佳或根本发挥不了任何效果。女性为什么更喜欢使用变革型的领导风格和交易型领导风格中奖励下属的做法呢？可能是因为这些做法更有效，并且看上去不那么男

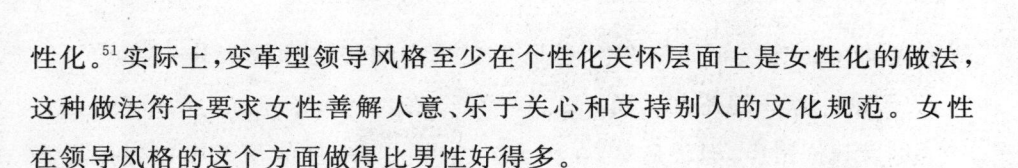

性化。[51]实际上,变革型领导风格至少在个性化关怀层面上是女性化的做法,这种做法符合要求女性善解人意、乐于关心和支持别人的文化规范。女性在领导风格的这个方面做得比男性好得多。

做一名关心和支持下属的领导者既有优点也有缺点。如果人们认定女性领导者本来就应该乐于助人(参见第六章和第七章),那么他们就会把女性领导者乐于助人的行为当成是其母性的"自然"流露。另外,人们通常把激励别人和有远见卓识等有魅力的行为而不是乐于助人的行为当做升任最高层领导职务的必要条件。因此,善解人意和乐于助人的做法或许可以帮助管理者赢得下属的爱戴,但却不能帮助他升上高层领导职务。[52]

这种做法还有一个缺点就是:有时候,善解人意、有助于维护上下级关系的领导风格不利于组织的发展。例如,一名女企业家说道:"我会为下属做很多事情,而男性却不会。因为我太想让某个人成功了,所以我常发现自己过于仁慈。我已经意识到这个问题的严重性。最近,一名员工刚干了两个月我就把他开除了。搁过去,我至少会观察他六个月。我觉得这对我来讲是一个重要的转折点!"[53]

女性更青睐变革型领导风格和交易型领导风格中奖励下属的做法可能还有其他的原因。男性和女性在领导风格上的差异是获取领导职务的双重标准作用的结果。正如我们在第七章中讲过的,女性通常需要表现得比男性更优秀才能得到领导职务,如果成绩不稳,她们很快就会被淘汰出局。在这种双重标准的作用下,女性只有满足较高的标准才能获得领导职务,而男性只要满足较低的标准就可以获得领导职务。结果就是女性领导者的领导能力比男性领导者更强。领导能力强的一个表现就是女性领导者会采用更有效的领导方式,而避开效果较差的领导方式。

文化的重要性

性别对领导风格的影响可能会随着文化背景的变化而变化。我们希望能有很多跨文化研究来探讨这个问题,但这方面的研究却不是很多。[54]而且,也很少有研究将性别与种族、民族等亚文化因素一起考虑进去。因此,我们所描述的性别对领导风格的影响是否在所有的文化和亚文化中都是一样的,关于这一点我们还无法确定。[55]

尽管数据很少,但很显然,在白人男性占主导地位的组织中工作的黑人女性要面临种族歧视和性别歧视的双重挑战。有人认为,这种状况培养了黑人女性非常有创造力和灵活的领导风格。[56]正如我们在第七章中讲过的,黑人女性喜欢采用支配性的方式与人交往,这一点助长了她们的**高管风度**。但是,在很多组织中,占主导地位的白人男性高管对支配欲强的黑人女性不可能比对支配欲强的其他种族的女性更认可。相反,正如我们在第七章中所讲的,有证据证明人们对黑人女性的影响力比对白人女性的影响力更抵触。这些问题都应当引起我们更多的关注。

亚洲文化强调谦虚、尊重别人、建立共识和集体决策,这会给人们带来其他的压力。用一位亚洲裔美国人的话说:"亚洲人的个性通常比较低调和文雅,只有在需要讲话时我们才讲话;而白人男性则会拍桌子。"亚洲裔美国人也不喜欢自吹自擂。正如一名白人管理者所说,"他们中(亚洲裔美国人)的大多数人……都不会吹嘘"。这些文化要求可能会让亚洲裔美国男性和女性的升迁之路变得更加变幻莫测,而且可能在高层管理职务上更是如此。[57]

组织文化也会影响领导风格。尽管人们通常更青睐变革型和协作型的领导者,但是认为这些领导风格适合所有组织传统却是一种错误的想法。有些组织仍在继续推崇高度指令型的领导风格。例如,让我们来看看《华尔街日报》上的这段话:"大多数时候,咄咄逼人的管理者喜欢掌控开得不顺利的会议。他们会根据自己认为重要的问题重新确定议程。他们的慷慨陈词能把那些持怀疑态度的人拉入自己的阵营。如果有必要的话,他们还会用逻辑、幽默以及冰冷、犀利的眼神压倒对手。这些技巧可以帮助管理者让组织快速发展。"[58]实际上,尽管很多组织专家都认为民主型和变革型的管理风格具有道德优势,可以增强员工对组织的忠诚度和投入度,但是很少有直接的证据能证明这种管理风格在美国的组织中比较盛行。[59]

随着时代的进步,每种文化所青睐的领导风格也在不断发生变化。事实上,至少在政治领导权方面,2001年9月11日的恐怖袭击发生后,美国人对比较温和的领导风格的青睐度下降了。在美国人感受到恐怖主义威胁的同时，强硬、男性化的政治领导模式也重新开始大行其道。2004年民主党和共和党的总统提名会议都摆出了军国主义和大男子主义的姿态，因为总统候选人约翰·克里（John Kerry）和乔治·W.布什都说自己很强硬、很有男子气。正如弗兰克·里奇在《纽约时报》上写的那样，"两大政党为期一周的信息娱乐节目都在宣传军国主义和大男子主义"。[60]在共和党的会议上，加利福尼亚州州长阿诺德·施瓦辛格（Arnold Schwarzenegger）将民主党对手称为"娘娘腔"。我们还不能确定这种男性化的姿态是否预示着人们以后会长期青睐发号施令式的政治领导风格。

9·11事件引起了人们普遍的恐惧和担忧，结果导致擅长发号施令、有远见卓识、能够解决集体问题的领导者变得更受青睐。[61]社会心理学家弗洛莱特·科恩（Florette Cohen）和同事进行了一项研究，找到了实证证据证明了恐惧会让人们更偏爱强硬、英雄式的领导风格。实验表明，让大学生联想到自己死亡的场景会增加他们对有胆识、专横的政治领导人的认同感，减少他们对关系导向型的领导者的认同感。因此，痛苦难忘的事件可能会影响人们对领导风格的偏好。[62]

当国家受到威胁时，人们会更青睐看起来强硬、男性化的领导者，这种心理是否会减少女性获取政治领导权的机会呢？正如我们在第六章中讲过的，像利比里亚这样经历过战争重创的国家有时会选择女性担任国家领导人，而正面临威胁的国家则可能会选择男性担任国家领导人。人们普遍认为男性比女性更擅长处理国家安全和军事问题以及对抗恐怖主义的战争。[63]由此产生的人们对自上而下的专断型领导风格的偏好可能会不利于女性，因为极度自信的领导风格一直是男性的专利。实际上，在2006年的国会选举中，美国选民选出了很多以大男子主义闻名的男性民主党人。[64]尽管民主党得到了大量选民的拥护，但女性民主党候选人的总体选举情况却差强人意。这次选举是否预示了一种长期的趋势，关于这一点我们不得而知。根据前面提供的证据推断，非常有胆识的英雄式的女性领导者在短期内似乎不可能出现，也不可能像具有这种领导风格的男性一样成功。

再问：女性的领导风格有别于男性吗？

领导职务的要求使男性和女性领导者具备了很多相似的领导风格。但人们发现，即便是担任相同的管理职务，女性的领导风格也与男性存在差异。女性比男性更青睐民主型、参与型和协作型的领导风格。但当女性担任大都由男性担任的职务时，她们的这种偏好会有所减弱。由于担任高层管理职务的女性凤毛麟角，特别是在大公司里面更是如此，因此，女性高管常常采用和男同伴一样的领导风格。[65]在男女比例相当的领导职务上，女性比男性更喜欢采用参与型和关系导向型领导风格。

女性管理者比男性管理者更青睐变革型领导风格，这也是一个事实。这种倾向的最突出表现就是女性管理者更喜欢关心和指导下属。而且，女性也比男性更喜欢奖励下属。相反，男性比女性更关注下属的过失，他们在问题变得严重之前喜欢听之任之，有时即便在危急关头，也不会出面干预。[66]

女性的变革型领导风格中可能同时掺杂着参与型和民主型领导风格的做法。例如，在澳大利亚海特斯布瑞有限公司（Heytesbury Limited）的所有人兼主席珍妮特·霍姆斯·考特（Janet Holmes à Court）的身上就能看到这种混合型的领导风格。考特在丈夫去世后接管了公司，并且干得很出色。她说："我们公司等级分明。我常常感觉公司就像一座金字塔，罗伯特（她丈夫）处在塔尖上，我们这些人都要效忠于他。我想把金字塔给倒过来。我在下面鼓励大家、给他们加油打气，放手让他们去做自己该做的事情。现在这还只是一个梦想。"[67]

我们所描述的领导风格差异仅仅是一般性的差异。例如，尽管女性更喜欢使用民主型的领导风格，但也有一些女性的领导风格非常专断，一些男性的领导风格非常民主。而且，这种一般性的差异并不是很大，并且并非在所有的领导职务上或所有国家都存在。这些细微的差异是否会带来重要的影响，这一点还有待讨论。一些看似很小的影响可能会有重要的实用意义。[68]例如，从统计学的角度来看，服用阿司匹林与防止心脏病发作之间没有太大的关联——实际上它们之间的关联性比我们在本书中讨论的大多数研究结果的关联性更小——但这种弱关联也足以证明定期服用阿司匹林是治疗心脏病的一种有效方法。[69] 当然,因为有关领导风格的研究结果比生死问题要分散得多,所以我们很难说这些差异到底有多重要。但是,当细微的差异在较长的时间里反复出现时,它们的影响可能会被放大。例如,如果女性领导者稍微比男性领导者更喜欢鼓励和奖励下属,那么人们在留意到这种差异之后,慢慢就会把这种做法作为对女性领导者的一种期望。[70]

当然,对领导风格的研究并没有证明喜欢使用不适当的领导风格是女性无法获取领导权的原因。多年来,领导权方面的研究者一直在督促管理者使用变革型和协作型的领导风格去解决现代组织中的复杂问题。[71] 实际上,受文化浪潮的影响,人们似乎越来越欣赏这一类型的领导风格。尽管9·11事件发生以后,美国人更期待政治领导人能够展现出强硬的领导风格,但在很多其他场合,男性可能正在渐渐放弃自上而下的专断型的领导风格。

这种可能与记者迈克尔·索科洛娃(Michael Sokolove)对杜克大学(Duke University)篮球队干得非常出色的主教练迈克·克日泽夫斯基(Mike Krzyzewski)的深刻描述正好相符。正如索科洛娃所说,"克日泽夫斯基成功的秘诀是什么呢?在先发球员看来,克日泽夫斯基的执教风格很女性化"。[72] 索科洛娃紧接着还描述了克日泽夫斯基非常有效的执教风格,指出他喜欢给予队员指导,并且注重人际关系。同样,在2007年芝加哥熊队和印第安纳波利斯小马队之间的"超级碗"比赛上,熊队教练洛维·史密斯(Lovie Smith)和小马队教练托尼·邓基(Tony Dungy)"克己谦让"型的领导风格引起了人们的关注。"克己谦让"型的教练会支持自己的球员,并且"为了能够突出球员,甘当绿叶。而且他很清楚光靠呵斥调教不出好的球员"。[73] 居然连运动教练这样的男性领导者都逐渐认识到了变革型领导风格的优势,可见男性可能真的正在改变他们的领导风格。

为了能够更好地了解女性和男性的领导风格所带来的影响,我们需要将通常发挥领导力的地点——组织考虑进去。迷宫中的重重障碍是不是组织自己设置的,与女性的领导风格无关呢?在第九章中,我们将回答这个问题。

第九章

CHAPTER 9

组织削弱了女性的领导力吗?

第九章 组织削弱了女性的领导力吗？

大多数领导者都是男性。因此，人们主要从男性的角度思考领导权问题。这种有关领导权的联想不仅让人们形成了有关领导者的模式化印象，而且还会影响组织的规范和惯例。因为管理者会遵循同事设定的先例，所以组织中会出现非正式的规范和有关行为是否适当的共识，并且组织的指导方针也会固定下来成为官僚主义准则。长此以往，组织领导模式不可避免地会体现经常担任这些领导职务的男性的偏好、生活方式和责任。[1] 本章中，我们将证明很多组织惯例都是不利于女性的。

每个组织都有自己的社会结构（有规律的和可预测的行为模式）和文化（组织成员所共同拥有的信仰、价值观、标志和目标）。领导模式是其社会结构和文化的重要组成部分。由于结构上和文化上的障碍，女性在组织中得到领导职务的机会比男性少。为了得到领导职务，女性要跨越迷宫中的重重障碍。这些障碍尽管并不是专门为了歧视女性而设置的，但它们确实成为了女性的绊脚石。

为了揭示迷宫中的这些障碍，我们将分析组织结构和文化中不利于女性的那些方面。我们将证明，要想让女性享有和男性一样的获取领导权的机会，组织必须进行重大变革。尽管女性获取领导权的机会已经比以往任何时候都多了，但这一结论依然成立。[2]

为了初步了解组织惯例中到底有哪些不利于女性的地方，让我们来看一看一名女律师在一家为公司客户服务的大型律师事务所里的经历。在这家事务所里，按照惯例，人们除了要完成法律工作以外，还要花大量时间跟同事共进午餐以及到彼此的办公室闲聊。在这些附属活动和繁重的工作要求的重压之下，如果助理律师遵循常规的朝九晚五的上下班时间，那么他们就无法完成公司规定的**计费时间**（billable hour，即处理客户案件的事件）。因此，大多数助理律师几乎每天晚上都要留在办公室加班，而且多数周末也在加班中度过。

作为一名孩子妈妈，这名女性发现这种制度妨碍了她履行家庭责任。于是，她就把主要的精力都放在了必须完成的法律工作上面。她很少跟同事共进午餐,跟同事闲聊的时间也是能省就省。尽管她的法律工作赢得了各方面的称赞,而且她完成的计费时间也高于公司的平均水平,但是公司却告诉她说要想成为合伙人,她应该多去"了解"一下公司其他的合伙人。要想了解这些合伙人,可能除了要参与他们的案子以外,还要花更多的时间与他们聊天和共进午餐。助理律师可以通过与合伙人聊天和共进午餐,让他们相信自己的职业目标与公司文化是一致的。

包括这名女律师在内的几乎所有已为人母或初为人母的女性助理律师都放弃了想要成为合伙人的想法。有些人辞职回家当起了全职主妇。有些人做起了收入低得多而且几乎没有升职机会的兼职律师工作。我们的例子里提到的这名女律师则像很多其他女同事一样到公共部门找了一份全职律师的工作。就连公司里的一些女性合伙人在生了孩子以后也放弃了自己的职位。尽管这些女性的离职可能说明女性只是喜欢做比较轻松的工作或当全职主妇,但公司自己的文化破坏了它要增加性别多样性的明确政策,也是一个不争的事实。

对律师职业生涯进行的调查证实了这些非正式的观察结果。对芝加哥的律师进行的一项调查显示,女性从大型律师事务所开始自己职业生涯的概率并不比男性低,但女性跳到公共部门任职或转做公司法律顾问的概率却比男性高。因此,女性在大型律师事务所中任领导职务的概率要比男性低得多,而这些领导职务的收入和声望却都是最高的(声望最高这一点存在争议)。女性的主要问题在于如何处理好家庭和工作的关系。在少数成为合伙人的女性当中,60%的人没有孩子,个别有孩子的也是等到成为合伙人之后才生的孩子。[3]

能够获得合伙人身份的女性相对较少,这一结果看似非常公平,因为只有全心全意为律师事务所工作的人才能成为合伙人。但这种结论都是错误的。社会学家菲奥娜·凯(Fiona Kay)和约翰·黑根(John Hagan)所做的调查显示,律师事务所对女性候选人设置的合伙人标准比对男性候选人设置的标准更高。要想成为合伙人,女性必须比男性工作更投入,并且还要非常拥护公司文化,也就是说女性必须"体现出被夸大了的理想合伙人的标准"。[4]这种现象再一次证明了我们在第七章中讨论过的双重标准。

律师事务所的女律师跟担任公司高管和其他高管职务的女性一样，在获取有权势的职务的过程中至少会面临两种障碍：一种障碍就是过多的工作时间要求可能会让女性很难同时兼顾工作责任和家庭生活，因为家庭责任远远不止需要照顾孩子这么简单；另一种障碍就是为了让同事相信自己值得提拔，女性常常需要满足比男性更高的标准。[5]

阻碍女性升迁的组织障碍

在新人进入一家成立已久的组织时，组织已经有了自己的结构和文化。这些结构和文化都是在以往的组织生活中建立并经过不断的调整之后形成的。组织惯例都是经过反复实践后形成的。这些惯例与组织中各个成员的信仰不断互相借鉴从而慢慢演变。组织惯例和个人信仰会不断地互相影响。但是，因为多数员工都是从组织基层开始做起，所以对他们而言，接受现成的惯例要比游说大家去改变惯例容易得多。

在组织中的很多人看来，职场中似乎不存在性别歧视。但在这种虚假表象下面往往隐藏着固有的理想员工模式。理想员工随时都能加班加点，能为了组织的利益而牺牲个人得失。因为理想员工模式假定员工在组织外面的负担很小，所以只有需要承担的家庭责任很少的员工才能满足这些要求。只要把大部分家庭责任都交给妻子去承担，男性，即便是已经结婚生子的男性也能达到理想员工模式的要求。而女性通常很难将家庭责任推给自己的伴侣，因此她们也就很难达到理想员工模式的要求（参见第四章）。就连没有孩子的女性可能也不符合理想员工模式的要求，因为大家觉得她们迟早也要生儿育女。[6]

长时间工作、出差和异地调动的需要

组织内部的高层管理职务和很多专业职务都要占用员工大量的时间。社会学家刘易斯·科泽（Lewis Coser）早在20世纪70年代就在自己的书中预测说，组织对管理者的要求会变得越来越高，除了要长时间工作以外，他们还要对组织保持"绝对的忠诚"。[7]从科泽做出这一预测以来，情况变得越

来越严重。一位女性高管这样说道:"在你成为高管以后,你就成了公司的奴隶了,这真是一个大问题。我感觉我们公司的每一位高管都曾在家庭度假时接到过总裁的电话或者被公司的一些紧急状况骚扰过。"[8]

　　这些年来,美国人的工作时间是不是真的增加了呢?关于这一点,社会学家还存在争论。经济学家朱丽叶·肖尔(Juliet Schor)1991年出版的名为《工作过劳的美国人》(*The Overworked American*)的书挑起了这场争论大战。肖尔认为跟二战后的任何一段时期相比,美国人的工作时间都是增加的,因此工作过劳已经让美国人不堪其苦。但其他的社会学家却不同意他的这一观点,他们认为美国人的工作时间并没有发生变化。[9]之后进行的调查解决了这一意见分歧。调查显示,近年来在美国,人们平均每周的工作时间并未发生变化,只不过在平均线附近人们工作时间的差异增加了。有些人每周工作的时间缩短了,而另一些人每周工作的时间则延长了。总的来看,男性和女性的受教育程度越高,他们每周工作的时间就越长。管理、专业和技术人员每周的工作时间都高于平均水平。[10]

　　担任高层工作的员工工作时间很长,因此他们往往很难兼顾家庭责任。对辞去高层管理和专业工作的女性进行的一项调查发现,86%的被调查者都说工作因素,特别是要求长时间工作的规范,迫使她们做出了辞职的决定。用一位以前在一家高科技公司担任过营销经理的被调查者的话说:"高科技行业每周的工作时间是60个小时而不是40个小时。朝九晚五的八小时工作制已经没人遵守了。"[11]

　　有时候,组织并没有明确规定员工需要长时间工作,员工只是通过观察同事的工作习惯才发现的。而在另外一些情况下,公司则有明确的规定。一名美国员工这样解释道:"在我工作的部门,(老板)会走过来跟我们说,'我希望我早上到的时候和晚上离开的时候都能看到你们大家。只有做到这些的人才有机会升职'。"[12]

　　高层主管更要为组织投入更多的时间和精力。组织可能需要他们加班到很晚或周末也要加班。手机和黑莓通信设备已经抹掉了工作时间和下班时间的界限,很多主管都是从周一到周日每天24小时随传随到。高管必须一直坚守工作岗位,不能因为生孩子或者照顾孩子请假,并且他们也很少休假。

长时间工作是得到高级管理职务的必要条件,即便是在不需要加班的情况下,晚上和周末加班也能证明管理者对组织的忠心。[13] 工作时间已经成为衡量一个人对组织有多大价值的一个主要指标,这种制度可能会忽略员工的工作效率,因为它们关注的是工作时间的长短而不是工作质量。

工作成就高的员工一般比成就低的员工花在工作上的时间更长,这是一个不争的事实。在受过高等教育、工作成绩突出的女性当中,越成功的女性花在工作上的时间越多。对多数主管而言,那些工作时间长,晚上加班次数较多,并且表示愿意在工作上投入更多时间的主管收入也相对较高,得到升迁的机会也会更多。[14] 一名女性主管这样解释道:"一次我有机会达成一笔交易,当时我是谈判桌上的唯一一名女性。谈判桌上坐的都是男的,他们都说自己总是没时间见孩子。一位男士说,'我一周只有两个小时的时间可以陪孩子'。如果让女性去管理公司的话,我们不可能那样生活。大家都接受不了。"[15]

长时间工作的要求给女性和男性带来了不同的影响。因为已经预料到长时间工作会跟照顾孩子起冲突,很多担任高层职务的女性会放弃或者推迟生孩子。[16] 因为有妻子承担大部分家庭责任,男性遇到的冲突要少得多。女性面临的工作和家庭的冲突本应有所缓解,因为她们的丈夫承担的家务比以前多了,但担任高层职务的女性从家务劳动中节省下来的时间却被高层职务要求的加班加点和教育子女增加的时间给抵消了(参见第四章)。这两方面的变化都让从事高要求工作的女性无法应付有孩子的家庭生活。从前在一家律师事务所工作的一位助理律师解释说:

> 为了当上合伙人,至少有好几年的时间你每年都要完成大约 2 300 小时的计费时间。假设一个人一年有 10 天的假期(包括节假日),那么你必须每周完成 46 小时的计费时间。如果周末不工作的话,你每天都要完成 9.2 小时的计费时间,因此就算你连厕所也不上,你也得每天从上午 9:00 工作到下午 6:00 以后。现在,我们再减去上厕所的时间、从完成一个案子到开始下一个案子之间间隔的时间、午餐时间以及在去法庭和去录口供的路上花费的

第九章 组织削弱了女性的领导力吗?

时间(路上花的时间一般不计入计费时间),显然,职业选择的确需要你放弃其他的兴趣,例如家庭。[17]

这种就业准则是在当初大部分女性都还在担任全职家庭主妇时确立起来的。现在,美国大部分家庭都是双职工家庭,这些准则给妻子们带来了很大的压力,因为大多数情况下都是由她们负责接送孩子上托儿所或上学、陪孩子看病、参加家长会、待在家里照顾生病的孩子以及照顾上了年纪的亲人。当然,家庭负担较轻的女性(主要是没孩子或孩子已经长大离家的女性)也可以将大量的时间投入工作。

即便是家里有孩子需要照顾的女性,只要她们愿意让丈夫和其他家庭成员帮忙或花钱雇人帮助照顾孩子,她们也可以长时间工作。但是,决策者们往往认为孩子妈妈们家庭负担重,不适合担任要求过高的工作。联邦劳动力调查中的一名被调查者解释道:"如果候选名单上有两三个女性的名字,他们就会说,'我觉得她不合适,因为她得回家照顾孩子,所以不能(晚上)加班'。尽管很多男性候选人家里也有差不多大的孩子,但他们却不会对这些男性候选人提出这样的问题。"[18]

这种制度当然也会让男性付出一定的代价。因为需要长时间工作,男性很少有时间教育孩子,可能也没时间跟妻子或女朋友联络感情。从事时间密集型职业的男性被切断了给日常生活增添情感共鸣的与家人间的互动。他们也没有精力照顾孩子、促进他们的成长,只能通过提供经济资源间接贡献自己的力量。

要求员工长时间工作,组织就可以最大限度地减少高薪聘用的员工数量。当迫于竞争的压力需要裁员时,组织通常会要求留下来的员工承担起更多的工作。但是,工作时间长也可能是因为管理者规划、控制不力,没有安排好哪些工作真正需要做以及如何分配人手去高效地完成这些工作。长期要求员工加班加点会让员工有压力,并且可能真的会降低组织的业绩。[19] 正如管理学家洛特·贝利(Lotte Baily)写的那样,"如果总是通过让员工加班加点解决问题,那么组织永远也摆脱不了危机"。[20]

很多骨干员工,特别是管理骨干,不仅需要经常出差,而且还需要调动到异地工作。即使干得非常出色的管理者在当地部门获得升职的机会也很少,因为他上面可能已经没有更高的职务或者更高的职务已经被别人占上了。当其他地方出现职务空缺时,升职快的员工可能不得不被调派到别的地方,否则就只能停下其快速升职的脚步。从 20 世纪 80 年代平等就业机会委员会(EEOC)诉西尔斯—罗巴克公司(Sears, Roebuck & Co.)就业歧视案中,我们可以看出西尔斯公司就有这种要求员工"通过异地调动获得升迁机会"的制度。有些员工十年之内就被调任了三四次,他们通过调任获得了升职和大幅度加薪。[21]

如果妻子是全职家庭主妇或妻子的事业不如丈夫的事业重要,那么被调到另外一个地方就不会对丈夫的生活造成太大的影响。因为大多数就业女性的丈夫都有自己的工作,并且丈夫的收入和妻子不相上下或比妻子更多,因此,妻子调任到别的地方会影响丈夫的事业或造成夫妻两地分居,这是大家都无法接受的。对于职业母亲而言,不能让她们信任的人继续帮忙照顾孩子也是异地调动让人头疼的一个地方。因此,当事业发展要求她们迁往另一个城市时,孩子妈妈们的生活会受到很大的影响。例如,在西尔斯公司,要求员工"通过异地调动获得升迁机会"的制度往往会剥夺女性的升职机会。[22]异地调动和长时间工作的要求使得女性升迁道路上要经过的迷宫变得更长了。

总而言之,很多高管职务会让家庭生活变得非常困难。[23]组织中的高层领导者自己选择了这样的生活,并且希望有抱负的高管们也能做出同样的选择。结果就产生了一种令女性和很多男性都很反感的制度。正如专栏作家兼电台主持人玛特·米勒(Matt Miller)在《纽约时报》言论版中写的那样,"如果一个社会有才能的人觉得他们为了施展自己的才能不得不牺牲每个人都非常渴望得到的亲情,那么(即便不是社会机能障碍,)社会制度(也)明显有问题"。[24]

积累社会资本的挑战

在前面提到的例子中,律师事务所要求律师花时间和同事共进午餐和聊天,这种做法看似缺乏行政理性。但是,这些活动可以通过建立社会关系为组织服务。管理者和专业人士会花大量的时间进行非正式的交往,这一事实与社会科学家对**社会资本**（social capital）的理解是密不可分的。所谓社会资本是指人与人之间的关系以及这些关系所带来的互相帮助和互相支持的感觉。[25]对组织而言，这些非正式关系和让人们能够胜任工作的人力资本一样都是必不可少的。人与人之间的关系可以建立了解、信任、合作和共识。

人们通过组织内部和外部的网络建立起关系。如果一个人跟别人保持良好的关系，那么他就可能从别人那里获得支持，这种支持可能有多种形式，从得到意见和信息到达成交易都有。实证证据显示，管理者的社会资本，特别是他们跟其他组织的人之间的关系，有助于其事业发展。[26]这种关系可以让他们获得有价值的信息、获取帮助和各种资源，并在事业上得到支持。

一项调查证明了社会资本的重要性，其调查结果这样描述那些官运亨通的管理者：官运亨通的管理者"跟他们的手下败将相比，花在社交、竞选活动和与组织外面的人交往上的时间和精力相对较多……（而且）没有花太多的时间和精力去从事计划、决策和控制等传统的管理工作以及激励士气、安置员工、人员培训和冲突管理等人力资源管理活动"。[27]因此，跟出色完成传统的管理任务相比，社会资本似乎是管理者事业发展的一个更加不可或缺的要素。

性别会影响社会资本：女性拥有的社会资本一般比男性少。产生这种现象的一个原因是因为男性擅长运用策略建立重要的职业关系。用一位女银行高管的话说，"女性总是在谈论能力。她们往往会忽略人际关系的变化。一些男性的人格魅力比智力强，他们往往能'拥有社会资本'"。[28]尽管大家都觉得女性没有"社会资本"，但女性通常和男性一样了解社会资本的重要性。例如，对波士顿地区在商务和专业领域担任高层职务的女性进行的一项调查显示，有78%的女性认为非正式关系网对其事业发展"有很大帮助"，70%的女性引用了非正式师徒关系的例子。[29]

认为女性建立人际关系网的能力不如男性的感觉往往是与事实相符的，但之所以会这样并不是因为女性对组织运作缺乏了解。问题在于建立人际关系网需要投入大量的时间，因此会妨碍女性（及男性）履行家庭责任。

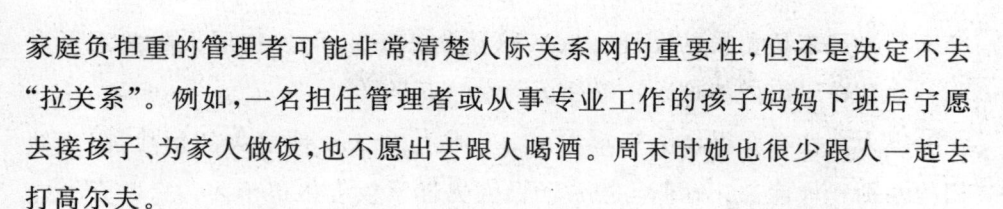

家庭负担重的管理者可能非常清楚人际关系网的重要性,但还是决定不去"拉关系"。例如,一名担任管理者或从事专业工作的孩子妈妈下班后宁愿去接孩子、为家人做饭,也不愿出去跟人喝酒。周末时她也很少跟人一起去打高尔夫。

即使在日常工作中,如果女性势单力薄,她们也很难建立非正式的人际关系网。以前做过执行总裁的商业记者玛格丽特·赫弗南(Margaret Heffernan)这样写道:"在聚会、开会的时候和在高尔夫球场上,你都禁不住会把女性当做不速之客。"[30]当女性处于弱势地位时,大多数人际关系网,特别是有影响力的关系网,全部或者主要是由男性构成的。在这些男性占主导地位的人际关系网中,女性通常得不到合理的待遇,也没太大的影响力,因此她们从加入关系网中获得的益处比男性少。在这种情况下,女性若能拜有权有势的人(通常是男性)为师,她们就有了强有力的靠山。[31]

女性想要挤进这些男性人际关系网是很困难的,特别是当这些人际关系网中的成员从事的主要是男性化的活动时更是如此。一位某公司从事财务工作的女性说:"周日晚上是篮球之夜,每到这个时候,部门里所有的人都会去打篮球。我不打篮球……因此我就无法融入以男性运动和男性活动为中心的社交圈子。作为一个圈外人,我无法跟那些人搞好关系。"[32]一家动画制作公司每年都会举行只允许男性参加的漂流之旅,在出行的时候大家就会不择手段地去拉关系。[33]

在男女比例相当的组织中,女性的人际关系网未必比男性小。但这些关系网通常是各自独立的,女性跟女性凑在一起、男性跟男性凑在一起。全部由女性构成的人际关系网会给女性带来束缚,只有加入更有影响力的男性关系网,女性才能发挥更大的影响力。

女性也可以从跟其他女性的交往中受益。她们可以获得克服性别歧视障碍的社会支持、行为榜样和信息。用一家《财富》500强公司的女性管理者的话说,"我发现(跟其他女性交往)很有用。因为我从中学到了很多应付困难情况的技巧……我是我们公司里唯一一名女性管理者。因为我并不是每天都能见到(其他女同事),所以我不得不刻意跟她们保持联系"。[34]

在女性主管人数稀少的地方,她们常常到自己部门或组织以外的地方结交与自己志趣相投的女性。从某种意义上来讲,向外拓展人际关系可以弥补女性在组织内部难以积累社会资本的不足。[35]

黑人女性在获得社会资本方面要面临比白人女性更大的挑战,因为她们的性别和种族都让她们与通常的白人男性掌权者格格不入。这些女性建立人际关系网的策略包括两个方面:一方面,她们会努力加入有影响力的、主要由白人男性构成的关系网;另一方面,她们也会与那些跟自己同性别、同种族的人建立关系网。因此,这些策略中除了努力与跟自己同种族的女性交往这一点之外,同白人女性采取的策略非常相似。这种做法是行得通的,因为它可以帮助黑人女性找到行为榜样,听取别人的建议,并学会如何跨越种族和性别带来的双重障碍。[36]

适应组织文化的挑战

女性在工作中除了要经常应付积累社会资本的困难以外,还要面临适应组织文化的挑战。[37]在对波士顿地区担任高管和专业职务的女性进行的一项调查中,被调查者提到次数最多的升迁障碍就是"以男性为主导的工作文化"。用一位被调查者的话说,"女性不得不去适应男性创造的组织文化"。[38]

组织文化包括组织成员共同拥有的——有时候是不言而喻的——价值观、目标和事业。员工的穿着、办公室的布置、组织的标识以及员工用来描述其工作的语言都体现了组织文化。[39]很多组织都充斥着男性的价值观,这些价值观有时候表现为男性的争强好胜,特别是在高管当中表现尤为明显。例如,高管的娱乐消遣可能包括深更半夜在酒店停车场附近用租来的汽车进行赛车比赛。[40]美邦(Smith Barney)银行就是一个极坏的例子,它的公司文化中包含了很多负面的男性化文化。

1996年,纽约市加登城美邦办事处的三名女员工对公司提起了诉讼,这就是非常著名的"Boom-Boom Room 酒吧"诉讼案。这三名女员工的男同事将本来应该用做办公场地的地下室建成了一个舞厅,他们将一个抽水马桶挂在了天花板上,并且还用一个大型塑料垃圾桶调制血腥玛丽和其他饮料。男员工把这间房间称为"Boom-Boom Room 酒吧",而女员工在向联邦法院提出集体诉讼请求时却将这作为联谊行为的一个例子。[41]

当年卷入大型公司丑闻的已经倒闭的安然能源公司也是男性化公司文化的一个例子。安然公司的总裁兼运营总监杰夫·斯基林(Jeff Skilling)是竞争性的公司文化的主要倡导者。他说自己喜欢雇用有独特天分的"带刺儿的人":

> "一名高管只要有一项很小的天分——带刺儿,不管他还有哪些其他的缺点,(斯基林)都愿意花大把银子把他招进安然公司。自大狂、不擅交际的人、擅搞阴谋诡计的人和爱去脱衣舞厅的人都被他招进了公司……杰夫根本就不介意大家相处得好还是不好。"斯基林以前雇用过的一个人说。"在很多时候,他认为如果大家相处不好的话会更好,因为相处不好就会让大家产生紧张感,他认为紧张感有助于激发新想法。"安然从前的一位交易主管补充说:"杰夫总是认为让三个人互相厮杀是确保想出最好的点子的最快方法。"他喜欢让大家互相争斗。[42]

斯基林还组织安然公司的高管和重要客户参加了一些需要铤而走险的体育活动,其中包括吉普车和泥地摩托车长途公路赛(例如安然 Baja 拉力赛)。[43]这些活动都体现了安然公司高度男性化的公司文化。

沃尔玛也是男性化管理文化的一个代表。例如,为了欢送一位即将离开的高管,公司在萨姆·沃尔顿(Sam Walton)位于得克萨斯州的大农场里举行了一场猎鹌鹑之旅。为了清楚表明这种男性化的公司文化,一名女高管被告知她可能无法在公司中获得晋升机会,因为她既不会打猎也不会捕鱼。中层管理者在聚会时经常去脱衣舞厅和猫头鹰餐厅(Hooters Restaurant),而数千名店铺经理参加的一场销售大会的主题却是橄榄球比赛。[44]

不是在私下思考、解决问题,而是快速采取行动、直接对外表明自己的决定,这种做法也体现了男性化的组织文化。一位英国女高级警官了解了这个问题,并学会了如何用令男同事满意的语言包装自己的工作:

> 男性发现一个问题后会立刻去解决,事后再去整理其他相关

的问题,而女性则是考虑清楚所有的问题之后再想办法去解决……因此,两者花的时间可能是一样的,但处理问题的方法却不同。女性的这种做法对于男性没有什么吸引力,因为他们没觉得有什么问题,而且在警察局里面,我们必须尽早采取行动。因此,想让男性接受女性的做法可能很困难,因为尽管的确有问题,但是他们却感觉不到。我知道除非我不断地告诉他们有问题,并不断地继续跟他们抗争,要不然他们就感觉不到问题的存在。[45]

男性化的组织文化的另外一种表现就是组织成员经常用充满运动和军事术语的语言描述他们的工作,这种做法符合男性重视行动的想法。人们经常把成功的活动称之为"**大灌篮**"、"**本垒打**"或"**打出了1 000个安打**",并且认为好的行为需要"**注重和队员的合作**"。军事语言包括"**打硬仗**"、"**放炮**"和"**将对手置于死地**"等用词。女性当然能学会这些词汇,她们参加的运动越来越多,学起这些词汇来也越来越容易,但是毫无疑问这种语言男性说起来更不费劲儿。

如果男性比女性更喜欢男性化的组织文化(有证据证明事实的确如此),那么这种文化至少会让很多女性不舒服,并成为她们需要穿越的迷宫中的障碍。[46]当然,有时候女性可能会去弄清楚男性化的组织文化的一些特点,并让自己去适应这种文化。哥伦比亚影业(Columbia Pictures)公司的总裁唐·斯蒂尔(Dawn Steel)举例说明了这种方法:"出于习惯,这些家伙在彼此的办公室晃进晃出。等到他们到达每周制片会议的会场时,所有真正重要的决定都已经做出了……我没有参加这些特别会议,因为我不是这群晃来晃去的男人中的一员。这种状况告诉我们……你必须让自己成为这群晃来晃去的员工中的一员。"事实上,唐也是这么做的。[47]

获得理想工作的挑战

女性管理者常说她们很难得到带有适度挑战的工作。没有机会做这样的工作,即缺乏所谓的**有利于发展的工作经验**(**developmental job experience**)会让女性失去升职机会。[48]迎接艰巨的工作所固有的挑战并让大家认可自己可以克服这些挑战是升任高层管理职务的必要条件,但社会资本却是获得承担这些工作的机会的必要条件。[49]

为了证明女性常常缺乏承担带有适度挑战性的工作的机会,组织心理学家卡伦·莱恩斯(Karen Lyness)和唐娜·汤普森(Donna Thompson)对在大型跨国金融服务公司中担任类似的中层和高层管理职务的男性和女性进行了调查。她们发现女性承担的国际性的工作比男性少,并且女性担任可以对别人施加权威的职务的机会也比男性少。另外,女性在争取要求高的重要工作和调到别处担任更高的职务的机会时遇到的困难也比男性多。并且,她们负责包含多种职责、产品、客户和市场的复杂活动的机会也比男性少。[50]

导致女性难以获得带有挑战性的工作的因素可能不止一个。在某些情况下,女性显然是自己选择或至少同意承担不太有挑战性的工作,她们这样做或许是顺应组织对她们暗含的期望。此外,上司显然也不太可能将有挑战的工作分配给女性,因为他们一方面都有些大男子主义,另一方面对女性也比较体贴,他们认为女性应该承担压力较小的工作,而男性则应该承担"更艰巨"的任务。[51]例如,一名女性注意到公司是如何通过拒绝派她的一名女同事出差而令她升职受阻的:"她在大约1985年就应该能当上部门主管了,结果他们却从别处调来一个男的当上了她的顶头上司。他们给出的理由是她不能出差。事实上,他们从来就没派她出过差。"[52]

不管是什么原因导致女性很难获得有挑战性的工作,她们经常接到的低风险任务不利于她们的事业发展。努力做日常性的工作是得不到升职机会的。企业培训国际(Corporate Coaching International)的总裁洛伊丝·弗兰克尔(Lois Frankel)这样说:

> 人们不会仅凭工作努力就能获得聘用或升职机会。决策者会聘用或提拔一个人是因为他了解这个人的性格,并且相信他不仅能完成工作,而且还能以提升小组成员间平等氛围的方式完成工作。如果一个女性只知道埋头苦干,她这种工作方式实际上不利于让她获得她最想要的东西,即更有意思的工作和证明她可以做得更好的机会。[53]

第九章 组织削弱了女性的领导力吗?

或者，正如一位著名的女性主管对我们所说的那样，"你不要成为成天待在办公室埋头工作的'老黄牛'。你必须让别人看到和认可你的工作"。[54]

女性担任的通常是人力资源和公共关系等人事方面的管理职务，而不是直接关系组织盈亏的部门主管，这使得女性更难获得有利于发展的工作经验。通常，女性很清楚，一旦担任起人事方面的职务，自己的升迁机会就很有限了。例如，对大公司高管进行的一项大型跨国研究表明，女性比男性更常抱怨她们担任部门主管的机会太少。[55]杨雅集团（Young & Rubicam Brands）的董事会主席兼CEO安·富奇（Ann Fudge）说："真正想在公司中获得高层职务的女性必须要足够坚定和坦率地说出自己想当公司主管，想到直接关系公司盈亏的部门工作的想法。这意味着她能更多地从财务的角度思考问题，而不是从女性过去一直担任的后援人员等工作的角度思考问题。"[56]

为什么人们更常把女性而不是男性限制在人事管理职务上呢？最可能的一种解释就是：根据人们对女性的传统印象，他们觉得女性的能力和兴趣更适合人事职务而不是直接关系组织盈亏的部门里的职务。正如我们在第六章中讲过的，人们认为女性生来就具有社群意识和研究人的兴趣等成功地担任人事管理职务所必备的素质，而男性天生就具有自信、果断等担任部门管理职务所必备的素质。当组织形成有关哪个性别的人更适合担任哪种管理职务的框框后，男性更常被引向部门管理职务，而担任这些职务的人升任高层领导职务的机会更大。[57]

鉴于公司迷宫中这种迂回曲折的情况，女性比男性更常产生离开组织以寻求更好的发展机会的想法。[58]通过换工作获得更好的晋升机会，这种做法可能也反映了女性更重视工作给自己带来的满足感（参见第四章）。因此，女性离开组织的原因不仅是因为她们被没有挑战性的工作给困住了，而且还是因为她们比男性对这些工作更为不满。

为了防止女性管理者的流失，公司可以为她们提供更有挑战性的工作。例如，记者克劳迪娅·多伊奇（Claudia Deutsch）在《纽约时报》上报道说，宝洁公司（Procter & Gamble）的女性高管流动率是男性高管的两倍。在这些工作表现出色的离职女性中，很多人透露说感觉公司不重视她们。其中也

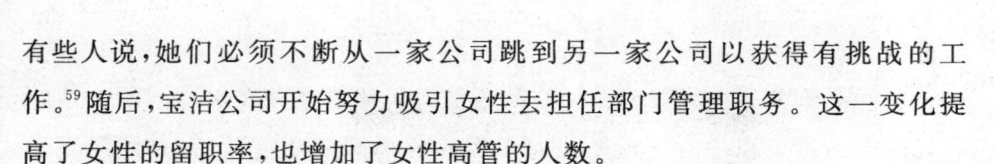

有些人说，她们必须不断从一家公司跳到另一家公司以获得有挑战的工作。[59]随后，宝洁公司开始努力吸引女性去担任部门管理职务。这一变化提高了女性的留职率，也增加了女性高管的人数。

尽管女性很难获得有挑战的工作，但也有证据证明女性比条件相当的男性更常得到高风险的职务。组织心理学家米歇尔·瑞安（Michelle Ryan）和亚历山大·哈斯拉姆（Alexander Haslam）将这种现象称为"**玻璃悬崖**"。[60]他们指出，当公司财务业绩低迷和下滑时，英国的公司更愿意让女性担任高层主管职务。

在施乐濒临破产并因会计报告中存在不正当行为而接受美国证券交易委员会调查时，公司任命安妮·马尔卡希担任执行总裁，这是美国"玻璃悬崖"的一个例子。尽管事实证明马尔卡希干得非常成功，但在这种危急关头，高管失败的风险很高。导致玻璃悬崖现象的原因可能包括两个方面：一是很多公司更愿意冒牺牲女性高管的风险；二是因为很难得到更加理想的职务，所以女性更愿意临危受命担任这些职务。

具有讽刺意味的是，显然，女性既可以获得特别简单的工作，也可以通过特殊途径获得本来不可能获得的管理工作。"玻璃悬崖"和缺乏有利于发展的工作经验完全是一丘之貉，都会让女性无法得到有机会证明自己是很有潜力的管理者的"好"工作。[61]

促进性别平等的组织变革

有很多方法可以清除女性的晋升障碍。但要想实现男女更平等却并非易事。谁可以得到雇用和晋升机会是由组织惯例和市场力量共同作用的一个复杂结果。尽管如此，组织还是可以改掉一些歧视女性的具体政策和惯例，例如要求管理者必须调到别处才能得到升职机会的做法。[62]

大家常常提到的一个解决办法是：政府制定和实施反歧视法，要求组织取消不平等和带有歧视的习惯做法。但如果性别不平等是由组织结构和文化中所固有的规范引起的，那么法律补救措施可能就起不到什么作用。法庭常常会判定这些习惯做法尽管对女性有不良影响，但它们并没有违反反

歧视法。⁶³

一些最重大的组织变革面临的问题是如何让男性和女性不同的生活状态与组织的特点相呼应。正如我们在第四章中详细介绍过的,女性的生活方式,特别是在她们需要承担更多的家庭责任这一点上,通常与男性存在差异。

灵活的工作安排

为了解决家庭负担重给女性造成的不利影响,人们提出了以不同的方式设计工作的各种建议。例如,管理者(和专业人士)可以通过非全日制工作安排或与其他管理者分担工作的方式来减少每周的工作时间。一些管理者还可以选择每周至少在家工作一部分时间。

这类建议中最著名的一项是1989年费利丝·施瓦茨(Felice Schwartz)在《哈佛商业评论》上的一篇文章中提出的。施瓦茨是Catalyst的创始人兼第一任总裁。施瓦茨认为,从事管理工作的大多数女性都不是"以事业为重的女性",而是"事业与家庭并重的女性",她们既想干好事业,又想兼顾家庭、有大量时间养育子女。施瓦茨建议公司为这些女性提供一些时间安排比较灵活的工作,即便是工资低一些、升迁慢一点的工作也无妨。在她看来,这种策略可以帮助公司留住有能力的女性高管,这些人今后会将主要的时间和精力投入到工作上。⁶⁴

施瓦茨的文章引来了一片批评声。尽管施瓦茨并没有给她的建议起名,但批评者们却把它称为**妈妈轨迹**(mommy track),这种叫法将她所描述的职业道路给平凡化了。施瓦茨认为女性和公司都有责任去适应妻子和丈夫之间通常不平等的劳动分工,这一观点是批评者们最不能接受的。《纽约时报》的一篇社论对施瓦茨安于现状的做法提出了严厉的批评。

男性和女性在工作上和家庭中可以并肩协作的新局面何时才能实现呢?现在,它还没有实现。如果人们一直要求女性去做不要求男性去做的选择,那么这种新局面永远也不可能实现。只有当男性和女性一样需要为如何平衡家庭和工作的关系而感到矛盾时,这种新局面才能得以实现。我们面临的挑战就是在他们平衡家庭和工作的关系时,给女性和男性提供最大的帮助,并让他们享受最大的灵活性。[65]

施瓦茨回应说,年轻女性既想有好的事业发展,又想有很多时间照顾孩子,这种想法是不现实的。[66]施瓦茨警告说,当一流的事业时间安排非常死时,女性就不得不放弃事业。实际上,有专业学位(法律、工商管理硕士、医学)或者博士学位的女性在获得学位十年以后退出劳动力大军的概率是具有同等学历的男性的三倍,而她们之所以退出通常是因为家庭责任的缘故。[67]这些退出的女性,尽管在调查样本中所占的比重不高,但显然她们宁愿暂时放弃事业,也不愿承受着家庭和工作的双重压力去穿越迷宫发展事业。

尽管施瓦茨的提议引来了一片争议,但大家对她提出的灵活安排工作时间的建议还是比较赞同的。这方面的建议包括给予非全日制工作更大的责任和更好的工资待遇。全日制工作也可以灵活安排工作时间。给担负着养儿育女责任的员工更多的时间去证明他们应该得到晋升,这也是一个引起广泛讨论的话题。这些父母(多数情况下是孩子妈妈们)可能需要更多的时间证明自己的能力,大多数情况下只需要多给他们一年或者两年的时间。在固定的时间内考核员工是否能够升职的死规定会阻断他们的晋升道路,令他们的潜能得不到发挥。有些工作表现出色的女性可能会暂时离开快速升迁的道路,当她们重新出来工作的时候,组织应该为她们提供重返责任重大的职务的机会,这一点也是很重要的。[68]

有利于兼顾家庭的工作安排可以让女性在养儿育女责任最重的时期也能坚持工作,从而帮助她们积累社会资本、更新专业技能,最终去竞争晋升机会。对72家大型美国公司进行的调查显示,在其他组织变量保持不变的情况下,有利于兼顾家庭的人事安排会提高五年以后女性在高级管理层中所占的比重。[69]

很多组织正在采纳这样的做法。这些做法包括弹性工作时间、工作分享、远距离工作、提供老年人看护服务、领养福利、视情况而定的儿童托管服务,有时甚至包括为员工提供在岗照顾孩子的方案。尽管有人认为这些改革成本高、效率低,但系统分析发现,公司和员工都能从这些政策中受益。员工获得的益处一目了然,而公司获得的益处包括可以留住和雇用到有能力的员工、增强员工的干劲儿、降低人员流动率以及为公司在公众心目中树立起"那是一个工作的好地方"的良好形象。[70]

正如批评施瓦茨的那些人指出的那样,只有女性享受的这些有利于兼顾家庭的福利待遇尽管有很多优点,但同时也危机四伏。像父母可以请假照顾孩子和非全日制工作之类的工作安排都会延缓享受这些待遇的女性的职业发展。从更深的层次上来看,享受这些福利的女性比男性多,这一点从总体上看会损害女性的事业,因为人们早就预料到女性会选择享受这些福利。只针对女性的有利于兼顾家庭的制度会令女性更难获得重要的管理职务。[71]

更深层次的改革将挑战很多高层管理和专业工作需要长时间工作的标准规范。批评这些做法的人指出,认为最优秀的员工就是那些在工作上投入的时间最多的员工的观点不一定正确。在办公室露面时间长和总是随传随到与工作成绩好不是一回事儿。组织不应该继续将注意力放在工作时间长短上,而应该关注员工的工作质量以及如何才能更高效地利用员工的时间。适度的工作时间可以提高员工的士气、改善他们的家庭生活、减少他们的压力以及提升他们的业绩。这些改革都可能会提高组织的竞争力。[72]

其他进步性改革

除改革长时间工作的标准以外,还有很多的改革有助于女性在组织中的职业发展。所有这些建议都要求组织必须更公正,这样员工个人的优点和成绩才能得到奖励。

改革业绩考核和招聘办法

为了保证公平,升职考核不能再像过去那么主观,升职决定应该以明确、有效的业绩考核为依据,应该尽量减少决策者有意识和无意识的偏见的影响。另外,从组织外部招聘员工应该走公开的程序(例如打招聘广告和使用职业中介),而不是靠社会关系和推荐。组织内部招聘也应该透明,应该在适当的场所张贴招聘通知。调查显示,这些公开的人事招聘做法能增加担任管理职务的女性人数。[73]

如果没有客观评价和公开招聘,人事决定中很可能会掺杂偏见。一种偏见就是人们总是喜欢跟自己相似的人,并愿意同他们交往。[74]大家都觉得跟自己有相同的自然状况、社会背景、性格特点和态度的人会让他们感觉更舒服。因为相似会让人产生共鸣,所以组织内的性别歧视可能是由男性内集团(in-group)对与其他男性共事的偏好引起的,而不是由他们对与女性共事的反感引起的。

对内集团的忠诚会驱使当权者聘用跟他们相似的人担任职务。另外,在其他条件相同的情况下,管理者对与自己同性别、同种族的人的评价更高。[75]因为担任高层管理职务的大部分都是男性,所以随即有更多的男性被雇用去担任此类职务的现象也就不足为奇了。管理学家罗莎贝丝·莫斯·坎特(Rosabeth Moss Kanter)将这种过程称为**同性社交复制(homosocial reproduction)**。同性社交复制会让传统的精英永远占据着组织中的高层领导职务。[76]

如果没有适用于所有候选人的明确标准,做出雇用和升职决策的人就可以自由地根据自己的模式化印象或者个人偏好做决定。为了确保评价更公正,组织必须建立监督和问责制度,但大多数组织都没有做到。例如,在沃尔玛性别歧视案中,诉讼顾问就认为明显带有性别歧视的晋升模式是由松散的人事制度造成的。尽管沃尔玛有成文的晋升制度,但公司却给了管理者很大的晋升决策权。

在分析沃尔玛的人事政策时,社会学家威廉·比尔比(William Bielby)写道:"在运营方面,沃尔玛采用的是集中调配和控制模式,但在有关平等就业机会的人事制度方面,公司的管理非常松散,根本就无法建立监督和问责制度。"[77]如果管理者可以自由选择自己认为适当的雇用和升职标准,那么歧视就不可避免。

当权者很容易对受自己权力制约的人形成模式化印象,因此这些问题就变得更糟了。当权者之所以会形成模式化印象,或者是因为组织赋予他们的权力让他们自己对别人的简单看法过于自信。[78]由于人们通常并不清楚模式化印象会影响自己的判断,所以这个问题就变得更严重了(参见第六章)。

因为上述原因,管理者必须根据证明能力和成绩的有效证据做出对员工的评价。[79]为了确保公正,组织通常需要监督其人事决定。因此,很多组织都建立了将开放职位的责任下放到各个团队的结构;比如,它们设立了肯定性行动计划、多样性委员会以及专业负责监督多样性问题的职务。研究表明,这些组织结构可以有效地增加担任管理职务的女性人数。[80]

在基层管理职务上,确保人人享有平等的雇用和升职机会的措施执行起来要容易得多,因为这种挑选至少有一部分依据是包括学历、培训和经验在内的客观条件。但在高层管理职务上,挑选在更大程度上是依据主观评价成绩进行的。例如,这些主观评价成绩包括在委员会和董事会面前做陈述时的表现、在谈判中给别人留下的印象以及非正式的人际关系网等。[81]我们在第七章中提到过的鼓励女性在自我展示时要谦虚的行为准则增加了女性被选中的难度。

让女性担任领导职务合理化

通过表达对女性领导者的尊重和信任,组织可以减少成员对女性领导权的抵触(我们在第七章中已经证明了这种抵触心理的确存在)。组织要做的第一步就是要像重视提拔和培养男性员工一样重视女性员工,并确保女性员工能够得到培训机会。实际上,全面重视培养全体员工可以增加担任高管职务的女性人数。[82]

一旦选中某位女性担任领导职务,组织必须让大家明白她之所以能当选,凭的是她展现出来的能力,而不是因为组织要实现多样性目标或其他什么原因。[83]即便如此,还是会有人怀疑她并不是真的具备担任重要领导职务所需要的素质。产生这种怀疑的原因就是在第六章中我们讨论过的角色冲突,即人们常把与典型的领导者特质不同的特点归结到女性身上。为了减轻人们的怀疑,高管可以给大家发出信号,表达他们对女性领导能力的信任。在验证这一说法的实验中,实验参与者被告知在执行他们小组分配到的任务时,女性因为干得出色所以常常担任领导角色。在得到这一信息的小组中,女性领导者能够克服她们在通常情况下会遇到的不利因素,成为和男性领导者一样有影响力、一样有效的领导者。[84]在组织中,将女性权威合理化同样会有帮助,因为女性可能缺少男性更常具有的固有的合理性。

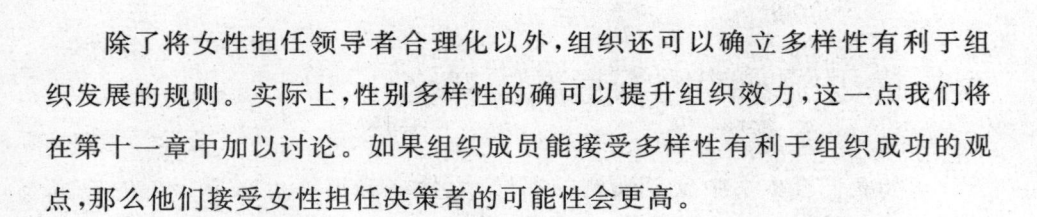

除了将女性担任领导者合理化以外,组织还可以确立多样性有利于组织发展的规则。实际上,性别多样性的确可以提升组织效力,这一点我们将在第十一章中加以讨论。如果组织成员能接受多样性有利于组织成功的观点,那么他们接受女性担任决策者的可能性会更高。

减少象征性

在很多情况下,即使任命一位女性(担任领导职务)都会成为一大突破。因此,迈出这样的第一步是很重要的。但是,因为象征性女性会受到更多的审查,所以组织要做的不应仅仅是选出象征性的代表。人们异常关注象征性女性的工作表现,为此这些女性承受了很大的压力。《华盛顿邮报》(Washington Post)的前执行总裁凯瑟琳·格雷厄姆写道:"每当我是一屋子男人中唯一一个女人时,我都会非常不安,唯恐自己看上去很笨或很无知。"[85]另外,象征性女性最后总会被人们固定在一些狭隘的、模式化印象中的角色上,例如"狐狸精"、"母亲"、"宠物"或"铁娘子"。一名女银行家说:"刚进入银行业时,大家会把你当成一名荡妇或艺妓。作为一个刚从大学毕业的年轻女子,因为健康、可爱,你会受到各种各样的关注。"[86]

人们对待女性的这种方式限制了她们的选择,使她们很难升任责任大的职务。如果不是只有一两个女性,而是有大量女性担任高管职务,那么这个问题就没那么严重了。如果女性不是处于弱势地位,那么她们的女性身份就没那么显眼,同事们就可能会更关注她们的个人能力。[87]

一些调查显示,在公司董事会中,三名或三名以上的女性就能构成一个数量足够庞大的群体,这样的群体常常可以改善董事会的绩效。[88]美国教师退休基金会(TIAA-CREF)的副总裁、首席顾问兼董事会秘书艾伯特·J.威尔逊(Albert J. Wilson)说:"如果董事会有12—15名成员,其中只有一名或少数几名女董事,我认为这没什么意义。但如果女董事更多一些,如果她们是一些关键性委员会的成员,如果这一政策能渗透到公司的高管层,那情况就不同了。到那时候,你就可以把多样性和工作业绩等同起来,因为这些人现在正在参与决策制定和政策执行。"[89]

有关优秀领导的组织标准的变化

正如我们在本书中反复强调的那样,女性晋升道路上需要穿越的迷宫中的主要障碍都来源于一个事实,即人们长期以来一直把领导权与男性和男性特质联系在一起。因此,当女性担任领导职务时,人们会对她们产生怀疑。然而,对优秀领导的素质要求已经发生了变化,并且这些变化可以减少女性所面临的角色冲突。[90] 让我们来看一看记者、作家兼政治顾问戴维·格根(David Gergen)发表的下面这番自信的论断:

> 事实证明,女性领导者看起来更适合这种新风格……当我们描述新的领导风格时,我们会使用到"一致同意"、"关系型"、"基于网络"、"有同情心"、"全员参与"、"公开"、"透明"等字眼儿,这些都是"女性化"领导风格的特点。你可以争论这种女性化的风格究竟是女性生来就有的还是在社会化的过程中养成的。这都不重要……关键是就在女性发现自己的天分非常适合现代对领导者的要求的那一刻,她们已经敲开了通往领导权的大门。[91]

理想领导的标准的变化反映了潜在的社会经济变化。这些变化主要包括技术发展更快了,社会变化更快了,组织使命也变得更复杂了。另外,劳动力也变得越来越多样化,竞争压力变得越来越大,地理政治界限变得越来越模糊。高管,特别是CEO,必须在这种日趋复杂的情境中履行自己的职责。在《华尔街日报》的封面上,CEO的工作被描述成要求越来越苛刻的社交和政治技能:"CEO要和越来越多的人打交道,其中包括股东代言人、对冲基金、私募股权投资基金交易商、立法者、管理者、司法部长、非政府组织和无数其他想对上市公司如何处理自己的事务发表意见的人。今天的CEO实际上要扮演政治家的角色,要对各种各样给他们投票的人负责。"[92] 因此,正如一位商业记者所说,"董事会越来越想找那些在跟员工或其他股东打交道时能表现出超强的人际交往能力,同时又能一贯保持良好业绩的CEO"。[93] 其他领域的高管,例如大学校长,也必须跟很多股东打交道。

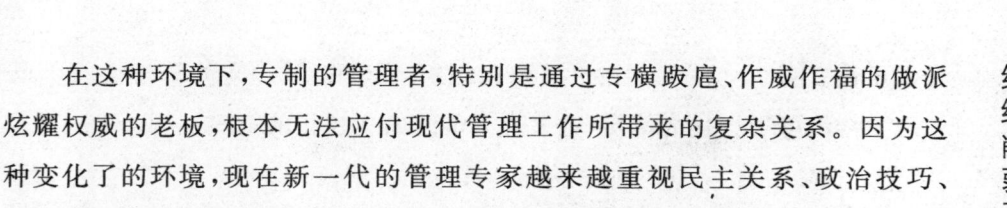

第九章 组织削弱了女性的领导力吗？

在这种环境下，专制的管理者，特别是通过专横跋扈、作威作福的做派炫耀权威的老板，根本无法应付现代管理工作所带来的复杂关系。因为这种变化了的环境，现在新一代的管理专家越来越重视民主关系、政治技巧、参与式决策、授权以及团队式领导技巧，这些都是偏中性的而不是男性化的管理模式。[94]

这种新的优秀领导模式是很有道理的，因为很多管理者已经不再把主要精力放在计划、组织、指导和控制这些传统职责上了。管理者的主要职责是为执行任务的员工团队提供支持。为了便于团队开展工作，管理者需要解决很多人际关系问题和技术问题，应付烦琐的业绩考核，有时还需要处理预算方面的问题。对于这些职务而言，"发号施令"没有什么作用，而管理者每天都要忙于沟通、倾听、监督、教授和鼓励员工。

领导职务已经具备了讲授和指导的重要元素。用社会学家玛丽·沃特斯（Mary Waters）的话说，"强有力的领导者不仅是指那些能够提出目标或推动变革的人，还包括那些能够充分调动人们的潜力并且能够鼓励大家齐心协力开展工作的人"。[95]就是在这种环境下，杜克大学篮球队主教练迈克·克日泽夫斯基成了美国优秀领导者的典范。[96]

这些变化给男性领导者带来了学习女性化技巧的新压力，按记者迈克尔·索科洛娃在讨论克日泽夫斯基时讲的话说，就是要"将你内心深处女性化的一面释放出来"。[97] 2005年《华尔街日报》对接受工商管理硕士的招聘人员进行的民意测验也显示出了同样的信息。这些招聘人员说，他们在男性和女性工商管理硕士身上都发现了性别传统印象中所涉及的特质："男性通常被认为是强有力的领导者，但有时候过于激进，并且他们一般都比较擅长数学。而女性总是能更有效地与客户和同事互动，并且她们一般都比较擅长沟通和运用策略。"

这些招聘人员建议男性和女性都要学习异性身上的特点："应该鼓励女性要'自吹自擂'，要更有冒险意识，握手要更有力，着装要更职业化。对于男性，我们强烈建议他们要更谦虚、更有协作精神、更好地倾听别人的观点，并且不要再把别人的功劳揽到自己身上。"[98]

因此，这一充斥着模式化印象的建议不仅要求女性变得更男性化，而且要求男性变得更女性化。在很多现代组织环境中,最优秀的管理者身上既体现了传统的男性化的特质,也体现了传统的女性化的特质。

结论

女性在晋升道路上遇到的迷宫中的主要障碍来源于组织习俗和惯例,而这些习俗和惯例又反映了传统的家庭劳动分工。很多管理和专业职务通常都需要长时间工作,这种要求与女性的家庭责任(有时候也与男性的家庭责任)存在冲突。除了这些工作—生活问题以外,组织中常常包含的多方面的男性化文化也阻碍了女性积累晋升所需要的社会资本。在这些背景下,高管们偏好跟与自己相似的人共事,再加上大家都认为担任高管职务需要具备男性化特质,所有这些因素都增加了女性晋升的难度。

由于经济和社会的快速发展,管理职务也在不断发生变化。现在已经是时候提出和尝试组织改革,以便让组织能够更好地接纳女性管理者和女性高管。另外,很多男性已经开始接受职场中有利于兼顾家庭的变化,因为他们承担的家庭责任也比过去多了。我们提出了很多组织改革的建议,以便让组织能够像受男性欢迎一样受女性欢迎。要贯彻这些建议需要经过在组织中任职的女性和男性的仔细分析。采纳进步的建议、促进组织发展需要那些想让组织中的男女比例更均衡、家庭中男女角色更平等的人积极采取行动。[99]

第十章

CHAPTER 10

有些女性是如何找到穿越"迷宫"之路的?

穿越迷宫——指引女性领导者登上事业之巅

要想成为领导者,女性必须穿越迷宫,绕过沿途的重重障碍和死胡同。最完美的状态是没有迷宫,女性和男性可以走同样的获取领导权的道路。但目前,男性要走的道路更顺畅,而女性要走的道路则是迷宫重重。

显然,女性无法独自解决迷宫所带来的问题。在第九章中,我们分析了组织是如何设置障碍的,也解释了组织怎样才能打破这些障碍、帮助女性继续前进。本章中,我们将为想要找到成功穿越迷宫之路的女性提供建议,告诉她们在当前条件下如何才能走出迷宫。我们提供的并不是一套万能型的规则,而是两条应付职场状况的一般性建议,并且我们还会告诫大家在哪些情况下这些建议不太奏效。第一条建议是女性应该表现出既具有个体性特质又具有社群性特质;第二条建议是女性应该积累社会资本。

很多书都针对女性如何在事业上不断进步提出了建议,但这些建议常常是互相矛盾的。通常,这些书的作者会给女性提供两种策略:以男性化的方式行事或以女性化的方式行事。这两种片面的方法都无法应付我们在第七章中讲过的双重标准给女性带来的两难选择。

主张女性应该以男性化的方式行事的作者敦促女性要有闯劲儿、自信、强硬、勇敢和无畏。凯特·怀特(Kate White)在《勇敢做辣妹:成功要大胆,别做乖女孩》(Why Good Girls Don't Get Ahead But Gutsy Girls Do: 9 Secrets Every Working Woman Must Know)一书中建议女人们抛开女性的矜持、直面事业的挑战。[1]这本书中的一些章节标题包括"辣妹勇于打破规则"以及"辣妹走自己的路,让别人说去吧"。怀特警告女性不要使用慈母式的管理方式,因为这种做法会让员工产生惰性从而降低对自身的要求。在《解密男性思维:在男性世界异军突起的七大基本原则》(How Men Think: The Seven Essential Rules for Making It in a Man's World)一书中,安德里恩·门德尔(Andrienne Mendell)教导女性一定要有积极进取,要"随时争取掌控权并把它牢牢抓住"。[2]门德尔提倡女性要学会诸如舌战之类的男性化的技巧。总的来讲,她们要传达的信息就是:女性只有把男性的办事方式克隆过来,才能成为优秀的领导者。

如果我们再翻翻书店的书架，就会看到很多主张女性应该以女性化的方式行事的著作。在《女人当自强：职业女性宝典》(How To Succeed in Business Without a Penis: Secrets and Strategies for the Working Woman)一书中，卡伦·莎曼松(Karen Salmansohn)提出，因为公司就像家庭一样，所以女性可以"使用她们与生俱来的照顾孩子的技巧默默地管理大家"。[3] 在《家庭领导力：跟家长学管理》(If You've Raised Kids, You Can Manage Anything: Leadership Begins at Home)一书中，安·克里腾登(Ann Crittenden)告诉有抱负的女性要掌握父母管孩子的社群性技巧，她写道："开明父母式的领导模式已经成了时下最流行的管理手段。"[4]

以男性的方式行事的建议是给感觉自己与周围格格不入的女性管理者提的。男性的傲慢自信和争强好胜可能会让女性目瞪口呆。纽约金融行业的一名女性高管说："大家都希望我们按照他们所熟悉、期望的方式行事。"[5] 从事金融行业的另外一名女性说："在很多公众研讨会上，男性都试图找出你的缺点，并且试图让你暴露出自己的缺点。他们不光是针对女性，他们彼此之间也是如此。这是他们标准的办事方式。"[6] 为了进入男性主导的领域，女性可能需要通过模仿男同事努力在自己的管理风格中融入男性化的特点。

相反，认为女性应该以女性化的方式行事的观点认为，女性不需要模仿男性，因为领导职务已经变得适合女性了。女性关怀、协作式的领导风格不仅可以让大家接受，而且非常有优势。因此，大家乐于接受具有女性特质的女性领导者。女权运动家、前国会议员贝拉·阿布朱格(Bella Abzug)写道："在我心里，我认为女性能改变权力的特点，而不是权力能改变女性的特点。"[7]

主张女性应该以男性化或女性化的方式行事的两大阵营的作者们有一个观点是正确的：如何才能成为有效的领导者给女性提出了特殊的挑战。但是，这些作者们的建议都过于简单化了。找到迷宫出路的最佳方式更复杂、更具多面性。

领导行为：陷阱和机遇

女性在获取领导权的道路上要面对重重障碍。她们应该采取什么样的行为策略让自己的迷宫之路走得更轻松呢？

第一条原则：将个体性特质和社群性特质融合起来

在当代条件下，为了克服人们对女性领导权的抵触，女性领导者必须消除大家对她们的两种怀疑：一种是怀疑她们的个体性特质不足，另一种是怀疑她们的社群性特质不足。人们认为领导者应该具备个体性特质，但是他们怀疑女性是否具备足够的个体性特质，因为他们认为男性生来就比女性具有更多的个体性特质。他们怀疑女性在谈判的时候太过软弱、不够强硬，在危急关头不够果断。因此，迫于压力，女性必须证明自己具有足够的个体性特质。然而，当女性在管理过程中没有表现出明显的温情和友好时，人们又会怀疑她们是否具备足够的社群性特质。因为大家都认为女性必须温柔亲切，所以这种怀疑会引起人们对她们的抵触。

对女性领导者的这两种怀疑给她们带来了双重约束，关于这一点我们在第七章中已经讨论过了。人们会批评亲切、友好的女性领导者不够自信和果断，除非她们能将社群性特质和个体性特质融合在一起。另外，大家认为明显带有个体性特质的行为（例如自吹自擂或争强好胜）与社群性特质是互不相容的。将个体性特质和社群性特质融合在一起是很有挑战性的，正如电影总监唐·斯蒂尔所说的，"一名女性坐在那个位子上，同时兼顾好自己男性化的一面和女性化的一面，平衡好二者的关系是很困难的。找到二者之间的界限是很有意思的。对于初涉此道的人来讲，你要注意方方面面的事情，包括你的衣着、言谈和肢体语言"。[8]

为了战胜领导职务和性别的双重要求，女性必须表现出超强的领导能力，因为正如我们在第七章中讲过的，只有表现出更强的领导能力，女性才能让大家相信自己和男性一样优秀。例如，女性可以通过掌握与工作相关的知识以及为会议和谈判做好精心准备的方式来展现自己的这种能力。尽管不公平，但是女性常常需要表现得非常优秀，大家才会认为她们具备跟不如她们的男性一样的能力。Catalyst公司的前任总裁希拉·韦林顿（Sheila Wellington）指出了展现能力对女性事业成功的重要性，她说："做到最好都还不够。很多成功的女性都告诉我们，'要做到超出人们的期望'……要做出比大家期望的还要好的业绩，要不断地加深人们对你的印象。只有这样做，你才能有好的工作履历呈现给现在的老板以及你将来可能要进入的组织。只有这样，你才能跨越女性所说的在她们跟男性共事时会遇到的'能力障碍'。"[9]

女性要想证明自己的能力，仅仅掌握丰富的与工作相关的知识和努力工作还是远远不够的。领导者的能力涉及包括监督、建议、鼓励、指挥、批准以及解决人际关系和技术问题在内的方方面面的内容。在这些活动中建立良好的成绩记录需要下属的配合。

女性还要证明自己有承担比较困难的工作的能力。正如我们在第九章中讲过的，要想在组织中获得晋升，女性必须通过完成有挑战的工作让自己从人群中脱颖而出。另外，在公司里面，要想升上最高层的管理职务，通常需要管理者具备负责关系公司盈亏的业务部门的管理经验。但是，因为女性可能很难得到艰巨的工作或部门管理机会，因此她们常常不得不推举自己，并且积极寻找可以帮助她们获得升职资格的工作经验。但是，根据大家普遍认可的文化期待，女性应该无私，应该利用自己的知识和技能为组织中的其他人谋福利。因此，如果女性去争夺最好的工作，她们就会显得很自私、很小气。面对这样的文化期待，女性很难决定到底应不应该推举自己。

通常，将自信的工作表现与友善、亲切和助人为乐的工作作风结合在一起，这种方式在一定程度上可以帮助女性应付双重约束。人们同样希望在男性身上看到社群性行为，而且很多最优秀的男性领导者身上都有明显的社群性特质。[10]而鉴于女性领导者需要面对迷宫中变化莫测的重重障碍，亲切友善的态度可以让女性受益更多。

为了将社群性特质和个体性特质结合在一起，女性可以在指挥别人的时候讲一些支持的话或通过微笑和注视讲话人等肢体语言表现出自己的友善。尽管避免表现出羞涩和迟疑是明智的做法，但过分自信的女性会显得很严厉、很自我,除非她们表现得非常友善。用既显得很有能力又很友善的方式与人交流的女性能够同时消除大家对她们的能力和可爱程度的怀疑,而且这种方法还可以增加她们的影响力,甚至是对男性的影响力。[11]因此,已经被看成非常具有个体性特质的女性有时可以通过展现出自己温柔的一面来消除大家对她们不够友善的担忧。在希拉里·克林顿宣布参加总统竞选的发布会上,我们看到了很多孩子的身影。大多数美国人已经把希拉里当成了一名强有力的领导者,因此,对她来讲,树立既具有个体性特质又很友善的混合形象是一个正确的目标。[12]

从这些例子可以看出,在女性和母亲身上以及在很多女性占主导地位的职业中行之有效的社群性特质可以增加女性的影响力,帮助她们成为成功的领导者。[13]但是,可以改善家庭生活的领导技能并不能直接照搬到组织中使用。工作中的同事并不能和孩子画等号。但无论是在组织中还是在家庭中,优秀的领导者都需要鼓励下属,并对他们好的工作表现给予奖励。在这方面,很多女性都经验丰富,因为在传统家庭里面,每天鼓励、支持和指导孩子的都是女性。

很多出色的女性领导者经常因为自己"慈母般"的行为而得到大家的认可,这一点不足为奇。施乐的CEO安妮·马尔卡希就是一个例子。"自从2000年5月施乐罢免了G. 理查德·托曼(G. Richard Thoman)的CEO职务、让马尔卡希女士接任以来,在她为公司工作的第24个年头,作为一名总裁,她就像一名黏在孩子身边贴身照顾的母亲一样,经常早上六点钟到公司,很少在晚上七点钟之前离开公司,并且即便回家以后,也会不断往公司打电话……在大家心目中,她既是一位精明的总裁,也是一位知冷知热的母亲。"[14]

在领导方式中融入明显带有社群性特质的做法并不是让女性去做容易受人利用或试图赢得所有人的欢心的人。电视脱口秀节目主持人奥普拉·温弗里(Oprah Winfrey)就是一个典型的例子,她在主持节目时表现得非常友善,她说:"我不喜欢说'不',因为我不想让别人觉得我不亲切。认识到我只是负责做节目,而不是试图讨好别人,我活着不是为了讨好别人,而是一直要做自己想做的事情,这对我来讲是人生中最重要的一课。"[15]之后,温弗里还是表现得很友善，但她也学会了在自己的行为中加上一些自信和果断。

表现得争强好胜会给女性领导者带来风险。正如我们在第七章中讲过的，人们常常对女性领导权抱有比对男性领导权更强的抵触心理，特别是当女性表现得争强好胜和专横跋扈时更是如此。采用这种领导风格的男性可能会侥幸成功，但采用这种领导风格的女性却很少能这么幸运。一家咨询公司的CEO德布拉·布里顿·达文波特（Debra Brittain Davenport）提到了专断型领导风格带来的后果以及养成与之存在细微差别的领导风格的重要性：

> 在我刚开始担任管理职务的时候，我对管理抓得很严。我非常独裁、非常骄横，哪怕是一个不太重要命令都不允许下属违抗。那时候我并不知道我那些聪明、有天分、工作努力的下属可能都盼着我死掉（或至少昏迷不醒）……直到后来我才学会了一点点领导的智慧……我希望我的公司能重视员工、培养员工，并促进员工人格的发展。[16]

可口可乐的营销、战略和创新主管玛丽·米尼克（Mary Minnick）也描述了自己是如何摆脱早期强硬粗暴的老板形象的，她说："与其说我变温和了，不如说我的紧迫感没那么强了。"[17]

将个体性特质和友善的作风结合在一起可以消除人们对女性领导权的抵触。很多有经验的女性领导者已经认识到了这种方法的价值。例如，电影总监唐·斯蒂尔写道："女性已经开始塑造一种集男性和女性优点于一体的领导风格——既强硬又富有同情心，既积极进取又有道德和感情责任感，既果断又有创造性。"[18]这种混合型风格常常用到我们在第八章中讲过的融合了很多有效的领导方法的变革型领导风格的某些做法。将eBay打理得井井有条的执行总裁梅格·惠特曼就是一个典型的例子，她愿意倾听公司客户和员工的意见和建议，因此在她的打理下，公司制度安排灵活，能够对各种状况迅速做出回应。[19]

同样，盎格鲁矿业（Anglo Mining）公司的执行总裁辛西娅·卡罗尔

(Cynthia Carroll)凭借自己的出色表现得到了人们的赞誉,她"既改善了公司的经营业绩,又改变了公司的文化","既是一位出色的领导者,又是一个热诚、友好的人"。[20] 纽约市总规划师阿曼达·伯登(Amanda Burden)也是一个很好的例子,因为她"柔声细语的风格烘托出了她钢铁般的意志"。[21] 这些女性的做法可以将人们对领导者的传统看法变成内容更加丰富的理想领导模式,从而可以实现贝拉·阿布朱格的愿望——让女性改变权力的特点。

在高度男性化的环境中混合式领导风格效力有限

在高度男性化的领域和很少由女性担任的领导职务上,人们对女性领导权的抵触最强。在这些情况下,人们看女性的眼光尤其严苛,我们的第一条原则——将个体性特质和社群性特质融合在一起的做法有一定的局限性。某些环境不允许管理者的领导风格与传统男性化的领导风格有太大的偏离,因为从来没有人(即使有也非常少)采用过别的领导模式。打破男性一统天下局面的女性(即第一位担任男性占高度主导地位的职务的女性)使用的新的、不同于以往的领导风格很少能够得到人们的认可。如果男同行采用的是高度个体性的领导风格,那么这些女性很可能会被批评过于软弱。

让我们来看一篇刊登在英国《金融时报》(*Financial Times*)上的文章。这篇文章描述了德国总理安杰拉·默克尔(Angela Merkel)和一位在她刚上任没几个月就反对她的提案的著名企业高管之间的会晤。[22] 据报道,这位男士"对总理的不善言辞感到震惊"。据知情者透露,"总理太过被动,让人不得不怀疑在危急关头她能否快速做出决策"。但文章也承认,默克尔"将认真讨论、谨慎判断和共同掌权的风气带入了政府"。显然,一些观察者不太欢迎这种看上去带有明显的女性化特征的协作型领导风格,因为人们期望总理能够采用被《金融时报》称为"格哈德·施罗德(Gerhard Schroeder)式由睾丸素驱动的统治方式"。像这一充满模式化印象的例子一样,对担任男性占高度主导地位的职务的女性而言,被大家认为不够强硬是明显存在的一种危险。

就像人们对默克尔的反应一样,在高度男性化的环境中,人们会仔细审视女性的行为,试图找出她们的弱点。即便是通常很受欢迎、很有效的社群性行为在很多观察者的眼里也可能成为缺点。因此,正如我们在第八章中提到的,在男性占高度主导地位的职务上,女性领导者会减少对相对比较民主的关系导向型领导风格的依赖。

鉴于男性化环境的要求,暴露情绪就代表懦弱,因此,我们建议女性在情绪激动时尽量不要哭。例如,专家给女工程师提的专业发展建议提到:"尽管在极端情况下(例如断胳膊或家人去世)放声大哭是人之常情,但对职业女性而言,在正常工作条件下哭却是大忌。我们都见过男性在工作的时候发脾气(记住生气也是一种情绪),但是,职业女性哭天抹泪会让人觉得她们特别没有职业精神,从而强化人们认为女性非常情绪化的负面模式化印象。"[23]

担任通常由男性担任的职务的女性面临的矛盾在于:她们可能因为哭鼻子或在其他方面表现得不够强硬而受到人们的指责,但如果她们表现得很强硬,大家也同样不喜欢她们。戈达德太空飞行器研究中心(Goddard Space Flight Center)的一名主张男女应享有平等就业机会的管理者描述了当女员工做出干好工作所必需的行为时所受到的非议:"这些女性必须积极进取才能在技术领域获得一席之地。她们的行为与男同行没什么区别,但大家却普遍认为她们不应该这样做事。"[24]

表现出控制能力、采用专断型领导风格或显示出在男性化领域中的超强技能的女性尤其会让男性感觉他们受到了威胁。但是,如果社群性行为会损害女性在这些环境中的权威,那么它们也解决不了这个问题。面对这种问题,女性应该明白并不是每一名优秀的领导者都能得到大家的普遍爱戴。她们应该采用自信、有效的管理方式,同时还要在不损害自己权威的情况下尽量表现得亲切和友善。

在男性占主导地位的职务上,遇到明显的性别歧视或性骚扰行为会让女性的处境变得更加困难。我们找不到简单的策略来消灭这些行为。有时,特别是当冒犯者是在不经意间做出这种行为的时候,坚决表示不接受是一种有效的解决办法。尽管正如我们在第七章中讲过的,正式投诉和直接起诉常常会产生不好的结果,但在某些情况下(例如,当组织环境不能容忍性骚扰或骚扰者在组织中的地位相对较低时),这些做法可能会成功。[25]

凭借成绩得到好评

采用个体性模式升职的一种方式就是不断地告诉大家你很有能力。但自吹自擂会让很多女性感到不自在。女性会感到不自在并不奇怪,因为正如我们在第七章中讲过的,自我吹嘘的女性可能会被大家看成缺乏女性的矜持。不谦虚的女性比不谦虚的男性更容易受到惩罚。因此,为了避免惩罚,女性不得不表现得非常谦虚。因为男性没有必须要表现得矜持的压力,所以他们不需要太在意人们对他们的自吹自擂行为的反应。

即便女性认为她们跟男性一样有能力,但跟男性相比,她们通常比较少公开使用"最××"的字眼形容自己。研究发现,在跟成就不如她们的人交往时,女性会表现得非常谦虚,她们会尽量不让对方感到自己不如人。为了说明这种行为,一家投资公司的女总经理解释了自己在绝大多数学员都是男股票经纪人的现代投资组合理论课上是如何开场的。她说:"在这方面,你们懂得比我多,但我还是想跟大家分享一下其他成功经纪人的诀窍。"[26]这就是谦虚。

在某种程度上,女性的谦虚反映了她们不如男性有自信。女性常常低估自己的成绩,而男性则常常高估自己的成绩。[27]宝洁公司的一位高级副总裁夏洛特·奥托(Charlotte Otto)说,刚从商学院毕业时,她曾无缘无故地怀疑自己是否能找到工作,她的这种表现就说明了女性有低估自己能力的倾向。她说:"我记得当时我很担心自己是否能找到工作,但当我从商学院毕业时,有15家公司表示愿意录用我……只有我去求职的第一家公司——美国电话电报公司(AT&T)没有向我发出邀请。"[28]

自吹自擂一方面有利于女性晋升,另一方面又与传统的女性特质互不相容。女性应该怎样应付自吹自擂所固有的这种两难境地呢?防止人们产生反感情绪的一种方法就是用友好、协作的方式推销自己。[29]例如,女性可以通过邀请别人评论自己的提案或帮着自己完善提案的方式让大家注意到她的提案是多么优秀。或者,听到别人的表扬后,女性在接受赞扬的同时也要想着感谢合作者的帮助。

女性既强调自己的成绩,又不引来反感的另一种方法就是借助同事的

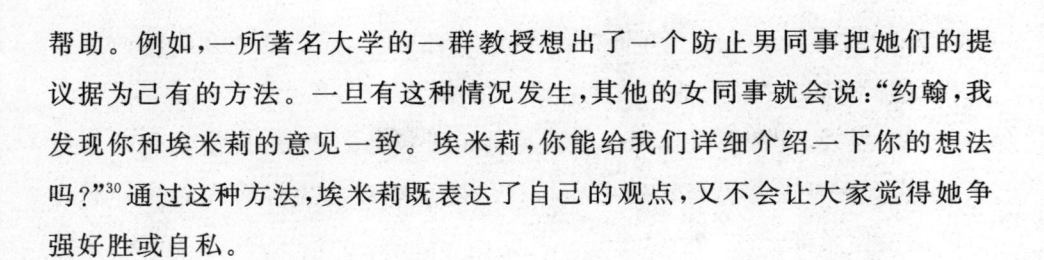

帮助。例如，一所著名大学的一群教授想出了一个防止男同事把她们的提议据为己有的方法。一旦有这种情况发生，其他的女同事就会说："约翰，我发现你和埃米莉的意见一致。埃米莉，你能给我们详细介绍一下你的想法吗？"[30]通过这种方法，埃米莉既表达了自己的观点，又不会让大家觉得她争强好胜或自私。

进行有效的谈判

尽管有效的谈判对获得高起薪和其他事业优势很重要，但谈判常常让人感到焦虑。然而，研究显示，女性从谈判中获得的收益比男性少。这一点对薪水的影响非常明显。例如，对从"常青藤"大学毕业的工商管理硕士进行的一项调查显示，同样比例的男性和女性称自己在接到公司最初报的薪水后曾经跟公司谈判要求增加薪水，但男性最后得到的薪水通常比女性高。[31]

男性在薪水谈判上比女性更成功，这从某种程度上反映了制定工资标准的人抱有性别歧视。调查显示，人们认为跟直接接受薪水安排的女性相比，主动提出薪水谈判的女性要求太过苛刻，不够矜持。[32]但是，男性（争取薪水）的成功可能也反映了女性不愿自我标榜，并且常常低估自己的价值。如我们所知，女性比男性更容易因为自我吹嘘而受到惩罚，而谈判需要一定程度的自我吹嘘。因此，谈判是女性经常在迷宫中遇到的另一种挑战。

为了证明女性不愿承认和标榜自己的价值，研究人员莉萨·巴伦（Lisa Barron）先组织了一群工商管理硕士生参加了一场模拟面试，然后又询问了他们的感受。她发现男生和女生之间存在显著差异：85%的男生说在谈判的时候，他们了解自己的价值，而83%的女生称她们不确定自己有多大的价值。在男生当中，70%的人觉得自己有资格得到高于平均水平的报酬，而只有3%的女生有这种想法。其中的一名男生对巴伦说："坦白地讲，我认为以我的价值他们给我提供的各种待遇都太低了。"[33]另外，大多数男生都认为他们可以利用自我吹嘘说服对方给自己更高的薪水待遇，而女生则不太愿意用吹嘘的方式强调自己的成绩。一名女生解释说："谈论自己和夸自己太难了……你总是想表现得很谦虚，但又希望别人能发现你是一个优秀的人。"[34]

因为男生和女生觉得自己有资格获得的待遇不同,所以男生会要求面试公司提高薪水待遇并说服他们接受自己的要求。

研究发现,女性通常比男性更容易满足于较低的报酬,即使领的薪水比男性少,女性管理者仍表示她们和与自己职务相当的男性管理者一样满意自己的工作条件。[35]

女性为什么会满足于比男性低的薪水待遇呢?女性似乎是根据跟她们一样的人,即其他女性的报酬水平来判断自己得到的报酬是否合理,而其他女性总体的报酬水平都低于男性。于是,女性感觉她们不如男性有资格得到高工资。故而,当女性得到的薪水和其他福利都低于具有相同条件的男性时,她们常常感觉不到她们受到了歧视。[36]尽管没感觉到个人受到了歧视,但女性常常觉得全体女性普遍受到了歧视。这时候,比较标准又开始发挥作用了:在判断女性作为一个整体是否受到了歧视时,女性会拿她们自己和男性进行比较,因此会怀疑全体女性普遍受到了歧视。[37]

为了避免掉入低估自己价值的陷阱,女性应该尽量多了解一些有关通常的薪水和福利水平的信息,并且要把自己的待遇水平跟与自己具有类似条件的男性进行比较。如果没办法得到这些信息,那么女性应该稍稍提高一些自己的待遇要求以免低估自己的价值。另外,在进行薪水或职务谈判时,女性应该全面展示自己,即要表现出工作能力,又要表现出社交能力,这样才能消除人们对她们的社群性特质和个体性特质的怀疑。另外,女性还要克服不愿主动提出谈判的想法,因为擅长谈判的人得到的薪水待遇往往比不擅长谈判的人更高。[38]

在领导职务上感受真实

除了迷宫带来的其他挑战以外,在过去一直由男性占主导地位的组织环境中,女性可能还会感觉不真实,并觉得自己与周围的环境格格不入。正如我们在第九章讲过的,女性领导者可能发现她们的领导风格和价值观与男性化的组织文化格格不入。例如,当女性强调高道德标准和公平、热情的待人方式等女性价值观时,就会出现这种情况(参见第三章)。用某家大银行的一位女总经理的话说,"我的职务已经接近公司里最高的职务,但我并不确定我是否喜欢自己见到的情形。尽管没有严重违法,但很多事情都有悖道德……我的上司是公司里职务最高的五位男性中的一位。他们全都野心勃勃。只要不危及自己的利益,我的上司也会替我出头。从道德的角度来看,这让我很难受。我常常看他们做错事,但他们总会为自己的行为找借口"。[39]

一位某《财富》500强公司的前任女副总裁说,她离开公司的主要原因就是受不了非要拼个你死我活的公司文化。她说:"在你升到一定级别以后,你要做的工作不是制订战略计划,而是跟人比谁的计划更好、谁能成为最后的赢家。"[40]

带有这些感伤的女性高管怎样才能在工作中找到真实感呢?领导力专家通常建议,真实感来源于开放和透明。用领导力专家布鲁斯·阿沃利奥(Bruce Avolio)及其同事的话说,真实的领导者"知道自己是谁、自己信奉和看重的是什么,并且……会在以透明的方式与别人交流的过程中遵守自己的价值观和信仰"。[41]这种领导者可能会赢得别人的信任,从而改善下属的工作态度和工作绩效。

尽管这个建议看起来很合理,但它对男性比对女性更有用。如果女性的价值观与她们的男同事不同,那么明确表明自己的价值观会给女性带来风险。另外,人们可能认为让女性代表组织的价值观不太合理。[42]因此,表明自己的价值观并按照这些价值观行事会削弱女性的影响力,并让她们遭到越来越多的抵触和拒绝。另一方面,模仿男同事行为和价值观的女性领导者可能会觉得自己不真实,感觉自己就像戴着面具在演戏一样。例如,一家制片公司的制片人兼创办者简·罗森塔尔(Jane Rosenthal)说:"有时,我觉得我不得不表现得更强硬一些,不得不显示出自己的权威……我有一副娃娃音,因此有时候我不得不说某些话才能把自己的意思表达清楚。有时,我会觉得我这个人好像很难相处。这时候,我就会听到内心有个声音在喊,'但是我不是这样的人'。"[43]

迫于压力接受别人的价值观并按别人的行为方式行事会让人感到很不舒服,这种感觉比学习新角色的挑战更难受。这时候,人们真的是进退两难。处于这种状态中的女性(和男性)当然应该尝试着让更多的人接受自己的行事风格和价值观。问题在于他们如何才能在忠于组织和不放弃事业成功的前提下做到这一点。

在论述这些挑战的一本见解精辟的书中,德布拉·迈耶森(Debra Meyerson)提出了"温和激进派"(tempered radicals)的概念。所谓温和激进派是指"希望在组织中取得成功,但同时又希望按照自我的价值观生活的人,而他们的价值观多多少少与他们所在的组织中占主导地位的文化相背离"。[44]温和激进派常常采取一些看似不起眼儿的行动,这些行动一旦被大家注意到就可以帮他们赢得支持。有勇气采取这些行动的人可以推进组织的进步性改革。

迈耶森提到的一些温和激进派拒绝将自己的领导风格改变成他们所在的组织中标准的更加专断的领导风格。迈耶森描述的一位女性尽管担任的是通常非常专断的外科主任医师职务,但她却非常注重协作、重视外科手术队伍中每一位成员的付出。这名女性提供了取得良好工作成绩的另一种模式,成功改变了一些医生和护士对如何管理外科手术队伍的看法。

从这点来看,男性获取领导权的道路还是比女性更平坦、更顺畅。男性常常只要"做自己"就能获得成功,因为他们符合人们对领导者的想象。而女性所面临的情况要复杂得多,因为在别人眼里,她们从一开始就不像领导者,而且她们的价值观和态度也跟她们的大多数男同事多多少少都存在一些差异。应付这些复杂情况可以检验女性的智慧、人际交往能力和个人成熟度。

第二条原则:积累社会资本

正如我们在第九章中讲过的,那些通过与组织内部和外部的人搞好关系积累社会资本的人更有可能升上掌握权力的职务。员工可以通过与同事交流、建立良好的关系来积累社会资本。人际关系的各方都要清楚,在享受别人帮助和建议的同时,自己也要给别人提供帮助和建议。职场升迁靠的不仅是得到同事的帮助,还有给同事提供帮助。

加入人际关系网可以积累社会资本。人际关系网可以提供情感上的支持、与客户接触的机会、工作前景上的指引、内部信息、解决工作上的问题的建议以及一系列与工作有关的问题的信息。[45]处在男性占主导地位的领域的女性可以通过与其他女性建立关系网来减少自己的孤立感。尽管有时候可能会引起男同事的怀疑,但这种关系网非常有用。用一位英国高级警官的话说,"上周我们三个(女的)共进午餐时,大家都在谈论一些小道消息……其中一位女同事的上司走进来说,'我显然打扰到你们了'"。[46]

但是,正如我们在第九章中讲过的,鉴于权力较大的人际关系网通常都掌握在男性手中,因此女性也应该与男性建立关系网。尽管女性通常很难加入这些人际关系网,但培养这种关系网对女性领导者而言是一个有用的策略。[47]一位女性高管说:"我总是觉得自己没有融入人际关系网。尽管我在组织中的职位很高,但我总得主动跟别人联系,很少有人主动跟我联系。大多数时候,我真的需要主动跟别人联系。"[48]尽管别人不愿主动跟她交往,但这名女性积极主动的做法帮她发展了有价值的人际关系。

领导者还常常将自己升迁的部分原因归因于自己有个好导师。[49]医院主管桑德拉·拉波斯·芬威克(Sandra Labas Fenwick)承认导师对自己事业有重要的帮助,她说:"我仔细观察了过去一直跟我共事的那个人,想要确定他是否可以帮助我成长,为我提供新机会,为我打开事业的大门以及像老师一样教我。他确实做到了。我是我们医院提拔的第一位女主管。找一个好导师帮你和你的职称或薪水一样重要。"[50]

导师可以教给学生有关他们所在的组织和所从事的职业的知识,并能帮他们获得好工作。导师还可以为学生提供鼓励、认可和友谊。学生可以从导师的指导和对他们个人的支持中受益。有了导师的指导和支持,学生可以得到更高的报酬,可以更快升职,可以从工作中获得更大的满足感,还可以对事业更投入。特别是黑人女性管理者,她们说有个导师可以帮她们在公司里取得成功,而没有导师则是她们晋升的一大障碍。[51]

人们强烈建议刚刚进入组织的人通过现有的组织渠道为自己寻找正式或非正式的导师。尽管女性和男性一样有可能有自己的导师,但男性找男导师的可能性更大。实际上,男导师的学生,不管是男性还是女性,总能得到更高的经济报酬。[52]

结交比较有权力的同事也非常有利,但明智的做法是跟各种级别的同事都搞好关系。雅虎人力资源高级副总裁莉比·萨廷(Libby Sartain)说:"只有跟上司、同级和下属都搞好关系,你才能在职场上取得成功。"[53]认为某些人不重要，所以不愿浪费精力跟他们打交道的想法是错误的。例如，我们认识一位教授，他的办公室很少有人帮他打扫，每次修设备都得等很长时间，之所以会这样，都是因为他对学院里的设备维修人员不太有礼貌。各种级别的同事都可以给你提供帮助，例如为你提供一些只跟关系好、信任的人才讲的内部信息。

处理好工作和家庭的关系

现在就让我们来聊一个非常重要的问题：如何处理工作和家庭的关系。我们不想提供解决这一问题的基本原则，因为有很多令人满意（和不满意）的方法可以解决这个问题。已婚女性，特别是已为人母的女性，应该记住：尽管性别歧视是一大障碍，但迷宫中的大部分障碍都来源于她们的家庭责任。尽管女性领导者和管理者可以不结婚、不生孩子或等到事业有成以后再生孩子，但大多数女性都要结婚或已经结婚，并且要生一个或几个孩子。到时，家庭责任会给大多数女性带来比男性更大的挑战。

推迟生孩子并且已经登上管理职务的女性，通常收入高于平均水平，有时还非常高。收入高的女性更容易平衡好家庭和事业的需要。这些女性可以花钱雇人帮忙做家务，还可以找临时保姆、固定保姆或好的儿童护理中心帮忙分担她们照顾孩子的责任。然而，因为现代人都非常重视子女的培养，因此即使是对这些女性而言，照顾孩子也仍然是一项重要责任。正如我们在第五章中讲过的，尽管总的来讲，男性花在照顾孩子上的时间比过去多了很多，但他们所花的时间还是比女性少。

（家庭和事业）两全其美的挑战和好处

"两全其美"这个词有挑拨离间的嫌疑，因为没有女性愿意承认自己只拥有家庭和事业中的一项。这个词是指同时拥有成功的事业和儿女绕膝的幸福家庭。毫无疑问，那种生活状态是很多女性梦寐以求的。更多的女性只有在不妨碍家庭生活的前提下才会想要从事有挑战性的事业。拥有一位能承担一半家庭责任的丈夫或伴侣对有职业抱负的女性而言是一个很大的帮助。

很多有能力的女性会选择时间安排比较灵活、能够让她们在工作的同时兼顾家庭责任的职业。但正如我们在第五章中讲过的,这种时间安排灵活的工作短期内可能不会出现。管理、法律及其他专业领域的可以快速获得成功的职务都需要投入大量的时间。通常,想要同时兼顾家庭和事业的受过高等教育、有能力的女性必须在只能为家庭提供有限时间的快速事业发展道路和声望不太高但允许非全日制工作或允许请假的事业之间进行选择。这种选择不太容易。

很多孩子妈妈,包括一些拥有极好的就业资历的女性,在抚养孩子的过程中都选择了非全日制工作、请长假,甚至彻底离职。但正如我们在第五章中讲过的,这样做的女性很可能会牺牲掉她们长期的事业。很多女性可能没有意识到她们这样做所需要付出的巨大代价。很多女性也没有充分认识不管家庭责任有多大都坚持保留工作的好处。

那么这样做有什么好处呢?因为人们都想要健康、满意的生活,所以我们会问将工作、婚姻和养儿育女结合在一起是不是实现这种生活的很好的办法呢?答案不太明显。实际上,社会科学家对多重角色提出了两种不同的理论。一种理论认为,承担多重生活角色会让人有压力、疲劳、感到不堪重负,因为多重要求很快就会变得让人难以承受。另一种理论认为,承担多重角色可以增进健康和幸福感,因为每一种角色都能给人提供学习和掌握知识的机会。而且,每一种新角色通常都能给人带来更多的社会支持,帮助人积累更多的社会资本。按照这种观点,充满挑战的生活不会让人筋疲力尽,反而会让人变得更强大。[54]

考虑同时拥有家庭和有挑战性的事业的女性不要轻易相信有关多重角色成本和收益的非正式建议。这种建议很常见。例如,阿彻·丹尼尔斯·米德兰(Archer Daniels Midland)公司的 CEO 帕特里夏·沃特兹(Patricia Woertz)向我们透露,她最早的一位老板非常肯定地对她说,孩子会毁掉她的事业。这位老板说:"孩子会把你拴得死死的。而且你要为养孩子付出很多。"但沃特兹没听他的话,她后来生了三个孩子,并且还拥有了一份成就斐然的事业。[55]

实际上,很多研究都已经比较了承担生活角色较多和较少的人的健康状况和幸福感。尽管多重角色会给人带来压力，但显然，从总体上看无论是对男性还是对女性，既有带薪工作又有家庭责任的生活能增进人们的身心健康和幸福感。

同时拥有家庭和工作之所以会有这些好处，原因是多方面的。一种原因是因为工作角色带来的满足感和生活角色带来的满足感加在一起产生了更大的满足感。另外，一种角色上遇到的困难会被另一种角色上取得的成功冲淡。而且，一种角色上获得的技能和资源也可以帮助另一种角色。例如，在工作上或在家庭中学到的时间管理技巧可以应用到另一种情形中去。因此，拥有多重生活角色的男性和女性比只拥有一种重要生活角色的人更幸福。[56] 他们的自尊心更强、生活更有趣、有更多的经验可以跟同伴分享，并且身心也更健康。

但是，对于我们讨论的核心问题——女性，特别是有孩子的女性，是否可以从带薪工作中受益——答案又是怎样的呢？相关研究显示，女性同样可以受益。总的来看，大量的研究表明，不管是有孩子的女性还是没有孩子的女性，就业都可以减少她们的心理痛苦、身体疾病和死亡率。这些发现似乎驳斥了承担多重角色会增加压力的观点，证明了多重角色可以提高能力的观点。但由于这些数据都存在相关性，因此我们不清楚到底是多重角色带来了这些正面效果，还是良好的身心健康状况提高了人们承担多重角色的可能性。[57] 这两种可能看起来都很有道理。

为了证明就业可以增加健康和幸福感，社会科学家进行了纵向研究，花了很多年的时间对研究对象进行了跟踪观察。他们观察了跟那些没有工作过的人相比，从前工作过的人后来的健康状况是更好还是更差。这类研究的结果比较明确，但它们实施起来要困难得多，所以这类研究比较少见。但这些研究也显示，有工作的女性要比没有工作的女性身心更健康。很少有研究证明工作会损害女性的身心健康。因此，结果一致的各种研究驳斥了多重角色会带来压力的假设。[58]

同时拥有成功的事业和幸福的家庭是一件大快人心的事情。赫斯特杂志（Gearst Magazines）集团总裁凯瑟琳·布莱克（Cathleen Black）证实了这种观点。她说："我不只实现了自己的梦想，而且做得更好。当初谁能想到来自芝

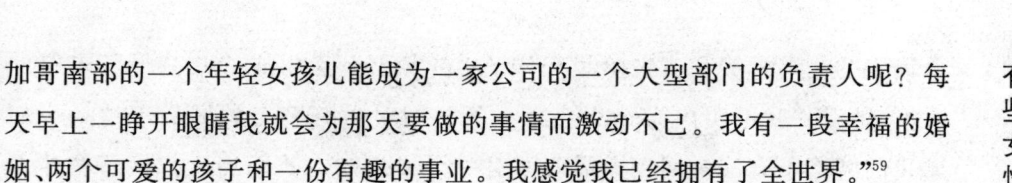

加哥南部的一个年轻女孩儿能成为一家公司的一个大型部门的负责人呢？每天早上一睁开眼睛我就会为那天要做的事情而激动不已。我有一段幸福的婚姻、两个可爱的孩子和一份有趣的事业。我感觉我已经拥有了全世界。"[59]

所有重要的生活角色都会影响人的健康状况和幸福感。养儿育女通常可以给人带来极大的满足和快乐，但同时也会给人带来很多压力。跟没孩子的人相比，孩子爸爸和妈妈心情更抑郁；跟其他女性相比，长期待在家里的孩子妈妈通常健康状况更差。照顾婴儿特别让人有压力，甚至会让人陷入抑郁状态，尤其是对独自承担照顾孩子责任的母亲而言更是如此。有孩子的人比没孩子的人从婚姻中获得的满足感要稍微少一些。[60]

工作带来的成就感和挑战可以缓解孩子妈妈们的母亲角色所带来的压力。实际上，任何重要生活角色（例如伴侣、员工或父母）上的成功都能缓解其他生活角色所带来的困难。[61]一家《财富》500强公司的一位女副总裁说："在我们的生活中，同时拥有一份既耗费脑力又有挑战性的工作、几个孩子和感情很好的伴侣真是一件大好事。为了保住它们中的任何一个所做的努力都可以帮我更好地保住另外两个。"[62]

研究显示，总的来说，无论母亲出去工作还是待在家里担任全职家庭主妇，孩子们都表现得一样好。正如我们在第四章中提到的，研究发现，有职业的孩子妈妈会放弃自己的闲暇和私人时间教育孩子以弥补她们不能陪在孩子身边的时间。尽管她们通常跟其他看护人分担照顾孩子的责任，但她们会花大量的时间跟孩子互动。对孩子成长真正重要的是他们能得到有经验的、体贴的成年人的照顾，无论这种照顾是来自母亲、父亲、其他亲戚或看护人，还是来自优秀儿童护理中心的职员都无关紧要。[63]

显然，平均来看，多重角色可以增进身心健康。考虑到证明多重角色对男性和女性都有益处的证据，记者和流行作家将他们"两全其美"的讨论只局限在女性所面临的情况上，这种做法很令人惊讶。人们普遍认为解决两全其美的两难困境是女性的责任。但如果没有男性的配合，这一两难的困境根本无法解决。

朝平等迈进

成功的女性领导者常常感谢配偶对自己事业的帮助。Catalyst的前任总裁希拉·韦林顿和丈夫哈里（Harry）在事业上互相扶持并获得了丰厚的回报，她说："我不明白为什么会有人无法同时做好多个领域的事情……如果我们俩当中有一个回到家需要面对一个只想知道我们当天都做了些什么的人，那哈里和我都会感到非常烦的。"[64]律师事务所合伙人玛莎·林德纳（Martha Lindner）说："从上法学院一直到后来工作，我丈夫都非常支持我……我俩都是一起照顾孩子。"[65] Biogen Idec 公司行政主管、执行副总裁兼公司战略和沟通主管康妮·松井（Connie Matsui）这样描述她的丈夫："我们一直是很好的拍档，做每一件事情的时候都是，尤其是在抚养孩子的时候。"[66] 分担家务的配偶对想要获取领导职务的女性非常有帮助。

正如我们在第四章中提到的，现在参与照顾孩子的男性和考虑担任全职家庭主夫的男性比以往任何时候都多了。实际上，在《财富》评选的 2002 年商界最有影响力的女性当中，大约有 1/3 的女性的丈夫没出去工作或做的是非全日制工作。[67]

随着男性在孩子和家庭上投入的时间越来越多，他们也会遇到跟职业女性一样的矛盾，甚至会遇到更多排斥他们履行家庭责任的看法。据一位电台广告销售主管托德·格里克（Todd Greek）说，他所认识的有工作的孩子爸爸当中很少有人会在上班的时候坦诚地谈论自己的家庭责任。"如果有人想在下午四点离开办公室去跟客户喝酒，这完全可以，但如果是去看孩子在学校的演出就不行了，他们会说自己要去赴约，然后就偷偷溜出门，不然大家会觉得他们不尽心工作。"[68] 随着男性在孩子身上投入的时间的增加，标准可能会发生变化。实际上，现在在有工作的已婚父母当中，担心没有足够的时间陪孩子的男性比女性还多。[69]

积极承担家庭角色和带薪工作角色对男性和女性都有好处。共同分担照顾孩子的责任不仅可以减轻女性的工作负担，还可以丰富男性的生活。更多地分担工作和家庭责任还可以减轻男性赚钱养家的压力。记者迈克尔·埃利奥特（Michael Elliot）承认了传统的劳动分工让男性付出的代价：

> 工作控制了我的生活，晚上和周末我都在加班看书或电视电影。我想陪我的两个女儿，但却总不能如愿……因现代生活无法满足他们的各种需求而失望的不只是女人。想要一个夫妻双方真

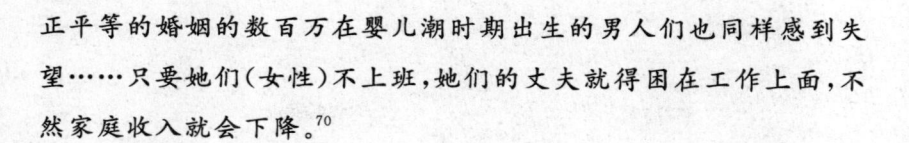

正平等的婚姻的数百万在婴儿潮时期出生的男人们也同样感到失望……只要她们（女性）不上班，她们的丈夫就得困在工作上面，不然家庭收入就会下降。[70]

另外，夫妻双方共同分担家庭和工作责任还可以让他们拥有更多相似的经历，从而加深相互间的理解。[71]

女性坚持工作还有其他的好处。现在，离婚率居高不下，寡居的情况也屡见不鲜。通过维持成功的事业，女性可以保护自己在离婚、丧夫以及丈夫或伴侣丢掉工作时在经济方面不受伤害。[72]

社会正朝着男女平等分担家庭责任的方向转变。但在竞争激烈的现代职场中仍存在很多障碍，对很多专业工作来说，一个人能否晋升取决于他是否能够接受长时间的工作。另外，鉴于男性挣的钱常常比女性多，所以当夫妻二人决定有一方要承担大部分照顾孩子的责任时，他们通常会选择孩子的母亲，而做这种决定的部分原因是因为她挣钱的能力较差。但如图 10-1 所示，现在妻子收入比丈夫高的现象比以前普遍了：现在，在大约 1/4 的双职工家庭中，妻子的收入比丈夫高。这种状况使得孩子爸爸和妈妈在工作和家庭责任的分担方面变得越来越平等。

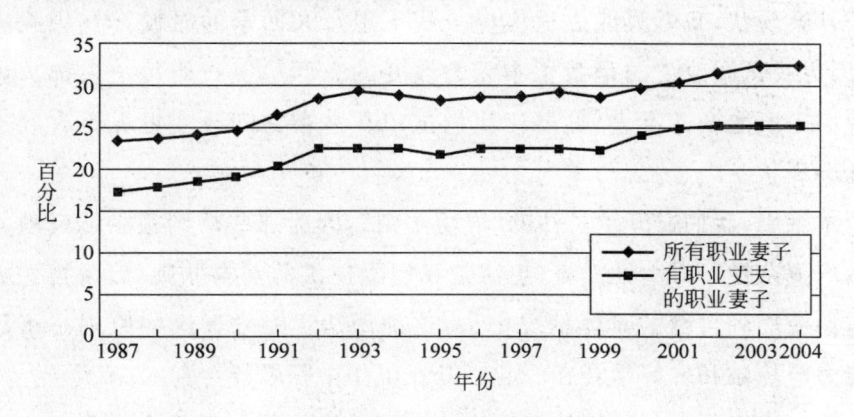

图 10-1

收入比其丈夫高的女性在美国的已婚就业女性中所占的百分比

资料来源：改编自 U. S. Bureau of Labor Statistics, 2006c, Employment Chracteristics of Families, table 25。

结论

女性面临的迷宫对她们的领导权提出了很多挑战。显然,女性无法独自拆除迷宫。就业歧视、偏向男性的组织政策和不平等的家庭责任分配都会减少女性的晋升机会。因此,为了让男性和女性获得真正的平等、得到同样的获取领导权的机会,组织、男性和整个社会都必须行动起来。本章中我们提供的建议并不是要给女性提更多的要求来增加她们的负担,而是要为想要穿越目前存在的迷宫的女性指明道路。

有些读者可能反对我们的某些建议,因为这些建议暗示女性必须去适应现存的文化和组织标准,而不是去打破这些标准。最先闯入男性占主导地位的职务的女性会面临特殊的挑战,但当她们成功以后,她们就可以推进进步性的组织改革,为后来的女性创造更平等的工作机会。

一家经纪公司的一位女性部门负责人反思了这些努力的重要性,她说:"尽管我很想让我们的社会变成一个职业地位不受性别影响的完美世界,但我想我们不得不在这个男性占主导地位的社会中生活和工作。既然我改变不了社会现状,我就只能去适应……我不想每天回家的时候都在想我失败了,因为我试图改变的是我根本无力改变的东西……我们每个人都去做一些我们力所能及的小事,这要比我们试图在一夜之间改变世界更有利于改变社会现状。"[73]

本章中,我们避开了具体的"成功法则",因为那些法则很少能反映女性生活的复杂性。对女性而言,想清楚我们所提供的基本原则,然后再想办法把它们应用到自己的具体情况中去,这种做法更有效。这些原则是将超强的能力与热诚和友好结合在一起以及在工作中积累社会资本。

成功进入男性化环境的女性应该密切关注社群性行为究竟是损害了还是提升了自己的领导力。她们也可以跟处于各种人际关系网中的其他人建立关系,以及寻求男性和女性导师的指导和支持。女性要牢记自己的价值、要自信地去争取有挑战性的工作、要期望获得更多的工作报酬,并且还要学会良好的谈判技巧。另外,女性可以依靠丈夫或伴侣分担照顾孩子的责任

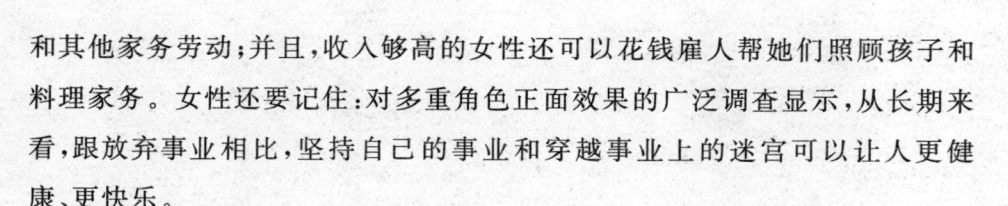

和其他家务劳动；并且，收入够高的女性还可以花钱雇人帮她们照顾孩子和料理家务。女性还要记住：对多重角色正面效果的广泛调查显示，从长期来看，跟放弃事业相比，坚持自己的事业和穿越事业上的迷宫可以让人更健康、更快乐。

我们不断强调，领导职务正朝着**"优秀教练"**或**"优秀老师"**的模式转变。这种模式比以前的模式更适合女性。这种领导风格使女性可以将能力和热诚结合在一起，按一位女出版人的话说，它可以让女性成为"既聪明、有紧迫感、积极进取、强有力、强硬，又公正、和善"的领导者。[74]这种文化变迁使女性获取领导权的道路变得更畅顺了。同时，女性的性格、能力、教育程度、职业抱负、劳动力参与情况和工作偏好也都发生了很大的变化。这些变化反映了女性适应她们的新角色和新机会的过程。

女性将继续改变下去。女性领导者的行为也将改变组织和文化，这将有助于消除女性穿越迷宫道路上的障碍。

第十一章
CHAPTER 11

**女性领导者干得好吗？
她们的未来又会怎样？**

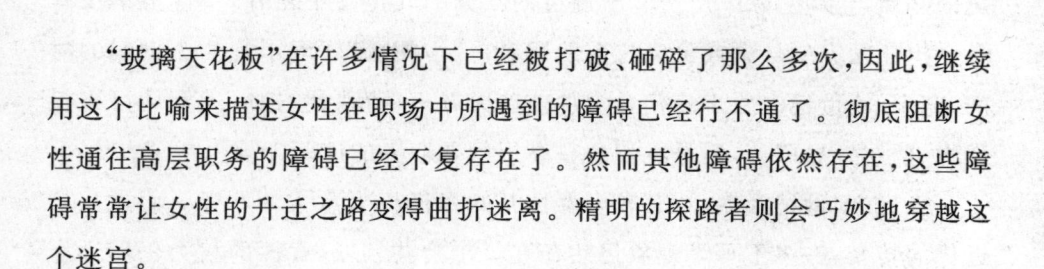

"玻璃天花板"在许多情况下已经被打破、砸碎了那么多次,因此,继续用这个比喻来描述女性在职场中所遇到的障碍已经行不通了。彻底阻断女性通往高层职务的障碍已经不复存在了。然而其他障碍依然存在,这些障碍常常让女性的升迁之路变得曲折迷离。精明的探路者则会巧妙地穿越这个迷宫。

作为总统(这是美国最高的职务)候选人,希拉里·克林顿受到了人们的高度关注,这一事实就能证明上面提到的这些变化。而出现胜出的女性总统候选人这一现象直到最近才可能发生,因为仅在几年前,也曾出现过像伊丽莎白·多尔这样优秀的女性候选人,但她很快便落选了。但是,政治领导层中的"玻璃天花板"并没有被一条康庄大道所取代。让我们来听一听鲍勃·格伯特(Bob Gerbert)在《纽约时报》的一篇社论中说的下面这番话:"在危急关头,希拉里面临的最艰巨的考验可能正是过去长期以来人们未曾讨论过的问题。如果她参加竞选,性别将会成为她的绊脚石。那些认为对于一位女性来说当选美国总统并不困难的人应该先回家睡会儿觉,等醒来后脑袋清醒的时候再去思考这个问题。"[1]《纽约时报》上的另一篇文章也描述了企业领导层中出现的类似情况,这篇文章有着令人沮丧的标题:"太离谱了,居然出现了女老板荒"。[2]

这些消极的观点表明,女性若想得到与男性一样的获取权力和权威的机会,她们还有一段很长的路要走。处世乐观的人会问:怎么有那么多的女性能得到领导权呢?而处世悲观的人则会问:是什么阻碍了女性前进的步伐?本书中,我们已经回答了这两个问题。在本章中,我们先来总结一下这两个问题的答案,然后再来讨论女性的崛起为什么有助于提高领导效力和组织业绩。从一些指标可以明显地看出女性成为领导者这一变化的步伐是缓慢的,我们也会分析由此产生的影响。

我们提出的绝对是当代的问题。在过去相当长一段时间,从未有人问过为什么担任高层领导职务的女性凤毛麟角,当然也就更不会有人认真思考过这个问题了。男性在家庭领域之外占有绝对的社会优势,以至于这种优势似乎被认为是自然秩序的指示,或如某些人所说的那样,这是"生物进化的必然结果"。除了历史上出现过的罕见的几位女王之外,女性根本没有机会担任国家领导人或位高权重的职务。"水泥墙"肆虐了好几个世纪的时间,直到20世纪七八十年代,才被"玻璃天花板"所取代,这时的女性可以担任中、低层领导职务,但是她们通往高层领导职务的道路却被阻断了。

直到20世纪后期,才有较多女性开始担任权力重大的职务。而这只是近代的转变,许多不平等现象仍然存在。在公共领域,女性的权力仍然远小于男性。这种不平等现象的一个必然结果就是女性承担的家庭责任仍然比男性多。要想改变这种状况、实现男女平等并非易事。诚然,在社会由农业经济到工业经济再到后工业经济的现代化演变过程中,全世界都出现了男女越来越平等的显著变化,[3]但即使在社会最进步的阶段,也没有实现完全的男女平等。

在美国,只有小部分的企业管理者和政界领袖是女性。虽然在许多其他国家有更多的女性在政界,包括在其国家议会工作,但是女性在企业最高领导层中只占少数是一种全球现象。然而,由于人们只关注公司数据,这使得女性在其他各类领导职务上所取得的进步被忽视了。事实上,在美国,23%的机构的行政总裁是女性,大部分人力资源和教育领域的管理人员也都是女性。

变化的步伐是快还是慢?答案在于你往哪儿看。在1998年出版的一本畅销书中,心理学家弗吉尼娅·瓦利恩(Virginia Valian)指出,进步的速度相当缓慢。[4]我们不好断言进步的速度是快还是慢。在日常生活中,我们注意到越来越多的女性登上了越来越多领域的领导职务。尽管如此,在社会的各个领域,女性向高层晋升的速度是不同的。正是这种不平衡性使得有些变化看似迅速、显著,而有些变化看似缓慢、细微。

部分女性晋升为领导的原因

在试图解释女性担任领导职务的情况时,大多数人只看到一方面的原因。媒体和公众往往只接受某些解释,因而导致这些解释成了最受瞩目的原因。各个领域的学者都致力于在他们自己的研究领域内寻找原因。心理学家强调性格特点和模式化印象,政治学家关注政治态度和任职情况,社会学家研究家庭劳动分工和职业分割,管理和组织学家调查组织规范和惯例,而经济学家则研究人力资本和劳动力市场。但只侧重于一种解释,不管如何吸引人,还是不全面的。所有解释都应该被纳入考虑范围之内。

但并不是所有的解释都是有效的。事实上,我们否认男性和女性的领导能力存在差别的解释,因为如果这种解释成立,它便可以压倒所有其他的解释。这种想法是由一些进化心理学家提出的,他们认为进化过程赋予了男性与生俱来的领导能力和领导欲望,而女性则没有获得这些领导能力和领导欲望。有关进化天性的假设似乎有力地解释了一种性别差异:男性具有更强的身体上的攻击性,尤其是年轻男性之间的相互攻击性。但是,身体暴力并没有提升男性成为现代领导者的能力,而是使他们失去了很多资格,当然不包括进入犯罪集团、某些运动队和军事机构的资格。

一些心理倾向确实反映了一个人的领导力。拥有某种类型的性格特点和能力的人有很大的机会可以成为领导者并能很好地履行领导者的职责。那么是哪种类型的性格特点和能力呢?善交际、自信、愿意接受新观点、有责任心、诚实和值得信赖的人往往会成为强有力的领导者。另外,就像可以提高总体工作业绩一样,综合智力也可以提高领导能力。

然而,男性之所以在担任领导职务方面比女性有优势,并不是因为他们的综合智力水平高于女性,也不是因为他们具备了这些性格特点。男性的某些性格特点、女性的某些性格特点以及男性和女性身上所共有的某些性格特点都可以提升一个人的领导力。另外,随着时代的进步,男性和女性在某些男性化的性格特点(例如自信)方面的差距正在不断缩小。之所以发生这种变化是因为女性身上的男性化特点增加了,而不是因为男性身上的男性化特点减少了。如果说在过去女性获得领导权的机会有限是因为她们缺少某些男性化的特点,那么现在的形势已经发生了改变。

另一种关于女性拥有较少的权力和权威的基本观点是她们承担的沉重的家庭责任限制了她们的职业生涯。尽管传统的家庭劳动分工已经明显弱化,生育仍然会减少女性参加劳动的机会、增加男性参加劳动的机会。女性不连续的工作和较少的工作时间导致她们获得的工资较低、工作职权较少。因此,平均来说,男性拥有更多在职的经验,这会增加他们晋升到更高职位的机会。这个观点有一定的道理。

虽然总的来说男性比女性拥有更多的工作经验,但是歧视也减少了女性的机会。当我们给包括工作经验在内的人力资本变量战胜性别歧视的机会时,它们却战胜不了。因为这些因素只是导致男性和女性在收入和晋升机会方面存在差异的部分原因,女性的工作经验较少并不能完全解释为什么男性领导者比女性领导者多。剩下的解释不了的这些男性和女性在收入和晋升机会方面存在的差异证明,性别歧视是导致女性无法获取领导权的一个原因。

研究人员做了实验,比较了实验参与者对具有同等条件的男性和女性求职者的评价。这些实验证明了职场中存在性别歧视,并且它在积极发挥作用。这些实验证明了性别偏见的存在:除了典型的女性工作如文职工作以外,在同等情况下,男性在申请任何岗位时所获得的评价都高于女性。结论就是,偏见和歧视限制了女性成为领导者的机会。这一结论是根据从实验研究和相关性研究中找到的确凿证据得出的。

人们看待和解释日常社会交往活动的方式导致了偏见和歧视的产生。社会学家指出,当人们遇到与性别有关的暗示时,他们对性别的模式化印象就会自动出现在脑海里。这些联想形成了一种持续的背景,它影响着人们对组织机构和其他环境中的人的评价。领导权主要会引发人们对男性化特质的联想,它与人们对女性化特质的联想存在冲突。

这种冲突使得女性很容易遭受偏见。有时,人们认为女性无法成为优秀的领导者,因为她们缺乏传统观念中优秀领导者应该具备的特性。但当女性表现出这些特性时,却又会遭到批评。具有传统的女性特质的女性领导者会被否决,因为她们似乎不够阳刚(不够强硬、不够果断或是能力不足)、太过女性化(软弱、变化无常或无能)。表现出发挥领导权所需要的个体性特质的女性也会被否决,因为她们似乎太过阳刚(支配欲强、能力太强或喜欢自吹自擂)、不够女性化(不热情、自私或不太善于支持别人)。这就是我们强调的双重约束。正如卡莉·菲奥里纳所说的那样,女性必须在这些相互冲突的期望之间小心翼翼地行走，一旦越界，她们就会被列为泼妇或荡妇。[5]

对女性领导权的抵触包括对女性的资历和业绩的负面评价、排斥她们想要担任领导职务的举动，有时甚至是赤裸裸的性骚扰。如果女性的领导风格与男性的完全相同，那么抵制女性领导权的做法就非常令人吃惊。女性的领导方式的确有别于男性，但是，男性和女性领导风格的差异比人们通常所说的要细微得多。通过对女性领导风格的仔细研究，我们发现女性并没有因为需要穿越险阻重重的迷宫而采用较差的领导风格。相反，在现代组织机构中，女性比男性更常使用的领导风格通常是有效的。讽刺的是，当女性使用控制式、发号施令式的领导风格时，她们往往会受到惩罚，但正是为了逃避惩罚，反而让女性找到了在很多现代环境中都非常有效的领导风格。

组织程序也减缓了女性争取职场平等的进程。组织成员所持有的模式化印象和观念构成了组织规范，这些规范是自己形成的，并且很难改变。即使人们会质疑那些不利于女性和家庭的组织惯例，但它们仍然普遍存在。有些组织惯例反映了不平等的家庭劳动分工，正因为这种不平等的家庭劳动分工的存在，男性才能在长时间工作的同时还能维持他们的家庭生活。这种工作模式对于女性来说是很困难甚至是不可能的，因为她们需要承担大部分的家庭责任。

在组织机构中，女性很难进入男性的人际关系网或没有机会获得其他的社会资本，这也是阻碍女性升迁的一大障碍。另外，女性经常会遇到不友好的男性化组织文化或更喜欢与其他男性而不是女性共事的男性主管。虽然组织机构的这些特点是很难改变的，但是我们还是提出了很多可以推进组织进步性变革的明智的改革措施。

我们的分析是说给 21 世纪寻找穿越迷宫之路的女性听的。为了在现代条件下获得晋升机会并推动进步性的组织变革，这些女性应该仔细考虑指导职场行为的两大基本原则：一是将个体性特质和社群性特质融合在一起，二是积累社会资本。

将个体性特质和社群性特质融合在一起，可以帮助女性克服双重约束：

一方面,女性可以证明她们具有成为优秀领导者所需要的自信和指挥能力;另一方面,她们还可以证明她们所具有的个体性特质并没有削弱她们身上蕴涵的人们期待女性所具有的热情。能够将自信和良好的交际能力融合在一起的女性更容易在组织中操控自如,换句话说,她们也就更容易满足我们提出的积累社会资本的原则,尽管积累社会资本对女性来说是一个很大的挑战。人们喜欢同友善、自信的领导者共事,同时也欣赏他们的有目标、有干劲儿。具备这些特质的女性领导者通常有很大的机会能够进入可以促进其职场升迁的人际关系网。但是,在高度男性化的环境中,在自己的行为中融入一些热情和友善的建议也有其局限性,因为在这种环境中,这种方法有损女性的权威。因此,女性在前行的过程中需要睁大双眼,留心她们的行为对同事产生的影响。

女性也应该仔细思考如何处理好工作和生活的关系。研究表明,尽管女性需承担生儿育女的责任,但从长期来看,保留自己的事业可以增进女性对生活的满意度和幸福感。记者卡罗尔·希莫威茨写道:"努力朝前迈进——不要过快地排除一些选择,也不必担心平衡问题。"[6]要想同时拥有成功的事业和幸福的家庭,女性必须度过既要发展事业又要照顾孩子、压力很大而且非常难熬的"人生责任高峰期"。[7]对很多女性而言,人生的这段时期是迷宫中最难走的一段弯路。

女性得到更多担任领导职务的平等机会的意义

女性在社会上是否同男性一样享有同等获取领导权的机会真的那么重要吗?从法律和道德的角度来看,人们更倾向于男女机会均等。因为性别和种族等人口特征的原因而拒绝给人担任领导职务的机会,这种做法有悖美国人的价值观,在美国也得不到公众舆论的支持,在法律上也得不到明确的支持。但除了公平性因素以外,男女享有平等的获取领导权的机会还有其他好处吗?

男女享有平等的获取领导权的机会能带来很多明显的好处。首先,候选人范围大了,组织更有机会找到优秀的领导者。雇用并提拔最适合的人选可以提高组织成功的概率。但是,如果女性真的不具备担任领导职务的才干,那又会怎么样呢?正如我们已经讲过的,没有任何站得住脚的证据可以证明男性天生就比女性更适合担任领导职务。并且,至少在美国,明显的性别歧视很有可能产生支付罚金或昂贵的诉讼费等后果。如果组织的领导班子成员全部都是白人男性,那么组织会给公众留下不好的印象,这样的组织也很难成功。因此,一些公司股东,包括一些大型金融机构投资者,都会给公司施加压力要求公司董事会成员构成必须多元化。[8]《财富》杂志在评选"最佳雇主"时,都要审查公司的雇用和晋升政策是否公正以及公司是否有保证多元化的相关规定。[9]

公司可能从任用女性领导者上获得好处的另外一个原因就是她们的领导风格在一定程度上更符合现代管理环境发展的需要。虽然这个因素会让女性具备一定的优势,但领导风格仅仅是发挥有效领导力的一部分。偏见、抵触和不友好的组织文化都会损害女性的那种得人心的领导模式。

记者报道的对女性领导者的各种不同看法就反映了这种复杂情况。有时大家会对女性领导者们大加赞赏:"如何才能使领导者达到最优的表现,如何才能确定最适合的人选,经过数年的分析,管理者们认识到能达到此目的的最佳方式就是:雇用女性。"[10]另一方面,他们有时也会贬低女性所取得的成就,正如评论员莫琳·多德(Maureen Dowd)在对凯蒂·库里克(Katie Couric)晋升为第一个网络晚间新闻节目女主播事件发表的评论中所指出的:"令人遗憾的事实是,女性只有在诸如网络晚间新闻或是好莱坞这样的地方才会得到较高的认可,而在其他领域,能力都是被低估的。"[11]

考虑到上述因素,最核心的问题依然是:女性领导者真的同男性领导者一样优秀吗?这个问题不是简单的"是"或"不是"能回答的。

研究人员通过比较男性和女性领导者在各自工作中的实际表现找到了一种答案。研究人员进行了很多这种类型的研究,并将96项研究的结果汇总在一起进行了荟萃分析。[12]这些研究主要针对的是组织中的管理者,也有一少部分是一些小型实验团队的领导者。被选做分析对象的男性和女性领导者担任的是相同或相似的职务。研究人员通过让员工给领导者的表现评级以确定他们的工作效果。这些评价未必完全公允,可能掺杂着一些对女性领导者的偏见,特别是在男性占主导地位的环境中更是如此。但是,要想成为强有力的领导者就必须让别人接受自己的领导。因此,这些评价尽管可能掺杂着偏见,却也是评价一个人的领导效果的一个重要标准。[13]

人们对男性和女性的期望和领导职务的要求必须契合,这一点是很重要的(参见第六章),有鉴于此,男性和女性领导者的成功应取决于其所处的环境。在男性占主导地位的环境中,对领导者的看法和对女性的看法分歧最大,结果导致更多人质疑女性是否有资格担任领导职务,即使女性登上了领导职务,他们也会抵制女性的领导。[14]

正如预期的那样,对领导者的领导效果进行的荟萃分析显示,在男性占主导地位的领导职务上以及男性化的环境中,男性领导者的表现优于女性领导者。而在男性主导优势相对较弱和男性化特点相对不太明显的环境中,女性领导者的表现优于男性领导者。在军队这个长期以来男性占据绝对主导地位的环境中,人们认为女性的领导力要比男性差很多,这一结果跟上述研究结果刚好相符。然而,在教育、政府机关以及社会服务部门等女性相对比较集中的机构中,女性的领导效果略好于男性。

此外,荟萃分析还显示,在中层管理职务上,跟男性管理者相比,女性管理者的领导效果尤其好。中层管理人员通常需要处理复杂的人际关系,而这恰恰是女性所擅长的。[15]总的来说,在人们认为受女性欢迎以及需要合作和人际交往能力等传统观念中描述的女性特点的领导职务上,女性的表现比男性更出色。在人们认为受男性欢迎以及需要发号施令和控制别人的能力等传统观念中描述的男性特点的领导职务上,男性的表现比女性更出色。总体而言,领导者的领导效果与性别传统观念之间存在密切的关联。[16]

考虑到我们在第九章中详细介绍过的组织障碍,就不难理解,为什么在男性化的环境中,女性领导者会遇到更多的困难。在这些环境中,不受欢迎的长时间工作的惯例和男性化的文化通常会表现得更加强烈。在高度男性化的领域就业的女性,往往要同女性缺乏韧性、竞争力和取得成功的能力等传统偏见做斗争。在这样的环境中,想要建立必要的人际关系和获得有影响力的人际关系网的认可,对女性而言是非常有挑战性的。

鉴于这些困难的存在,要想在男性占绝对主导地位的等级体系中获得晋升,女性必须非常坚强、有经验和有毅力,必须做到面对同事的不断质疑自信心也不会发生动摇。这样的女性很可能真的非常优秀,但也可能很容易受到别人的攻击。因为她的性别跟周围的人都不相同,所以一旦出现任何过失,很快就会受到别人的指责。[17]但杰出的女性确实取得了成功。女性必须非常有能力才能取得成功,这对她们是很不公平的,但这却是推动社会变革的先驱者必须承担的重任。她们经过努力所取得的成就将会为后来的女性扫平障碍,消除偏见。

到目前为止,我们对领导效果的讨论主要依靠的是人们对领导者个人的主观评价。但是,评价领导效果的好坏还要看领导者所在的团队或组织的业绩。尽管我们很难评价企业的业绩,但我们可以根据企业的财务成果,即它们的盈亏情况来进行评价。正如公司高管乔安妮·格里芬(Joanne Griffin)所说,"我们需要向企业家们证明,平等对待女性是符合他们的利益的,是会给他们带来收益的。公司有权根据自己的喜好选择男性员工、在职位设置上对女性有不公允的限制,但一旦各公司意识到对员工实行平等待遇是会给它们带来利益的,它们很快就会做出相应的改变"。[18]

取消性别歧视会带来经济效益的抽象观点偶尔会被用到检验公司的财务成果与公司的主管层和董事会的性别多元性之间的关系的研究中去。多次出现在《今日美国》(USA Today)杂志上的一项研究比较了《财富》500强公司中女CEO所领导的公司和男CEO所领导的公司的股票的市场表现。这种方法显示,女性所执掌的公司的股票的市场表现时好时坏,但鉴于由女性执掌的大公司没有几家,所以这种方法很难作为可靠的参照标准。[19]

Catalyst对《财富》500强公司做了一项更好的测试,分析了公司高层管理团队中的性别多元性与公司财务业绩之间的关系。此项研究发现,在1996—2000年间,管理层中女性所占比例最高的公司(前25%的公司)效益远远高于管理层中女性所占比例最低的公司(后25%的公司)。[20]

研究人员还做了一项更复杂的研究,在研究中,他们分析了1998—2000年间《财富》1 000强公司高层管理团队中女性所占的比例与公司财务业绩之间的关系,并且研究人员还将公司规模和行业表现等因素都考虑了进去。

此项研究表明,高层管理团队中女性所占比例较高的公司效益更好。[21] 20 世纪 90 年代对美国大公司进行的类似研究也发现,公司财务业绩的好坏与公司董事会成员中女性所占的比例存在密切的关联,董事会成员中女性所占比例较高的公司财务业绩也相对较好。[22]

另外一项研究表明,如果发布任命女 CEO 的公告,该公司股价会随之下跌,而发布公告任命男 CEO 的公司则不会出现这种现象。[23]这种反应表明股东对女性抱有偏见,但如果女 CEO 是从公司内部提拔上来的,股东的这种反应就没有那么强烈。大公司中很少有女 CEO,这使得投资者对女 CEO 的能力没有太大把握。但是,从长期来看,一个公司的业绩表现才是公司股价的决定因素。

总之,对美国公司高管和董事会进行的研究发现,女性加入公司高管和董事会队伍与公司更好的财务业绩之间存在一定的关联。尽管这种相关性研究结果存在很大的不确定性,但这些研究表明女性加入企业领导层与企业获得经济效益这两种现象是同时发生的。对于大多数人来说,吸纳女性进入领导班子的企业都有良好的业绩表现,这个理由要比性别歧视违反美国法律和性别歧视有悖美国人的价值观的理由更有说服力,更能说服他们消除性别歧视。正如美国银行(Bank of America)的执行副总裁卡琳·柯廷(Karin Curtin)所说,"有些人认为领导层的构成应该更加多元化,是因为这是正确的做法;而有些人认为领导层的构成应该更加多元化是因为这样可以真正增加股东的收益。在这两种人之间,不可避免地会存在争论。除非我们能把第二种观点解释清楚并让大家接受,不然我们只是在做表面文章"。[24]

为什么女性主管和董事会成员可以增加组织收益呢?除了可以扩大候选人范围这个优势外,更良好的公众形象、受欢迎的领导风格和性别的多元化,这些都为解决很多问题,包括产品选择、广告、公共关系、劳资关系等提供了一个更广阔的视角。在那些为女性顾客、客户和员工提供服务的组织中,如果有女性担任领导职务,那么这些组织就可以跟女性群体建立更加良好的关系。太阳石油公司(Sun Oil)的 CEO 罗伯特·坎贝尔(Robert Campbell)在写给《华尔街日报》编辑的一封信中这样解释这个问题:"通常,女性或少数族裔人士带到董事会上的问题都是公司之前没有碰到过的,这可以让商议过程变得更贴近现实。这些观点非常有价值,而且往往是在全部都是白人男性参加的会议上不会提到的观点。它们也为公司实现员工队伍多元化带来了启示。"[25]

女性的观点非常有价值的另一个原因在于:正如一些实证证据显示的那样,女性刚开始担任高管职务没多久,所以她们可能更容易接受革新和变革。[26]其他证据表明,女性高管参与欺诈和非法商业交易的可能性相对较低(参见第三章)。总而言之,男女机会均等不仅可以让女性享受公平的待遇,而且也能使组织更加成功。

尽管提倡男女机会均等、增加女性在组织领导层中所占的比重可以让组织受益,但这种做法也会给某些人带来压力,至少从短期来看,这会让男性产生压力。女性的到来会使一些男性产生危机感。他们可能会觉得和女性同事相处很不舒服,或是感觉她们的到来会导致自己的工资收入下降等。有些男性可能会觉得很难理解女上司的意图,他们可能无法做到像对男上司一样的合作和忠诚。[27]

所以,性别多元化不只会产生正面的影响。事实上,对团队和组织的性别多元化进行的研究有时也会发现它的负面影响。例如,20世纪90年代初对美国、英国和德国交响乐团进行的研究发现,匿名试音制度的推行使得更多的女性加入到乐团中,但此举随后反而增加了乐团中的组织问题,降低了乐手的积极性和满意度。一般来说,这种做法在男性中产生的负面影响比在女性中产生的负面影响更严重,而当女性所占的比例接近50%时,这些负面影响将逐渐消失或被正面影响所取代。[28]

尽管有证据表明,女性进入以前没有机会进入的职业并不会导致该职业的工资下降,但性别多元化还是会带来挑战,特别是当男性觉得女性的加入给他们带来了威胁的时候更是如此。[29]成功的性别整合和成功的种族融合一样,需要细致耐心的规划以避免和减少可能产生的阻力、误解及摩擦。通过多元化管理来取得潜在优势是现代组织所面临的最重要的挑战之一。[30]

有利于促进男女平等的社会压力

在现代高度工业化的社会里,歧视是非理性的,是对民主价值观和自由市场的扭曲。[31]组织出于歧视目的而采取性别不平等的措施并无好处。为了达到效率和利益最大化,组织必须根据求职者的能力雇用员工,根据员工的表现决定他们的去留。性别歧视扭曲了劳动力市场,损害了组织业绩,因为组织的雇用和晋升决策都不是根据员工的工作能力制定的。因此,消除歧视性障碍能够增强组织的竞争力。

这些有关竞争力的观点并没有暗示提拔女性这种做法本身可以推动现代经济组织的发展。[32]至少在美国,大家都非常支持给男性和女性提供平等的机会和根据贡献大小给予个人奖励的做法。考虑到跟男性相比,女性的教育优势越来越明显,对男女机会均等和实力主义的文化支持对女性尤其有利。然而,未言明的理想管理者模式常常假设管理者不会受到养儿育女责任的束缚。

这种全心为组织付出的员工模式与大多数女性的真实状况无法契合,因为大多数女性除了要承担工作责任以外,常常还要承担繁重的家庭责任。然而,随着男性承担的抚育子女的责任和其他家务活的不断增加,这种全心为组织付出的员工模式也越来越不适合他们了。晋升速度快的男性和晋升速度快的女性结婚以后所面临的时间上的压力,会让他们拒绝那些严重限制他们参与家庭生活的职业。男性和女性都会积极推动组织修改那些有损于家庭生活、阻挠男女平等的实践惯例。

就对其自身利益来讲,国家采取性别歧视政策也并无益处。女性和男性一样会投票支持政治候选人。值得注意的是,在美国,男性和女性投票人数之间的差异正在不断扩大,例如在 2004 年的总统选举中,60% 的女性参与了投票,而只有 56% 的男性参与了投票。因为女性的人数略高于人口的 1/2,因此女性选民在数字上的绝对优势是惊人的:在 2004 年的总统大选中,有 6 730 万名女性参与了投票,而只有 5 850 万名男性参与了投票。[33]由于这种巨大的差距,政治家们开始更加注重赢得女性选民的支持。

当政治家们为了自身政治利益的需要向女性做出更多让步时，他们必须考虑女性和男性对社会和政治问题的不同看法。尽管女性的观点不尽相同，但是总的来看，她们的看法与男性不同。女性通常更青睐能够提高女性社会地位以及为女性、儿童和弱势群体提供更多资源和权益的政策。[34]

随着担任政治职务的女性人数的不断增加，政府出台的反映女性价值观和看法的政策也越来越多。跟男议员相比，女议员更愿意为诸如休假、计划生育教育以及改善公共教育之类的政策投票。在州立法机构和地方议会任职的女性提出的代表女性、儿童及家庭的主张，有不少已经被成功采纳。随着女选民和女官员政治权力的逐渐扩大，那些不利于女性和家庭的政策将越来越少。[35]

尽管女性的家庭责任可能会推动进步性的社会政策，但总体来说家庭依然是一股保守势力，因为通常家庭中都保留着略带几分传统色彩的劳动分工。社会学家罗伯特·马克斯·杰克逊（Robert Max Jackson）认为，实现男女平等的动力来源于家庭之外的经济和政治领域，这些领域本身就赞同消除性别歧视，因此它们会间接影响家庭内部的劳动分工。[36]我们都知道，家庭角色的变化是由男性和女性在家庭外部的地位转变而引起的。例如，女性从事收入高、地位高的工作的机会越来越多，这对夫妻双方关于带薪工作如何适应育儿需要的决定会产生一定的影响。正如我们在第十章中提过的，如今妻子收入比丈夫高已经不是什么稀罕事儿了，这种状况会让男性和女性在家庭内部的地位变得越来越平等。

面对来自于男女平等的压力，家庭角色已经做出了很大的让步。不过，这种转变只是局部性的。现代家庭依然是女性获取领导权道路上的绊脚石，因为女性仍然承担着大部分家庭责任。然而随着经济的发展，传统的家庭角色逐渐弱化，一种新的平衡可能会在后工业社会逐渐形成，而在这种新的平衡中，女性在家庭和事业上投入的时间与男性投入的时间相差无几。[37]

偏见心理的变化

在解释领导能力方面的性别差异时，我们重点强调了认为男性比女性更具有领导气质的性别成见。这种心理本身就延缓了女性的晋升进程。心理学家长期以来一直认为这种普遍存在的观念通过模式化思维阻碍了女性的晋升,而这些模式化思维牢牢地扎根于文化之中,很难彻底根除。然而,模式化思维终会因社会现实的变化而变化。近几十年来,在像美国、加拿大、西欧等经济高度发达的社会中,人们对女性领导者已经明显地表现出赞同和喜欢的倾向。[38]

在态度转变的同时,人们有关性别差异的心理学常识也发生了变化。正如社会心理学家阿曼达·迪克曼(Amanda Diekman)和她的同事在研究中提到的,人们都清楚性别体系发生了变化。他们相信今天的女性与过去的不同,未来的女性也必将与今天的不同。随着越来越多的女性走出家门到外面任职,人们觉得女性具备了更多的男性化性格特点、男性化认知能力,甚至是男性化的体力。换言之,人们普遍认为女性已经并将继续变得更果断、更有野心、更自信、更理性、更有数学头脑、更精于分析、更强壮和更有活力。大多数情况下,人们认为女性并没有失去热情、敏感等女性化特质,他们基本上可以接受女性增加一些相对男性化的特质。[39]人们认为女性身上发生了很大的变化,而男性则没有太大的变化。

是什么让人们产生了女性在不断发生变化的感觉呢?答案很简单:这些变化都是我们通过对男性和女性的观察发现的,尤其是我们发现在很多职业中,包括在一些收入高、地位高的职业中,女性的身影越来越多,并且她们干得越来越成功。我们假设人们通常具有承担角色所需要的特质。这种想法是正确的,因为实际上大多数人身上都表现出了他们承担的角色所要求的特质。因此,当我们看到越来越多的女性都在担任领导职务,并且男性和女性的家庭角色变得越来越相似之后,那种对女性领导者产生偏见的想法——认为女性看起来不像领导的观点——正在慢慢发生变化。

男性视角

在本书中,我们反复提到某些男性对女性升任拥有权力的职务所产生的矛盾心理。男性更愿意相信之所以很少有女性担任高级领导职务是因为

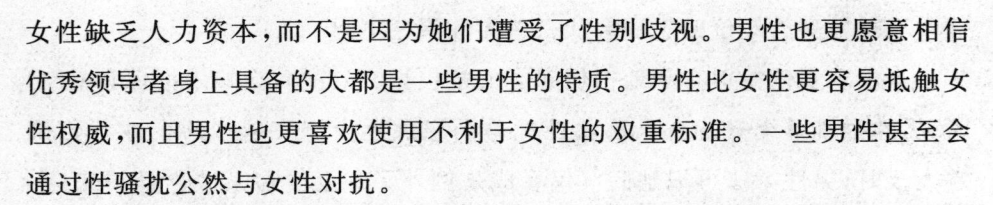

女性缺乏人力资本,而不是因为她们遭受了性别歧视。男性也更愿意相信优秀领导者身上具备的大都是一些男性的特质。男性比女性更容易抵触女性权威,而且男性也更喜欢使用不利于女性的双重标准。一些男性甚至会通过性骚扰公然与女性对抗。

在很多男性社会批评家的悲叹中,我们也常常能听到男性对于女性升迁的担忧。例如,本杰明·迪莫特(Benjamin DeMott)在他写的《大女人的悲哀:为什么美国人不能认真思考性别和权力问题》(*Killer Woman Blues: Why Americans Can't Think Straight about Gender & Power*)一书中,对于"女性越来越男性化"以及女性已经渐渐融入了男性化的"拼杀文化"[40]表示了不满。政治学家哈维·曼斯菲尔德(Harvey Mansfield)怀旧地谈起男子气概,即他所谓的"大男人的自信和发号施令的能力"。[41]人类学家莱昂内尔·泰格(Lionel Tiger)在《男性的衰落》(*The Decline of Males*)一书中指出,随着女性的崛起,男性变得越来越弱、越来越无足轻重,简直变成了可怜虫。[42]法学教授金斯利·布朗(Kinsley Browne)在《劳动生物学:反思男女平等》(*Biology at Work: Rethinking Sexual Equality*)一书中采取了鸵鸟法,无视女性的崛起,而且他向读者保证,女性永远也不可能获得太多的权力,因为男性的主导地位是生物进化的结果。[43]

尽管这些迹象都表明许多男性不愿意接受男女平等,但他们并不能改变现代经济和政治力量推动着女性不断晋升的事实。在工业化社会里,虽然通常男性对男女平等的认可度仍然低于女性,但总体上看,男性对于男女平等的认可度已经提高了。[44]即使是在男性当中,反对有才干、有抱负的女性担任领导职务也已不再那么普遍了。男性也不再理直气壮地劝有职业的妻子辞职回家照看孩子。许多男性都支持自己有才干、有抱负的女儿努力实现远大的职业抱负。鉴于这些变化,今天的男性已不再像他们的父辈那样倾向于性别歧视的做法。

当然,男性的集体利益会促使他们反对男女平等,尽管社会和经济的压力在鼓励他们接受。核心职务本来就有限,而女性的晋升意味着男性担任核心职务的机会减少了。因此,从某种程度上来讲,女性是跟男性争夺有限的权力和报酬的竞争对手。另外,认为自己比女性优秀、因此自己有正当的理由获得更高的地位的想法会让一些男性深感宽慰。

当发现女性游刃有余地担任起了大学校长、国务卿、交响乐指挥和CEO时，男性很难继续坚持自己比女性优秀的想法。当越来越多的女性开始执掌大权时，男性无法再把她们仅仅看成是例外了。至少在某些男性看来，女性的晋升似乎削弱了男性的权势。尽管如此，考虑到男性大可以发起阻碍女性晋升的社会运动，他们对于男女平等所带来的压力表现出的认可度比我们预期的要高一些。[45]男性和女性在家庭中的同盟关系使得男性很难把女性当做主要的竞争对手。恰恰相反，男女在日常生活中通常要搭伴来实现目标。

前景

虽然未来不太可能出现持续的朝着男女平等方向的转变，然而人们普遍意识到，女性将持续获得更多担任领导职务的机会，其中也包括担任执掌大权的核心职务的机会。民意调查显示，大部分美国人觉得在他们的有生之年能看到一位女性当选为总统或副总统。[46]在被问及未来男性和女性的权力将会发生怎样的变化时，大学生们表示女性的权力将会增加；但对于男性的权力会发生怎样的变化他们不太确定。[47]这些学生将女性在权力和权威方面的收获推广到了未来，仿佛我们的社会正在通向男女平等的高速公路上疾驰一样。

这种认为社会将朝着男女平等的方向不断迈进的印象有什么破绽呢？社会变革并非易事，而且社会变革离不开斗争和对抗。随着女性取得的平等权利越来越多，一部分的人就会开始反对这些变化，于是就会发生激烈的对抗。他们渴望传统的角色定位，并且对于像男女之间关系一样的任何根本性问题的变化都持怀疑态度。

实际上，在很多方面都出现了男女平等进程停顿的迹象。仔细看过我们提供的数据的读者不难发现，例如，在20世纪七八十年代某些趋势急剧上升，但是在过去的几年里却慢了下来，变化平缓。在女性劳动力参与率和女性工资水平分别向男性劳动力参与率和男性工资水平靠拢的过程中，以及在女性在管理人员中所占的比例发生变化的过程中,这种停顿的现象都表现得非常明显(第二章和第五章)。而这种停顿在一些反映态度的数据(例如,对男性和女性上司的认可度以及认为男性比女性更适合从政的观点)上表现得也很明显(第六章)。

人们也开始注意到了这种停顿。最近来自媒体的报道都在大肆宣扬据推测女性可能会退出职场,并宣称女性之所以无法继续升迁是因为她们自己选择不去从事高级别的职业。[48]社会学家也已开始加入这场辩论,并找出了很多阻碍男女平等的因素。有些人,例如社会学家塞西莉亚·里奇韦(Cecilia Ridgeway)指出,不断变化的对性别的看法激发了"人们内心深处对于维护从文化角度理解性别差异的兴趣"。[49]其他的社会学家则强调,人们仍在根据性别分配家庭责任,再加上雇主更喜欢雇用不需要承担主要的养儿育女责任的员工,这才导致女性无法享受和男性一样的升迁机会。

尽管进一步的变革会遇到很多阻力,但文化惰性和传统的家庭劳动分工所带来的这些阻力并没有阻止在过去一个世纪中女性地位翻天覆地的变化。没有人知道为什么这些阻力现在会重新渐渐变强并开始侵蚀变革的步伐。无论如何,在某些方面,变化已经比上世纪 70 年代到 90 年代初缓慢得多。

为什么变化会越来越慢呢?或许男性需要时间来更好地适应女性角色的变化。女性可能只是想在推进更多变化之前先停下来喘口气儿,或者女性开始有点儿退缩了。但是,我们相信,退缩对女性来说是不可能的。女性对她们从属地位的强烈抵制以及媒体报道的那些精明能干的女性领导对她们的激励,将使她们继续颠覆那些维系性别不平等的力量。女性不断提高的受教育程度、低人口出生率以及各种组织和团体对高水平领导者的需求,将继续推动这种变化。[50]

在 20 世纪,女权主义者的积极活动对男女平等起到了推动作用。这些积极活动是在女性意识到她们普遍受到了不合理和不公平的对待之后才发起的。最近的民意调查显示,认为存在性别歧视的人少了,而且女权主义与文化之间的关联性已不复存在。[51]女权主义为早期有抱负的女性提供了精神指引,在女权主义热潮退去之后,女性个体不得不在缺乏精神指引的情况下

穿越迷宫——指引女性领导者登上事业之巅

自己寻找出路。

现代女性依然面临着许多挑战,尤其是在担任男性占主导地位的领导职务时更是如此。她们必须勇敢、机敏、精明和富有创意才可以取得成功,因为在她们获取领导权的道路上需要穿越险阻重重的迷宫。那些找到出路的女性将成为社会变革的开路人,而她们通常都是依靠自己的力量走出迷宫的。我们写这本书的目的就是为了帮助这些女性更容易地走出迷宫。她们的成功反过来可以帮助后来的女性描绘出穿越迷宫的路线。

注　释

第一章

1. Price,1997.
2. "Coeds," 2007.
3. Clymer,2001,第 A16 页。
4. Milwid,1990,第 13 页。
5. 同上,第 15 页。
6. Bowman,Worthy,and Greyser,1965,第 14 页。
7. Hymowitz and Schellhardt,1986,第 1 页。
8. Federal Glass Ceiling Commission,1995a,1995b.
9. 参见 F. N. Schwartz and Zimmerman,1992,第 17 页。
10. Berkelev,1989,第 1 页。
11. F. N. Schwartz and Zimmerman,1992,描述了女工商管理硕士们摘掉结婚戒指的事情。
12. Federal Glass Ceiling Commission,1995a,第 33 页。
13. Hymowitz,2004. 引文出现在 R1 页。
14. Klenke,1997,在讨论女性领导所面临的挑战,尤其是在信息技术领域所面临的挑战时使用了"领导和信息迷宫"一词。
15. 对波士顿地区的调查,参见 Manuel,Shefte,and Swiss,1999,第 22 页。对全球高管的调查,参见 Galinskv et al.,2003。卡莉·菲奥里纳的话,参见 Markoff,1999,第 C1 页。
16. J. Black,2003. Petersen,Saporta,and Seidel,2000,提供了一些证明高科技组织中不存在性别歧视的证据。
17. 关于人们越来越支持男女平等的证据,参见 C. Brooks and Bolzendant,2004；Inglehart and Norris,2003；Twenge,1997a。
18. Whitman,1999,第 272 页。
19. 关于领导者和领导权的定义,参见 Chemers,1997；Heifetz,1994；Hogan and Kaiser,2005；Hunt,2004；Northouse,2004；Rost,1991；Yukl,2006。
20. 关于领导和管理的区别,可参见 Bennis,1989,and Zaleznik,1977。
21. 关于荟萃分析,参见 Lipsey and Wilson,2001；B. T. Johnson and Eagly 2000。
22. MacCoun,1998,在研究中提供了有关倾向性的有趣讨论。

第二章

1. 从他第一次参加总统竞选开始,"够美国"这个词就跟克林顿联系在了一起。例如,在一次辩论中,克林顿说:"我想,为了美国人民,我必须要入主白宫,组建内阁,任命那些既有能力看上去又够美国的能人贤士。"参见 Third Clinton-Bush-Perot Presidential Debate,1992。

2. M. Hill,2003,第 100—101 页。
3. U. S. Bureau of Labor Statistics,2007c,表 11。
4. U. S. Equal Employment Opportunity Commission,2006。
5. 关于美国的数据,参见 U. S. Bureau of Labor Statistics,2007c,表 2；U. S. Census Bureau,2007,表 11、表 575 和表 578。在美国,女性从事全日制和非全日制工作的比率是男性的 81％,瑞典是 87％,加拿大是 83％,法国是 79％,英国是 79％,德国是 76％,阿根廷是 68％,日本是 65％,意大利是 61％（United Nations Development Programme,2006,表 27）。
6. U. S. Bureau of Labor Statistics,2006d,表 20。从事非全日制工作的男性和女性的年龄分布存在差异,从事非全日制工作的女性主要是中年人（年龄在 35—54 岁之间）,男性则大都是老年人（年龄在 55 岁以上）（Hirsch,2004）。
7. U. S. National Center for Education Statistics,2005,表 246。关于对这些数据的分析,参见 Peter and Horn,2005。
8. U. S. National Center for Education Statistics,2005,表 246、表 265、表 268 和表 271。总的来说,在所有种族和民族中,取得学位的女性都比男性多,在非洲裔美国人中,差距最大。例如,关于按照种族和民族划分的学士学位的取得情况,参见上述文献,表 261。
9. 在美国,29％的男性和 27％的女性拥有至少一个学士学位。Census Bureau,2007,表 215。
10. United Nations Development Programme,2006,表 26。关于这种女性受教育人数相对男性有所增加的讨论,参见 Goldin,Katz,and Kuziemko,2006。
11. Wootton,1997。
12. 18％是按照类似但不完全相同的管理职业的分类方法获得的数据。（U. S. Census Bureau,1973,表 372）。2003 年以前,美国劳动统计局将具有"高管、行政和管理类"属性的职位都定义为管理类职位,严格来讲,按照这种分类方法获得的数据与现在的数据不具有可比性。但是,劳动统计局按照新的分类方法整理的数据只有 1983 年以后的,这些在"管理、商务和财务运作"三种职业中的数据我们已经用在了图 2-3 中。关于分类方法,参见 U. S. Bureau of Labor Statistics,2007a；Bowler et al. ,2003。
13. United Nations Development Programme,2006,表 25。
14. 关于担任管理职务的就业女性和男性所占的百分比,参见 U. S. Bureau of Labor Statistics,2007c,表 10。从就业人数来看,两类管理职务在女性最常从事的职业中分列第七名和第十四名（参见 U. S. Department of Labor,Women's Bureau,2006）。女性最常从事的六种职业按照从前往后的顺序排列依次为:(1)秘书和行政助理;(2)出纳员;(3)注册护士;(4)中小学教师;(5)零售人员;(6)看护、精神病治疗和家庭护理助手。按种族和民族以及按地区划分的数据,参见 Caiazza,Shaw,and Werschkul,2004；U. S. Bureau of Labor Statistics,2006d,表 10、表 11 和表 12；2007c,表 10 和 11。
15. 这些有关《财富》500 强公司的高管的数据来自 2005 年 Catalyst 进行的人口普查,参见 Catalyst,2006c。
16. Helfat,Harris,and Wolfson,2006. 这项调查是根据各家公司在正式报告和档案中列出的高管进行的。而 Catalyst 会将他们的初步统计结果发给各家公司,允许它们在上面加上正式报告和文档中没有出现的女性高管的名字。这种方法可能会使 Catalyst 提供的女性高管的人数稍微多一些。关于《财富》100 强公司的数据,另见 Cappelli and Hamori,2005。

17. Committee of 200, 2002, 第17页。这位主管是8Wings Enterprises的合伙人Connie K. Duckworth。
18. 关于业务主管和参谋主管的数据，参见Catalyst, 2006c; Helfat, Harris, and Wolfson, 2006; 关于担任类似职务的女性和男性的比较，参见Lyness and Thompson, 1997; 关于总体情况，参见R. A. Smith, 2002。
19. Catalyst, 2006c. 至本书付梓印刷时，《财富》500强里有10家公司的执行总裁由女性担任。关于20世纪70年代的执行总裁资料，参见Mineham, 2005。Marion Sandler和丈夫Herbert Sandler共同担任联合执行总裁。
20. Catalyst的统计数据来源于2005年的人口普查，参见Catalyst, 2006b。其他关于董事会的统计数据，参见Bilimoria, 2000; Singh, Vimnicombe, and Terjesen, 2007。
21. 由于各国对高管职务的定义存在差异，所以国际比较并不准确。参见R. J. Burke and Mattis, 2000; Davidson and Burke, 2004; Wirth, 2001, 2004。
22. 关于加拿大的数据，参见Catalyst, 2002, 2005a。关于欧盟的数据，参见European Commission, 2006。挪威的统计数据正在快速发生变化，因为政府规定在公司董事会成员中女性所占的比例必须达到40%; 瑞典政府规定在公司董事会成员中女性所占的比例必须达到25% (Singh, Vinnicombe, and Terjesen, 2007)。
23. The 2006 Global 500, 2006.
24. 参见J. S. Goodman, Fields, and Blum, 2003和R A. Smith, 2002。
25. Center for Women's Business Research, 2007. 黑人女性拥有大约240万家私营公司，雇用着近160万员工，创造了近2 300亿美元的销售额。Klein, 2006, 报告了女性所拥有的公司的规模。
26. 关于教育机构负责人的资料，参见U. S. Bureau of Labor Statistics, 2007c, 表11。关于大学校长的资料，参见King and Gomez, 2007。关于校长薪水的资料，参见Chronicle of Higher Education, 2006。
27. 关于高级行政服务部门的资料，参见U. S. Office of Personnel Management, 2005, 第72页。关于律师事务所和法官的资料，参见American Bar Association Commission On Women in the Profession, 2006。关于军队的资料，参见U. S. Department of Defense, 2005。
28. Council on Foundations, 2006.
29. Hass, 2005, 第1页第2节。
30. Gehrke, 2006; Wakin, 2005, 第10页。另外，Wakin还提到，现在已经有几位女性正在担任过去从未由女性担任过的美国交响乐团的首席小提琴手。关于匿名试听所带来的影响，参见Goldin and Rouse, 2000。
31. U. S. Bureau of Labor Statistics, 2007c, 表11。
32. "The best and worst managers of the year," 2005.
33. Colvin, 2004.
34. Driscoll and Goldberg, 1993, 第96页。
35. 参见D. P. Moore and Buttner, 1997, 关于创办新公司的主要原因，参见第23页; 有关性别歧视的引文，参见第42页。
36. 可参见政治学家Andrew Hacker在2003年接受Vogl采访时说的话，2003。
37. U. S. National Center for Education Statistics, 2005, 表277。

38. Zweigenhaft and Domhoff,1998,回顾了以前有关女性高管和执行总裁的预测。Helfat, Harris, and Wolfson,2006,提供了对《财富》1 000 强公司中女性执行总裁的数量预测。

39. Mero and Sellers,2003,第 82 页。有关女性中途退出、在很多情况下后来又重新返回高层职务的原因的讨论,参见 Yang,2005b(《财富》杂志)。

40. 关于《纽约时报》上的文章,参见 Belkin,2003;引文摘自封面。关于《快速公司》杂志,参见 Tischler,2004。关于《时代》杂志,参见 Wallis,2004。关于女性劳动力参与的连续性,参见第四章。关于媒体对就业女性的言论,参见 Dunn-Jensen and Stroh,2007。

41. In the *Wall Street Journal*,参见 Hymowitz,2004,第 R1 页;2006a,第 Rl 页。

42. In *Fortune*,参见 Yang,2005a;"*Fortune* 50 most powerful women in business," 2006.

43. Center for American Women and Politics,2007a。在美国国会就职的女性当中,24% 的人是有色人种,在美国众议院就职的女性则全部都是有色人种(Center for American Women and Politics,2007b)。

44. Inter-Parliamentary Union,2007。在该机构 1997 年发布的第一份报告中,在全世界范围内平均来看,女性在国会议员中所占的比重为 12%。

45. 有关不同国家配额制度的列表,参见 International Institute for Democracy and Electoral Assistance and Stockholm University,2007。关于一般性的讨论,参见 Dahlerup,2006。

46. E. Goodman,2004,第 A11 页。

47. Adler,2007;de Zárate,2007. 有女总统的国家包括:爱尔兰、拉脱维亚、芬兰、菲律宾、利比里亚、智利和瑞士;有女首相的国家包括:德国、新西兰、孟加拉国、牙买加和莫桑比克。值得注意的是:在一些女性总体地位通常较低的国家已经有女性开始担任政府首脑,但在(诸如美国这样)男女比较平等的国家却没有。特别是在亚洲和拉丁美洲,这些女性的家庭关系为她们提供了通往政治权力的通道,因为很多女性领导者都是之前曾任公职的她们的丈夫或父亲的代表。有关讨论参见 Jalalzai,2004。

48. Center for American Women and Politics,2006。

49. 参见 Center for American Women and Politics,2007a。在由选举产生的各州政府女性官员中,只有 5% 的人是有色人种;在各州议会的女议员当中,有 20% 的人是有色人种(Center for American Women and Politics,2007b)。

50. G. Collins,1998. 第 54 页。

51. 在 1992 年的选举中,女性参议员的人数从 2 人增加到了 6 人,国会议员的人数从 29 人增加到了 48 人。有关讨论参见 Delli Carpini and Fuchs,1993。

52. Eagly and Karau,1991. 这项荟萃分析就像其他荟萃分析一样用效应量的形式描述了每项研究中研究人员所关心的效果。这一效应量是一个差异分数(被称为 d),它代表了每项研究所研究的团队中男性和女性所表现出来的领导力的差异。用这个差额除以标准差就可以得到"标准化的"差额,我们可以用它作为通用的衡量标准来比较各种研究的数值。〔因为不同的研究采用的是不同的测量标准(例如分别使用 1 到 5 和 1 到 100 的量度单位),除非确定一个通用的标准,否则这些研究的结果不具有可比性。〕效应量为 0.00 表示不存在差异。一个方向的差异效应量为正值,另一个方向的差异效应量为负值。我们通过计算各项研究中这些效应量的平均值来确定男性与女性之间的差异有多大,究竟是男性数值大于女性还是女性数值大于男性。在 Eagly 和 Karau 进行的这项荟萃分析中,平均效应量或 d 值代表男性的领导力强于女性——在综合领导力方面,该值为 0.32,在严格的任务导向型领导力方面,该值为 0.41。在社交领导力方面,平均效应量较小,数值为-0.18,这表示女性的社交领导力比男性强(尽管只有少量研究评价了社交领导力)。关于荟萃分析的描述,参见 B. T. Johnson and Eagly, 2000; Lipsey and Wilson, 2001。

53. 参见 Eagly and Karau, 1991。
54. 有关早期的研究,参见 Beckham and Aronson, 1978;有关较近期的研究,参见 Foley and Pigott, 1997。另见 D. J. Devine et al., 2000。
55. 有关这些数据的分析,参见 Weinberger, 2006。八组白人学生每组的样本数量介于 3 500—4 000 人之间,每组黑人学生的样本数量介于 350—390 人之间。有关这些在全国范围内对高中高年级学生进行的有代表性的调查的信息,参见 http://nces.ed.gov/surveys/SurveyGroups.asp?Group=1。相关的调查包括教育纵向面调查(ELS)、全国教育纵向面调查(NELS)、高中及高中以后(HSB)调查和 1972 年全国纵向面调查(NLS-72)。
56. Ng 等人于 2005 年对 140 篇研究文章进行的荟萃分析证明,总体而言,男性的事业比女性成功,但男性和女性在这方面的差距正在不断缩小。有关社会地位和种族或民族差异对各性别群体的影响的讨论,参见 Caiazza, Shaw, and Werschkul, 2004; L. McCall, 2001。

第三章

1. 进化心理学家是指强调行为进化起源的一小群心理学家。关于进化心理学概论,参见 D. M. Buss, 2005; D. M. Buss and Kenrick, 1998; Geary, 1998; Laland and Brown, 2002 和 Low, 2000。关于进化心理学中与领导权联系最紧密的因素,参见 Browne, 1999, 2002; Kenrick, Trost, and Sundie, 2004。关于早期的论述,另见 S. Goldberg, 1993。
2. Browne, 2002,第 117 页。尽管从学科专业来看,韦恩州立大学法学教授 Kingsley Browne 并不是进化心理学家,但是他却采纳了这一理论。他的论著提供了有关进化心理学对领导和管理的影响的最详细分析。在 Browne 2002 年出版的书的封套上,著名进化心理学家 David Buss 对该书大加赞赏:"这是一本一流的、客观的、推理严密的著作,它敏锐地分析了两性差异的演变过程及其对现代职场的影响。"
3. Browne, 1999,第 57 页。
4. 尽管这些观点都来自 Charles Darwin 对非人类物种的性别选择的分析,但是他对这些进化理论是否适用于现代人类社会存疑。参见 Darwin, 1871,特别是第 178 页。Trivers, 1972,第一个提供了有关达尔文理论的详细论述。一般而言,我们假设相关基因的遗传会将控制力和竞争力等行为特点从一代传到下一代。我们认为基因会带来一些心理倾向,这些心理倾向会在一定的环境条件下表现出来。可参见 Dawkins, 1989。强调两性个体配对关系而非男性之间的竞争关系的另一种观点,参见 Hazan and Diamond, 2000。
5. A. Campbell, 1999, 2004。
6. D. M. Buss and Kenrick, 1998,第 983 页。
7. Fukuyama, 1998,第 27 页。
8. 有关其他评论,参见 Buller, 2005; Laland and Brown, 2002; Richerson and Boyd, 2005; H. Rose and Rose, 2000。
9. 参见 W. Wood and Eagly, 2002 所做的人类学研究的综述。
10. 例如,D. M. Buss, 1995 和 Browne, 1999, 2002。
11. Boehm, 1999; Hayden et al., 1986; Knauft, 1991; Salzman, 1999; Sanday, 1981。人类学

上对父权制度和社会等级的讨论的综述，参见 W. Wood and Eagly, 2002。

12. Lepowsky, 1993, 第 viii 页。本资料来源提供了对 Vanatinai 进行的人种志研究的详细介绍。

13. D. M. Buss and Kenrick, 1998; Geary, 1998。

14. 可参见 Ember, 1978; Kaplan et al, 2000。W. Wood and Eagly, 2002, 评论了相关的证据。相关论证，参见 Wrangham et al., 1999。

15. 进化心理学家认为男性普遍具有控制力的另一个依据是：作为进化的产物，男性具有性嫉妒心理，并且能够控制女性的性行为。参见 Smuts, 1995; M. Wilson and Daly, 1992。对这一论断的评论，参见 Harris, 2003; W. Wood and Eagly, 2002。

16. W. Wood and Eagly, 2002; 另见 Eagly and Wood, 1999; Eagly Wood, and Johannesen-Schmidt, 2004。

17. 有关社会现代化过程及其对女性地位的影响的讨论，参见 Inglehart and Norris, 2003。

18. 参见 Eagly 1987; Eagly Wood, and Diekman, 2000; Eagly Wood, and Johannesen-Schmidt, 2004。

19. 生物调解的证据不太明确，因为生物过程本身就反映了遗传特性和环境之间的相互作用。关于睾丸激素，参见 Archer, 2004, 2006b; D. Cohen et al., 1996。有关可能存在某种机制的证据，一些心理学家提出，男性和女性出生之前荷尔蒙的差异会影响孩子后来的行为。出生前受高浓度男性荷尔蒙影响的女孩儿，她们的行为要比其他女孩儿活跃，并且她们的攻击性可能也比其他女孩儿更强。然而，考虑到缺乏证据证明它们对成人性格特点的影响，这些发现与领导力之间的关联性，充其量也只能说是不确定。有关讨论和评论，参见 Hines, 2004。

20. 对攻击性研究进行的荟萃分析包括 Archer, 2004; Bettencourt and Miller, 1996; Eagly and Steffen, 1986; Hyde, 1984。有关杀人和暴力犯罪的讨论，参见 Daly and Wilson, 1988。A. Campbell, 2004 分析了女性对其他女性的攻击性行为。

21. Federal Bureau of Investigation, 2004, 表 42。在某些情况下，女性和男性一样具有身体攻击能力。正如 Archer, 2000, 2002 所示，如果将所有的攻击行为都考虑在内，那么在异性伴侣关系中，女性的攻击性略强于男性。但是，男性造成的伤害比女性强。另见 M. P. Johnson and Ferraro, 2000。另外，Archer, 2006a 也表明，这些趋势会受女性地位的影响，在两性地位比较平等的国家，女性受到的伤害相对小一些，男性受到的伤害相对大一些。

22. 心理学家将这种攻击称为间接性、关系性或社交性攻击。有关间接性攻击，参见 BjÖrkqvist, 1994; 有关关系性攻击，参见 Crick and Grotpeter, 1995 和 Crick, Casas, and Nelson, 2002; 有关社交性攻击，参见 Underwood, 2003。另见 Archer and Coyne, 2005 所做的评论。从进化心理学的角度对这些性别差异的讨论，参见 A. Campbell, 2005。

23. 有关荟萃分析的证据和讨论，参见 Archer, 2004 和 Archer and Coyne, 2005。

24. 有关工作场所中的攻击性行为和相关不正常行为的讨论，参见 Griffen and Lopez, 2005; Hepworth and Towler, 2004; Neuman and Baron, 1998。有关性别差异的报告，参见 Baron, Neuman, and Geddes, 1999 和 Rutter and Hine, 2005。

25. Feingold, 1994; 另见 Costa, Terracciano, and McCrae, 2001。

26. 有关自信心，参见 Carli, 2001a; 有关控制力，参见 D. M. Buss, 1981。

27. 有关管理的动机，参见 Eagly et al. (1994) 所做的荟萃分析; 有关社会支配倾向，参见

Sidanius and Pratto,1999。

28. 这些研究主要是以学生作为研究对象。在团队竞争和面对面的交流中,这些性别差异稍微大一些。参见 Walters,Stuhlmacher,and Mever,1998。总的用 d 值或标准差的形式表示的平均效应量为 0.07,在直接或面对面的讨价还价中,这一平均效应量为 0.16;在跟其他参与者没有直接接触或只有少量直接接触的囚徒困境等矩阵对策中,这一平均效应量为 0.03。在另一项荟萃分析中,在男性的竞争力强于女性方面,Carli 和 Fung(1997)计算出来的总效应量为 0.005,接近于 0。

29. 参见 Gneezy and Rustichini,2004。另外,在早先进行的一项研究(Gneezy,Niederle,and Rustichini,2003)中,研究人员让大学生解决电脑迷宫问题,结果发现,鼓励竞争的措施只能提高男性的成绩。当然,男性比女性对电脑游戏更感兴趣。Niederle 和 Vesterlund(2005)后来进行的研究表明,在涉及心算的实验室实验中,男性表现得比女性更有竞争力。而在数量技能方面,男性也表现得比女性更自信。

30. Federal Bureau of Investigation,2004,表 33。另见 Lynch,2002。

31. 有关这些文化倾向的讨论,参见 DeMott,2000。长期以来,学界对攻击性的心理学研究的取向一直饱受争议。参见 Hyde,1984;Knight,Fabes,and Higgins,1996。

32. 参见 Twenge(1997b)进行的荟萃分析。

33. Twenge,2001。

34. Bass,1990;Van Vugt,2006. 一项荟萃分析发现,一个人的控制力与他能否成为领导者之间的关联系数为 0.10,有关分析,另见 Lord,De Vader,and Alliger,1986。

35. Dorning,2005,第 24 页第 1 节。有关控制力对于人们对能力和领导力的评价的负面影响的实验证据,参见 Driskell and Salas,2005。对这一观点的综合讨论,另见 McCauley,2004。

36. 有关贸易书中所介绍的管理特质的分析,参见 Fondas,1997。有关女性化特质的介绍,可参见 Crittenden,2004;Grzelakowski,2005。

37. Kuhn and Weinberger,2005. 这项研究只包含了男性的数据。

38. Arvey et al. ,2006. 这项有关担任领导职务的决定因素的研究通过比较男性同卵双胞胎和男性异卵双胞胎来估算遗传因素对领导力的影响。

39. Weinberger,2006. 遗传因素在一定程度上可以决定一个人的性格特点,但这一点未必能够解释包括性别差异在内的群体差异,有关原因的讨论,参见 Richerson and Boyd,2005。

40. 参见下述文献中的评论:McCauley,2004;Zaccaro,2007;Zaccaro,Kemp,and Bader,2004。与对领导者的领导效果的研究相比,对什么样的人才能成为领导者的研究能够更加直接地回答为什么大多数领导者都是男性。如果女性比男性具备较少的成为领导者所需要的性格特点,那么这些差异就会导致女性领导者比男性领导者少。相反,如果使用相同的标准来挑选男性和女性担任领导职务,那么女性和男性领导者身上相似的性格特点就会受到青睐(参见 Pagenson,1990;Melamed and Bozionelos,1992)。

41. Judge,Colbert,and Ilies,2004. 智力与衡量人们能否担任领导职务的指标之间的关联系数介于 0.15 和 0.25 之间。另见 Lord De Vader 和 Alhger(1986)先前进行的荟萃分析。对智力与职业成就和工作业绩之间的关联性进行的更广泛的荟萃分析,参见 Schmidt and Hunter,2004。对智力与有效的领导力之间的细微关系的讨论,参见 Sternberg,2007。

42. Judge et al.，2002. 对"大五"性格特点的全面讨论，参见 McCrae and Costa，2003。

43. 我们用回归系数来表示这些关系，回归系数可以通过控制住一个变量，来研究其他四个变量所带来的影响。在存在多个变量同时发挥作用的情况下（例如，当性格外向的人同时情绪又比较稳定时），我们经常使用这种统计控制方法。这种控制方法可以帮助研究人员确定在不受其他变量影响的条件下，每个变量与领导力之间存在多大的关联性。关于未调整的（有关关联性的）统计数字，参见 Judge et al.，2002。另外，Bono 和 Judge (2004)还对"大五"性格特点与变革型领导风格之间的关系进行了荟萃分析（参见第八章）。这些关系很类似，但关联度比图 3-1 中所给出的综合领导风格的数值略小。另外，Ng et al. (2005)对职业成功进行的荟萃分析发现，"大五"性格特点与职业成功之间存在类似但较为微弱的关联性，其中，外向性对职业是否成功的预测功能最稳定。

44. 有关权力需求，参见 McClelland，1985；McClelland Boyatzis，1982；Spangler and House，1991。有关政治手腕，参见 Semadar，Robins，and Ferris，2006。有关情商，参见 Mayer，Salovey and Caruso，2004；Van Rooy and Viswesvaran，2004。对情商的评论，参见 Antonakis，2004；Zeidner，Matthews，and Roberts，2004。有关移情作用，参见 Kellett，Humphrey and Sleeth，2002。

45. McCauley，2004 提出，建立人际关系的能力可以帮助担任低级职务的人获得成功，除此之外，高层领导者则需要具备制定战略决策的能力。另见 Van Velsor and Leslie，1995。

46. "It wasn't so easy for Roosevelt，either，" 2005，第 36 页。

47. Sullivan，2005，第 T03 页。

48. 有些成功的执行总裁性格也很内向，有关讨论，参见 D. Jones，2006a。

49. 企业家比其他管理者更喜欢冒险，对于这一观点，人们尚存在争议。参见 Miner and Raju，2004。

50. Ciulla，2004. Lipman-Blumen，2005 分析了"有毒的"领导者的道德缺失现象。有关领导者的可信度与个人和组织成果之间的关系，参见 Dirks and Ferrin，2002；有关诚信管理与组织成果之间的关系，参见 Simons，2002。Turner et al.，2002 发现，拥有比较成熟的道德伦理的管理者们更倾向于采取变革型的领导风格（参见第八章）。

51. 这一讨论提出了一个问题——在美国，参加体育运动的女性明显增加，这种显著的变化是否增加了她们担任领导职务的可能性呢？这个问题的答案还不确定（Ewing et al.，2002），尽管通过参加体育运动，人们的确可以学到一些领导技能。研究发现，女运动员比其他女性更自信、更具有成就导向和主导能力、更独立、更好斗、更聪明，但这些特点或许是参加体育运动所需要的，而不是通过参加体育运动所学到的（J. M. Williams，1980）。一些调查发现，相当高比例的女性高管回忆说自己曾经参加过团队性运动（例如，Oppenheimer Funds and Mass Mutual Financial Group，2002），但因为缺少在全体女性中参加过体育运动的女性所占的基本比例，并且没有在其他职业中表现优异的女性作为对比，这些调查并不能说明什么问题。

52. 有关更普遍意义上的男性和女性在智力和认知能力方面的异同点，参见 Halpern，2000，2001。不同性别在不同的认知能力方面存在优势，例如，男性的某些空间能力就比女性强。有关性格，参见 Costa，Terracciano，and McCrae，2001 和 Feingold，1994。我们报告了 Costa 及其同事对美国成人性格的研究数据，他们对 25 种其他文化中的大学生和成人样本进行的研究发现了类似的结果。

53. Costa，Terracciano，and McCrae，2001，表 2。可能除了活跃（外向性的一个层面）以外，每

个构成要素或层面的含义都是一目了然的;活跃是指喜欢过快节奏的生活,而不是悠闲放松的生活。另外,从总的社交技能来看,特别是在非语言交际方面,女性比男性更有优势。参见 Knapp and Hall,2002；Hall,2006；McClure,2000；Riggio,1986。

54. Feingold,1994；另见 Costa,Terracciano,and McCrae,2001。
55. 有关女性和男性情商的比较,参见 Brackett et al.,2006；Guastello and Guastello,2003；Mandell and Pherwani,2003；Petrides and Furnham,2000；Schutte et al.,1998；Van Rooy,Alonso,and Viswesvaran,2005。尽管构成移情作用的技能看起来很复杂,但至少在领悟非语言暗示方面,女性比男性更敏锐。有关评论,参见 Hall,2006。
56. 参见 Winter,1988；R. L. Jacobs and McClelland,1994。有关对男性和女性不同的自我构念进行的相关研究,另见 Gardner and Gabriel,2004。S. H. Schwartz 和 Rubel(2005)提出,男性比女性更看重权力在体现个人价值方面的作用(在国际性成人样本当中,d=−0.31)。
57. 参见 Byrnes、Miller 和 Schafer(1999)进行的荟萃分析。实验经济学家仍在继续研究女性和男性的冒险精神对经济决策和实验游戏的影响。参见 Cadsby and Maynes,2005；Schubert et al.,1999。
58. Vinnicombe and Bank,2003,第 78 页。
59. 从对社会和政治问题的态度来看,女性比男性拥有更强的传统道德观和社会同情心,有关讨论,参见 Eagly et al.,2004。有关人们对宗教的虔诚度,参见 J. Kelley and DeGraaf,1997；Walter and Davie,1998。Feingold 对男女性格差异进行的荟萃分析(1994)显示,女性对他人更富有同情心。对道德伦理研究进行的荟萃分析显示,男性和女性在对他人的关心程度方面存在差异,女性比男性更关心别人(d=−0.28),有关分析,参见 Jaffee and Hyde,2000。另外,在体现对公平和公正的关心程度的正义取向方面,男性和女性也存在较小的差异,男性的正义取向比女性更明显(d=0.19)。女性比男性更赞同慈善价值观(在国际性成人样本当中,d=0.25),有关内容,参见 S. H. Schwartz and Rubel,2005。同情心在年轻女性的价值观中占据着重要的地位,有关证据,参见 Beutel and Marini,1995。
60. 关于有问题的业务策略,参见 Franke、Crown 和 Spake(1997)进行的荟萃分析；类似的发现,另见 Borkowski and Ugras,1998 和 Roxas and Stoneback,2004。有关谈判行为是否合乎伦理,参见 Volkema(2004)对九个国家进行的分析。有关对不诚实和非法行为的容忍度,参见 Swamy et al.,2001。在议会和政府高层职务中女性所占的比例较高的国家,政府的腐败行为相对较少,这种现象是否是由女性和男性的态度差异造成的,关于这一点,人们尚存在争议。参见 Dollar,Fisman and Gatti,2001；Sung,2003。
61. Ones and Viswesvaran,1998；在这些数据中,d=0.16。研究显示,这些测试对很多标准有很好的预测作用,有关该项研究的回顾,参见这篇文章。另见 Ones,Viswesvaran,and Schmidt,1993。
62. 有关犯罪行为的讨论,参见 Federal Bureau of Investigation,2004,表 42；U. S. Bureau of Justice Statistics,2005。有关抵制诱惑的讨论,参见 Silverman(2003b)进行的荟萃分析。或许,小女孩儿和成年女性更能抵制住诱惑是因为她们具有更强的延迟满足能力〔参见 Silverman(2003a)进行的荟萃分析〕和更强的通过控制自己的行为、集中自己的注意力以及坚持不懈进行自我控制的能力〔参见 Else-Quest et al.(2006)进行的荟萃分析〕。但是,男性是否比女性更常做出欺骗行为,关于这一点我们还不能确定。Silverman

注释

(2003b)发现,在骗人方面不存在性别差异,而 Whitley Nelson 和 Jones(1999)则称男性比女性更爱骗人。

63. 《时代》杂志将一些著名的女性告密者作为2002年的"年度人物"进行过专门报道。参见 Morse and Bower,2002。
64. Milwid,1990,第157页。
65. 有关高级管理层欺诈行为的分析,参见 Zahra,Priem,and Rasheed,2005。
66. Burns,2006,第29页。
67. MacDonald and Schoenberger,2006。对 Krawcheck 的讨论,另见 Rynecki,2003。
68. Browne,2002,第38页。
69. Colvin,2006。
70. Gergen,2005,第xix页。
71. 优秀的领导者要同时汲取模式化的男性化行为和女性化行为的优点,早期有关该观点的论述,参见 Sargent,1981。
72. Brescoll and LaFrance,2004。

第四章

1. Di Leonardo,1992。
2. 2005年的样本中包含一小部分已婚青少年,其他样本则只包括已婚成人。另外,种族会影响已婚和未婚人士的家庭劳动分工。在白人当中,女性每周从事家务劳动的时间比男性多6.7小时;在黑人当中,女性每周从事家务劳动的时间比男性多4.8小时;在说西班牙语的美国人当中,女性每周从事家务劳动的时间比男性多11.2小时(US. Bureau of Labor Statistics,2006b,表3)。另见 J. P. Robinson and Godbey,1997。关于时间日志数据的进一步讨论,参见 Bianchi,2000。有关调查结果,参见 J. T. Bond et al.,2002。有关就业女性和无业女性家务劳动时间减少情况的比较,参见 Bianchi et al,2000。有关可能导致家务劳动减少的因素的讨论,参见 Artis and Pavalko,2003;Cowan,1983;J. P Robinson and Milkie,1998;Strasser,1982。
3. US. Bureau of Labor Statistics,2005a,表8-A。这些结果针对的是年龄在25—54岁之间的成年人。
4. 有关婚姻状况与家务劳动之间的关系,参见 S. Gupta,1999;J. P. Robinson and Godbey,1997及 South and Spitze,1994。在美国和加拿大,女性收入的高低对男性承担的家务劳动的多少影响相对较小,有关证据,参见 Bittman et al.,2003。一些研究显示,不管他们的妻子或女伴收入有多少,男性承担的家务劳动量是不变的(Bittman et al.,2003),而其他研究显示,当他们的女伴的收入在家庭收入中占的比重非常大或非常小时,男性承担的家务劳动量比较少(Greenstein,2000)。
5. Martinez et al.,2006。
6. Singleton and Maher,2004,第238页。
7. Bianchi,Robinson,and Milkie,2006。证明男性在照顾孩子上花费的时间增加了的调查数据,另见 J. T. Bond et al.,2002。各代人之间的比较,参见 Families and Work Institute,2005。我们把在1945年到1964年之间出生的被调查对象称为婴儿潮时期出生的人,把在1965年到1979年之间出生的被调查对象称为X世代,把在1980年到1984年之间出生的被调查对象称为Y世代。研究人员发现,不管他们的孩子是大是小,最近几代人花在照顾孩子上的时间都增加了。有关已婚男性和女性花在照顾孩子上的时间的比较,参见 US. Bureau of Labor Statistics,2005a,表8-A。对高管和政府领导人花在照顾孩子上的时间的调查,参见 G. Moore,2004。

8. 对高管进行的一项大型国际调查显示,75%的男性高管的妻子没有工作,而74%的女性高管的丈夫正在从事全职工作。女性高管推迟生孩子的概率是男性高管的三倍,并且90%的男性高管已经身为人父,只有65%的女性高管已育有子女(Galinsky et al.,2003)。对有丈夫担任全职主夫的女性高管的讨论,参见 M. W. Walsh,2001。

9. 在美国全国范围内进行的有代表性的调查显示,赞同父母双方应该平均分担各种养儿育女责任的男性和女性所占的百分比分别为:赞同应该平均分担照顾孩子的责任的百分比分别为70%和71%;赞同应该平均分担管教孩子的责任的百分比分别为97%和93%;赞同应该平均分担陪孩子玩耍的责任的百分比分别为95%和97%;赞同应该平均分担挣钱养家责任的百分比分别为61%和66%(Milkie et al.,2002)。有关教育对人们的观念的影响,参见 Martinez et al.,2006。这项调查还发现,拉丁裔美国白人和黑人的观念要比非拉丁裔美国白人和黑人更加传统。1988—2002年间进行的民意调查显示,人们对女性和孩子妈妈就业的看法已经发生了改变;参见 Davis,Smith,and Marsden,2005。

10. 有关人们对家庭劳动分工满意度的证据,参见 Wilkie,Ferree,and Ratcliff,1998。男性的意见比女性的意见对家庭劳动分工的影响更大,有关证据,另见 B. A. Shelton and John,1996。

11. Hochschdd,1997,第38页。

12. 花在照顾孩子上的时间的变化,参见 Families and Work Institute,2005;Sandberg and Hofferth,2001;Sayer,Cohen,and Casper,2004。Bianchi,Robinson and Milkie(2006)报告了照顾孩子的主要责任(即父母的一些活动都以孩子为中心)的分担情况。另见 Bryant and Zick,1996a 和 J. T. Bond et al.,2002。

13. Bianchi,2000。

14. 同 Linda Carli 的私下交流,January 2006。

15. 父母承受的要花更多的时间陪孩子的压力越来越大,有关讨论,参见 Bianchi,Robinson,and Milkie,2006。一些评论员指出,媒体和其他影响因素助长了以下三种观点:一是认为没有孩子的女性人生是不完整的观点;二是认为女性比男性更适合承担照顾孩子的主要责任的观点;三是优秀的母亲应该将全部精力都花在照顾孩子上面的观点。参见 Douglas and Michaels,2004;Pear,2006;Warner,2005。

16. Cowan,1976。

17. Brazelton,1988;Spock,1946。有关讨论,参见 Hays,1996。对孩子安全和孩子可能受害的担心也驱使孩子妈妈们花更多的时间陪孩子(Jenkins,1998;Warr and Ellison,2000)。

18. 人们对做妈妈的态度,参见 Arendell,2000;Bianchi,Robinson,and Milkie,2006;Hays,1996。但是,人类学证据表明,非西方文化中还存在其他养育形式,包括"复合母亲"或"复合父母"(Ambert,1994;W. Wood and Eagly,2002)。孩子妈妈们觉得她们陪孩子的时间太少了,相关证据及2000年职业妈妈们花在孩子身上的时间与1975年没工作的妈妈们花在孩子身上的时间的对比,参见 Bianchi,Robinson,and Milkie,2006。

19. Hays,1996,第116页。

20. Pew Research Center for the People and the Press,1997。另见 Hays,1996。

21. Spragins,2001,第10页第3节。

22. Bianchi, Robinson, and Milkie, 2006.
23. 有代表性的全国范围内的时间日志调查,参见 Bianchi, Robinson, and Milkie, 2006。在对有工作的孩子妈妈和全职妈妈进行比较时,研究人员限定了一些家庭特征,例如孩子妈妈的年龄、孩子的年龄以及照顾孩子的责任主要由谁承担等。大多数时候,只有在孩子比较大的情况下,有工作的孩子妈妈们才会减少花在孩子身上的时间。从调查数据中得出的类似的发现,参见 Zick and Bryant,1996a;孩子的年龄对照顾孩子的影响,参见 Bryant and Zick,1996b。
24. 参见 Bianchi, Robinson, and Milkie, 2006。这些结果是根据从 1998—1999 年和 2000 年来自全国范围的被调查对象提供的时间日志得出的,其中的工作时间和家务劳动时间都是根据单天的报告推断出来的。然而,通过研究不具有代表性的已婚双职工孩子父母的时间日志,这些研究人员却发现,孩子妈妈的总工作时间略少于孩子爸爸。要想了解双职工夫妇间劳动分工的具体情况,我们还需要进行更多的研究。
25. 有关将家庭活动与跟孩子的互动相结合的情况,参见 Bryant and Zick,1996b;有关孩子妈妈失去休闲和社交活动时间的情况,参见 Huston and Aronson,2005;有关婚姻状况对休闲活动的影响,参见 Mattingly and Bianchi,2003。自 1965 年以来,已婚孩子妈妈的休闲时间曾下降趋势,而已婚孩子爸爸的休闲时间几乎没发生变化,有关证据,另见 Bianchi, Robinson, and Milkie, 2006。
26. 一项有代表性的全国范围内的时间日志调查显示,已婚男性每周平均休闲时间为 35.3 小时,已婚女性每周平均休闲时间为 31.2 小时(US. Bureau of Labor Statistics,2006b,表 3)。白人、黑人和说西班牙语的美国人的对比报告,另见 Bittman and Wajcman,2000 和 Mattingly and Bianchi,2003。男性更常享受纯粹的休闲活动,而女性则常常将休闲活动和无偿的家务劳动结合在一起,例如一边看电视一边叠衣服。孩子爸爸们利用闲暇时间陪孩子时,通常还有其他成年人跟他们一起分担照看孩子的任务,而女性更常利用闲暇时间独自陪孩子。因此,女性比男性更常利用自己的闲暇时间从事无偿家务劳动和承担独自照顾孩子的任务。
27. 对美国人进行的一些有代表性的调查显示,人们都感觉到了时间压力,有关情况,参见 Bianchi, Robinson, and Milkie, 2006; J. P. Robinson and Godbey, 1997。有关工作时间长短对时间压力感的影响,参见 Maume and Houston, 2001; Phipps, Burton, and Osberg, 2001。
28. 有关工作时间长短的数据,参见 J. A. Jacobs and Gerson, 2004,表 1.2。周末工作的数据是根据 Presser 对 1997 年的当期人口调查得出的(J. A. Jacobs and Gerson, 2004 引用了该数据)。有关正常工作时间以外,私人生活受到电话和其他方式骚扰的情况,参见 J. T. Bond et al., 2002。
29. Kay and Hagan, 1999, 第 546 页。
30. Angrist and Evans, 1998; Corrigall and Konrad, 2006; Kaufman and Uhlenberg, 2000。在非工业化国家,孩子常常是由母亲以外的人照顾,不管有没有工作,孩子妈妈们花在照顾孩子上的时间跟工业化国家的孩子妈妈们相比都少很多(参见 Bianchi, 2000)。
31. Corrigall and Konrad, 2006。
32. Sayer, Cohen, and Casper, 2004。跟单亲爸爸相比,单亲妈妈更常从事非全日制工作;即便从事全日制工作,她们的工作时间也比单亲爸爸少。
33. Hewlett and Luce, 2005。

注释

34. Mallabar,2006.
35. 有关男性和女性从1983年到1998年15年间累计收入的比较研究,参见S. J. Rose and Hartmann,2004。有关职业中断对经验、资历和收入的影响,参见 Jacobsen and Levin, 1995 和 Budig and England,2001;Waldfogel,1997,1998。在女性回来工作以后,为照顾孩子而中断职业所造成的年收入的减少比因其他原因而中断职业所造成的年收入的减少更多(Arun,Arun,and Borooah,2004)。即使是非常称职的女性在回来工作以后也会遇到收入减少的情况(Hewlett and Luce,2005)。证明收入损失会持续很长时间的数据,参见 D. J. Anderson,Binder,and Krause,2003;Jacobsen and Levin,1995;Spivey,2005。
36. Hewlett and Luce,2005.
37. US. Government Accountability Office,2003. 另见 Budig and England,2001 和 England,2006。但是,一项在全国范围内对已婚双职工家庭进行的有代表性的调查显示,一直坚持工作可以消除生儿育女给女性造成的损失,有关调查报告,另见 Lundberg and Rose,2000。对受教育程度不同的女性的比较,参见 D. J. Anderson,Binder,and Krause,2003。
38. 参见 Klerman and Leibowitz,1999。在生孩子之前从事非全日制工作的女性当中,只有8%的人生完孩子之后会继续从事原来的工作;但在生孩子之前从事全日制工作的女性当中,有61%的人生完孩子之后会继续从事原来的工作。
39. 对42项机构研究进行的一项荟萃分析显示,男性辞职的频率略高于女性(d=0.06;Griffeth,Hom,and Gaertner,2000)。Cotton 和 Tittle(1986)之前进行的研究没有区分辞职和被解雇或被临时解雇,与他们的研究不同,该荟萃分析只研究了辞职的情况。另外,对25 000名管理人员进行的一项调查显示,男性比女性更常辞职(Lyness and judiesch,2001)。此外,各种研究可能高估了女性的辞职率,因为那些收入低、地位低或升迁机会渺茫的人往往更容易辞职,而这些情况更常发生在女性身上(Gronau,1988;Sicherman,1996)。一项研究表明,管理者预期女性求职者比男性求职者更常辞职,有关研究,参见 Almer,Hopper,and Kaplan,1998。女性比男性更常因为家庭的原因而辞去工作,有关证据,参见 Keith and McWilliams,1997,1999;Lyness andjudiesch,2001。
40. 对管理人员的请假情况进行的一项研究显示,女性的请假率为10%,而男性的请假率不到1%(Judiesch and Lyness,1999)。实验研究显示,人们对男性因家庭原因请假更为反感,对女性因家庭原因请假较为宽容,有关研究,参见 Allen and Russell,1999;Butler and Skattebo,2004 和 J. H. Wayne,2003。例如,Butler 和 Skattebo 发现,员工对请假照顾生病的孩子的男上司(而不是女上司)的评价较差。男性调整工作需要和家庭需要的空间可能更小。
41. 有关跨国比较,参见 Barmby Ercolani,and Treble,2002。单身男性的缺勤率比已婚男性高,而已婚女性的缺勤率比单身女性高。总的来看,女性比男性更常缺勤,但这一旷工方面的差异是在控制住年龄和婚姻状况之后估算出来的。有关孩子对男性和女性的病假天数的影响,参见 Boise and Neal,1996;S. Bridges and Mum ford,2001 和 Vistnes,1997。一些研究将病假天数区分为因员工本人生病而请假的天数和因其他原因而请病假的天数,这些研究显示,女性比男性更常因为其他原因请病假;参见 Mastekaasa,2000;S. Bridges and Mumford,2001。
42. 同 Linda Carli 的私下交流,December 2005。
43. 1995年在全国范围内进行的一项有代表性的民意调查显示,44%的女性和38%的男性表示,如果能够采用弹性工作制,她(他)们会更满意(Roper Starch Worldwide,1995,第37页)。有关父母身份如何影响人们对弹性工作时间的渴望,参见 Corrigall and Konrad,2006。在女性占主导地位的工作中,工作时间安排不够灵活,有关情况,参见 Glass and Camarigg,1992 和 Glass,1990;管理、专业、办公室和行政支持工作的工作时间安排比较灵活机动,有关情况,参见 US. Bureau of Labor Statistics,2005b,表2。然而,在家工作的男性和女性的比例大约是相等的(US. Census Bureau,2007,表592)。对高层女性管理人员进行的一项调查显示,担任高层管理职务的女性可以使用弹性工作时间安排来实现全日制工作,有关调查,参见 Shapiro,Ingols,and Blake-Beard,2007。从所有职业来看,从事时间安排比较灵活的工作的白人女性比亚裔女性、说西班牙语的女性和黑人女性都略多一些,她们各自所占的百分比分别为 27.8%、22.4%、21.2% 和 20.9%(US. Bureau of Labor Statistics,2005b,表1)。

44. 2005年,在16岁及16岁以上的男性和女性中,从事全日制非全年制工作的人所占的比重相差不大(男性中的比例为15%,女性中的比例为18%),从事非全日制工作的人所占的比重也非常接近(男性中的比例为52%,女性中的比例为48%)(US. Bureau of Labor Statistics,2007b,表1)。2006年,有25%的就业女性从事的是非全日制工作,有11%的就业男性从事的是非全日制工作。在白人女性中,从事非全日制工作的人所占的比例为27%;在白人男性中,从事非全日制工作的人所占的比例为11%。在黑人女性中,从事非全日制工作的人所占的比例为17%;在黑人男性中,从事非全日制工作的人所占的比例为11%。在亚裔美国女性中,从事非全日制工作的人所占的比例为21%;在亚裔美国男性中,从事非全日制工作的人所占的比例为9%。在说西班牙语的美国女性中,从事非全日制工作的人所占的比例为22%;在说西班牙语的美国男性中,从事非全日制工作的人所占的比例为8%(U.S. Bureau of Labor Statistics,2007c,表8)。在孩子妈妈和已婚女性当中,从事非全日制工作的人所占的比重较高,有关证据,参见 Corrigall and Konrad,2006。一般而言,在某种职业中,女性的主导优势越明显,从事非全日制工作的员工所占的比例就越高,加班工作的员工所占的比例就越低(Jacobsen,1998,表6.11)。然而,在男性占主导地位的专业性工作中,女性比男性更常从事非全日制工作(Boulis,2004;Lundgren et al.,2001;Noonan and Corcoran,2004)。

45. U.S. Bureau of Labor Statistics,2006c,表5。

46. 非全日制工作对职场升迁的影响,可参见 Prowse,2005;对工资的影响,可参见 Hirsch,2004 和 Manning and Petrongolo,2006。跟先前没有工作经历相比,先前从事过非全日制工作可以增加一个人的收入,但只有在这种非全日制工作状态是他主动选择的情况下才是如此(Green and Ferber,2005)。

47. Lifetime Women's Pulse Poll,2006。这项在全国范围内对女性进行的有代表性的民意调查显示,53%的女性认为性别歧视是一个严重或非常严重的问题,68%的女性认为缺乏灵活性比性别歧视更严重。

48. Kellerman,2003,第55页。Kellerman 认为,承担困难职责的人既能获得晋升,又能得到高工资的回报。有关补偿性工资差异与两性工资差异之间的关系的讨论,参见 Kilbourne et al.,1994。

49. 政治学家 Warren Farrell (2005) 称,女性比男性更青睐能够给她们带来满足感的工作而不是收入高的工作,这一点导致了男性和女性的工资差距。他引用对英国从事全日制工作的大学毕业生进行的研究证明了男性比女性更看重经济报酬,女性比男性更看重在工作的内在报酬(Chevalier,2004)。渴望经济报酬与男性和女性的高收入之间存在一定的关联,渴望内在报酬与男性的低收入之间存在一定的关联。女性渴望内在报酬与她们的收入无关。因此,造成男性和女性收入差距的主要原因是男性对经济报酬的渴望,而不是女性对能够给她们带来满足感的工作的渴望。

50. Konrad et al.(2000)进行的荟萃分析是根据1970年到20世纪90年代的美国数据进行的。总的来说,就像高中男生和大学男生一样,男性比女性更渴望闲暇时间。针对从事相同职业的成年男性和成年女性对闲暇的偏好进行的研究只有五项,它们的结果不太一致。有关人们对休闲时间的渴望的其他发现,另见一项有代表性的美国民意调查。在这项调查中,被调查对象被问到"有足够的自由时间做自己想做的事情"对他们来说有多重要。在白人女性中,认为很重要的人所占的比重为57%;在白人男性中,认为很重要的人所占的比重为65%。在黑人女性中,认为很重要的人所占的比重为64%;在黑人男性中,认为很重要的人所占的比重为68%(Washington Post, Kaiser Family Foundation, and Harvard University, 2006)。

51. 截至20世纪90年代,在从事类似职业的成年人当中,女性比男性更偏好工作的安全性、声望、责任、挑战、成就以及认可度,成年女性和小女孩儿(比成年男性和小男孩儿)更看重工作所带来的快乐以及学以致用和充分发挥自己的能力。相关发现,参见 Greene and DeBacker, 2004。有关大学生的职业偏好,另见 *The American freshman*: *Forty-year trends*, 2007;有关 1976—1991 年间,有代表性的美国高中高年级学生的例子,另见 Marini et al., 1996。另外,有关女性更喜欢与人打交道的工作、男性更喜欢与事物打交道的工作的证据,参见 Lippa, 1998a;在管理者当中,男性想要的是地位,女性想要的是良好的人际关系,有关证据,参见 Eddleston, Veiga, and Powell, 2006。这些男性和女性的职业偏好反映了很多影响因素,其中包括父母和老师的期望,这些期望继而会影响孩子们对自己的能力的看法(Correll, 2001, 2004; Eccles, 2001)。

52. 有关男性和女性在志向、抱负方面的证据,参见 Catalyst 2004c。另见 Merrill-Sands, Kickul, and Ingols, 2005; Cassirer and Reskin, 2000。然而,Galinsky et al.(2003)对全球高管进行的调查显示,男性比女性更渴望能当上 CEO 或执行合伙人。因为这个调查样本中的男性的职位和薪水都略高于女性,所以地位相当的男性和女性(的抱负)可能不存在差别。对大学生进行的调查,参见 Killeen, López-Zafra, and Eagly, 2006 和 Lips, 2000, 2001。

53. 对美国、加拿大、英国、澳大利亚、瑞典、挪威和日本进行的大规模调查发现,除了在加拿大,一个人的职权大小与他(她)是否已婚、是否有子女之间在一定程度上存在一定的关联以外,对其他国家的调查并未表明一个人的职权大小与他(她)是否已婚、是否有子女之间存在关联(Wright, Baxter, and Birkelund, 1995)。女性所承担的家庭责任并没有减弱她们对晋升的渴望,有关证据,参见 Families and Work Institute, 2005 和 Corrigall and Konrad, 2006。另见 Elliott and Smith, 2004; R. A. Smith, 2002。

54. 对人们为组织付出的心力所进行的荟萃分析,参见 Aven, Parker, McEvoy, 1993。有关家庭角色和员工角色孰重孰轻,参见 D. D. Bielby and Bielby, 1984; W. T. Bielby and Bielby, 1989; Eddleston, Veiga, and Powell, 2006; Families and Work Institute, 2005; and Thoits, 1992。近几代男性和女性更看重家庭而不是事业,有关证据,参见 Families and Work Institute, 2005。

55. 男性对事业的重视程度略高于女性,有关证据,参见 W. T. Bielby and Bielby 1989 和

Families and Work Institute,2005。男性和女性所承担的家庭责任和担任的工作职位越相似,他(她)们对工作和家庭的付出就越相似(W. T. Bielby and Bielby,1989)。有关男性是否愿意待在家里(担任全职主夫)的证据,参见 D. W. Moore,2005。有关丈夫待在家里担任全职主夫,妻子出去工作的夫妇的数字,参见 U. S. Census Bureau,2007,表586。The Lifetime Women's Pulse Poll(2006)显示,在婴儿潮时期,有54%的女性表示除非有经济方面的原因,不然她们不愿出去工作;在 X 世代,有这种想法的女性所占的比例为47%;在 Y 时代,有这种想法的女性所占的比例为42%。

56. Becker,1985,第 S35 页。
57. 对从事类似职业的成年人的工作偏好进行的荟萃分析发现,女性对挑战的偏好程度略高于男性(d=－0.09;Konrad et al. ,2000)。D. D. Bielby 和 Bielby(1988)对全国成年就业人口进行的一项有代表性的调查评价了人们在工作上花费的精力,结果统计数字表明,男性和女性在家庭责任、工作条件、经验和教育方面不相上下。有关中断工作的情况,参见 Glass,1990。
58. 根据有代表性的美国调查数据,33%的男性和40%的女性都希望工作时间能少一些(Reynolds,2003)。有关对跟孩子相处的时间的看法,参见 Milkie et al. ,2004。
59. 同 Linda Carli 的私下交流,January 2006。
60. The Lifetime Women's Pulse Poll(2006)显示,71%的女性赞同事业的成功必须以牺牲个人生活为代价的看法。

第五章

1. 有关各种歧视的讨论,参见 Elliott and Smith,2004;Jacobsen,1998。
2. US. Bureau of Labor Statistics,2006a,表格 1 和 5。
3. 从 20 世纪 80 年代开始,女性的收入开始增加,其中至少部分原因是因为女性的受教育程度和工作经验都增加了。男性工资减少反映了经济结构调整和全球化的压力。有关讨论,参见 O'Neill and Polachek,1993;M. Morris and Western,1999;Weinberger and Kuhn,2006。
4. 例如,Blau and Kahn,2007,第 7 页,将两性工资差距的缩小描述为"显著的"、"巨大的"和"非同寻常的"。另见 Blau and Kahn,2006a,2006b。另外,特别是在初级职位上,随着时代的进步,两性工资差距逐渐减小(参见 Weinberger and Kuhn,2006)。有关长期历史趋势的讨论,参见 Goldin,2006;有关对未来的预测,参见 Blau and Kahn,2007。
5. 有关 Blinder(1973)和 Oaxaca(1973)提出的这种方法的介绍,参见 Jacobsen,1998,第 292—297 页。
6. US. Government Accountability Office,2003。这项 GAO 调查的数据来自收支动态长期追踪调查。当然,这些百分比与我们之前引用的 2005 年的数据之间存在差距,因为它们是更早期的数据。
7. B. A. Jacobs's,2002 对美国国家教育长期追踪调查研究的分析也显示,受教育年限增加给女性工资收入带来的正面影响比给男性工资收入带来的正面影响更大。GAO 研究发现,在剔除掉其他性别差异对工资收入的影响之后,生儿育女会导致男性的工资收入增加、女性的工资收入减少。这一发现与我们在第四章中讨论过的生儿育女给女性带来的负面影响是一致的。有关收入差距的其他证据,可参见 Bayard et al. ,2003;Blau and Kahn,2006a,2006b,2007。

8. 通过比较早期和后期的研究,研究人员发现,随着时间的推移,性别歧视正在逐渐减弱,有关证据,参见 Jarrell and Stanley,2004;Solberg,1999;Stanley and Jarrell,1998 进行的荟萃分析。有关性别歧视没有减弱或减少不大的证据,参见 U.S. Government Accountability Office,2003 和 Weichselbaumer and Winter-Ebmer,2005 对各国数据的研究。有关方法问题,另见 Nelson and Bridges,1999,特别是 85—87 页。

9. U.S. Bureau of Labor Statistics,2006a,表格 2。在 *Why Men Earn More* 一书中,Farrell (2005)列出了女性收入至少比男性高 5% 的 39 种职业。这些职业大多数都是美国劳工统计局的标准表格中所没有的,因为这些职业的就业人数少于五万人。Huffman(2004) 指出,在高等职业中,男性和女性的工资差距更大。但是,职业范围界定越窄,男性和女性的工资差距通常也就越小。例如,在同一家公司里面,男性和女性的工资差距就很小。参见 Blau and Kahn,2007。

10. U.S. Census Bureau,2007,表格 602。有关讨论,另见 Boraas and Rodgers,2003 和 O'Neill,2003。平均而言,在女性从事的职业中,女性所占的比重为 68%,而在男性从事的职业中,男性所占的比重为 70%。尽管美国的职业性别隔离比较严重,但随着时代的进步,职业性别隔离已经逐渐减弱(Tomaskovic-Devey et al.,2006),而且大多数工业化国家的职业性别隔离都比美国严重(W. P. Bridges,2003)。

11. 可参见 England,1992,and Kilbourne et al. 对导致工资不平等的组织惯例的分析和对不同工作间的工资差距是否属于歧视性差异的争论的评论,参见 Nelson and Bridges,1999。

12. Nelson and Bridges,1999. 因此,美国在同工同酬方面的进展不大,因为按照同工同酬的原则,工资水平是由工作所需要的技术、教育和职责决定的。

13. 可参见 Mitra,2003。有关评论,参见 R. A. Smith,2002。研究还表明,女性管理人员通常从事的是存在性别隔离,即女老板和女下属所占比重较高的工作中。

14. L. E. Cohen,Broschak,and Haveman,1998;J. A. Jacobs,1992;L. Kramer and Lambert,2001. 参见 R. A. Smith(2002)的评论。

15. 有关性别和种族影响的研究,参见 Maume,2004。数据来自收入动态长期追踪调查。对管理人员进行的其他研究,参见 Cox and Harquail,1991;Schneer and Reitman,1994;Stroh,Brett,and Reilly,1992。对律师进行的研究,参见 Hull and Nelson,2000;Kay and Hagan,1998;Spurr,1990;R. G. Wood,Corcoran,and Courant,1993。

16. 一项小规模临时研究证实,级别越高,偏见越严重。这种组织研究,可参见 Lyness and Judiesch,1999。相反,Baxter 和 Wright 进行的大规模研究(2000)发现,在美国,没有证据证明越是级别高的职务,男性和女性晋升机会的差距就越大,但在澳大利亚和瑞典,有少量证据证明越是级别高的职务,男性和女性晋升机会的差距就越大。另见 Elliott and Smith,2004;Meyersson Milgrom and Petersen,2006;Tharenou,1999;Wright,Baxter,and Birkelund,1995。

17. 没有女性担任级别较高的职务比这类模型更加极端,更能证明级别越高,不利于女性的选择就越严重。对各种类型和程度的不利于女性的偏见的影响的模拟,参见 Martell,Lane,and Emrich,1996。

18. C. Williams,1992,1995. 对象征性发现的评论,参见 Yoder,2002。

19. 例如,Hultin,2003;Ott,1989;Maume,1999a(对白人男性的研究);Yoder and Sinnett,1985。

注释

20. 对于这个问题,各种研究给出了不同的结果。可参见 Budig,2002;G. B. Goldberg et al.,2004;Maume,1999a,1999b。尽管男性的晋升优势似乎普遍存在,但不给女性晋升机会的过程却因具体情况的不同而千差万别(参见第九章)。
21. Nelson and Bridges,1999,描述了四起著名的起诉组织涉嫌性别歧视的诉讼案(其中两个是公共部门的案例,另外两个是私有部门的案例)。
22. Featherstone,2004;Wal-Mart Class Web site,2004。
23. Betty Dukes et al. v. Wal-Mart Stores,Inc.,2003b,第 46 页。
24. Betty Dukes et al. v. Wal-Mart Stores,Inc.,2003c,第 3—4 页。
25. Powell and Butterfield,1994。
26. 对联邦政府工作人员的晋升情况进行的调查,参见 Naff,1994。对联邦政府工作人员的工资差距进行的调查,另见 Lewis,1998。证明公共部门的工资差距比私有部门小的证据,参见 D. Robinson,1998。有关全面评论,另见 R. A. Smith,2002。
27. 例如,Brett and Stroh,1997;Dreher and Cox,2000;Judge et al.,1995;Lam and Dreher,2004;Stroh,Brett,and Reilly,1992。
28. 参见 Chevalier,2004。在这项对英国大学毕业生进行的研究中,女性比男性更容易因为家庭的原因而中断工作的这种预期,是导致女性和男性工资差异的一个主要原因。
29. P. Goldberg,1968。
30. 正如 Kasof(1993)指出的那样,至少在早期的戈德堡实验中,存在一个小瑕疵损害了男性和女性候选人的平等关系:无意中,研究人员给这些实验中所描述的男性起的名字比给女性起的名字更容易让人产生好感。
31. Rosen and Jerdee,1974。
32. Davison and Burke,2000. 男性化工作的效应量为 d=0.34,女性化工作的效应量为 d=−0.26,中性工作的效应量为 d=0.24(Davison,2005,personal communication)。我们感谢 Heather Davison 提供了对中性工作的这一分析。早期对这一研究进行的荟萃分析,参见 Olian,Schwab,and Haberfeld,1988;Swim et al.,1989;Tosi and Einbender,1985。
33. 对成功率的这一估算是根据二项式效应值显示法(或 BESD)进行的;参见 R. Rosenthal and Rubin,1982。
34. Firth,1982;McIntyre,Moberg,and Posner,1980。
35. Levinson,1982。
36. 一些现场实验,我们将它们称为核查研究或成对儿测试研究,会比较成对儿的实际求职者的经历,而每一对儿求职者除了预计可能导致歧视的特点以外,在其他方面都是不相上下的(参见 Darity and Mason,1998;Fix and Turner,1998;Heckman,1998)。大多数研究都将少数族裔男性和非少数族裔男性进行了比较。经济学家 David Neumark (1996)运用这种方法研究了餐厅服务员工作中存在的性别歧视,结果发现人们对女性抱有歧视,但只是在高档餐厅中才存在这种现象。
37. 参见 Rosen 与 Jerdee 所做的让参与者写一段描述管理行为的简评的实验(1973)和 D. M. Lee 与 Alvares 所做的让接受过同样培训的人扮演领导者的实验(1977)。
38. Eagly,Makhijani,and Monsky,1992. 对女性总的偏见对应的效应量为 d=0.05;男性占主导地位的领导职务得出的效应量为 d=0.09。另见 Swim et al.,1989。
39. Swim and Sanna,1996。人们常常认为,男性做不好女性化工作的原因是因为他们没有能力,女性做不好女性化工作的原因则是因为工作太难,除此以外,对女性化的工作进行的研究没有太多有说服力的发现。由于这些实验大都是在实验室或学校中进行的，因此将实验结果推广到职场上时我们必须谨慎。

40. 然而,对学生进行的调查和对员工进行的调查得出了类似的数据,有关荟萃分析证据,参见 Olian,Schwab,and Haberfeld,1988。

41. J. M. Jones,2005a. 政治思想对这些想法有深刻的影响,因此,跟思想保守的被调查对象相比,在思想开明的被调查对象特别是女性看来,性别歧视现象更严重。对女性被调查对象进行的一项民意调查也发现了类似的结果,有关调查,参见 Lifetime Women's Pulse Poll,2006。一项盖洛普民意测验也显示,22%的女性和9%的男性称他(她)们在职场中遭受了歧视(D. C. Wilson,2006)。尽管将个人不成功的原因归结为歧视可能带有自我保护作用(Crocker and Major,1989),但认为人们普遍对女性群体抱有歧视的想法似乎会降低女性的幸福和满足感（例如,Schmitt,Branscombe,and Postmes,2003）。

第 六 章

1. Dobryznyski,2006,第 A16 页。
2. 有关对男性和女性的描述性和规范性成见的讨论,参见 Burgess and Borgida,1999；S. T. Fiske and Stevens,1993；Heilman,2001。Eagly 和 Karau(2002)也用角色期望的形式提出了类似的观点。
3. Darley and Gross,1983. 有关人们的看法被模式化印象同化的讨论,参见 Dunning and Sherman,1997；S. T. Fiske,1998；von Hippel,Sekaquaptewa,and Vargas,1995。
4. 有关在存在其他信息的情况下性别和其他模式化印象会如何变化的讨论,参见 Kunda and Thagard,1996 和 Kunda and Spencer,2003。
5. 社会心理学家研究了人们可以在多大程度上校正他们模式化印象的期望所带来的影响。参见 Blair and Banaji,1996；P. G. Devine et al.,1991；Kunda and Sinclair,1999；Plant and Devine,1998。有关综合评论,参见 Kunda and Spencer,2003。
6. 有关按照性别和其他属性给人分类的讨论,参见 A. P. Fiske,Haslam,and Fiske,1991；Stangor et al.,1992；A. van Knippenberg,van Twuyver,and Pepels,1994。
7. Blair and Banaji,1996；另见 Banaji,Hardin,and Rothman,1993；Banaji and Hardin,1996。有关这种"起爆"法的全面讨论,参见 Fazio and Olson,2003。
8. 参见 Lemm,Dabady,and Banaji,2005。
9. 有关自动联想的其他证据,可参见 Ito and Urland,2003。有关对自动联想和无意识过程的研究的概述,包括它们在形成性别固有框框的过程中所发挥的重要作用,参见 Banaji, Lemm,and Carpenter,2001。Gladwell 在 *Blink：The Power of Thinking Without Thinking* 一书中提出了一种很受欢迎的处理办法。
10. 可参见 J. E. Williams and Best,1990。有关民意调查数据,参见 Newport,2001。很多研究人员已经使用因子分析的统计方法证明了性别模式化印象的大部分内容都可以用社群性和个体性因素来解释。但是性别模式化印象还包含其他信息,例如,有关认知特点和身体特征的信息。正如 Prentice 和 Miller(2006)所说,人们所观察到的某个男人和某个女人之间的任何一种差异都可能被看成全体男性和全体女性之间的一种差异。有关对性别模式化印象的研究的评论,参见 Deaux and Kite,1993。
11. Hall and Carter (1999b) 指出,当人们认为某一性别的人更常做出某些行为时,他们就会把这些行为看成适合这种性别的行为。有关男性和女性对理想自我看法的调查,参见 W. Wood et al.,1997。

12. Prentice and Carranza,2002。
13. Diekman and Eagly,2000 和 Spence,Helmreich,and Holahan,1979 调查了人们赋予每个性别的负面特点。
14. 有关性别模式化印象由来的社会角色理论,参见 Eagly 1987;Eagly Wood,and Diekman,2000。相关研究,参见 Eagly and Steffen,1984;Koenig and Eagly 2007。
15. 心理学家将这种根据人的行为推断其性格特点的过程称为对应推论。参见 Gilbert,1998;Ross,Amabile,and Steinmetz,1977;Schaller and O'Brien,1992。对具体的对应推论心理过程的研究,参见 Gawronski,2003。Uleman、Newman 和 Moskowitz(1996)评论了证明人们会自发地根据他们所观察到的行为推断性格特点的证据。
16. 尽管这些过程造成了人们对群体的错误看法,但模式化印象也有一些有道理的地方,因为为了履行自己的家庭和职业角色,大多数人都要具备与角色相关的技能。无疑,女性要学会家庭生活技能,而男性则要学会他们所从事的工作所需要的技能。有关性别固有框框总体准确性的证据,参见 Hall and Carter,1999x;Swim,1994。有关文化固有框框准确性的全面讨论,参见 Y. Lee,Jussim,and McCauley,1995;C. S. Ryan,2002。
17. Cejka and Eagly 1999;Glick,1991。
18. 有关两性地位差异会导致性别模式化印象的证据,参见 Conway Pizzamiglio,and Mount,1996;Eagly 1983;Eagly and Wood,1982;Koenig and Eagly 2007。
19. Heffernan,2004,第 37 页。
20. 有关日常交往中的不平等如何造成了人们普遍接受的对男性和女性的看法的理论,参见 Ridgeway and Bourg,2004,and Ridgeway,2006b。另见 Berger and Fisek,2006;Ridgeway,2001。
21. Dasgupta and Asgad,2004。
22. 有关对女性的正面评价,参见 Eagly and Mladinic,1994;Hosoda and Stone,2000。据评价人脑中更快自动浮现的联想的内隐测量显示,女性更支持女性而不是男性。参见 Rudman and Goodwin,2004。
23. Jackman,1994。
24. 关于消极的(心理)状态会加深模式化印象的例子,参见 Spencer et al.,1998。有关模式化印象如何维持社会上不同群体间现有关系的讨论,参见 Sidanius and Pratto,1999。
25. 有关人们对领导者的模式化印象及其对信息处理过程的影响的研究,参见 Phillips and Lord,1982;Kenney Schwartz-Kenney and Blascovich,1996。
26. Gutek 和 Morasch(1982)提出了"性别角色溢出"一词来说明基于性别的期望在职场中很重要。另见 Ridgeway,1997,2001。
27. Heilman et al.,1989;Heilman,Block,and Martel,1995。
28. 人们认为有魅力的女性更有女人味,有关证据,参见 Lippa,1998b。外貌在职场中的影响,参见 Cash,Gillen,and Burns,1977;Heilman and Saru-watari,1979;Sczesny and Kuhnen,2004。
29. Rich,2001,第 23 页。
30. 参见 Miner,1993。有关管理职务的其他经典描述,参见 Mintzberg,1979;Tornow and Pinto,1976。
31. 这些研究会要求一些人列出领导者身上的特质,然后再让另一些人去评价前面那些人最常提到的那些特质是否是领导者的典型特质。然后研究人员再使用因子分析等统计方法通过将含义相似的特点归入同一组的方式尽量减少这些特点的数量。参见 Epitropaki and Martin,2004；Offermann,Kennedy,and Wirtz,1994。

32. Atwater et al.,2004.
33. 有关这项研究的评论,参见 Schein,2001。
34. Sczesny,2003a.
35. 在其他国家也存在这种情况,有关讨论,参见 Schein,2001。其他调查者通过让被调查对象指出"优秀管理者"身上有哪些典型特征的方式发现了领导职务具有男性化特质。参见 Powell,Butterfield,and Parent,2002。
36. Rosenwasser and Dean,1989.
37. Weir,1998,第 222 页。
38. 同上,第 393 页。
39. Young,1990,第 304 页。
40. Carras,1979,第 48 页。
41. Warren,2004,第 16 页。
42. Silvestri,2003,第 95 页。该引文摘自对 30 位警衔从督察到警察总监不等的英国高级女警官进行的采访调查。
43. 参见 Phillips and Lord,1982；Kenney Schwartz-Kenney,and Blascovich,1996。固有框框会阻碍感知者对那些性格特点与这些固有框框不一致的有关推理,相关证据,参见 Wigboldus,Dijksterhuis,and van Knippenberg,2003。证明人们很难把女性领导者的个体性行为理解成个体性行为的实验,参见 Scott and Brown,2006。
44. 同 Alice Eagly 的私下交流,April 1999。
45. Davies,Spencer,and Steele,2005. 在另一项研究中,让实验参与者相信女性和男性一样具有领导能力减轻了对女生的这种影响。
46. 模式化印象威胁会通过激活性别或种族模式化印象来影响人们的表现。例如,如果让女性想起男性优异的数学能力或让她们了解性别模式化印象,那么模式化印象威胁就会降低女性的数学成绩。有关评论,参见 Steele,Spencer,and Aronson,2002。Schmader 和 Johns(2005)提出,有证据显示,模式化印象威胁常常可以通过减少工作记忆容量来妨碍人们的表现。
47. 有关男性管理者看法改变的证据,参见 Duehr and Bono,2006。Schein(2001)发现,美国和加拿大的这种变化比其他国家更大。但是,研究人员在德国、澳大利亚和印度也发现了这种变化(Koch,Luft,and Kruse,2005；Sczesny,2003a,2003b；Sczesny et al.,2004)。尽管各种文化的性别模式化印象存在很多相似之处(J. E. Williams and Best,1990),但文化对性别和领导权之间的关系的影响有必要引起大家更多的关注(Dorfman and House,2004；Emrich,Denmark,and Den Hartog,2004)。
48. Hoyt and Blascovich,录用待刊。
49. Lord et al.,2001. 另见 Lord and Maher,1993。各种管理职务如何因它们的责任不同而存在差异,有关讨论,参见 Gomez-Mejia,McCann,and Page,1985；Fondas,1992；Pavett and Lau,1983。
50. Martell et al.,1998.
51. 关于政治领导人的讨论,参见 Huddy and Terkildsen,1993。对各级管理者如何看待他们的工作进行的研究包括 Gomez-Mejia, McCann, and Page, 1985; Paolillo, 1981; Pavett and Lau, 1983。另见 Lord and Maher, 1993; Hunt, Boal, and Sorenson, 1990。

52. Polgreen and Rohter; 2006。
53. E. S. Mann, 2005, 第 19 页; 另见 Saint-Germain, 1993, 第 85—86 页; Bayard de Volo, 2000, 157。
54. Sciolino, 2006b。
55. Toner, 2007。
56. Eagly 和 Karau(2002)提出了有关人们对女性领导者抱有偏见的角色失谐理论。另见另外两种相关理论:Heilman 提出的"缺适性"理论(1983)以及 Burgess 和 Borgida 提出的职场歧视理论(1999)。有关如何使用这种角色失谐理论理解偏见的全面讨论,参见 Eagly and Diekman, 2005。
57. 有些研究使用了内隐态度测量,测量了人们将男性和女性领导者概念与褒义词和贬义词联系起来的速度。参见 Rudman and Kilianski, 2000。
58. J. Carroll, 2006。"无偏好"的答案必须是被调查对象主动给出的。男性和女性被调查对象的回答存在一定的差异,特别是:尽管 2002 年主动表示不会偏爱任何一种性别的女性被调查者明显增加,但长期以来,表示不会偏爱任何一种性别的男性被调查者增加的速度比女性被调查者增加的速度更快。
59. 在人们说明自己是更喜欢女老板还是男老板时,他们可能常常会想到在一些组织中,男老板比女老板更有权力。因此,在人们的印象中,男老板和女老板的差别不仅是性别不同(Liden, 1985)。有关高管对担任管理职务的女性看法的调查,另见 Bowman, Worthy, and Greyser, 1965 和 Sutton and Moore, 1985。
60. 有关人们是否愿意投票给女性候选人的讨论,参见 D. W. Moore, 2003; CBS News/New York Times, 2006。其他的民意调查也发现了类似的结果。有关人们是都愿意接受一位女总统的讨论,参见 CBS News/New York Times, 2006。Warner(2007)提供了有关这些略有差异的民意调查结果的讨论。
61. 有关这些态度变化的原因和模式的分析,参见 C. Brooks and Bolzendahl, 2004。另见 Inglehart and Norris, 2003。
62. "George and Laura Bush: The People interview;" 2006, 第 2 页。
63. 有关种族或民族与性别之间的关系,参见 Ferdman, 1999。有关性取向的讨论,参见 Ragins, Cornwell, and Miller, 2003。
64. 有关态度与行为之间的关系,参见 Ajzen and Fishbein, 2005。

第七章

1. Carli, 2001b; Lockheed, 1985。
2. 有关双重约束的讨论,参见 Carli, 2006a。有关能力和影响力之间的联系的讨论,参见 Driskell, Olmstead, and Salas, 1993; Holtgraves and Lasky, 1999 以及 Rhoads and Cialdini, 2002。有关受欢迎度和影响力之间的联系,参见 Carli, 1989; Cialdini, 2001 和 W. Wood and Kallgren, 1988。
3. Clift and Brazaitis, 2000, 第 128 页。
4. 对大学生和研究生进行的实验研究显示,大家对男性和女性的乐于助人和不愿帮助别人的行为有不同的看法,有关实验研究,参见 Heilman and Chen, 2005。有关组织研究,参见 Allen, 2006。

5. Tepper, Brown, and Hunt, 1993.
6. 一项实验显示,管理人员及其他成年人表示不愿雇用那些在申请升职时大胆要求加薪的女性或与她们共事（Bowles, Babcock, and Lei, 2007）。实验参与者认为这样的女性要求太过分,不如没有提出这类要求的女性好相处。同样,对营销和会计主管进行的模拟面试实验也表明,主动、直接的男性求职者比女性求职者更容易说服公司高管雇用他们（Buttner and McEnally, 1996）。女性求职者只有表现得不如男性主动、直接,才更容易得到工作。
7. McBroom, 1986, 第 120 页。
8. 有关调查,参见 Bell and Nkomo, 2001。有关非洲裔美国女性和男性的领导权的全面讨论,参见 Parker and ogilvie, 1996;有关非洲裔美国女性和男性的领导权的实证研究,参见 Filardo, 1996。另外,在学生们进行跨种族交往的过程中,白人担心别人觉得自己有偏见,黑人则担心别人对自己抱有偏见（J. N. Shelton and Richeson, 2006）。
9. Zelechowski and Bilimoria, 2003, 第 377—378 页。有关非语言支配行为的例子,参见 Hall, Coats, and LeBeau, 2005。有关人们对喜欢支配别人和不喜欢支配别人的女性的态度,参见 Driskell, Olmstead, and Salas, 1993 和 Ridgeway, 1987。有关人们对喜欢支配别人和不喜欢支配别人的男性和女性的态度,参见 Copeland, Driskell, and Salas, 1995;Ellyson, Dovidio, and Brown, 1992。一项有关的实地调查显示,管理人员认为让人望而生畏的女性下属不如亲切待人的女性下属可爱,但对于男性下属,无论他们是令人望而生畏还是和蔼可亲,管理人员都觉得他们一样可爱,有关调查,参见 Bolino and Turnley 2003。对大学生进行的一项实验显示,公然提出反对意见的女性跟其他女性相比比较不受欢迎,影响力也相对较弱;而男性,无论是否公然提出反对意见,都同样受欢迎,同样有影响力,有关实验,另见 Carli, 2006b。
10. 有关影响男性和女性影响力的因素的讨论,参见 Carli, 1999。关于沟通方式和影响力的其他研究,参见 Burgoon, Birk, and Hall, 1991;Burgoon, Dillard, and Doran, 1983;Shackelford, Wood, and Worchel, 1996。例如, Perse、Nathanson 和 McLeod(1996)进行的一项研究表明,大学生更喜欢用平和、不带有威胁的方式与人沟通的女性,不喜欢用情绪化和威胁的方式与人沟通的女性,而他们对男性的态度则不受其说话方式的影响。但有时候,男性因为爱支配别人而不如女性受欢迎,有关证据,参见 Driskell and Salas, 2005。
11. Milwid, 1990, 第 47 页。
12. Manuel, Shefte, and Swiss, 1999, 第 9 页。
13. 有关自我标榜和受欢迎程度,参见 Carli, 2006b; L. C. Miller et al., 1992; Giacalone and Riordan, 1990; Rudman, 1998; Wosinska et al., 1996。然而, Rudman 和 Glick(1999, 2001)提出,尽管跟喜欢自我标榜的男性相比,人们认为喜欢自我标榜的女性更欠缺社群性特质,但是对于需要男性化特质的工作而言,人们同样愿意雇用喜欢自我标榜的女性。有关自我标榜对影响力的影响,参见 Carli, 2006b; L. C. Miller et al., 1992; Rudman, 1998。
14. Tannen, 1990, 第 224 页。
15. Olsson, 2006, 第 204—205 页。
16. 在男性占主导地位的领域,人们认为具有个体性特质的女性缺乏社群性特质,有关证据,参见 Heilman and Okimoto, 2007。有关人们对具有个体性特质的女运动员的看法,参见

Souchon et al.,2004。对于做出包括侵犯性身体接触等违规行为的女手球运动员,裁判判罚的概率要比对做出同样违规行为的男手球运动员的判罚概率更高。

17. 有关人们对女性工程师和电气技师的看法,参见 Yoder and Schleicher,1996 中的实验;有关人们对女性管理人员的看法,参见 Heilman、Block,and Martell,1995 和 Heilman et al.,2004。
18. Manuel,Shefte,and Swiss,1999,第 8 页。
19. Eagly、Makhijani 和 Moonsky(1992)对人们对使用男性化领导风格和女性化领导风格的领导者的评价进行的荟萃分析发现了这些结果。另见第四章。
20. 引文摘自 Hollands,2002,第 xii 页和第 xi 页。
21. A. Fisher,2006.
22. 有关男性对女性的能力和权力的反应,参见 Carli,2004。
23. Meyerson and Fletcher,2000,第 129 页。
24. Auletta,1998,第 77 页。
25. 有关试探性的讲话方式,参见 Carli,1990。另见 Matschiner and Murnen,1999。
26. Troemel-Ploetz,1994,第 201 页。
27. 可参见 Foschi,Lai,and Sigerson,1994;Uhlmann and Cohen,2005。男性认可约定俗成的模式化印象与他们不赞同女性申请男性化的工作相关,有关证据,另见 Gill,2004。
28. Hudson,2001,第 121 页。
29. Dean,2005,第 F3 页。
30. 有关少数和多数地位对在男性化工作中的影响力的影响,参见 Craig 和 Sherif(1986)所做的实验;有关少数和多数地位对在中性化工作中的影响力的影响,参见 Taps and Martin,1990。对工会委员会中的男性和女性官员进行的调查显示,女性官员称:当女性占多数时,她们的影响力比女性占少数时大,而且即便男性占少数,他们的影响力仍比女性大,有关调查,另见 Izraeli,1983,1984。势单力薄对男性来讲是一种优势,因为这样可以让他们更突出、更引人注目,从而可以发挥更大的影响力。然而,Chatman et al.(2005)发现,处于少数地位也会有损男性的影响力,但只有在他们从事女性化的工作时才会如此。有关人们对象征性男性和女性的看法的评论,另见 Yoder,2002。
31. U. S. Equal Employment Opportunity Commission,2006. 根据女性是否愿意提供性方面的好处来决定在工作上对她们是赏是罚,这是一种比较赤裸裸的性骚扰。除了这种形式以外,性骚扰还包括一些没有这么极端的行为,例如(女性)不断受到带有性别歧视的幽默、笑话、色情资料或其他带有性暗示的材料的骚扰,要求约会,或不当的肢体接触等。大多数性骚扰事件都比赤裸裸的性交换含蓄(参见 Ilies et al.,2003)。有关女性和男性如何看待和界定性骚扰行为的讨论,参见 Magley et al.,1999;Munson,Miner,and Hulin,2001;Rotundo,Nguyen,and Sackett,2001。
32. 参见 Ilies et al.(2003)所做的荟萃分析。Berdahl 和 Moore(2006)发现,黑人女性除了会遭受和白人女性一样的性骚扰以外,还会遭受种族骚扰。
33. 有关性骚扰的作案者和受害者的性别的证据,参见 M. A. Bond et al.,2004,和 Gutek,2001。最近对联邦政府工作人员进行的一项有代表性的大规模调查显示,44％的女性和19％的男性称自己曾经遭受过性骚扰;在女性遭遇性骚扰的案例中,几乎所有的作案者都是男性,而在男性遭遇性骚扰的案例中,有 1/4 的作案者也是男性(U. S. Merit Systems Protection Board,1995)。

34. 有关教育和管理职务（对性骚扰）的影响，参见 Gruber,1998；R. A. Jackson and Newman,2004；Newman,Jackson,and Baker,2003；and Uggen and Blackstone,2004。有关男性化和男性占主导地位的组织（中的性骚扰情况），参见 Berdahl and Moore,2006；Gruber,1998；Fitzgerald et al.,1997；Jackson and Newman,2004；U. S. Merit Systems Protection Board,1995 以及 Welsh,1999。证明男性职权和性骚扰之间关系的实验性研究，另见 Pryor,1987 和 Pryor,LaVite,and Stoller,1993。一般而言，对女性进行性骚扰的男性通常极度男性化，并且非常有攻击性（Bargh et al.,1995；Pryor,Giedd,and Williams,1995；Pryor and Stoller,1994）。

35. 有关专门知识在男性化领域中的影响的实验证据，参见 Maass et al.,2003；对倡导女权主义的女性和给男性权威带来的威胁的研究的实验证据，参见 Dall'Ara and Maass,1999 和 Maass et al,2003。

36. "A surgeon cuts to the heart of the matter," 1991,第 50 页。

37. 有关性骚扰所带来的影响，对女军人进行的调查，参见 Pryor,1995；对女性工商管理硕士进行的调查，参见 Murrell,Olson,and Frieze,1995；对私有部门和从事学术工作的女性进行的调查，参见 K. T. Schneider,Swan,and Fitzgerald,1997；对在法院系统担任公共部门职务的女性进行的调查，参见 Lim and Cortina,2005。性骚扰会降低干劲儿、影响工作成绩、增加压力、降低幸福感和满足感，并增加一个人跳槽的可能性。这些负面影响有时候是在人们没有意识到自己受到了性骚扰的情况下发挥作用的。无论女性是否将自己的遭遇视为性骚扰，来各种组织环境的女性都表示性骚扰会给她们的情感、身体和事业带来同样的负面影响（Magley et al.,1999；Munson,Miner,and Hulin,2001）。对性骚扰的叙述和其他反应的研究，参见 U. S. Merit Systems Protection Board,1995。另见 Bergman et al.,2002 和 Cortina and Wasti,2005,他们都发现美国白人女性、说西班牙语的美国女性和土耳其女性会用类似的方式处理性骚扰问题。

38. 可参见 Adams-Roy and Barling,1998；Bergman et al.,2002；Stockdale,1998。1995 年美国考绩制度保护委员会进行的一项调查显示,勇敢对抗或告发骚扰者的被调查对象觉得她们的做法有利于改善这种状况。但是,Stockdale 对同一批数据进行的分析（1998）显示,联邦政府的工作人员越是勇敢对抗骚扰者,她们的工作表现就越差,请病假和不带薪休假的次数就越多,工作条件就越差,升迁机会就越少,被解雇、调任和辞职的可能性就越大。

39. 有关（性骚扰对）工作满意度和人员流动率的影响,可参见 Sims,Drasgow,and Fitzgerald,2005。有时候,女性和男性都乐于接受职场中的性玩笑。有关工作环境中两相情愿的性行为的讨论,参见 C. L. Williams,Giuffre,and Dellinger,1999。

40. Fiorina,2006,第 173 页。

41. 有关领导权的研究,参见 Eagly,Makhijani,and Klonsky,1992。有关影响力的研究,参见 Carli,LaFleur,and Loeber,1995；DiBerardinis,Ramage,and Levitt,1984；J. Schneider and Cook,1995；Wagner,Ford,and Ford,1986。

42. Hudson,2001,第 121 页。

43. 因为男性总体上的社会地位高于女性（参见第六章），所以人们会给男性更多表达自己观点的机会。因此，男性比女性更常表达自己的建议和想法，更容易在交往中占据主导地位，也更容易获得别人的支持。这些行为进一步提升了男性的地位，将他们推上了领导职务。关于讲话,参见 James and Drakich,1993；关于对工作的贡献,参见 Carli and Olm-

Shipman,2004 和 L. R. Anderson and Blanchard,1982。
44. Swiss,1996,第 17 页。
45. Propp,1995。另见 Thomas-Hunt and Phillips,2004,他们发现,尽管客观地讲,女性专家的能力和男性专家不相上下,但团队成员却认为女性专家的能力不如男性专家强,而且男性专家在决策过程中发挥的影响力也比女性专家更大。
46. Lillie,2003,第 104 页。
47. Troemel-Ploetz,1994,第 206 页。
48. Davison and Burke,2000。该评论中未涵盖的实验仍显示,除了在传统女性化的领域,男性在受雇用方面仍具有同样的优势。可参见 Steinpreis,Anders,and Ritzke,1999。
49. Heilman and Blader,2001。
50. 对军校学员的调查,参见 Boldry,Wood,and Kashy,2001;证明人们会对女性使用更高标准的进一步的证据,参见 Foschi,1996,2000,and Heilman,2001。人们不光在比较女性和男性时会使用双重标准,而且在比较孩子妈妈和孩子爸爸时,也会使用双重标准(Cortell,Benard,and Paik,2007;Cuddy,Fiske,and Glick,2004;Fuegen et al.,2004)。
51. Price Waterhouse,Hopkins,1989,第 9 页。引用的材料来自诉讼案,该案最后的胜诉方是霍普金斯。有关讨论,参见 S. T. Fiske et al.,1991。对霍普金斯表示不满的人称她不符合女性的标准,这一点与我们对双重约束的分析刚好一致。
52. Uhlmann and Cohen,2005。实验证明,在过去一直由男性占主导地位的工作中,女性可以通过证明自己比男性更优秀来克服双重约束,有关实验,参见 Foschi,Sigerson,and Lembesis,1995。
53. Thomas-Hunt and Phillips,2004。在该项研究中,研究人员给由男性和女性组成的混合小组布置了一个相对比较男性化的任务——决定如何躲避林野火灾。研究人员在每个小组中找出了一名专家,即其意见能够压倒其他小组成员的实验参与者。在大约半数以上的情况下,这名专家是一名女性。经过讨论,在小组成员给彼此的专门知识评级时,他们认为女专家掌握的专门知识不如非专家的女性多,而男专家掌握的专门知识和非专家的男性一样多。另见 Littlepage,Robison,and Reddington,1997。
54. Harmon,2006。
55. Davison and Burke,2000。
56. 可参见 Gerrard,Breda,and Gibbons,1990;Falbo,Hazen,and Linimon,1982;Feldman-Summers et al.,1980。
57. Coleman,2001,第 162 页。
58. 有关全面的评述,参见 Biernat,2003。
59. National Center for Health Statistics,2006。有关判断身高的实验,参见 Biernat,Manis,and Nelson,1991。
60. Biernat et al.,1998。在这两项研究中,某些变化的标准的影响会随着军官的种族和他们接受评价的时间的变化而变化。有关体育领域变化的标准的证据,另见 Biernat and Vescio,2002。
61. 有关实验证据,参见 Shackelford,Wood,and Worchel,1996;Wagner,Ford,and Ford,1986;W. Wood and Karten,1986。
62. Heffman,Martell,and Simon,1988。这些发现是否反映了人们的判断标准已经变成了同性间使用的标准,这一点仍有待考证。参见 Biernat,2003。

63. 证明黑人女性在申请高管职务时会遭遇变化的标准的证据,参见 Biernat and Kobrynowicz,1997。
64. Bell and Nkomo,2001,第 145—146 页。
65. 称自己需要比男同事工作更努力的黑人女性的比例比白人女性高(Manuel,Shefte,and Swiss,1999)。
66. Canady,2001,第 168 页。
67. 参见 Biernat,2003。
68. Meyerson and Fletcher,2000,第 129 页。
69. Lyness and Thompson,2000.
70. Swiss,1996,第 57 页。
71. Conlin,2002. 女性与人沟通的方式更温和,在比较正式的场合讲话也比男性少,这些都可以证明 Conlin 的观察结果。参见 Knapp and Hall,2002 中的评论。更多有关性别和权力对沟通方式的影响的讨论,参见 Dindia and Canary,2006 中的章节。
72. J. C. Collins,2001. CEO 的魅力是否有助于组织的成功,这一点我们还不确定,因为它们之间也可能存在反向的因果关系;也就是说,组织良好的业绩可能会让人们觉得执行总裁更有魅力。参见 Agle et al. ,2006。
73. 参见 Eagly and Karau,2002。

第八章

1. 有关领导风格的全面讨论,参见 Bass,1990;Howell and Costley,2006;Yukl,2006。
2. Steinberg,2003,第 A1 页。另见 Mnookin,2004。
3. Finder,Healy and Zernike,2006;Rimer,2005. 有关萨默斯管理风格的全面讨论,另见 Bradley,2005。
4. 有关这一原则及相关实验数据的分析,参见 D. T. Miller,Taylor,and Buck,1991。有关人们为什么常常指明某些个人非典型的种族和性别特征的解释,另见 Pratto,Korchmaros,and Hegarty,2007。
5. 可参见 Pearson 2002 年出版的小说 *I don't know how she does it*:*The life of Kate Reddy*,*working mother*,这本小说写的是一位担任经理职务的孩子妈妈的故事。
6. Truell,1996,第 D1 页。La Roche 是 Salisbury Pharmacy Group 的董事会主席兼执行总裁。
7. Fiorina,2006,第 173 页。
8. Schroeder,1999,第 A17 页。
9. 有关媒体对多尔选举活动的报道,参见 Heldman,Carroll,and Olson,2005。
10. 有关两性异同点的文化和学者争论的讨论,参见 Kimball,1995。
11. Helgesen,1990 提出了"融合网"的比喻,该比喻描述了女性领导者可以打破职场中的等级隔阂,与员工通力合作,与客户和顾客建立良好的私人关系。Helgesen 与像 Ely 和 Meyerson(2000)之类的女权主义组织理论家都认为,女性特有的领导风格非常有效。Kark,2004 评论了有关领导风格的各种女权主义观点。更早期的论述,参见 Loden,1985;Sargent,1981。
12. Rosener,1990,第 120 页。这些煽动性的结论引发了众多赞同和不赞同她的这一论断的专家纷纷在《哈佛商业评论》上发文章,交流观点。参见 Fuchs Epstein et al. 1991。另见

Rosener 后来出版的著作(1995)。

13. 与定性分析不同,要想进行定量分析,被调查者给出的答案都要按照研究人员制定的一套规则进行编码。研究人员使用两种不同的编码方法分别进行编码,然后再将它们进行对比以确定其可靠性。这些程序可以确保两种方法对被调查者给出的答案的诠释是一致的。

14. Bass,1981,第 499 页。

15. Powell,1990。在得到我们在本章中提供的更新的研究结果(例如,Powell and Graves,2003,2006)之后,Powell 的观点发生了变化。有关其他认为"男性和女性的领导风格不存在差异"的观点,参见 Kanter,1977;Morrison and von Glinow,1990;Nieva and Gutek,1981;van Engen,van der Leeden,and Willemsen,2001。另外,1986 年,Dobbins 和 Platz 进行的一项荟萃分析也宣称男性和女性在领导风格和领导效果方面不存在差异。但是,其中 41% 的研究都通过在实验中采用人为控制的方式,刻意让男性和女性的行为保持一致。有关这一荟萃分析的进一步的讨论,参见 Eagly and Carli,2003a,2003b。另见 Vecchio,2002。

16. 例如,Kanter,1977;Nieva and Gutek,1981;van Engen,van der Leeden,and Willemsen 2001。

17. 有关组织社会化的讨论,参见 Bauer,Morrison,and Callister,1998 和 Moreland and Levine,2001。

18. Cheng,1998。

19. Manuel,Shefte,and Swiss,1999,第 8 页。有关美国企业领导者抱有这种模式化印象的证据,参见 Catalyst,2005b。

20. Manuel,Shefte,and Swiss,1999 对高管进行了研究,该研究缺少男性对照组。相关的研究,参见 Lauterbach and Weiner,1996。有关这种自我认知观点的详细论述,参见 Ely,1995。有关女性和男性的自我认知所带来的影响的全面讨论,参见 Cross and Madson,1997;Deaux and Major,1987;Gardner and Gabriel,2004;W Wood et al.,1997。

21. Catalyst,2001。Catalyst 在加拿大和英国的调查也发现了类似的结果。另见 Ragins,Townsend,and Mattis,1998。

22. Sciolino,2006a。

23. Moskowitz,Suh,and Desaulniers,1994。在这项研究中,连续 20 天,员工要在工作日的各个时间汇报自己的人际交往活动。在医师与病人的互动中表现出了明显相似的模式:女医师比男医师更容易表现出社群性的行为,其中包括更友善的谈话、更多的微笑和点头、更多对病人感受的询问以及更多的心理咨询。但是,男医师和女医师所开的处方是一样的。参见 Roter,Hall,and Aoki,2002 中的荟萃分析和 Roter and Hall,2004。

24. 有关组织公民行为(其中包括超出个人组织角色要求的行为)的描述,可参见 Borman,2004 和 Podsakoff et al.,2000。例如,这些行为包括帮助别人完成工作以及主动承担自己职责范围以外的工作。

25. Bales(1950)在 20 世纪 40 年代对小型团体进行的研究中介绍了任务导向型和关系导向型的领导风格。后来的研究者,例如 Hemphill 和 Coons(1957)将任务导向型的行为称为定规,将关系导向型的行为称为关怀。还有一种类似的划分方法,Likert(1961)和其他研究者将领导风格划分为以员工为中心的领导风格和以生产为中心的领导风格。另外,Fiedler(1967)区分了任务导向型的领导者和关系导向型的领导者,他认为这两种类型是领导者的两种极端例子，大多数领导者介于二者之间。
26. Judge、Piccolo 和 Ilies(2004)对领导风格研究进行了荟萃分析，证明了这些概括性的观点。只适用于团队领导的相关荟萃分析结果，参见 C. S. Burke et al.，2006。
27. Eagly 和 Johnson(1990)根据对男性与女性的 139 项比较得出了这些结论。
28. 不同的研究选择的非管理人员有所不同，这些非管理人员包括学生和不担任管理职务的员工。在 Eagly 和 Johnson 的研究(1990)以后出现的各种研究的结果，另见 van Engen and Willemsen，2004。
29. 另外，Gardiner 和 Tiggemann 对澳大利亚的管理者进行的研究（1999）发现，在男性占主导地位的行业中，男性和女性在关系导向方面不存在差异，但是在女性占主导地位的行业中，女性比男性具有更强的关系导向。
30. McBroom，1986，第 72 页。
31. 这些发现是基于从传统的角度对领导职务有多男性化和多女性化的评级得出的（参见 Eagly and Johnson，1990）。实验研究和对商学院学生及不担任管理职务的员工进行的研究显示，在非管理人员当中，男性的任务导向倾向比女性略强一些。管理职务似乎可以减少两性在任务导向方面的差异。同对关系导向的发现一样，管理职务似乎可以减少在任务导向方面的模式化印象中的两性差异。
32. 20 世纪 30 年代，Lewin、Lippitt 和 White（1939）所做的研究第一次引起了研究者们对领导风格的这些方面的关注，后来的组织和小型团队研究（例如，Vroom and Yetton，1973）吸引着研究者们继续关注这些方面。
33. 关于专断型和民主型领导风格效果的评论，参见 Foels et al.，2000；Gastil，1994。关于影响这些领导风格效果的因素的讨论，参见 Ayman，2004；Yukl，2006。Van Vugt et al.(2004)指出，专断型领导风格会导致团队成员离开团队。但是，下属对专断型领导风格的不满未必会降低生产率。尽管工作满意度和工作业绩之间存在正相关关系（Judge et al，2001），但是工作满意度这个变量的含义要比对上司的满意度广得多。
34. Schmid Mast(2004)提出，从传统观念的角度来看，男性与等级制度之间存在一定的联系，而女性与平等的组织体系之间存在一定的联系。对学生团体进行的一项研究表明，如果团体中女性成员占多数，那么团体的等级制度就没有那么明显，相关研究参见 Berdahl and Anderson，2005；全部成员都是男性的团体比全部成员都是女性的团体能够更快地建立起等级制度，有关证据参见 Schmid Mast，2001。
35. 女权主义作家经常批判等级制度，因为在这些等级制度下女性往往只能担任权力较小的职务。参见 Bartunek，Walsh，and Lacey(2000)对有关领导权和团队结构的女权主义著作的评论；另见 Acker，1995；P. Y. Martin，1990；Reinelt，1994；Riger，1994。因此，难怪 Chin(2004)对女权主义心理学家的研究发现，几乎所有的女权主义心理学家在被问到"倡导女权主义的女性采用什么样的领导方式"时，答案描述的都是协作型的领导风格。
36. 可参见 Jago and Vroom，1982。
37. 引文摘自 Astin and Leland，1991，第 115 页，对女性领导者的研究。
38. 这一差异是根据 23 项研究和对这些领导风格的各种测量结果得出的（Eagly and Johnson，1990）。Van Engen and Willemsen(2004)对 20 世纪 90 年代的研究进行的荟萃分析也发现了类似的结果。
39. Cave，2006，第 B10 页。有关委员会席位的研究，参见 Kathlene，1994，第 561 页。

40. 有关州长就职演说的讨论,参见 Barth and Ferguson,2002;沙欣的话参见第 75 页。然而,女州长和男州长一样,也会用传统的自上而下的方式行使自己的领导权。
41. Personal communication to Alice Eagly, September 2005.
42. 引文摘自 Langewiesche(2003)在分析"哥伦比亚"号航天飞机失事原因时说的话。
43. 有关超英雄领导模式的讨论,参见 Fletcher,2004。
44. Burns,1978.
45. Bass,1985,1998。另见 Avolio,1999。Conger 和 Kanungo 提出的魅力型领导风格(1998)和政治学家 C. S. Rosenthal 提出的综合型领导风格(1998)中也体现了一些同样的特点。另外,Rosenthal 还提出了另一种相反的领导风格——集体领导风格,这种领导风格非常看重谈判和中介交易,它与交易型领导风格有很多相似之处。
46. Beatty,2004,第 B1 页。
47. 有关这九个分享模型的讨论和证明,参见 Antonakis、Avolio, and Sivasubramaniam,2003;Avolio,Bass,and Jung,1999。
48. 参见 Judge 和 Piccolo(2004)对 87 项研究进行的荟萃分析以及 Lowe、Kroeck 和 Sivasubramaniam(1996)在此之前进行的荟萃分析。这些研究中对领导效果的评价标准各不相同,其中包括团队和组织业绩、领导者的工作业绩以及对领导效果的评级。另外的研究还揭示了变革型领导风格效果好的一些原因,其中包括变革型领导风格与追随者积极的组织公民行为之间的关系(Purvanova、Bono,and Dzieweczynski,2006)以及变革型领导者在影响力网络中的核心地位(Bono and Anderson,2005)。
49. Eagly、Johannesen-Srhmidt,and van Engen,2003. 这项荟萃分析汇总了 45 项研究,其中很多都是对企业和教育机构进行的研究;53%的研究报告的是美国的数据,47%的研究报告的是来自其他国家或全球性的数据。接受评价的管理人员的平均年龄为 45 岁,他们担任的是不同级别的管理职务。这些管理人员的下属、上司、同僚或他们本人对他们的领导风格进行了评价。Antonakis、Avolio 和 Sivasubramaniam(2003)主要针对企业管理人员进行的一项大规模的研究也得出了类似的发现,证实了这项荟萃分析的结果。另见 C. S. Rosenthal 对州立法机关中委员会席位的研究(1998)。
50. Eagly、Johannesen-Schmidt 和 van Engen(2003)认为这些结果并不是由人为假象(例如,关于哪些研究成果能够得以发表的偏见或女性和男性管理者总是担任不同职务的倾向)造成的。研究人员还发现,女性比男性更喜欢使用包含了某些变革型领导风格特点的魅力型领导风格(Groves,2005)。
51. 这一观点,参见 Yoder,2001。变革型领导风格在个性化关怀层面上具有女性化特质,有关证据,另见 Hackman et al.,1992。人们认为女性比男性更青睐变革型和奖励下属型的领导风格,有关证据,另见 Vinkenburg et al.,2007。
52. 有关女性体贴下属、重视与下属关系的行为得不到回报的论述,参见 Fletcher,1999,2004。人们认为这些行为与升任高层职务之间存在一定的关联,有关这方面的论述,参见 Vinkenburg et al.,2007。
53. D. P Moore and Buttner,1997,第 108 页。
54. 对 62 种不同文化进行的一项全球性的研究发现,男性和女性偏爱不同类型的领导者。总的来看,女性比男性更偏爱参与型和魅力型领导风格,特别是在男女比较平等的文化中更是如此。参见 House et al.,2004;Paris et al.,2007。有关文化对组织领导风格的影响的全面讨论,参见 Dorfman and House,2004。

55. 专家学者希望能将性别和种族等其他特点放在一起研究,有关这方面的内容,可参见 LaFrance,Paluck,and Brescoll,2004。

56. Parker and ogilvie,1996。

57. 想了解与管理有关的亚洲裔美国人的文化的讨论,参见 Woo and Khoo,2006。引文来自第 87 页。

58. Anders,2005,第 A8 页。另见 R. M. Kramer,2006。

59. 有关这个问题的讨论,参见 D. Collins,1997。

60. Rich,2004,第 1 页第 2 节。

61. 2002 年,Silver et al. 进行的一项全国范围内的调查证明了 9·11 事件后人们的这些恐惧反应。Weber(1968/1925)提出,当大面积的危难发生时,人民会被魅力型领导者激进的远见卓识所吸引。

62. F. Cohen et al.,2004。这种效果与让实验参与者想到下一场重要考试的实验有一定的关联性。实验发现,让实验参与者联想到自己的死亡和 9·11 事件可以提高他们对布什总统的支持度,有关实验另见 Landau et al.,2004。

63. Lawless,2004 调查了后 9·11 时代人们对政治领导人的性别模式化印象。调查显示,美国人认为男总统更适合处理国家安全问题,女总统更适合处理国内政策问题,有关这方面的调查数据,参见 J. M. Jones,2005b。

64. Lizza,2007,Week in Review,第 1 页。

65. 参见 Wajcman1998 年对英国管理者进行的研究,该研究讨论了领导风格问题,证明了女性和男性高管的领导风格存在一些相似之处。

66. 一些管理咨询团体也经常做一些有关男性和女性领导风格的研究,这些研究的摘要经常会被发布到网上或被一些商业期刊摘录。例如,一家叫做 Caliper 的全球性管理咨询团体称他们根据自己整理出来的一套性格特点和领导能力做了一项研究。这些研究很难评价,因为它们都没有公开发布,而且可能也没有把各种潜在的令人感到困惑的变量考虑进去。另外,这些研究中使用的测量方法是否正确、可靠也不得而知。参见 Aurora and Caliper,2005;Caliper,2005。

67. 引用自 Woopidoo!,2006b。

68. 有关一些很小的影响的重要意义的详细论述,参见 Abelson,1985;Bushman and Anaerson,2001;和 R. Rosenthal,1990。细微的性别差异会被观察者过分放大,有关这一观点的令人信服的论述,参见 Hyde,2005。

69. Rosnow and Rosenthal,1989。服用阿司匹林和防止心脏病发作之间的关联度为 0.03。

70. 对男性和女性的看法的总体准确度的证明,参见 Hall and Carter,1999a,and Swim,1994。

71. 可参见 Lipman-Blumen,1996。

72. Sokolove,2006,第 98 页。

73. Fuller,2007,第 19 页第 1 节。

第 九 章

1. 尽管这一分析通常指的是组织的规范和惯例,但是在一些规模更小的单位(例如团体和团队)和一些规模更大的单位(例如政府和国家)中也会出现类似的过程。

2. 关于影响女性升任领导职务的组织因素的广泛讨论,参见 Ely Scully,and Foldy,2003;

Powell and Graves, 2003, 2006；Ragins and Sundstrom, 1989；Reskin and McBrier, 2000。

3. Hull and Nelson, 2000。调查样本是由随机选择的 788 名 1995 年在芝加哥挂牌执业的律师构成的。在密歇根大学法学院的毕业生当中，男性和女性晋升为律师事务所合伙人的情况的对比，另见 Noonan and Corcoran, 2004。

4. Kay and Hagan, 1998，第 741 页。该项研究以 905 名在律师事务所挂牌执业的加拿大律师作为调查样本。另见 Kay and Hagan, 1999；Spurr, 1990。

5. 公司里面不利于女性的类似工作模式的观测资料，参见 P. Y. Martin, 2003。

6. J. Williams, 2000 提供了有关理想员工标准的广泛分析。另见 Acker, 1990。

7. Coser, 1974；另见 Maier, 1999。

8. Milwid, 1990，第 194 页。

9. J. Schor, 1991。与 Schor 不同的观点，参见 Rones, Ilg, and Gardner, 1997。

10. J. A. Jacobs and Gerson, 2004。2005 年，通过分析美国男性的工作时间和工资，Kuhn 和 Lozano 发现，近几十年来，工作时间延长主要集中在受过高等教育、工资较高、靠领取薪水生活的较年长的男性当中，而且在正常的 40 小时以外加班工作的边际工资奖励曾递增趋势。

11. Stone and Lovejoy, 2004，第 68 页。

12. Naff, 1994，第 511 页。

13. 2002 年，Rapoport et al. 提供了有关管理职业这方面的深入分析。2003 年，Brett 和 Stroh 对工商管理硕士毕业生进行了调查，证明了管理者需要长时间工作，并且简要分析了造成这种工作模式的原因。

14. 对工作表现出色的女性进行的调查，参见 Hewlett, 2002。有关预测高管事业能否成功的指标，参见 Judge et al., 1995。另见 Brett and Stroh, 2003。

15. Brady and Salvatore, 2005，第 153 页。

16. 2002 年，在接受 Hewlett 调查的一群女性中，只有 45％的人在 35 岁之前生过一个孩子。相关的研究，参见 Catalyst, 2003；Fagenson and Jackson, 1994；Goldin, 1997；Swiss, 1996。

17. 与 Alice Eagly 的私下交流，September 2005。

18. Naff, 1994，第 511 页。

19. 例如，有关对压力的影响，参见 Armstrong-Stassen, 2005；有关对工作业绩的影响，参见 McElroy Morrow, and Rude, 2001。

20. Bailyn, 2002，第 266 页。另见 Meyerson and Fletcher, 2000。

21. 有关西尔斯公司就业歧视案的讨论，参见 Nelson and Bridges, 1999。

22. Nelson and Bridges, 1999。

23. 有关英国管理职务对长时间工作和调任的要求，参见 Wajcman, 1998。另见 Hewlett and Luce, 2005。

24. M. Miller, 2005，第 A25 页。

25. 参见 Putnam 的书 *Bowling Alone*（2000），该书提供了有关社会资本的大量讨论。有关社会资本对组织的影响，参见 Brass, 2001。

26. 参见 Burt, 1992；Seibert, Kraimer, and Liden, 2001。

27. Luthans, 1988，第 130 页。有关该项研究，参见 Luthans, Hodgetts, and Rosenkrantz, 1988。有关事业导向型、团队导向型和组织导向型工作模式的区别，参见 Ellemers, de

Gilder, and van den Heuvel, 1998。
28. Driscoll and Goldberg, 1993, 第 145 页。
29. Manuel, Shefte, and Swiss, 1999, 第 11 页；类似的资料，参见 Ragins, Townsend, and Mattis, 1998。
30. Heffernan, 2004, 第 62 页。有关性别和社会资本的全面讨论，参见 Tharenou, 1999；Timberlake, 2005。
31. 有关女性被排除在有影响力的人际关系网之外的证据，参见 G. Moore, 1988；有关女性的工作关系网比男性小的证据，参见 G. Moore, 1990。另见 Davies-Netzley, 1998。
32. Roth, 2006, 第 85 页。
33. Steel, 1993, 第 133 页。
34. Ibarra, 1997, 第 97 页。
35. 证明这些有关女性人际关系网的概括性描述的研究，参见 Brass, 1985；Burt, 1998；Porter and Dougherty, 2004；Ibarra, 1997。
36. Catalyst, 2006a。
37. Lyness and Thompson, 2000。
38. Manuel, Shefte, and Swiss, 1999, 第 9 页。
39. 有关性别和组织文化的讨论，参见 Alvesson and Billing, 1992。
40. Heffernan, 2002。
41. Antilla, 2004。
42. McLean and Elkind, 2004, 第 55—56 页。
43. McLean and Elkind, 2004, 200 页以后的未编号的图片部分。
44. Featherstone, 2004。为男性顾客设计的猫头鹰餐厅以被称为猫头鹰女郎的女招待性感、暴露的穿着而闻名。
45. Silvestri, 2003, 第 129 页。
46. 有关男性比女性更偏爱男性化的文化的证据，参见 van Vianen and Fischer, 2002。
47. Steel, 1993, 第 141 页。
48. 参见 Kelleher, Finestone, and Lowy, 1986；M. W McCall, Lombardo, and Morrison, 19823；Morrison, 1992。
49. 有关有挑战性的工作经验对升任管理职务的重要性的讨论，参见 M. W. McCall, Lombardo, and Morrison, 1988；McCauley et al. , 1994。
50. Lyness and Thompson, 2000。其他显示出类似效果的研究包括 de Pater and Van Vianen, 2006；Ohlott, Ruderman, and McCauley, 1994。
51. 有关证明女性可能会选择或接受挑战性较小的工作的研究，参见 de Pater, 2005；有关管理者会分派女性去做挑战性较小的工作的证据，参见 de Pater and van Vianen, 2006。有关这种管理行为背后可能隐藏着性别歧视的讨论，参见 Glick and Fiske, 1996, 2001a, 2001b。
52. Erkut, 2001, 第 26 页。
53. Frankel, 2004, 第 24—25 页。
54. 同 Alice Eagly 的私下交流，March 2004。
55. Galinsky et al. , 2003；Ibarra, 1997；Nadis, 1999。
56. Committee of 200, 2002, 第 11 页。

57. 有关这一观点的进一步的讨论,参见 Ragins and Sundstrom,1989;有关实验证据,参见 Lyness and Heilman,2006。
58. Tharenou,1999。但是,在工商管理硕士毕业生中,换雇主似乎只能让白人男性获得更多的补偿,并不能让白人女性以及少数族裔男性或女性得到更多的补偿(Brett and Strop,1997;Dreher and Cox,2000)。
59. Deutsch,2005。
60. M. K. Ryan and Haslam,2005a,2005b,2007。这些研究者通过对照实验和对组织进行的研究证明了这种"玻璃悬崖"现象。
61. 有关阻碍女性担任政治职务的障碍的讨论,参见 Fox and Lawless,2004。
62. 有关组织中工资安排的分析,参见 Nelson and Bridges,1999。工作评价和反对歧视的平权行动都不属于本书的讨论范围。有关工作评价和可比价值的评论,参见 England,1992。有关反对歧视的平权行动的评论,参见 Crosby,2004;Crosby,Iyer,and Sincharoen,2006;Harrier and Reskin,2005。
63. 事实证明,诉讼在消除组织歧视方面发挥的作用越来越小,有关这方面的证据,参见 Nelson and Bridges,1999。
64. F. N. Schwariz,1989。
65. "Why not many mommy tracks?" 1989,第 A18 页。
66. 1992 年,F. N. Schwartz 和 Zimmerman 在名为 *Breaking With Tradition*:*Women and Work*,*the New Facts of Life* 的书中详细介绍了 Schwartz 的建议。
67. 参见 Baker 2002 年发表的调查报告的表 2 和表 3。例如,在法律领域,有 12% 的女性和 4% 的男性退出劳动力大军。在这些专业领域,绝大多数男性和女性仍保持着就业状态。另见 Hewlett and Luce,2005。
68. 参见如 Crittenden,2004;Hewlett,2002;Hewlett and Luce,2005;J. Williams,2000。2003 年 Lawrence 和 Corwin 讨论了组织应该雇用一些非全日制工作的专业人员。
69. Dreher,2003。
70. 有关公司采纳和坚持有利于兼顾家庭的改革措施的可能性的讨论,参见 Wax,2004。另见 Crosby Iyer,and Sincharoen,2006;Kossek and Lee,2005;Roehling,Roehling,and Moen,2001。Osterman,1995 提供了一些有关私有部门机构中常见的各种有利于同时兼顾工作和家庭的措施的资料。弹性工作时间安排是最常见的,而诸如在岗照顾孩子之类的儿童保育方案相对比较少见。
71. 证明有利于孩子妈妈的就业政策会加剧就业方面的男女不平等的跨国研究,参见 Mandel and Semyonov,2005。另见 D. Gupta,Oaxaca,and Smith,2006。
72. 有关讨论,参见 Meyerson and Fletcher,2000;Rapoport et al. ,2002。另见 Brett and Stroh,2003。
73. Reskin and McBrie,2000。另见 Bernardin et al. ,1998;Gelfand et al. ,2005。
74. 有关这一同性相吸原则对组织问题的影响,参见 Byrne and Neuman,1992。
75. 有关内集团偏好的实验证明,参见 Elliott and Smith,2004。跟女性决策者相比,律师事务所的男性决策者不太喜欢招聘女性员工填补职务空缺,有关这方面的证据,参见 Chambliss and Uggen,2000 和 Gorman,2005。有关管理者评价的研究,可参见 S. J. Wayne and Liden,1995。有关社交网络中人口特征同质性更全面的分析,参见 McPherson,Smith-Lovin,and Cook,2001。

注释

76. Kanter,1977. 有关实验证据,参见 Konrad and Pfeffer,1991. 对到一家大学校园里招聘员工的招聘人员进行的调查显示,女招聘人员更青睐女性应聘者,而男招聘人员则不存在偏见,有关调查,参见 Graves and Powell,1996. Powell,1999 提供了一些对这些问题的全面评论。
77. Betty Dukes et al. v. Wal-Mart Stores,Inc. ,2003a,第 21 页。
78. 参见 S. T. Fiske and Stevens,1993;Goodwin and Fiske,2001. 有关社会权力对信息处理和感情的影响的全面讨论,参见 Kelmer,Gruenfeld,and Anderson,2003。
79. 参见 Goodwin and Fiske,2001;Rudman,1998;and Shackelford,Wood,and Worchel,1996。
80. Kalev,Dobbin,and Kelly,2006.
81. Ishida,Su,and Spilerman,2002.
82. 2003 年,J. S. Goodman、Fields 和 Blum 对佐治亚州 228 家私有部门机构进行了研究,结果发现了符合这一原则的数据。
83. 参见 Heilman,1996。
84. Lucas, 2003. 这项实验以大学生作为研究参与者。另见 Yoder,Schleicher,and McDonald,1998。
85. Graham,1997,第 420 页。
86. Heffernan,2004,第 28 页。有关女性工作角色模式化定位的讨论,参见 Kanter,1977。
87. 有关讨论,参见 Elsass and Graves,1997;Kanter,1977;Reskin,McBrier,and Kmec,1999;Yoder,2002. 关于实验证据,参见 Taylor and Fiske,1978. 在很少由女性担任高层管理职务的组织中,人们对男性和女性仍抱有比较传统的看法,有关这方面的证据,参见 Ely,1995;人们对于黑人女性和白人女性有着不同的模式化角色定位,有关这方面的证据,参见 Bell and Nkomo,2001。
88. V. W. Kramer,Konrad,and Erkut,2006。
89. Brancato and Patterson,1999,第 7 页。
90. 并非所有专家都同意这一观点。关于其他的论断,可参见 Fletcher,2004;R. M. Kramer,2006;Wajcman,1998。
91. Gergen,2005,第 xxi 页。
92. Murray,2007,第 A3 页。
93. Tischler,2005。
94. 关于管理职务变化的论断,参见 Kanter,1997 和 Lipman-Blumen,1996。另外,关于管理者期望领导模式能够朝着这些方向发生更多变化的证据,参见 A. Martin,2005. 关于管理学专家的代表性观点,参见 Avolio,1999;Garvin,1993;Juran,1988. 关于对一些畅销管理学书籍的主题分析,另见 Fondas,1997。
95. Finder,Healy,and Zernike,2006. Waters 是在得知 Lawrence Summers 辞去哈佛大学校长职务时说的这番话。
96. Sokolove,2006。
97. 同上,第 96 页。
98. Alsop,2005,第 R5 页。
99. 参见 Meyerson and Fletcher,2000。另外,2005 年 Madden 也讨论了管理者积极发挥个体性特质在推动变革方面的重要作用。

第十章

1. White,1995.
2. Mendell,1996,第69页。
3. Salmansohn,1996,第161页。
4. Crittenden,2004,第192页。有关类似强调母亲教育和抚养孩子的重要技能的内容,参见Grzelakowski,2005。
5. McBroom,1986,第169页。
6. Milwid,1990,第142—143页。
7. Abzug,1996.
8. Steel,1993,第125页。
9. Wellington,2001,第47—48页。
10. J. C. Collins,2001.
11. 参见Carli,LaFleur,and Loeber,1995。对大学生进行的一项实验显示,男性受女性讲话者的影响相对较小,而且男性更喜欢女性讲话者使用既显得有能力又显得很热情的方式(在讲话的过程中加入微笑和点头)讲话,不喜欢她们使用只是显得很有能力的方式(讲话流利、发音清晰、语速很快)讲话。更多证明既有能力又关心和体贴别人的女性管理者更受青睐、能得到更肯定的评价的证据,另见Heilman and Okimoto,2007。在这两项研究中,不管男性的表现如何,他们得到的评级都没有太大的差别。跟其他女性相比,懂得控制自己的行为并根据男性的反应调整自己行为的女性对男性更有影响力,关于这方面的证据,另见Flynn and Ames,2006。
12. Toner,2007,第A14页。美国广播公司的一则新闻报道说,据《华盛顿邮报》2006年进行的一项民意调查显示,68⅓的被调查者认为希拉里·克林顿是一位强有力的领导者,这个比率比认为她友好、坦诚的被调查者的比率要高。
13. 有关影响力的研究,参见Ridgeway,1982;Shackelford,Wood,and Worchel,1996。例如,Burgeon,Birk,and Hall,1991发现,人们认为关心病人的女医师对病人更有影响力,而男医师即便是对病人发号司令也一样有影响力。关于女性借助人际关系施加影响力的讨论,另见Carli,1999。
14. Deutsch,2002,第1页和第12页第3节。
15. Oprah Winfrey as quoted by Woopidoo!,2006a.
16. Davenport,2003,第113—114页。
17. Sellers,2006a,第61页。
18. Steel,1993,第280页。
19. Myers,2005,and Tarsala,2003.
20. Timmons,2006,第C10页。
21. Cardwell,2006,第A16页。
22. Benoit,2006.但这里提到的这位企业高管在后来写给编辑的一封信中否认自己曾经说过这些话,这或许反映了某些观察者急切地想要找出默克尔不够自信的证据。参见Mehdorn,2006。
23. Atwood,2006.
24. Swiss,1996,第59页。

25. Rermnan et al. ,2002；Hanisch. 1996.
26. Ranu,2003,第 11 页。关于谦虚方面的两性差异的研究,参见 Heatherington, Burns, and Gustafson,1998 和 Heatherington et al. ,1993。
27. Beyer,1990；Pallier,2003. 对自己的科研业绩和行政业绩,女教授表现得不如男同事自信,关于这方面的研究,另见 Gmelch, Wilke, and Lovrich, 1986；Landino and Owen, 1988。1997 年,P. B. Smith、Dugan 和 Trompenaars 对多个国家的企业员工进行了研究,结果发现,在控制自己生活中发生的各种事件方面,男性比女性更有信心,管理者和专业人士比基层员工更有信心。1996 年,P. Rosenthal、Guest 和 Peccei 对英国管理者进行的调查显示,男性比女性更常把工作上的成功归功于自己的能力。有关比较男性和女性自尊心的荟萃分析,另见 Kling et al. ,1999 和 Sahlstein and Allen,2002。
28. Otto,2001,第 102 页。
29. Carli,2004.
30. 与 Alice Eagly 的私下交流,March 1999。
31. Gerhart and Rvnes,1991. Stuhlmacher 和 Walters1999 年进行的一项荟萃分析显示,从总体上看,在谈判实验中,男性在获得金钱、分数和其他福利方面都比女性略有优势。
32. 有关女性会因为提出谈判而受到惩罚的证据,参见 Bowles,Babcock and Lai,2007；有关跟男性相比,女性较少提出谈判的证据,参见 Babcock et al. ,2006。
33. Barron,2003,第 644 页。
34. 同上,第 648 页。
35. 相关评论,参见 Babcock and Laschever,2003 和 Major,1994。2006 年,研究者 M. L. Williams、McDaniel 和 Nguyen 对很多有关工资满意度的研究进行了荟萃分析,结果发现,对相同的工资水平,女性的满意度略高于男性。但是,随着时间的推移,这种差距越来越小,现在,男性和女性对相同工资水平的满意程度变得更接近了。
36. Bylsma and Major,1994；D. Moore,1992. 证明女性感觉她们不如男性有资格得到高工资的更多的证据来自与高管进行的模拟工资谈判。为别人谈判时,女性能够争取到比为自己谈判时更高的工资,而男性无论是为自己谈判还是为别人谈判,他们所争取到的工资都差不多（Bowles,Babcock,and McGinn,2005）。
37. 我们将这种现象称为"个人、群体歧视差异"。参见 Crosby,1982,1984。有关判断标准在解释影响方面的重要作用的证据和评论,参见 Quinn et al. ,1999。
38. Bowles,Babcock,and McGinn,2005 对工商管理硕士进行了调查,结果发现：在求职者对通常的工资水平了解较少的行业里,男性和女性的工资差距较大。了解与自己条件相当的男性所享受的薪资水平的女性对自己的薪资水平的期望也较高（ByLsma and Major,1994）,并且她们实际得到的薪资也较高（Zanna,Crosby and Lowenstein,1987）。关于更多就业谈判策略的讨论,参见 Kolb and Williams,2000。女性在了解了自己的能力之后就会觉得自己有资格得到高工资,关于这方面的证据,参见 Hogue and Yoder, 2003。有关谈判可以提高薪资水平的证据,参见 Babcock,2002；Babcock and Laschever, 2003(引用了上述证据)；Barron,2003。另外,Kray Galinsky and Thompson,2002 指出,在模式化印象中的女性特质的价值被大家所了解以后,女性在谈判中的表现比男性更好。有关有效谈判策略的全面讨论,参见 R. Fisher,Patton,and Ury,1991。
39. Blair-Loy,2003,第 38 页。
40. 同上。

41. Avolio et al., 2004, 第 803 页。
42. Eagly, 2005. 在其他过去在大多数组织中没有机会担任领导职务的群体成员当中（例如，有色人种、男同性恋和女同性恋）也存在这些问题。
43. Auletta, 1998, 第 76 页。
44. Meyerson, 2001, 第 xi 页。觉得自己担任的职务缺乏真实感的一个极端的例子就是所谓的"自我能力否定倾向"，即认为自己不配得到成功。尽管人们通常把这种现象和女性联系在一起，但对管理者和学生进行的研究表明，男性和女性一样容易否定自己的能力。参见 Fried-Buchalter, 1997；Leary et al., 2000。
45. Wellington, 2001.
46. Silvestri, 2003, 第 156 页。
47. Davies-Netzley, 1998；Huffman and Torres, 2002；G. Moore, 1988；S. M. Schor, 1997.
48. S. M. Schor, 1997, 第 54 页。
49. 参见 Rosser, 2005, and Morrill, 1995。
50. Fenwick, 2001, 第 144 页。
51. 有关有导师带来的好处，另见 Allen et al. 2004 年进行的荟萃分析；有关师生关系的类型和作用，参见 Rosser 和 Egan 2003 年的评论。有关师生关系给黑人女性带来的好处的报告，参见 Catalyst, 2004a。证明黑人女性找到导师的可能性相对较小的证据，参见 Bell and Nkomo, 2001。
52. R. J. Burke and McKeen, 1996；Dreher and Cox, 1996；Ragins and Cotton, 1999. Dreher and Cox, 1996 发现，白人男导师的学生获得的经济方面的收益是最大的。有关评论，参见 Ragins, 1999。
53. C. Friedman and Yorio, 2006, 第 33 页。
54. 关于角色压力的假设，参见 Goode, 1960；关于角色增进或扩展的假设，参见 Marks, 1977 和 Sieber, 1974。
55. "From one male bastion to the other," 2006.
56. 有关多重角色的总体影响的评论，参见 Barnett and Hyde, 2001；Greenhaus and Powell, 2006；Klumb and Lampert, 2004；Repetti, Matthews, and Waldron, 1989。除了带薪员工、爱情伴侣和父母的角色以外，还有很多其他很有意义的生活角色，例如与志愿者、艺术、体育和大家庭有关的角色。关于工作和家庭之间的冲突的荟萃分析，参见 Allen et al. 2000。
57. 有关女性就业带来的影响，参见 Klumb and Lampert, 2004 里面的评论。有关评论中未涉及的一项最近的研究，参见 Lahelma et al., 2002。一些研究表明，同时承担工作和家庭角色给女性带来的好处比给男性带来的好处更大。可参见 Grzywacz and Marks, 2000。有些研究者认为，身体健康的人就业的可能性更大，这就解释了为什么就业的人身心更健康，他们将这种现象称为"健康员工效应"（Repetti, Matthews, and Waldron, 1989）。
58. Klumb and Lampert, 2004. 最近才完成、Klumb 和 Lampert 的评论中没来得及收录的研究也表明，担任多重角色对女性是有益的（例如，Janzen and Muha-jarine, 2003；McMunn et al., 2006）。在纵向研究中，我们还可以控制住一个人早期的健康状况，研究随着时间的推移，从事带薪工作的多少对其健康状况的影响。有关如何设计纵向研究的讨论，参见 Klumb and Lampert, 2004。

59. C. Black,2001,第 83 页。
60. 与养儿育女有关的看法,参见 Bianchi,Robinson,and Milkie,2006。2000 年对美国全国范围内进行的有代表性的调查显示,大多数孩子爸爸和妈妈给陪孩子带来的满足感的打分是满分 10 分。针对养儿育女与抑郁之间的关系在全国范围内对有代表性的美国人进行的调查,参见 Evenson and Simon,2005;证明长期待在家里的已婚孩子妈妈健康状况较差的证据,参见 McMunn et al.,2006。有关苏格兰孩子爸爸妈妈们的抑郁状况,另见 Ramchandani et al.,2005。证明独自照顾孩子的妈妈比与别人一起照顾孩子的妈妈更抑郁的相关证据,参见 NICHD Early Child Care Research Network,2006。有关生儿育女会降低婚姻满意度的证据,参见 Twenge,Campbell,and Foster,2003 进行的荟萃分析。
61. Barnett and Hyde,2001;McMunn et al.,2006。
62. Blair-Loy,2003,第 110—111 页。
63. 有关母亲就业对孩子的影响,参见 J. L. Hill et al.,2005;NICHD Early Child Care Research Network,2006。
64. Deutsch,2004,第 1 页第 3 节。
65. Lindner,2001,第 72 页。
66. Matsui,2001,第 127 页。康妮·松井是 Biogen Idec 公司负责公司战略和沟通的执行副总裁。
67. B. Morris,2002。丈夫担任全职主夫的女性高管有:Carly Fiorina、Ellen Hancock、Donna L. Dubinsky、Safra Catz、Anne M. Mulcahy、Dawn G. Lepore、Karen M. Garrison 和 Deborah C. Hopkins(M. W Walsh,2001)。
68. C. K. Goodman,2005,第 C3 页。
69. Milkie et al.,2004。
70. M. Elliot,2004,第 59 页。
71. Barnett and Hyde,2001。
72. 一项在全国范围内进行的有代表性的调查显示,在夫妻双方或一方感到幸福的婚姻中,女性从事全职工作不会增加离婚的概率。只有当夫妻双方都觉得他们的婚姻不幸福时,女性从事全职工作才会导致离婚上升。该项调查还显示,女性的收入与离婚率无关。这些调查结果表明,拥有高收入工作的女性对婚姻的投入并不比其他女性少,但拥有高收入的工作为女性提供了经济后盾,让她们可以从不幸福的婚姻中解脱出来。
73. S. A. Friedman,1996,第 27 页。
74. LaFarge,2001,第 116 页。

第十一章

1. Herbert,2006,第 9 页。
2. Creswell,2006,business section,第 1 页。
3. 关于这些转变的讨论,参见 Inglehart and Norris,2003。另见 Emrich,Denmark,and Den Hartog,2004。
4. Valian,1998。
5. Fiorina,2006,第 173 页。

6. Hymowitz,2006b,第 B1 页,Hymowitz 还提供了一些日常的证据证明很多成功的女性高管并不会后悔她们在家庭和工作之间做出的取舍。
7. Frissen,2000.
8. 关于董事会成员构成多元化压力的讨论,参见 Bilimoria,2000。
9. Levering and Moskowitz,2006.
10. Sharpe,2000,第 74 页。
11. Dowd,2006,第 A21 页。
12. Eagly Karau,and Makhijani,1995. 另见 Bowen,Swim,and Jacobs 2000 年进行的一项相关的荟萃分析。另外,管理咨询团队还比较了男性管理者和女性管理者的很多领导技巧及其效果。这一研究很难评价,因为它没有将可能会影响两性差异大小和方向的变量(例如领导职务的类型)考虑进去。此外,咨询人员使用的衡量方法通常与科学文献中出现的衡量方法不同,因此它们可能不符合同样的心理衡量标准。参见 Kabacoff;1998;Merrill-Sands and Kolb,2001。
13. 在 Eagly、Karau 和 Makhijani 1995 年进行的荟萃分析中,有时候,研究人员对这些职务的界定非常宽泛,例如,"一个或多个行业的中层管理者"。有时候,他们对这些职务的界定又具体得多,例如,某一城市的"小学校长"。在荟萃分析的大多数研究中,是由领导者们的下属、上司或同级都对他们的领导效果进行评级。在有些研究中,则是领导者自己对自己的表现进行评级。只有少数研究包含了一些基于团队或组织生产率的比较客观的业绩指标。
14. Eagly and Karau,2002;Heilman,2001.
15. 对于中层管理职务特点的描述,可参见 Paolillo,1981。
16. 这里所说的荟萃分析是指 Eagly、Karau 和 Makhijani 于 1995 年进行的荟萃分析。一组评判人员从传统观念的角度对各种领导职务的男性化程度和女性化程度进行了评级。
17. 女性容易受到攻击是因为人们存在信息处理偏见。因为信息处理偏见的存在,人们往往会夸大小型特殊团体成员与某些特殊行为之间的关联性。例如,如果一家律师事务所 5% 的律师是女性,95% 的律师是男性,男律师和女律师犯法律错误的概率都是 5%,那么人们往往会感觉女律师犯错的概率更高。有关这种偏见,即错觉关联的讨论,参见 Hamilton and Gifford,1976。
18. Committee of 200,2002,第 19 页。Griffin 是 Enterprise Rent-A-Car Company 的副总裁。
19. 可参见 D. Jones,2006b。
20. Catalyst,2004b. 具体而言,与后 25% 的公司相比,前 25% 的公司股本收益率高 35%,股东整体回报率高 34%。
21. Krishnan and Park,2005. 以美国银行为样本的小范围的调查显示,管理层性别多元化与生产率和股本收益率之间存在微弱的(不太显著的)正相关关系,关于这一点,参见 Dwyer,Richard,and Chadwick,2003;Richard et al.,2004。
22. 关于公司价值,参见 Carter,Simkins,and Simpson,2003;关于财务业绩,参见 Erhardt,Werbel,and Shrader,2003。早期对美国公司进行的研究的结果更加不确定,例如,Shrader,Blackburn,and Iles,1997。另外,对英国计算《金融时报》指数时所选择的 100 家样本公司进行的一项研究发现,董事会成员性别多样化与公司的财务业绩之间存在微弱的正相关关系(Singh,Vinnicombe,and Terjesen,2006)。

23. P M. Lee and James,2007.
24. Brancato and Patterson,1999,第7页。
25. R. Campbell,1996,第A11页。
26. Musteen,Barker,and Baeten,2006.
27. 关于这一观点的详细内容,参见 Ellemers,de Gilder,and Haslam,2004。
28. Allmendinger and Hackman,1995. 对性别多元化和其他形式的多元化进行的广泛研究发现了很多相互矛盾的影响。考虑到很多作用会导致这些影响,这一结果并不奇怪。有关评论,参见 Finkelstein and Hambrick,1996; D. van Knippenberg and Schippers, 2007; K. I. Williams and O'Reilly,1998。
29. 人们经常引用诸如 Pfeffer and Davis-Blake,1987 之类的研究证明在女性进入某个职业以后,该职业的工资会下降。但是,England、Allison、和 Wu 对 1983—2001 年的纵向数据的分析驳倒了这种解释。
30. 关于多元化管理的有用讨论,参见 Ely Meyerson, and Davidson, 2006; Jayne and Dipboye,2004。
31. 有关更多促进男女平等变化的经济和政治力量的讨论,参见 R. M. Jackson,1998。
32. Connell,2003,2005。
33. Center for American Women and Politics,2005.
34. 有关社会政治看法的两性差异的讨论和实证研究,参见 Eagly et al.,2004（另见 Eagly and Diekman, 2006）。有关社会舆论的两性差异的跨国研究,参见 Inglehart and Norris,2003。
35. 参见 S. J. Carroll,2001; Kathlene, 2001; Panczer,2002; C. S. Rosenthal, 2002; K. C. Wash,2002。Lovenduski and Norris,2003 讨论了与英国议会有关的这些问题。
36. R. M. Jackson,1998.
37. 有关不断变化的男性身份的讨论,参见 Giele,2004。
38. Glick and Fiske,2001a; Inglehart and Norris,2003.
39. Dickman and Eagly,2000; Diekman and Goodfriend,2006. 有关拉丁美洲和德国的数据,另见 Diekman et al.,2005 和 Wilde anad Dickman,2005。
40. Demott,2000,第3页。
41. Mansfield,2006,第16页,原文使用的是斜体字。
42. Tiger,1999.
43. Browne,2002.
44. 例如,Inglehart and Norris,2003。
45. 提出性别问题的男性团体反映了各种各样的政治立场。参见 Connell,2005。
46. 关于民意调查的数据,可参见 J. Mann,2000。对1 500名被调查者进行的民意调查是由 Roper-Starch Worldwide 受一家名为 Deloitte & Touche 的金融服务公司的委托进行的。
47. Diekman,Goodfriend,and Goodwin,2004; Diekman and Goodfriend,2006.
48. 有关女性退出有影响力的职业的新闻报道的例子,参见 Belkin,2003; Story,2005; Wallis,2004。有关媒体论断的分析,参见 Dunn-Jensen and Stroh,2007。
49. Ridgeway,2006a,第281页。

50. Blau, Brinton, and Grusky, 2006 包含了有关男女平等的最近发展趋势的争论。特别要参见 Ridgeway 所写的性别是社会关系的组织力量的章节、England 所写的有关来自家庭劳动分工的阻力的章节和 R. M. Jackson 所写的逐渐趋向于男女平等是不可阻挡的社会发展趋势的章节。
51. 对于女性及其他社会地位较低的群体在什么条件下才会积极行动起来改善其社会低位的社会认同理论分析，参见 Tajfel and Turner, 1979。关于社会舆论的民意调查，参见 J. M. Jones, 2005a 和 Lifetime Women's Pulse Poll, 2006。

参 考 文 献

ABC News/*Washington Post* Poll. 2006. Clinton does well on attributes but still lacks crossover appeal. May 28. http://abcnews.go.com/images/Politics/1012a4HRC.pdf.
Abelson, R. P. 1985. A variance explanation paradox: When a little is a lot. *Psychological Bulletin* 97: 129–133.
Abzug, B. 1996. Women will change the nature of power. In *Women's leadership and the ethics of development*, B. Abzug and D. Jain. UNDP Gender in Development: Resource Room. http://www.sdnp.undp.org/gender/resources/mono4.html#Women%20Will%20Change%20the%20Nature%20of%20Power.
Acker, J. 1990. Hierarchies, jobs, bodies: A theory of gendered organizations. *Gender & Society* 4: 139–158.
———.1995. Feminist goals and organizing processes. In *Feminist organizations: Harvest of the new women's movement*, edited by M. M. Ferree and P. Y. Martin, 137–144. Philadelphia: Temple University Press.
Adams-Roy, J., and J. Barling. 1998. Predicting the decision to confront or report sexual harassment. *Journal of Organizational Behavior* 19: 329–336.
Adler, N. J. (2007). One world: Women leading and managing worldwide. In *Handbook of women in business and management*, edited by D. Bilimoria and S. K. Piderit, 330–355. Cheltenham, UK: Edward Elgar.
Agle, B. R., N. J. Nagarajan, J. A. Sonnenfeld, and D. Srinivasan. 2006. Does CEO charisma matter? An empirical analysis of the relationships among organizational performance, environmental uncertainty, and top management team perceptions of CEO charisma. *Academy of Management Journal* 49: 161–174.
Ajzen, I., and M. Fishbein. 2005. The influence of attitudes on behavior. In *The handbook of attitudes*, edited by D. Albarracín, B. T. Johnson, and M. P. Zanna, 173–221. Mahwah, NJ: Erlbaum.
Allen, T. D. 2006. Rewarding good citizens: The relationship between citizenship behavior, gender, and organizational rewards. *Journal of Applied Psychology* 36: 120–143.
———, L. T. Eby, M. L. Poteet, E. Lentz, and L. Lima, 2004. Career benefits associated with mentoring for protégés: A meta-analysis. *Journal of Applied Psychology* 89: 127–136.
———, D. E. L. Herst, C. S. Bruck, and M. Sutton. 2000. Consequences associated with work-to-family conflict: A review and agenda for further research. *Journal of Occupational Health Psychology* 5: 278–308.
———, and J. E. Russell. 1999. Parental leave of absence: Some not so family-friendly implications. *Journal of Applied Social Psychology* 29: 166–191.
Allmendinger, J., and J. R. Hackman. 1995. The more, the better? A four-nation study of the inclusion of women in symphony orchestras. *Social Forces* 74: 423–460.
Almer, E. D., J. R. Hopper, and S. E. Kaplan. 1998. The effect of diversity-related attributes on hiring, advancement and voluntary turnover judgments. *Accounting Horizons* 12: 1–17.
Alsop, R. 2005. Men do numbers, women do strategy: Recruiters see a clear difference between male and female applicants. *Wall Street Journal*, September 21, R5.
Alvesson, M., and Y. D. Billing. 1992. Gender and organization: Towards a differentiated understanding. *Organization Studies* 13: 73–103.
Ambert, A. 1994. An international perspective on parenting: Social change and social constructs. *Journal of Marriage and the Family* 56: 529–543.

American Bar Association Commission on Women in the Profession. 2006. *A current glance at women in the law 2006.* http://www.abanet.org/women/CurrentGlanceStatistics2006.pdf.

American freshman: Forty-year trends. 2007. Los Angeles: Higher Education Research Institute.

Anders, G. 2005. Depositions require a skill set leaders don't use on the job. *Wall Street Journal*, July 26, A17.

Anderson, D. J., M. Binder, and K. Krause. 2003. The motherhood wage penalty revisited: Experience, heterogeneity, work effort, and work-schedule flexibility. *Industrial & Labor Relations Review* 56: 273–294.

Anderson, L. R., and P. N. Blanchard. 1982. Sex differences in task and social-emotional behavior. *Basic and Applied Social Psychology* 3: 109–139.

Angrist, J., and W. N. Evans. 1998. Children and their parents' labor supply: Evidence from exogenous variation in family size. *American Economic Review* 88: 450–477.

Antilla, S. 2004. Money talks, women don't. *New York Times*, July 21, section A, 19.

Antonakis, J. 2004. On why "emotional intelligence" will not predict leadership effectiveness beyond IQ or the "Big Five": An extension and rejoinder. *Organizational Analysis* 12: 171–182.

———, B. J. Avolio, and N. Sivasubramaniam. 2003. Context and leadership: An examination of the nine-factor full-range leadership theory using the Multifactor Leadership Questionnaire. *Leadership Quarterly* 14: 261–295.

Archer, J. 2000. Sex differences in aggression between heterosexual partners: A meta-analytic review. *Psychological Bulletin* 126: 651–680.

———. 2002. Sex differences in physically aggressive acts between heterosexual partners: A meta-analytic review. *Aggression and Violent Behavior* 7: 313–351.

———. 2004. Sex differences in aggression in real-world settings: A meta-analytic review. *Review of General Psychology* 8: 291–322.

———. 2006a. Cross-cultural differences in physical aggression between partners: A social-role analysis. *Personality and Social Psychology Review* 10: 133–153.

———. 2006b. Testosterone and human aggression: An evaluation of the challenge hypothesis. *Neuroscience and Biobehavioral Reviews* 30: 319–345.

———, and S. M Coyne. 2005. An integrated review of indirect, relational, and social aggression. *Personality and Social Psychology Review* 9: 212–230.

Arendell, T. 2000. Conceiving and investigating motherhood: The decade's scholarship. *Journal of Marriage and the Family* 62: 1192–1207.

Armstrong-Stassen, M. 2005. Coping with downsizing: A comparison of executive-level and middle managers. *International Journal of Stress Management* 12: 117–141.

Artis, J. E., and E. K. Pavalko. 2003. Explaining the decline in women's household labor: Individual change and cohort differences. *Journal of Marriage and the Family* 65, 746–761.

Arun, S. V., T. G. Arun, and V. K. Borooah. 2004. The effect of career breaks on the working lives of women. *Feminist Economics* 10: 65–84.

Arvey, R. D., M. Rotundo, W. Johnson, Z. Zhang, and M. McGue. 2006. The determinants of leadership role occupancy: Genetic and personality factors. *Leadership Quarterly* 17: 1–20.

Astin, H. S., and C. Leland. 1991. *Women of influence, women of vision: A cross-generational study of leaders and social change.* San Francisco: Jossey-Bass.

Atwater, L. E., J. F. Brett, D. Waldman, L. DiMare, and M. V. Hayden. 2004. Men's and women's perceptions of the gender typing of management subroles. *Sex Roles* 50: 191–199.

Atwood, G. 2006. *Big girls do cry but not at work.* Society of Women Engineers: Professional Development. http://www.swe.org/stellent/groups/website/@public/documents/webdoc/swe_000423.pdf.

Auletta, K. 1998. In the company of women. *New Yorker*, April 20, 72–78.

———. 2002. The Howell doctrine. *New Yorker*, June 10, 48–56, 58–64, 66–71.

Aurora and Caliper. 2005. *The DNA of women leaders.* April. http://www.auroravoice.com/pdf/dna_2005.pdf.

Aven, F. F., Jr., B. Parker, and G. M. McEvoy. 1993. Gender and attitudinal commitment to organizations: A meta-analysis. *Journal of Business Research* 26: 63–73.

Avolio, B. J. 1999. *Full leadership development: Building the vital forces in organizations.* Thousand Oaks, CA: Sage.

———, B. M. Bass, and D. I. Jung. 1999. Re-examining the components of transformational and transactional leadership using the Multifactor Leadership Questionnaire. *Journal of Occupational and Organizational Psychology* 72: 441–462.

———, J., W. L. Gardner, F. O. Walumbwa, F. Luthans, and D. R. May. 2004. Unlocking the mask: A look at the process by which authentic leaders impact follower attitudes and behaviors. *Leadership Quarterly* 15, 801–823.

Ayman, R. 2004. Situational and contingency approaches to leadership. In *The nature of leadership*, edited by J. Antonakis, A. T. Cianciolo, and R. J. Sternberg, 148–170. Thousand Oaks, CA: Sage.

Babcock, L., M. Gelfand, D. Small, and H. Stayn. 2006. Gender differences in the propensity to initiate negotiations: A new look at gender variation in negotiation behavior. In *Social psychology and economics*, edited by D. De Cremer, M. Zeelenberg, and J. K. Murnighan, 239–259. Mahwah, NJ: Erlbaum.

———, and S. Laschever. 2003. *Women don't ask: Negotiation and the gender divide*. Princeton, NJ: Princeton University.

Bailyn, L. 2002. Time in organizations: Constraints on, and possibilities for, gender equity in the workplace. In *Advancing women's careers: Research and practice*, edited by R. J. Burke and D. L. Nelson, 262–272. Malden, MA: Blackwell.

Baker, J. G. 2002. The influx of women into legal professions: An economic analysis. *Monthly Labor Review* 125(8): 14–24.

Bales, R. F. 1950. *Interaction process analysis: A method for the study of small groups*. Reading, MA: Addison-Wesley.

Banaji, M. R., and C. D. Hardin. 1996. Automatic stereotyping. *Psychological Science* 7: 136–141.

———, C. D. Hardin, and A. J. Rothman. 1993. Implicit stereotyping in person judgment. *Journal of Personality and Social Psychology* 65: 272–281.

———, K. M. Lemm, and S. J. Carpenter. 2001. The social unconscious. In *Blackwell handbook of social psychology: Intraindividual processes*, edited by A. Tesser and N. Schwarz, 134–158. Malden, MA: Blackwell.

Bargh, J. A., P. Raymond, J. B. Pryor, and F. Strack. 1995. Attractiveness of the underling: An automatic power→sex association and its consequences for sexual harassment and aggression. *Journal of Personality and Social Psychology* 68: 768–781.

Barmby, T. A., M. G. Ercolani, and J. G. Treble. 2002. Sickness absence: An international comparison. *Economic Journal* 112: F315–F331.

Barnett, R. C., and J. S. Hyde. 2001. Women, men, work, and family: An expansionist theory. *American Psychologist* 56: 781–796.

Baron, R. A., J. H. Neuman, and D. Geddes. 1999. Social and personal determinants of workplace aggression: Evidence for the impact of perceived injustice and the Type A behavior pattern. *Aggressive Behavior* 25: 281–296.

Barron, L. A. 2003. Ask and you shall receive? Gender differences in negotiators' beliefs about requests for a higher salary. *Human Relations* 56: 635–662.

Barth, J., and M. R. Ferguson. 2002. Gender and gubernatorial personality. *Women & Politics* 24: 63–82.

Bartunek, J. M., K. Walsh, and C. A. Lacey. 2000. Dynamics and dilemmas of women leading women. *Organization Science* 11: 589–610.

Bass, B. M. 1981. *Stogdill's handbook of leadership: A survey of theory and research*. Rev. ed. New York: Free Press.

———. 1985. *Leadership and performance beyond expectations*. New York: Free Press.

———. 1990. *Bass & Stogdill's handbook of leadership: Theory, research, and managerial applications*. 3rd ed. New York: Free Press.

———. 1998. *Transformational leadership: Industrial, military, and educational impact*. Mahwah, NJ: Erlbaum.

Bauer, T. N., E. W. Morrison, and R. R. Callister. 1998. Organizational socialization: A review and directions for future research. In *Research in personnel and human resources management*, edited by G. R. Ferris. Vol. 16, 149–214. Stamford, CT: Elsevier Science/JAI Press.

Baxter, J., and E. O. Wright. 2000. The glass ceiling hypothesis: A comparative study of the United States, Sweden, and Australia. *Gender & Society* 14: 275–294.

Bayard, K., J. Hellerstein, D. Neumark, and K. Troske. 2003. New evidence on sex segregation and sex differences in wages from matched employee-employer data. *Journal of Labor Economics* 21: 886–922.

Bayard de Volo, L. 2000. Global and local framing of maternal identity: Obligation and the mothers of Matagalpa, Nicaragua. In *Globalizations and social movements: Culture, power, and the transnational public sphere*, edited by J. Guidry, M. D. Kennedy, and M. N. Zald, 127–146. Ann Arbor: University of Michigan Press.

Beatty, S. 2004. Boss talk: Plotting plaid's future; Burberry's Rose Marie Bravo designs ways to keep brand growing and still exclusive. *Wall Street Journal*, September 9, B1, B8.

Becker, G. S. 1985. Human capital, effort, and the sexual division of labor. *Journal of Labor Economics* 3, no. 1, supplement: S33–S58.

Beckham, B., and H. Aronson. 1978. Selection of jury foremen as a measure of the social status of women. *Psychological Reports* 43: 475–478.

Belkin, L. 2003. The opt-out revolution. *New York Times Magazine*, October 26, 42–47, 58, 85–86.

Bell, E. L. J. E., and S. M. Nkomo. 2001. *Our separate ways: Black and white women and the struggle for professional identity.* Boston: Harvard Business School Press.

Bennis, W. 1989. *On becoming a leader.* Reading, MA: Addison-Wesley.

Benoit, B. 2006. Lecturer or listener? Why Merkel may need to work on her assertive side. *Financial Times*, February 21. http://search.ft.com/searchArticle?queryText=Lecturer+or+listenerandy=7andjavascriptEnabled=trueandid=060221000753andx=15.

Berdahl, J. L., and C. Anderson. 2005. Men, women, and leadership centralization in groups over time. *Group Dynamics: Theory, Research, and Practice* 9: 45–57.

———, and C. Moore. 2006. Workplace harassment: Double jeopardy for minority women. *Journal of Applied Psychology* 91: 426–436.

Berger, J., and M. H. Fisek. 2006. Diffuse status characteristics and the spread of value: A formal theory. *American Journal of Sociology* 111: 1038–1079.

Bergman, M. E., R. D. Langhout, P. A. Palmieri, L. M. Cortina, and L. F. Fitzgerald. 2002. The (un)reasonableness of reporting: Antecedents and consequences of reporting sexual harassment. *Journal of Applied Psychology* 87: 230–242.

Berkeley, A. E. 1989. Job interviewers' dirty little secret. *Wall Street Journal*, March 20, 1,14.

Bernardin, H. J., C. M. Hagan, J. S. Kane, and P. Villanova. 1998. Effective performance management: A focus on precision, customers, and situational constraints. In *Performance appraisal: State of the art in practice*, edited by J. W. Smither, 3–48. San Francisco: Jossey-Bass.

The best and worst managers of the year. 2005. *BusinessWeek Online*, January 10. http://www.businessweek.com/magazine/toc/05_02/B39150502manager.htm.

Bettencourt, B. A., and N. Miller. 1996. Gender differences in aggression as a function of provocation: A meta-analysis. *Psychological Bulletin* 119: 422–447.

Betty Dukes et al. v. Wal-Mart Stores, Inc. 2003a. Expert report of William T. Bielby, Ph.D. U.S. District Court, Northern District of California, Case No. C-01-2242 MJJ., February. http://www.walmartclass.com/walmartclass94.pl?wsi=0andwebsys_screen=all_reports_view&websys_id=19

Betty Dukes et al. v. Wal-Mart Stores, Inc. 2003b. Statistical analysis of gender patterns in Wal-Mart workforce by R. Drogin of Drogin, Kakigi & Associates. U.S. District Court, Northern District of California, Case No. C-01-2242 MJJ, February. http://www.walmartclass.com/walmartclass94.pl?wsi=0&websys_screen=all_reports_view&websys_id=18.

Betty Dukes et al. v. Wal-Mart Stores, Inc. 2003c. Declaration of Gretchen Adams in support of plaintiffs' motion for class certification. U.S. District Court, Northern District of California, Case No. C-01-2242 MJJ, April. http://www.walmartclass.com/staticdata/walmartclass/declarations/Adams_Gretchen.htm

Beutel, A. M., and M. M. Marini. 1995. Gender and values. *American Sociological Review* 60: 436–448.

Beyer, S. 1990. Gender differences in the accuracy of self-evaluations of performance. *Journal of Personality and Social Psychology* 59: 960–970.

Bianchi, S. M. 2000. Maternal employment and time with children: Dramatic change or surprising continuity? *Demography* 37: 401–414.

———, M. A. Milkie, L. C. Sayer, and J. P. Robinson. 2000. Is anyone doing the housework? Trends in the gender division of household labor. *Social Forces* 79: 191–228.

———, J. P. Robinson, and M. A. Milkie. 2006. *Changing rhythms of American family life.* New York: Russell Sage Foundation.

Bielby, D. D., and W. T. Bielby. 1984. Work commitment, sex-role attitudes, and women's employment. *American Sociological Review* 49: 234–247.

———, and W. T. Bielby. 1988. She works hard for the money: Household responsibilities and the allocation of work effort. *American Journal of Sociology* 93: 1031–1059.

Bielby, W. T., and Bielby, D. D. 1989. Family ties: Balancing commitments to work and family in dual earner households. *American Sociological Review* 54: 776–789.

Biernat, M. 2003. Toward a broader view of social stereotyping. *American Psychologist* 58: 1019–1027.

———, C. S. Crandall, L. V. Young, D. Kobrynowicz, and S. M. Halpin. 1998. All that you can be: Stereotyping of self and others in a military context. *Journal of Personality and Social Psychology* 75: 301–317.

———, and D. Kobrynowicz. 1997. Gender- and race-based standards of competence: Lower minimum standards but higher ability standards for devalued groups. *Journal of Personality and Social Psychology* 72: 544–557.

———, M. Manis, and T. B. Nelson. 1991. Stereotypes and standards of judgment. *Journal of Personality and Social Psychology* 66: 5–20.

———, and T. K. Vescio. 2002. She swings, she hits, she's great, she's benched: Implications of gender-based shifting standards for judgment and behavior. *Personality and Social Psychology Bulletin* 28: 66–77.

Bilimoria, D. 2000. Building the business case for women corporate directors. In *Women on corporate boards of directors: International challenges and opportunities*, edited by R. J. Burke and M. C. Mattis, 25–40. Dordrecht: Kluwer Academic.

Bittman, M., P. England, L. Sayer, N. Folbre, and G. Matheson. 2003. When does gender trump money? Bargaining and time in household work. *American Journal of Sociology* 109: 186–214.

———, and J. Wajcman. 2000. The rush hour: The character of leisure time and gender equity. *Social Forces* 79: 165–189.

Björkqvist, K. 1994. Sex differences in physical, verbal, and indirect aggression: A review of recent research. *Sex Roles* 30: 177–188.

Black, C. 2001. Protestant neighbors bought Catholic newspapers from her. In *How Jane won: 55 successful women share how they grew from ordinary girls to extraordinary women*, edited by S. Rimm and S. Rimm-Kaufman, 78–83. New York: Crown Business.

Black, J. 2003. The women of tech. *BusinessWeek Online*, May 29. http://www.businessweek.com/technology/content/may2003/tc20030529_2635_tc111.htm?chan=search.

Blair, I. V., and M. R. Banaji. 1996. Automatic and controlled processes in stereotype priming. *Journal of Personality and Social Psychology* 70: 1142–1163.

Blair-Loy, M. 2003. *Competing devotions: Career and family among women executives*. Cambridge, MA: Harvard University Press.

Blau, F. D., M. C. Brinton, and D. B. Grusky, eds. 2006. *The declining significance of gender?* New York: Russell Sage Foundation.

———, and L. M. Kahn. 2006a. The gender pay gap: Going, going . . . but not gone. In *The declining significance of gender?* edited by F. D. Blau, M. C. Brinton, and D. B. Grusky, 37–66. New York: Russell Sage Foundation.

———, and L. M. Kahn. 2006b. The U. S. gender pay gap in the 1990s: Slowing convergence. *Industrial and Labor Relations Review* 60: 45–66.

———, and L. M. Kahn. 2007. The gender pay gap: Have women gone as far as they can? *Academy of Management Perspectives* 21: 7–23.

Blinder, A. 1973. Wage discrimination: Reduced form and structural estimates. *Journal of Human Resources* 8: 436–455.

Boehm, C. 1999. *Hierarchy in the forest: The evolution of egalitarian behavior*. Cambridge, MA: Harvard University Press.

Boise, L., and M. B. Neal. 1996. Family responsibilities and absenteeism: Employees caring for parents versus employees caring for children. *Journal of Managerial Issues* 8: 218–238.

Boldry, J., W. Wood, and D. A. Kashy. 2001. Gender stereotypes and the evaluation of men and women in military training. *Journal of Social Issues* 57: 689–705.

Bolino, M. C., and W. H. Turnley. 2003. Counternormative impression management, likeability, and performance ratings: The use of intimidation in an organizational setting. *Journal of Organizational Behavior* 24: 237–250.

Bond, J. T., C. Thompson, E. Galinsky, and D. Prottas. 2002. *Highlights of the national study of the changing workforce*. New York: Families and Work Institute.

Bond, M. A., L. Punnett, J. L. Pyle, D. Cazeca, and M. Cooperman. 2004. Gendered work conditions, health, and work outcomes. *Journal of Occupational Health Psychology* 9: 28–45.

Bono, J. E., and M. H. Anderson. 2005. The advice and influence networks of transformational leaders. *Journal of Applied Psychology* 90: 1306–1314.

———, and T. A. Judge. 2004. Personality and transformational and transactional leadership: A meta-analysis. *Journal of Applied Psychology* 89: 901–910.

Boraas, S., and W. M. Rodgers III. 2003. How does gender play a role in the earnings gap? An update. *Monthly Labor Review* 126 (3): 9–15.

Borkowski, S. C., and Y. J. Ugras. 1998. Business students and ethics: A meta-analysis. *Journal of Business Ethics* 17: 1117–1127.

Borman, W. C. 2004. The concept of organizational citizenship. *Current Directions in Psychological Science* 13: 238–241.

Boulis, A. 2004. The evolution of gender and motherhood in contemporary medicine. *Annals of the American Academy of Political and Social Science* 596: 172–206.

Bowen, C., J. K. Swim, and R. R. Jacobs. 2000. Evaluating gender biases on actual job performance of real people: A meta-analysis. *Journal of Applied Social Psychology* 30: 2194–2215.

Bowler, M., R. E. Ilg, S. Miller, E. Robinson, and A. Polivka. 2003. *Revisions to the Current Population Survey effective in January 2003*. http://www.bls.gov/cps/rvcps03.pdf.

Bowles, H. R., L. Babcock, and L. Lai. 2007. Social incentives for gender differences in the propensity to initiate negotiations: Sometimes it does hurt to ask. *Organizational Behavior and Human Decision Processes* 103: 84–103.

———, L. Babcock, and K. L. McGinn. 2005. Constraints and triggers: Situational mechanics of gender in negotiation. *Journal of Personality and Social Psychology* 89: 951–965.

Bowman, G. W., N. B. Worthy, and S. A. Greyser. 1965. Are women executives people? *Harvard Business Review* 43(4): 14–28, 164–178.

Brackett, M. A., S. E. Rivers, S. Shiffman, N. Lerner, and P. Salovey. 2006. Relating emotional abilities to social functioning: A comparison of self-report and performance measures of emotional intelligence. *Journal of Personality and Social Psychology* 91: 780–795.

Bradley, R. 2005. *Harvard rules: The struggle for the soul of the world's most powerful university.* New York: HarperCollins.

Brady, S., and G. Salvatore. 2005. With children: Leading an integrated life. In *Enlightened power: How women are transforming the practice of leadership*, edited by L. Coughlin, E. Wingard, and K. Hollihan, 151–166. San Francisco: Jossey-Bass.

Brancato, C. K., and D. J. Patterson. 1999. *Board diversity in U.S. corporations: Best practices for broadening the profile of corporate boards*. New York: Conference Board.

Brass, D. J. 1985. Men's and women's networks: A study of interaction patterns and influence in an organization. *Academy of Management Journal* 28: 327–343.

———. 2001. Social capital and organizational leadership. In *The nature of organizational leadership: Understanding the performance imperatives confronting today's leaders*, edited by S. J. Zaccaro and R. J. Klimoski, 132–152. San Francisco, CA: Jossey-Bass.

Brazelton, T. B. 1988. *What every baby knows.* New York: Ballentine Books.

Brescoll, V., and M. LaFrance. 2004. The correlates and consequences of newspaper reports of research on sex differences. *Psychological Science* 15: 515–520.

Brett, J. M., and L. K. Stroh. 1997. Jumping ship: Who benefits from an external labor market career strategy? *Journal of Applied Psychology* 82: 331–341.

———, and L. K. Stroh. 2003. Working 61 hours a week: Why do managers do it? *Journal of Applied Psychology* 81: 67–78.

Bridges, S., and K. Mumford. 2001. Absenteeism in the UK: A comparison across genders. *Manchester School* 69: 276–284.

Bridges, W. P. 2003. Rethinking gender segregation and gender inequality: Measures and meanings. *Demography* 40: 543–568.

Brooks, C., and C. Bolzendahl. 2004. The transformation of U.S. gender role attitudes: Cohort replacement, social-structural change, and ideological learning. *Social Science Research* 33: 106–133.

Browne, K. R. 1999. *Divided labours: An evolutionary view of women at work*. New Haven, CT: Yale University Press.

———. 2002. *Biology at work: Rethinking sexual equality.* New Brunswick, NJ: Rutgers University Press.

Bryant, W. K., and C. D. Zick. 1996a. Are we investing less in the next generation? Historical trends in time spent caring for children. *Journal of Family and Economic Issues* 17: 365–391.

———, and C. D. Zick. 1996b. An examination of parent-child shared time. *Journal of Marriage and the Family* 58: 227–237.

Budig, M. J. 2002. Male advantage and the gender composition of jobs: Who rides the glass escalator? *Social Problems* 49: 258–277.

———, and P. England. 2001. The wage penalty for motherhood. *American Sociological Review* 66: 204–225.

Buller, D. J. 2005. *Adapting minds: Evolutionary psychology and the persistent quest for human nature.* Cambridge, MA: MIT Press.

Burgess, D., and E. Borgida. 1999. Who women are, who women should be: Descriptive and prescriptive gender stereotyping in sex discrimination. *Psychology, Public Policy, and Law* 5: 665–692.

Burgoon, M., T. S. Birk, and J. R. Hall. 1991. Compliance and satisfaction with physician-patient communication: An expectancy theory interpretation of gender differences. *Human Communication Research* 18: 177–208.

———, J. P. Dillard, and N. E. Doran. 1983. Friendly or unfriendly persuasion: The effects of violations by males and females. *Human Communication Research* 10: 283–294.

Burke, C. S., K. C. Stagl, C. Klein, G. F. Goodwin, E. Salas, and S. M. Halpin. 2006. What type of leadership behaviors are functional in teams? A meta-analysis. *Leadership Quarterly* 17: 288–307.

Burke, R. J., and M. C. Mattis. 2000. *Women on corporate boards of directors: International challenges and opportunities.* Dordrecht: Kluwer Academic.

———, and C. A. McKeen. 1996. Gender effects in mentoring relationships. *Journal of Social Behavior and Personality* 11(5): 91–104.

Burns, G. 2006. Bringing new energy to ADM. *Chicago Tribune*, December 29, section 1, 29.

Burns, J. M. 1978. *Leadership.* New York: Harper and Row.

Burt, R. S. 1992. *Structural holes: The social structure of competition.* Cambridge, MA: Harvard University Press.

———. 1998. The gender of social capital. *Rationality & Society* 10: 5–46.

Bushman, B. J., and C. A. Anderson. 2001. Media violence and the American public: Scientific facts versus media misinformation. *American Psychologist* 56: 477–489.

Buss, D. M. 1981. Sex differences in the evaluation and performance of dominant acts. *Journal of Personality and Social Psychology* 40: 147–154.

———. 1995. Evolutionary psychology: A new paradigm for psychological science. *Psychological Inquiry* 6: 1–30.

———, ed. 2005. *The handbook of evolutionary psychology.* Hoboken, NJ: Wiley.

———, and D. T. Kenrick. 1998. Evolutionary social psychology. In *The handbook of social psychology,* edited by D. T. Gilbert, S. T. Fiske, and G. Lindzey, 4th ed., Vol. 2, 982–1026. Boston: McGraw-Hill.

Butler, A. B., and A. Skattebo. 2004. What is acceptable for women may not be for men: The effect of family conflicts with work on job-performance ratings. *Journal of Occupational and Organizational Psychology* 77: 553–564.

Buttner, E. H., and M. McEnally. 1996. The interactive effect of influence tactic, applicant gender, and type of job on hiring recommendations. *Sex Roles* 34: 581–591.

Bylsma, W. H., and B. Major. 1994. Social comparisons and contentment: Exploring the psychological costs of the gender wage gap. *Psychology of Women Quarterly* 18: 241–249.

Byrne, D., and J. H. Neuman. 1992. The implications of attraction research for organizational issues. In *Issues, theory, and research in industrial/organizational psychology,* edited by K. Kelly, 29–70. Amsterdam: Elsevier Science.

Byrnes, J. P., D. C. Miller, and W. D. Schafer. 1999. Gender differences in risk taking: A meta-analysis. *Psychological Bulletin* 125: 367–383.

Cadsby, C. B., and E. Maynes. 2005. Gender, risk aversion, and the drawing power of equilibrium in an experimental corporate takeover game. *Journal of Economic Behavior and Organizations* 56: 39–59.

Caiazza, A., A. Shaw, and M. Werschkul. 2004. *Women's economic status in the states: Wide disparities by race, ethnicity, and region.* Washington, DC: Institute for Women's Policy Research. http://www.iwpr.org/pdf/R260.pdf.

Caliper. 2005. *The qualities that distinguish women leaders.* http://www.caliperonline.com/womenstudy/WomenLeaderWhitePaper.pdf.

Campbell, A. 1999. Staying alive: Evolution, culture, and women's intrasexual aggression. *Behavioral and Brain Sciences* 22: 203–214.

———. 2004. Female competition: Causes, constraints, content, and contexts. *Journal of Sex Research* 41: 16–26.

———. 2005. Aggression. In *The handbook of evolutionary psychology,* edited by D. Buss, 628–652. Hoboken, NJ: Wiley.

Campbell, R. 1996. Letter to the editor. *Wall Street Journal*, April 12, A11.

Canady, A. 2001. She was a "twofer." In *How Jane won: 55 successful women share how they grew from ordinary girls to extraordinary women,* edited by S. Rimm and S. Rimm-Kaufman, 164–168. New York: Crown Business.

Cappelli, P., and M. Hamori. 2005. The new road to the top. *Harvard Business Review* 83 (1): 25–32.

Cardwell, D. 2006. Born to the elite, New York's chief city planner sweats the details of the streets. *New York Times*, January 15, A16.

Carli, L. L. 1989. Gender differences in interaction style and influence. *Journal of Personality and Social Psychology* 56: 565–576.

———. 1990. Gender, language, and influence. *Journal of Personality and Social Psychology* 59: 941–951.

———. 1999. Gender, interpersonal power, and social influence. *Journal of Social Issues* 55: 81–99.

———. 2001a. Assertiveness. In *Encyclopedia of women and gender: Sex similarities and differences and the impact of society on gender,* edited by J. Worell, 157–168. San Diego, CA: Academic Press.

———. 2001b. Gender and social influence. *Journal of Social Issues* 57: 725–741.

———. 2004. Gender effects on persuasiveness and compliance gaining: A review. In *Perspectives on persuasion, social influence and compliance gaining*, edited by J. S. Seiter and R. H. Gass, 133–148. Boston: Allyn and Bacon.
———. 2006a. Gender issues in workplace groups: Effects of gender and communication style on social influence. In *Gender and communication at work*, edited by M. Barrett and M. J. Davidson, 69–83. Burlington, VT: Ashgate.
———. 2006b. Gender and social influence: Women confront the double bind. Paper presented at the 26th International Conference of Applied Psychology, Athens, Greece, July.
———, and W. Fung. 1997. Gender differences in the prisoner's dilemma game: A meta-analysis. Presented at the 105th Annual Convention of the American Psychological Association, Chicago, IL, August.
———, S. J. LaFleur, and C. C. Loeber. 1995. Nonverbal behavior, gender, and influence. *Journal of Personality and Social Psychology* 68: 1030–1041.
———, and C. Olm-Shipman. 2004. *Gender differences in task and social behavior: A meta-analytic review.* Unpublished research, Wellesley College, Wellesley, MA.
Carras, M. 1979. *Indira Gandhi: In the crucible of leadership: A political biography.* Boston: Beacon.
Carroll, J. 2006. *Americans prefer male boss to a female boss.* September 1. Gallup Brain, http://brain.gallup.com.
Carroll, S. J. 2001. Introduction. In *The impact of women in public office*, edited by S. J. Carroll, xi–xxvi. Bloomington: Indiana University Press.
Carter, D. A., B. J. Simkins, and W. G. Simpson. 2003. Corporate governance, board diversity, and firm value. *Financial Review* 38: 33–53.
Cash, T. F., B. Gillen, and D. S. Burns. 1977. Sexism and "beautyism" in personnel consultant decision making. *Journal of Applied Psychology* 62: 301–311.
Cassirer, N., and B. F. Reskin. 2000. High hopes: Organizational positions, employment experiences, and women's and men's promotion aspirations. *Work and Occupations* 27: 438–463.
Catalyst. 2001. *Women in corporate leadership: Comparisons among the US, the UK, and Canada.* http://www.catalyst.org/files/fact/US,%20UK,%20Canada%20WICL%20Comparisons.pdf.
———. 2002. *2002 Catalyst census of women corporate officers and top earners of Canada.* http://www.catalyst.org/files/fact/2002%20Canadian%20COTE%20Fact%20Sheet.pdf.
———. 2003. *Workplace flexibility is still a woman's advancement issue.* http://www.catalyst.org/files/view/Workplace%20Flexibility%20Is%20Still%20a%20Women%27s%20Advancement%20Issue.pdf.
———. 2004a. *Advancing African-American women in the workplace: What managers need to know.* http://www.catalyst.org/files/full/Advancing%20African-American%20Women%20in%20Workplace.pdf.
———. 2004b. *The bottom line: Connecting corporate performance and gender diversity.* http://catalyst.org/files/full/financialperformancereport.pdf.
———. 2004c. *Women and men in U.S. corporate leadership: Same workplace, different realities?* http://www.catalyst.org/files/full/Women%20and%20Men%20in%20U.S.%20Corporate%20Leadership%20Same%20Workplace,%20Different%20Realities.pdf
———. 2005a. *Quick takes: Women in management in Canada.* http://www.catalyst.org/files/quicktakes/Quick%20Takes%20-%20Women%20in%20Management%20in%20Canada.pdf.
———. 2005b. *Women "take care," men "take charge": Stereotyping of U.S. business leaders exposed.* http://www.catalyst.org/files/full/Women%20Take%20Care%20Men%20Take%20Charge.pdf.
———. 2006a. *Connections that count: The informal networks of women of color in the United States.* http://www.catalyst.org/files/full/Women%20of%20Color%20-%20Connections%20that%20count.pdf.
———. 2006b. *2005 Catalyst census of women board directors of the Fortune 500.* http://www.catalyst.org/files/full/2005%20WBD.pdf.
———. 2006c. *2005 Catalyst census of women corporate officers and top earners of the Fortune 500.* http://www.catalyst.org/files/full/2005%20COTE.pdf.
Cave, D. 2006. Madam speaker, after her first year of firsts. *New York Times*, December 30, B10.
CBS News/*New York Times*. 2006. *A woman for president.* February 5. http://www.cbsnews.com/htdocs/pdf/020306woman.pdf#search=%22a%20woman%20for%20president%20CBS%20News%2FNew%20York%20Times%20Poll%22.
Cejka, M. A., and A. H. Eagly. 1999. Gender-stereotypic images of occupations correspond to the sex segregation of employment. *Personality and Social Psychology Bulletin* 25: 413–423.
Center for American Women and Politics. 2005. *Sex differences in voter turnout: Fact sheet.* http://www.cawp.rutgers.edu/~cawp/Facts/sexdiff.pdf.

———. 2006. *Women appointed to presidential cabinets: Fact sheet.* http://www.cawp.rutgers.edu/Facts/Officeholders/fedcab.pdf.

———. 2007a. *Women in elective office 2007: Fact sheet.* http://www.cawp.rutgers.edu/Facts/Officeholders/elective.pdf.

———. 2007b. *Women of color in elective office 2007: Fact sheet.* http://www.cawp.rutgers.edu/Facts/Officeholders/color.pdf.

Center for Women's Business Research. 2007. *Top facts about women-owned businesses.* http://www.cfwbr.org/facts/index.php.

Chambliss, E., and C. Uggen. 2000. Women and men in elite law firms: Reevaluating Kanter's legacy. *Law and Social Inquiry* 25: 41–68.

Chatman, J. A., A. D. Boisnier, J. L. Berdahl, S. E. Spataro, and C. Anderson. 2005. The typical, the rare, and the outnumbered: Disentangling the effects of historical typicality and numerical distinctiveness at work. Working paper, University of California at Berkeley.

Chemers, M. M. 1997. *An integrative theory of leadership.* Mahwah, NJ: Erlbaum.

Cheng, M. N. 1998. Women conductors: Has the train left the station? *Harmony* no. 6: 81–90.

Chevalier, A. 2004. Motivation, expectations, and the gender pay gap for UK graduates. Discussion Paper No. 1101. Institute for the Study of Labor, Bonn, Germany.

Chin, J. L. 2004. 2003 Division 35 presidential address: Feminist leadership: Feminist visions and diverse voices. *Psychology of Women Quarterly* 28: 1–8.

Chronicle of Higher Education. 2006. Executive compensation 53, no. 14 (November 24), section B.

Cialdini, R. B. 2001. *Influence: Science and practice.* Boston: Allyn and Bacon.

Ciulla, J. B. 2004. Ethics and leadership effectiveness. In *The nature of leadership,* edited by J. Antonakis, A. T. Cianciolo, and R. J. Sternberg, 302–327. Thousand Oaks, CA: Sage.

Clift, E., and T. Brazaitis. 2000. *Madam President: Shattering the last glass ceiling.* New York: Scribner.

Clymer, A. 2001. Book says Nixon considered a woman for Supreme Court. *New York Times,* September 27, A16.

Coeds. 2007. *New York Times,* January 7, Education Life, 12–13.

Cohen, D., R. E. Nisbett, B. F. Bowdle, and N. Schwarz. 1996. Insult, aggression, and the Southern culture of honor: An "experimental ethnography." *Journal of Personality and Social Psychology* 70: 945–960.

Cohen, F., S. Solomon, M. Maxfield, T. Pyszczynski, and J. Greenberg. 2004. Fatal attraction: The effects of mortality salience on evaluations of charismatic, task-oriented, and relationship-oriented leaders. *Psychological Science* 15: 846–851.

Cohen, L. E., J. P. Broschak, and H. A. Haveman. 1998. And then there were more? The effect of organizational sex composition on the hiring and promotion of managers. *American Sociological Review* 63: 711–727.

Coleman, C. 2001. Rowing crew taught her to excel, one stroke at a time. In *How Jane won: 55 successful women share how they grew from ordinary girls to extraordinary women,* edited by S. Rimm and S. Rimm-Kaufman, 159–163. New York: Crown Business.

Collins, D. 1997. The ethical superiority and inevitability of participatory management as an organizational system. *Organization Science* 8: 489–507.

Collins, G. 1998. Why the women are fading away. *New York Times Magazine,* October 25, 54–55.

Collins, J. C. 2001. *Good to great: Why some companies make the leap . . . and others don't.* New York: HarperCollins.

Colvin, G. 2004. Power 25: The most powerful people in business. *Fortune* at *CNNMoney.com,* August 9. http://money.cnn.com/magazines/fortune/fortune_archive/2004/08/09/377903/index.htm.

———. 2006. Catch a rising star. *Fortune* at *CNNMoney.com,* January 30. http://money.cnn.com/magazines/fortune/fortune_archive/2006/02/06/8367928/index.htm.

Committee of 200. 2002. *The C200 business leadership index 2002: Annual report on women's clout in business.* Chicago: Committee of 200.

Conger, J. A., and R. N. Kanungo. 1998. *Charismatic leadership in organizations.* Thousand Oaks, CA: Sage.

Conlin, M. 2002. She's gotta have "it." *BusinessWeek Online,* July 22. http://www.businessweek.com/magazine/content/02_29/b3792112.htm?chan=search.

Connell, R. W. 2003. Scrambling in the ruins of patriarchy: Neo-liberalism and men's divided interests in gender change. In *Gender—from costs to benefits,* edited by U. Pasero, 58–69. Wiesbaden, Germany: Westdeutscher Verlag.

———. 2005. Change among the gatekeepers: Men, masculinities, and gender equality in the global arena. *Signs: Journal of Women in Culture and Society* 30: 1801–1825.

Conway, M., M. T. Pizzamiglio, and L. Mount. 1996. Status, communality, and agency: Implications for stereotypes of gender and other groups. *Journal of Personality and Social Psychology* 71: 25–38.

Copeland, C. L., J. E. Driskell, and E. Salas. 1995. Gender and reactions to dominance. *Journal of Social Behavior and Personality* 10: 53–68.

Correll, S. J. 2001. Gender and the career choice process: The role of biased self-assessments. *American Journal of Sociology* 106: 1691–1730.

———. 2004. Constraints into preferences: Gender, status, and emerging career aspirations. *American Sociological Review* 69: 93–133.

———, S. Benard, and I. Paik. 2007. Getting a job: Is there a motherhood penalty? *American Journal of Sociology* 112: 1297–1338.

Corrigall, E. A., and A. M. Konrad. 2006. The relationship of job attribute preferences to employment, hours of paid work, and family responsibilities: An analysis comparing women and men. *Sex Roles* 54: 95–111.

Cortina, L. M., and S. A. Wasti. 2005. Profiles in coping: Responses to sexual harassment across persons, organizations, and cultures. *Journal of Applied Psychology* 90: 182–192.

Coser, L. 1974. *Greedy institutions: Patterns of undivided commitment*. New York: Free Press.

Costa, P. T., Jr., A. Terracciano, and R. R. McCrae. 2001. Gender differences in personality traits across cultures: Robust and surprising findings. *Journal of Personality and Social Psychology* 81: 322–331.

Cotton, J. L., and J. M. Tuttle. 1986. Employee turnover: A meta-analysis and review with implications for research. *Academy of Management Review* 11: 55–70.

Council on Foundations. 2006. *2006 Grantmakers salary and benefits report: Executive summary*. Washington, DC: Council on Foundations. http://www.cof.org/Learn/content.cfm?itemnumber=9124&navItemNumber=1983.

Cowan, R. S. 1976. Two washes in the morning and a bridge party at night: The American housewife between the wars. *Women's Studies* 3: 147–172.

———. 1983. *More work for mother: The ironies of household technologies from the open hearth to the microwave*. New York: Basic Books.

Cox, T. H., and C. V. Harquail. 1991. Career paths and career success in the early career stages of male and female MBAs. *Journal of Vocational Behavior* 39: 54–75.

Craig, J. M., and C. W. Sherif. 1986. The effectiveness of men and women in problem-solving groups as a function of group gender composition. *Sex Roles* 14: 453–466.

Creswell, J. 2006. How suite it isn't: A dearth of female bosses. *New York Times*, December 17, Business 1, 9, 10.

Crick, N. R., J. F. Casas, and D. A. Nelson. 2002. Toward a more comprehensive understanding of peer maltreatment: Studies of relational victimization. *Current Directions in Psychological Science* 11: 98–101.

———, and J. Grotpeter. 1995. Relational aggression, gender and social-psychological adjustment. *Child Development* 66: 710–722.

Crittenden, A. 2004. *If you've raised kids, you can manage anything: Leadership begins at home*. New York: Gotham Books.

Crocker, J., and B. Major. 1989. Social stigma and self-esteem: The self-protective properties of stigma. *Psychological Review* 96: 608–630.

Crosby, F. J. 1982. *Relative deprivation and working women*. New York: Oxford University Press.

———. 1984. The denial of personal discrimination. *American Behavioral Scientist* 27: 371–386.

———. 2004. *Affirmative action is dead: Long live affirmative action*. New Haven, CT: Yale University Press.

———, A. Iyer, and S. Sincharoen. 2006. Understanding affirmative action. *Annual Review of Psychology* 57: 585–611.

Cross, S. E., and L. Madson. 1997. Models of the self: Self-construals and gender. *Psychological Bulletin* 122: 5–37.

Cuddy, A. J. C., S. T. Fiske, and P. Glick. 2004. When professionals become mothers, warmth doesn't cut the ice. *Journal of Social Issues* 60: 701–718.

Dahlerup, D., ed. 2006. *Women, quotas and politics*. New York: Routledge, Taylor & Francis Group.

Dall'Ara, E., and A. Maass. 1999. Studying sexual harassment in the laboratory: Are egalitarian women at higher risk? *Sex Roles* 41: 681–704.

Daly, M., and M. Wilson. 1988. *Homicide*. New York: A. de Gruyter.

Darity, W. A., Jr., and P. L. Mason. 1998. Evidence on discrimination in employment: Codes of color, codes of gender. *Journal of Economic Perspectives* 12: 63–90.

Darley, J. M., and P. H. Gross. 1983. A hypothesis-confirming bias in labeling effects. *Journal of Personality and Social Psychology* 44: 20–33.

Darwin, C. 1871. *The descent of man and selection in relation to sex*. London: Murray.

Dasgupta, N., and S. Asgari. 2004. Seeing is believing: Exposure to counterstereotypic women leaders and its effect on the malleability of automatic gender stereotyping. *Journal of Experimental Social Psychology* 40: 642–658.

Daubman, K. A., and H. Sigall. 1997. Gender differences in perceptions of how others are affected by self-disclosure of achievement. *Sex Roles* 37: 73–89.

Davenport, D. B. 2003. Lessons learned. In *Some leaders are born women! Stories and strategies for building the leader within you*, edited by J. E. Gustafson, 113–116. Anthem, AZ: Leader Dynamics.

Davidson, M. J., and R. J. Burke. 2004. *Women in management worldwide: Facts, figures and analysis*. Aldershot, England: Ashgate.

Davies, P. G., S. J. Spencer, and C. M. Steele. 2005. Clearing the air: Identity safety moderates the effects of stereotype threat on women's leadership aspirations. *Journal of Personality and Social Psychology* 88: 276–287.

Davies-Netzley, S. A. 1998. Women above the glass ceiling: Perceptions on corporate mobility and strategies for success. *Gender & Society* 12: 339–355.

Davis, J. A., T. W. Smith, and P. V. Marsden. 2005. *General social surveys, 1972–2004*. 2nd ICPSR version. Chicago, IL: National Opinion Research Center [producer], 2005. Storrs, CT: Roper Center for Public Opinion Research, University of Connecticut / Ann Arbor, MI: Inter-university Consortium for Political and Social Research / Berkeley, CA: Computer-assisted Survey Methods Program (http://sda.berkeley.edu), University of California [distributors].

Davison, H. K., and M. J. Burke. 2000. Sex discrimination in simulated employment contexts: A meta-analytic investigation. *Journal of Vocational Behavior* 56: 225–248.

Dawkins, R. 1989. *The selfish gene*. New York: Oxford University Press.

Dean, C. 2005. For some girls, the problem with math is that they're good at it. *New York Times*, February 1, F3.

Deaux, K., and M. Kite. 1993. Gender stereotypes. In *Psychology of women: A handbook of issues and theories*, edited by F. L. Denmark and M. A. Paludi, 107–139. Westport, CT: Greenwood Press.

———, and B. Major. 1987. Putting gender into context: An interactive model of gender-related behavior. *Psychological Review* 94: 369–389.

Delli Carpini, M. X., and E. R. Fuchs. 1993. The year of the woman: Candidates, voters, and the 1992 elections. *Political Science Quarterly* 108: 29–36.

DeMott, B. 2000. *Killer woman blues: Why Americans can't think straight about gender and power*. Boston: Houghton Mifflin.

de Pater, I. E. 2005. *Doing things right or doing the right thing: A new perspective on the gender gap in career success*. Doctoral dissertation, University of Amsterdam.

———, and A. E. M. Van Vianen. 2006. Gender differences in job challenge: A matter of task preferences or task allocation? Paper presented at the annual meeting of the Society for Industrial and Organizational Psychology, New York, April.

Deutsch, C. H. 2002. At Xerox, the Chief earns (grudging) respect. *New York Times*, June 2, section 3, 1.

———. 2004. At lunch with: Sheila W. Wellington; In a marriage of equals, why create obstacles? *New York Times Online*, August 29. http://select.nytimes.com/search/restricted/article?res=F10D14F63A5A0C7A8EDDA10894DC404482

———. 2005. Inside the news: Behind the exodus of executive women: Boredom. *New York Times*, May 1, section 3, 4.

Devine, D. J., L. D. Clayton, B. B. Dunford, R. Seying, and J. Pryce. 2000. Jury decision making: 45 years of empirical research. *Psychology, Public Policy, and Law* 7: 622–727.

Devine, P. G., M. J. Monteith, J. R. Zuwerink, and A. J. Elliot. 1991. Prejudice with and without compunction. *Journal of Personality and Social Psychology* 60: 817–830.

de Zárate, R. O. 2007. *Women rulers currently in office*. http://www.terra.es/personal2/monolith/00women5.htm.

DiBerardinis, J. P., K. Ramage, and S. Levitt. 1984. Risky shift and gender of the advocate: Information theory versus normative theory. *Group & Organization Studies* 9: 189–200.

Diekman, A. B., and A. H. Eagly. 2000. Stereotypes as dynamic constructs: Women and men of the past, present, and future. *Personality and Social Psychology Bulletin* 26: 1171–1188.

———, A. H. Eagly, A. Mladinic, and M. C. Ferreira. 2005. Dynamic stereotypes about women and men in Latin America and the United States. *Journal of Cross-Cultural Psychology* 36: 209–226.

———, and W. Goodfriend. 2006. Rolling with the changes: A role congruity perspective on gender norms. *Psychology of Women Quarterly* 30: 369–383.

———, W. Goodfriend, and S. A. Goodwin. 2004. Dynamic stereotypes of power: Perceived change and stability in gender hierarchies. *Sex Roles* 50: 201–215.

Di Leonardo, M. 1992. The female world of cards and holidays: Women, families, and the work of kinship. In *Rethinking the family: Some feminist questions*, edited by B. Thorne and M. Yalom, rev. ed., 246–261. Boston: Northeastern University Press.

Dindia, K., and D. J. Canary, eds. 2006. *Sex differences and similarities in communication*. 2nd ed. Mahwah, NJ: Erlbaum.

Dirks, K. T., and D. L. Ferrin. 2002. Trust in leadership: Findings and implications for research and practice. *Journal of Applied Psychology* 87: 611–628.

Dobbins, G. H., and S. J. Platz. 1986. Sex differences in leadership: How real are they? *Academy of Management Review* 11: 118–127.

Dobryznyski, J. H. 2006. Cherchez la femme. *Wall Street Journal*, August 4, A16.

Dollar, D., R. Fisman, and R. Gatti. 2001. Are women really the "fairer" sex? Corruption and women in government. *Journal of Economic Behavior & Organization* 46: 423–429.

Dorfman, P. W., and R. J. House. 2004. Cultural influences on organizational leadership: Literature review, theoretical rationale, and GLOBE project goals. In *Culture, leadership, and organizations: The GLOBE study of 62 societies*, edited by R. J. House, P. J. Hanges, M. Javidan, P. W. Dorfman, and V. Gupta, 51–73. Thousand Oaks, CA: Sage.

Dorning, M. 2005. How much bossiness is too much? Bolton's behavior puts issue on federal agenda. *Chicago Tribune*, May 12, section 1, 1, 24.

Douglas, S. J., and M. W. Michaels. 2004. *The mommy myth: The idealization of motherhood and how it has undermined women*. New York: Free Press.

Dowd, M. 2006. New themes for the same old songs. *New York Times*, September 6, A21.

Dreher, G. F. 2003. Breaking the glass ceiling: The effects of sex ratios and work-life programs on female leadership at the top. *Human Relations* 56: 541–562.

———, and T. H. Cox, Jr. 1996. Race, gender, and opportunity: A study of compensation attainment and establishment of mentoring relationships. *Journal of Applied Psychology* 81: 297–308.

———, and T. H. Cox, Jr. 2000. Labor market mobility and cash compensation: The moderating effects of race and gender. *Academy of Management Journal* 43: 890–900.

Driscoll, D., and C. R. Goldberg. 1993. *Members of the club: The coming of age of executive women*. New York: Free Press.

Driskell, J. E., B. Olmstead, and E. Salas. 1993. Task cues, dominance cues, and influence in task groups. *Journal of Applied Psychology* 78: 51–60.

———, and E. Salas. 2005. The effect of content and demeanor on reactions to dominance behavior. *Group Dynamics: Theory, Research, and Practice* 9: 3–14.

Duehr, E. E., and J. E. Bono. 2006. Men, women, and managers: Are stereotypes finally changing? *Personnel Psychology* 59: 815–846.

Dunning, D., and D. A. Sherman. 1997. Stereotypes and tacit inference. *Journal of Personality and Social Psychology* 73: 459–471.

Dunn-Jensen, L. M., and L. K. Stroh. 2007. Myths in the media: How the news media portray women in the workforce. In *Handbook of women in business and management*, edited by D. Bilimoria and S. K. Piderit, 13–33. Cheltenham, UK: Edward Elgar.

Dwyer, S., O. C. Richard, and K. Chadwick. 2003. Gender diversity in management and firm performance: The influence of growth orientation and organizational culture. *Journal of Business Research* 56: 1009–1019.

Eagly, A. H. 1983. Gender and social influence: A social psychological analysis. *American Psychologist* 38: 971–981.

———. 1987. *Sex differences in social behavior: A social-role interpretation*. Hillsdale, NJ: Erlbaum.

———. 2005. Achieving relational authenticity in leadership: Does gender matter? *Leadership Quarterly* 16: 459–474.

———, and L. L. Carli. 2003a. The female leadership advantage: An evaluation of the evidence. *Leadership Quarterly* 14: 807–834.

———, and L. L. Carli. 2003b. Finding gender advantage and disadvantage: Systematic research integration is the solution. *Leadership Quarterly* 14: 851–859.

———, and A. B. Diekman. 2005. What is the problem? Prejudice as an attitude-in-context. In *On the nature of prejudice: Fifty years after Allport*, edited by J. F. Dovidio, P. Glick, and L. Rudman, 19–35. Malden, MA: Blackwell.

———, and A. B. Diekman. 2006. Examining gender gaps in sociopolitical attitudes: It's not Mars and Venus. *Feminism & Psychology* 16: 26–34.

———, A. B. Diekman, M. C. Johannesen-Schmidt, and A. M. Koenig. 2004. Gender gaps in sociopolitical attitudes: A social psychological analysis. *Journal of Personality and Social Psychology* 87: 796–816.

———, M. C. Johannesen-Schmidt, and M. L. van Engen. 2003. Transformational, transactional, and laissez-faire leadership styles: A meta-analysis comparing women and men. *Psychological Bulletin* 129: 569–591.

———, and B. T. Johnson. 1990. Gender and leadership style: A meta-analysis. *Psychological Bulletin* 108: 233–256.

———, and S. J. Karau. 1991. Gender and the emergence of leaders: A meta-analysis. *Journal of Personality and Social Psychology* 60: 685–710.

———, and S. J. Karau. 2002. Role congruity theory of prejudice toward female leaders. *Psychological Review* 109: 573–598.

———, S. J. Karau, and M. G. Makhijani. 1995. Gender and the effectiveness of leaders: A meta-analysis. *Psychological Bulletin* 117: 125–145.

———, S. J. Karau, J. B. Miner, and B. T. Johnson. 1994. Gender and motivation to manage in hierarchic organizations: A meta-analysis. *Leadership Quarterly* 5: 135–159.

———, M. G. Makhijani, and B. G. Klonsky. 1992. Gender and the evaluation of leaders: A meta-analysis. *Psychological Bulletin* 111: 3–22.

———, and A. Mladinic. 1994. Are people prejudiced against women? Some answers from research on attitudes, gender stereotypes, and judgments of competence. In *European review of social psychology*, edited by W. Stroebe and M. Hewstone, Vol. 5, 1–35. New York: Wiley.

———, and V. J. Steffen. 1984. Gender stereotypes stem from the distribution of women and men into social roles. *Journal of Personality and Social Psychology* 46: 735–754.

———, and V. J. Steffen. 1986. Gender and aggressive behavior: A meta-analytic review of the social psychological literature. *Psychological Bulletin* 100: 309–330.

———, and W. Wood. 1982. Inferred sex differences in status as a determinant of gender stereotypes about social influence. *Journal of Personality and Social Psychology* 43: 915–928.

———, and W. Wood. 1999. The origins of sex differences in human behavior: Evolved dispositions versus social roles. *American Psychologist* 54: 408–423.

———, W. Wood, and A. Diekman. 2000. Social role theory of sex differences and similarities: A current appraisal. In *The developmental social psychology of gender*, edited by T. Eckes and H. M. Trautner, 123–174. Mahwah, NJ: Erlbaum.

———, W. Wood, and M. C. Johannnesen-Schmidt. 2004. The social role theory of sex differences and similarities: Implications for partner preferences. In *The psychology of gender*, edited by A. H. Eagly, A. Beall, and R. J. Sternberg, 2nd ed., 269–295. New York: Guilford Press.

Eccles, J. S. 2001. Achievement. In *Encyclopedia of women and gender: Sex similarities and differences and the impact of society on gender*, edited by J. Worell, Vol. 1, 43–53. San Diego: Academic Press.

Eddleston, K. A., J. F. Veiga, and G. N. Powell. 2006. Explaining sex differences in managerial career satisfier preferences: The role of gender self-schema. *Journal of Applied Psychology* 91: 437–445.

Ellemers, N., D. de Gilder, and H. van den Heuvel. 1998. Career-oriented versus team-oriented commitment and behavior at work. *Journal of Applied Social Psychology* 83: 717–730.

———, D. de Gilder, and S. A. Haslam. 2004. Motivating individuals and groups at work: A social identity perspective on leadership and group performance. *Academy of Management Review* 29: 459–478.

Elliot, M. 2004. Men want change too. *Time*, March 22, 59.

Elliott, J. R., and R. A. Smith. 2004. Race, gender, and workplace power. *American Sociological Review* 69: 365–386.

Ellyson, S. L., J. F. Dovidio, and C. E. Brown. 1992. The look of power: Gender differences in visual dominance behavior. In *Gender, interaction, and inequality*, edited by C. L. Ridgeway, 50–80. New York: Springer-Verlag.

Elsass, P. M., and L. M. Graves. 1997. Demographic diversity in decision-making groups: The experiences of women and people of color. *Academy of Management Review* 22: 946–973.

Else-Quest, N. M., J. S. Hyde, H. H. Goldsmith, and C. A. Van Hulle. 2006. Gender differences in temperament: A meta-analysis. *Psychological Bulletin* 132: 33–72.

Ely, R. J. 1995. The power in demography: Women's social constructions of gender identity at work. *Academy of Management Journal* 38: 589–634.

———, and D. E. Meyerson. 2000. Theories of gender in organizations: A new approach to organizational analysis and change. *Research in Organizational Behavior* 22: 103–151.

———, D. E. Meyerson, and M. N. Davidson. 2006. Rethinking political correctness. *Harvard Business Review* 84(9): 78–87.

———, M. Scully, and E. Foldy, eds. 2003. *Reader in gender, work, and organization*. Malden, MA: Blackwell.

Ember, C. R. 1978. Myths about hunter–gatherers. *Ethnology* 17: 439–448.

Emrich, C. G., F. L. Denmark, and D. N. Den Hartog. 2004. Cross-cultural differences in gender egalitarianism: Implications for societies, organizations, and leaders. In *Culture, leadership, and organizations: The GLOBE study of 62 societies*, edited by R. J. House, P. J. Hanges, M. Javidan, P. W. Dorfman, and V. Gupta, 343–394. Thousand Oaks, CA: Sage.

England, P. 1992. *Comparable worth: Theories and evidence*. New York: Aldine de Gruyter.

———. 2005. Gender inequality in labor markets: The role of motherhood and segregation. *Social Politics* 12: 264–288.

———. 2006. Toward gender equality: Progress and bottlenecks. In *The declining significance of gender?* edited by F. D. Blau, M. C. Brinton, and D. B. Grusky, 245–264. New York: Russell Sage Foundation.

———, P. Allison, and X. Wu. In press. Does bad pay cause occupations to feminize, does feminization reduce pay, and how can we tell with longitudinal data? *Social Science Research*.

Epitropaki, O., and R. Martin. 2004. Implicit leadership theories in applied settings: Factor structure, generalizability, and stability over time. *Journal of Applied Psychology* 89: 293–310.

Erhardt, M. L., J. D. Werbel, and C. B. Shrader. 2003. Board of director diversity and firm financial performance. *Corporate Governance* 11: 102–111.

Erkut, S. 2001. *Inside women's power: Learning from leaders*. Wellesley, MA: Wellesley Centers for Women.

European Commission. 2006. *Decision-making in the top 50 publicly quoted companies*. December 4. http://europa.eu.int/comm/employment_social/women_men_stats/out/measures_out438_en.htm.

Evenson, R. J., and R. W. Simon. 2005. Clarifying the relationship between parenthood and depression. *Journal of Health and Social Behavior* 46: 341–358.

Ewing, M. E., L. A. Gano-Overway, C. F. Branta, and V. D. Seefeldt. 2002. The role of sport in youth development. In *Paradoxes of youth and sport*, edited by M. Gatz, M. A. Messner, and S. J. Ball-Rokeach, 31–47. Albany, NY: SUNY Press.

Fagenson, E. A. 1990. Perceived masculine and feminine attributes examined as a function of individuals' sex and level in the organizational power hierarchy: A test of four theoretical perspectives. *Journal of Applied Psychology* 75: 204–211.

———, and J. J. Jackson. 1994. The status of women managers in the United States. In *Competitive frontiers: Women managers in a global economy*, edited by N. J. Adler and D. N. Israeli, 388–404. Oxford: Blackwell.

Falbo, T., M. D. Hazen, and D. Linimon. 1982. The costs of selecting power bases or messages associated with the opposite sex. *Sex Roles* 8: 147–157.

Families and Work Institute. 2005. *Generation and gender in the workplace*. New York: Families and Work Institute. http://familiesandwork.org/eproducts/genandgender.pdf.

Farrell, W. 2005. *Why men earn more: The startling truth behind the pay gap and what women can do about it*. New York: American Management Association.

Fazio, R. H., and M. A. Olson. 2003. Implicit measures in social cognition research: Their meaning and use. *Annual Review of Psychology* 54: 297–327.

Featherstone, L. 2004. *Selling women short: The landmark battle for workers' rights at Wal-Mart*. New York: Basic Books.

Federal Bureau of Investigation. 2004. *Crime in the United States 2004: Uniform crime reports*. http://www.fbi.gov/ucr/cius_04/.

Federal Glass Ceiling Commission. 1995a. *Good for business: Making full use of the nation's human capital: The environmental scan: A fact-finding report of the Federal Glass Ceiling Commission*. Washington, DC: United States Government Printing Office.

———. 1995b. *A solid investment: Making full use of the nation's human capital*. Washington, DC: U.S. Government Printing Office.

Feingold, A. 1994. Gender differences in personality: A meta-analysis. *Psychological Bulletin* 116: 429–456.

Feldman-Summers, S., D. E. Montano, D. Kasprzyk, and B. Wagner. 1980. Influence attempts when competing views are gender-related: Sex as credibility. *Psychology of Women Quarterly* 5: 311–320.

Fenwick, S. L. 2001. From candy striper to hospital COO. In *How Jane won: 55 successful women share how they grew from ordinary girls to extraordinary women*, edited by S. Rimm and S. Rimm-Kaufman, 141–145. New York: Crown Business.

Ferdman, B. M. 1999. The color and culture of gender in organizations: Attending to race and ethnicity. In *Handbook of gender and work*, edited by G. Powell, 17–34. Thousand Oaks, CA: Sage.

Fiedler, F. E. 1967. *A theory of leadership effectiveness*. New York: McGraw-Hill.

Filardo, A. K. 1996. Gender patterns in African American and white adolescents' social interactions in same-race, mixed-gender groups. *Journal of Personality and Social Psychology* 71: 71–82.

Finder, A., P. D. Healy, and K. Zernike. 2006. President of Harvard resigns, ending stormy 5-year tenure. *New York Times Online*, February 22. http://www.nytimes.com/20006/02/22/education.

Finkelstein, S., and D. C. Hambrick. 1996. *Strategic leadership: Top executives and their effects on organizations*. Minneapolis/St. Paul: West Publishing Company.

Fiorina, C. 2006. *Tough choices: A memoir*. New York: Portfolio of Penguin Group.

Firth, M. 1982. Sex discrimination in job opportunities for women. *Sex Roles* 8: 891–901.

Fisher, A. 2006. Avoiding the dreaded B-word: How women executives can stand up for themselves without being labeled uncooperative or worse. *Fortune* at CNN.Money.com, October 3. http://209.85.165.104/search?q=cache:AZse3AT0320J:money.cnn.com/2006/09/29/news/economy/mpw.bword.fortune/index.htm+%22woman+boss%22+bitchy&hl=en&gl=us&ct=clnk&cd=3.

Fisher, R., B. M. Patton, and W. K. Ury. 1991. *Getting to yes: Negotiating agreement without giving in*. Boston: Houghton Mifflin.

Fiske, A. P., N. Haslam, and S. T. Fiske. 1991. Confusing one person with another: What errors reveal about the elementary forms of social relations. *Journal of Personality and Social Psychology* 60: 656–674.

Fiske, S. T. 1998. Stereotyping, prejudice, and discrimination. In *The handbook of social psychology*, edited by D. T. Gilbert, S. T. Fiske, and G. Lindzey, 4th ed., Vol. 2, 357–411. Boston: McGraw-Hill.

———, D. N. Bersoff, E. Borgida, K. Deaux, and M. E. Heilman. 1991. Social science research on trial: Use of sex stereotyping research in Price Waterhouse v. Hopkins. *American Psychologist* 46: 1049–1060.

———, and L. E. Stevens. 1993. What's so special about sex? Gender stereotyping and discrimination. In *Gender issues in contemporary society: Claremont symposium on applied social psychology*, Vol. 6, 173–196. Newbury Park, CA: Sage.

Fitzgerald, L. F., F. Drasgow, C. L. Hulin, M. J. Gelfand, and V. J. Magley. 1997. Antecedents and consequences of sexual harassment in organizations: A test of an integrated model. *Journal of Applied Psychology* 82: 578–589.

Fix, M., and M. A. Turner, eds. 1998. *A national report card on discrimination in America: The role of testing*. Washington, DC: Urban Institute. http://www.urban.org/UploadedPDF/report_card.pdf.

Fletcher, J. K. 1999. *Disappearing acts: Gender, power, and relational practice at work*. Cambridge, MA: MIT Press.

———. 2004. The paradox of postheroic leadership: An essay on gender, power, and transformational change. *Leadership Quarterly* 15: 647–661.

Flynn, F. J., and D. R. Ames. 2006. What's good for the goose may not be as good for the gander: The benefits of self-monitoring for men and women in task groups and dyadic conflicts. *Journal of Applied Psychology* 91: 272–281.

Foels, R., J. E. Driskell, B. Mullen, and E. Salas. 2000. The effects of democratic leadership on group member satisfaction: An integration. *Small Group Research* 31: 676–701.

Foley, L. A., and M. A. Pigott. 1997. The influence of forepersons and nonforepersons on mock jury decisions. *American Journal of Forensic Psychology* 15: 5–17.

Fondas, N. 1992. A behavioral job description for managers. *Organizational Dynamics* 21: 47–58.

———. 1997. Feminization unveiled: Management qualities in contemporary writings. *Academy of Management Review* 22: 257–282.

Forret, M. L., and T. W. Dougherty. 2004. Networking behaviors and career outcomes: Differences for men and women? *Journal of Organizational Behavior* 25: 419–437.

Fortune 50 most powerful women in business. 2006. *Fortune* at CNN.Money.com, October 16. http://money.cnn.com/magazines/fortune/mostpowerfulwomen/2006/index.html.

Foschi, M. 1996. Double standards in the evaluation of men and women. *Social Psychology Quarterly* 59: 237–254.

———. 2000. Double standards for competence: Theory and research. *Annual Review of Sociology* 26: 21–42.

———, L. Lai, and K. Sigerson. 1994. Gender and double standards in the assessment of job applicants. *Social Psychology Quarterly* 57: 326–339.

———, K. Sigerson, and M. Lembesis. 1995. Assessing job applicants: The relative effects of gender, academic record, and decision type. *Small Group Research* 26: 328–352.

Fox, R. L., and J. L. Lawless. 2004. Entering the arena? Gender and the decision to run for office. *American Journal of Political Science* 48: 264–280.

Franke, G. R., D. F. Crown, and D. F. Spake. 1997. Gender differences in ethical perceptions of business practices: A social role theory perspective. *Journal of Applied Psychology* 82: 920–934.

Frankel, L. P. 2004. *Nice girls don't get the corner office: 101 unconscious mistakes women make that sabotage their careers*. New York: Warner Business Books.

Fried-Buchalter, S. 1997. Fear of success, fear of failure, and the imposter phenomenon among male and female marketing managers. *Sex Roles* 37: 847–859.

Friedman, C., and K. Yorio. 2006. *The girl's guide to being a boss (without being a bitch): Valuable lessons, smart suggestions, and true stories for succeeding as the chick-in-charge*. New York: Morgan Road Books.

Friedman, S. A. 1996. *Work matters: Women talk about their jobs and their lives*. New York: Viking.

Frissen, V. A. J. 2000. ICTs in the rush hour of life. *The Information Society* 16: 65–75.

From one male bastion to the other. 2006. *Business Week Online*, May 15. http://www.businessweek.com/magazine/content/06_20/b3984060.htm?campaign_id=search.

Fuchs Epstein, C., F. Olivares, P. Graham, F. N. Schwartz, M. R. Siegel, J. Mansbridge, et al. 1991. Ways men and women lead. *Harvard Business Review* 69(1): 150–158.

Fuegen, K., M. Biernat, E. Haines, and K. Deaux. 2004. Mothers and fathers in the workplace: How gender and parental status influence judgments of job-related competence. *Journal of Social Issues* 60: 737–754.

Fukuyama, F. 1998. Women and the evolution of world politics. *Foreign Affairs* 77(5): 24–40.

Fuller, J. 2007. 2 leaders tell us about ourselves. *Chicago Tribune*, February 2, section 1, 19.

Galinsky, E., K. Salmond, J. T. Bond, M. B. Kropf, M. Moore, and B. Harrington. 2003. *Leaders in a global economy: A study of executive women and men*. New York: Families and Work Institute.

Gardiner, M., and M. Tiggemann. 1999. Gender differences in leadership style, job stress and mental health in male- and female-dominated industries. *Journal of Occupational and Organizational Psychology* 72: 301–315.

Gardner, W. L., and S. Gabriel. 2004. Gender differences in relational and collective interdependence: Implications for self-views, social behavior, and subjective well-being. In *The psychology of gender*, edited by A. H. Eagly, A. E. Beall, and R. J. Sternberg, 2nd ed., 169–191. New York: Guilford Press.

Garvin, D. A. 1993. Building a learning organization. *Harvard Business Review* 71 (4): 78–91.

Gastil, J. 1994. A meta-analytic review of the productivity and satisfaction of democratic and autocratic leadership. *Small Group Research* 25: 384–410.

Gawronski, B. 2003. On difficult questions and evident answers: Dispositional inference from role-constrained behavior. *Personality and Social Psychology Bulletin* 29: 1459–1475.

Geary, D. C. 1998. *Male, female: The evolution of human sex differences*. Washington, DC: American Psychological Association.

Gehrke, K. 2006. Hicks makes history at the Minnesota Orchestra. Minnesota Public Radio, November 7. http://minnesota.publicradio.org/display/web/2006/11/07/sarahhicks/.

Gelfand, M. J., J. L. Raver, L. H. Nishii, and B. Schneider. 2005. Discrimination in organizations: An organizational level systems perspective. In *Discrimination at work: The psychological and organizational bases*, edited by R. L. Dipboye and A. Colella, 89–116. Mahwah, NJ: Erlbaum.

George and Laura Bush: The *People* interview. 2006. *People.com*, December 15. http://www.people.com/people/article/0,,20004374,00.html.

Gergen, D. 2005. Women leading in the twenty-first century. In *Enlightened power: How women are transforming the practice of leadership*, edited by L. Coughlin, E. Wingard, and K. Hollihan, xv–xxix. San Francisco: Jossey-Bass.

Gerhart, B., and S. Rynes. 1991. Determinants and consequences of salary negotiations by male and female MBA graduates. *Journal of Applied Psychology* 76: 256–262.

Gerrard, M., C. Breda, and F. X. Gibbons. 1990. Gender effects in couples' decision making and contraceptive use. *Journal of Applied Social Psychology* 20: 449–464.

Giacalone, R. A., and C. A. Riordan. 1990. Effect of self-presentation on perceptions and recognition in an organization. *Journal of Psychology* 124: 25–38.

Giele, J. Z. 2004. Women and men as agents of change in their own lives. In *Changing life patterns in Western industrial societies*, edited by J. Z. Giele and E. Holst, Advances in life course research, Vol. 8, 299–317. Amsterdam: Elsevier.

Gilbert, D. T. 1998. Ordinary personology. In *The handbook of social psychology*, edited by D. T. Gilbert, S. T. Fiske, and G. Lindzey, 4th ed., Vol. 2, 89–150. Boston: McGraw-Hill.

Gill, M. J. 2004. When information does not deter stereotyping: Prescriptive stereotyping can foster bias under conditions that deter descriptive stereotyping. *Journal of Experimental Social Psychology* 40: 619–632.

Gladwell, M. 2005. *Blink: The power of thinking without thinking*. New York: Little, Brown.

Glass, J. 1990. The impact of occupational segregation on working conditions. *Social Forces* 68: 779–796.

———, and V. Camarigg. 1992. Gender, parenthood, and job-family compatibility. *American Journal of Sociology* 98: 131–151.

Glick, P. 1991. Trait-based and sex-based discrimination in occupational prestige, occupational salary, and hiring. *Sex Roles* 25: 351–378.

———, and S. T. Fiske. 1996. The Ambivalent Sexism Inventory: Differentiating hostile and benevolent sexism. *Journal of Personality and Social Psychology* 3: 491–512.

———, and S. T. Fiske. 2001a. An ambivalent alliance: Hostile and benevolent sexism as complementary justifications for gender inequality. *American Psychologist* 56: 109–118.

———, and S. T. Fiske. 2001b. Ambivalent sexism. In *Advances in experimental social psychology*, edited by M. P. Zanna, Vol. 33, 115–188. San Diego: Academic Press.

Gmelch, W. H., P. K. Wilke, and N. P. Lovrich. 1986. Dimensions of stress among university faculty: Factor-analytic results from a national study. *Research in Higher Education* 24: 266–286.

Gneezy, U., M. Niederle, and A. Rustichini. 2003. Performance in competitive environments: Gender differences. *Quarterly Journal of Economics* 118: 1049–1074.

———, and A. Rustichini. 2004. Gender and competition at a young age. *American Economic Review* 94: 377–381.

Goldberg, C. B., L. M. Finkelstein, E. L. Perry, and A. M. Konrad. 2004. Job and industry fit: The effects of age and gender matches on career progress outcomes. *Journal of Organizational Behavior* 25: 807–829.

Goldberg, P. 1968. Are women prejudiced against women? *Trans-Action* 5: 316–322.

Goldberg, S. 1993. *Why men rule: A theory of male dominance*. Chicago: Open Court.

Goldin, C. 1997. Career and family: College women look to the past. In *Gender and family issues in the workplace*, edited by F. Blau and R. Ehrenberg, 20–64. New York: Russell Sage Foundation.

———. 2006. The rising (and then declining) significance of gender. In *The declining significance of gender?* edited by F. D. Blau, M. C. Brinton, and D. B. Grusky, 67–101. New York: Russell Sage Foundation.

———, L. F. Katz, and I. Kuziemko. 2006. The homecoming of American college women: The reversal of the college gender gap. National Bureau of Economic Research Working Paper No. 121139. http://www.nber.org/papers/w12139.

———, and C. Rouse. 2000. Orchestrating impartiality: The impact of "blind" auditions on female musicians. *American Economic Review* 90: 715–741.

Gomez-Mejia, L. R., J. E. McCann, and R. C. Page. 1985. The structure of managerial behaviors and rewards. *Industrial Relations* 24: 147–154.

Goode, W. J. 1960. A theory of role strain. *American Sociological Review* 25: 483–496.

Goodman, C. K. 2005. Gen X dads struggle to balance work and home lives. *New York Times*, March 21, C3.

Goodman, E. 2004. Little mention of woman for VP. *Boston Globe*, July 8, A11.

Goodman, J. S., D. L. Fields, and T. C. Blum. 2003. Cracks in the glass ceiling: In what kinds of organizations do women make it to the top? *Group & Organization Management* 28: 475–501.

Goodwin, S. A., and S. T. Fiske. 2001. Power and gender: The double-edged sword of ambivalence. In *Handbook of the psychology of women and gender*, edited by R. K. Unger, 358–366. Hoboken, NJ: Wiley.

Gorman, E. H. 2005. Gender stereotypes, same-gender preferences, and organizational variation in the hiring of women: Evidence from law firms. *American Sociological Review* 70: 702–728.

Graham, K. 1997. *Personal history*. New York: Knopf.

Graves, L. M., and G. N. Powell. 1996. Sex similarity, quality of the employment interview and recruiters' evaluation of actual applicants. *Journal of Occupational and Organizational Psychology* 69: 243–261.

Green, C. A., and M. A. Ferber. 2005. The long-run effect of part-time work. *Journal of Labor Research* 26: 323–333.

Greene, B. A., and T. K. DeBacker. 2004. Gender and orientations toward the future: Links to motivation. *Educational Psychology Review* 16: 91–120.

Greenhaus, J. H., and G. N. Powell. 2006. When work and family are allies: A theory of work-family enrichment. *Academy of Management Review* 31: 72–92.

Greenstein, T. N. 2000. Economic dependence, gender, and the division of labor in the home: A replication and extension. *Journal of Marriage and the Family* 62: 322–335.

Griffen, R. W., and Y. P. Lopez. 2005. "Bad behavior" in organizations: A review and typology for future research. *Journal of Management* 31: 988–1005.

Griffeth, R. W., P. W. Hom, and S. Gaertner. 2000. A meta-analysis of antecedents and correlates of employee turnover: Update, moderator tests, and research implications for the next millennium. *Journal of Management* 26: 463–488.

Gronau, R. 1988. Sex-related wage differentials and women's interrupted labor careers—the chicken or the egg. *Journal of Labor Economics* 6: 277–301.

Groves, K. S. 2005. Gender differences in social and emotional skills and charismatic leadership. *Journal of Leadership and Organizational Studies* 11: 30–46.

Gruber, J. E. 1998. The impact of male work environments and organizational policies on women's experiences of sexual harassment. *Gender & Society* 12: 301–320.

Grzelakowski, M. 2005. *Mother leads best: 50 women who are changing the way organizations define leadership*. Chicago: Dearborn Trade Publishing.

Grzywacz, J. G., and N. F. Marks. 2000. Reconceptualizing the work-family interface: An ecological perspective on the correlates of positive and negative spillover between work and family. *Journal of Occupational Health Psychology* 5: 111–126.

Guastello, D. D., and S. J. Guastello. 2003. Androgyny, gender role behavior, and emotional intelligence among college students and their parents. *Sex Roles* 49: 663–673.

Gupta, D., R. L. Oaxaca, and N. Smith. 2006. Swimming upstream, floating downstream: Comparing women's relative wage progress in the United States and Denmark. *Industrial and Labor Relations Review* 59: 243–266.

Gupta, S. 1999. The effects of transitions in marital status on men's performance of housework. *Journal of Marriage and the Family* 61: 700–711.

Gutek, B. A. 2001. Women and paid work. *Psychology of Women Quarterly* 25: 379–393.

———, and B. Morasch. 1982. Sex-ratios, sex-role spillover, and sexual harassment of women at work. *Journal of Social Issues* 38(4): 55–74.

Hackman, M. Z., A. H. Furniss, M. J. Hills, and T. J. Patterson. 1992. Perceptions of gender-role characteristics and transformational and transactional leadership behaviours. *Perceptual and Motor Skills* 75: 311–319.

Hall, J. A. 2006. Women's and men's nonverbal communication: Similarities, differences, stereotypes, and origins. In *The SAGE handbook of nonverbal communication*, edited by V. L. Manusov and M. L. Patterson, 201–218. Thousand Oaks, CA: Sage.

———, and J. D. Carter. 1999a. Gender-stereotype accuracy as an individual difference. *Journal of Personality and Social Psychology* 77: 350–359.

———, and J. D. Carter. 1999b. Unpublished data. Northeastern University, Boston.

———, E. J. Coats, and L. S. LeBeau. 2005. Nonverbal behavior and the vertical dimension of social relations: A meta-analysis. *Psychological Bulletin* 131: 898–924.

Halpern, D. F. 2000. *Sex differences in cognitive abilities*. 3rd ed. Mahwah, NJ: Erlbaum.

———. 2001. Sex difference research: Cognitive abilities. In *Encyclopedia of women and gender: Sex similarities and differences and the impact of society on gender*, edited by J. Worrell, Vol. 2, 963–971. San Diego: Academic Press.

Hamilton, D. L., and R. K. Gifford. 1976. Illusory correlation in interpersonal perception: A cognitive bias of stereotypic judgments. *Journal of Experimental Social Psychology* 12: 392–407.

Hanisch, K. A. 1996. An integrated framework for studying the outcomes of sexual harassment: Consequences for individuals and organizations. In *Sexual harassment in the workplace: Perspectives frontiers and response strategies*, edited by E. S. Stockdale, 174–198. Thousand Oaks, CA: Sage.

Harmon, M., senior producer. 2006. *The nightly business report: One on one with Susan Gharib*, October 11. Miami: NBR Enterprises. http://www.pbs.org/nbr/site/onair/gharib/061011_gharib/.

Harper, S., and B. F. Reskin. 2005. Affirmative action at school and on the job. *Annual Review of Sociology* 31: 357–379.

Harris, C. R. 2003. A review of sex differences in sexual jealousy, including self-report data, psychophysiological responses, interpersonal violence, and morbid jealousy. *Personality and Social Psychology Review* 7: 102–128.

Hass, N. 2005. Hollywood's new old girls' network. *New York Times*, April 24, section 2, 1, 13.

Hayden, B., M. Deal, A. Cannon, and J. Casey. 1986. Ecological determinants of women's status among hunter/gatherers. *Human Evolution* 1: 449–473.

Hays, S. 1996. *The cultural contradictions of motherhood.* New Haven, CT: Yale University Press.

Hazan, C., and L. M. Diamond. 2000. The place of attachment in human mating. *Review of General Psychology* 4: 186–204.

Heatherington, L., A. B. Burns, and T. B. Gustafson. 1998. When another stumbles: Gender and self-presentation to vulnerable others. *Sex Roles* 38: 889–913.

———, K. A. Daubman, C. Bates, A. Ahn, H. Brown, and C. Preston. 1993. Two investigations of "female modesty" in achievement situations. *Sex Roles* 29: 739–754.

Heckman, J. J. 1998. Detecting discrimination. *Journal of Economic Perspectives* 12: 101–116.

Heffernan, M. 2002. The female CEO ca. 2002. *Fast Company* 61 (August): 9, 58, 60, 62, 64, 66.

———. 2004. *The naked truth: A working woman's manifesto on business and what really matters.* San Francisco: Jossey-Bass.

Heifetz, R. A. 1994. *Leadership without easy answers.* Cambridge, MA: Harvard University Press.

Heilman, M. E. 1983. Sex bias in work settings: The lack of fit model. *Research in Organizational Behavior* 5: 269–298.

———. 1996. Affirmative action's contradictory consequences. *Journal of Social Issues* 52: 105–109.

———. 2001. Description and prescription: How gender stereotypes prevent women's ascent up the organizational ladder. *Journal of Social Issues* 57: 657–674.

———, and S. L. Blader. 2001. Assuming preferential selection when the admissions policy is unknown: The effect of gender rarity. *Journal of Applied Psychology* 86: 188–193.

———, C. J. Block, and R. F. Martell. 1995. Sex stereotypes: Do they influence perceptions of managers? *Journal of Social Behavior and Personality* 10: 237–252.

———, C. J. Block, R. F. Martell, and M. C. Simon. 1989. Has anything changed? Current characterizations of men, women, and managers. *Journal of Applied Psychology* 74: 935–942.

———, and J. J. Chen. 2005. Same behavior, different consequences: Reactions to men's and women's altruistic citizenship behavior. *Journal of Applied Psychology* 90: 431–441.

———, R. F. Martell, and M. C. Simon. 1988. The vagaries of sex bias: Conditions regulating the undervaluation, equivaluation, and overvaluation of female job applicants. *Organizational Behavior and Human Decision Processes* 41: 98–110.

———, and T. G. Okimoto. 2007. Why are women penalized for success at male tasks? The implied communality deficit. *Journal of Applied Psychology* 92: 81–92.

———, and L. R. Saruwatari. 1979. When beauty is beastly: The effects of appearance and sex on evaluations of job applicants for managerial and nonmanagerial jobs. *Organizational Behavior and Human Decision Processes* 23: 360–372.

———, A. S. Wallen, D. Fuchs, and M. M. Tamkins. 2004. Penalties for success: Reactions to women who succeed in male gender-typed tasks. *Journal of Applied Psychology* 89: 416–427.

Heldman, C., S. J. Carroll, and S. Olson. 2005. "She brought only a skirt": Print media coverage of Elizabeth Dole's bid for the Republican presidential nomination. *Political Communication* 22: 315–335.

Helfat, C. E., D. Harris, and P. J. Wolfson. 2006. The pipeline to the top: Women and men in the top executive ranks of U.S. corporations. *Academy of Management Perspectives* 20(4): 42–64.

Helgesen, S. 1990. *The female advantage: Women's ways of leadership.* New York: Currency/Doubleday.

Hemphill, J. K., and A. E. Coons. 1957. Development of the Leader Behavior Description Questionnaire. In *Leader behavior: Its description and measurement*, edited by R. M. Stogdill and A. E. Coons, 6–38. Columbus, OH: Bureau of Business Research, Ohio State University.

Hepworth, W., and A. Towler. 2004. The effects of individual differences and charismatic leadership on workplace aggression. *Journal of Occupational Health Psychology* 9: 176–185.

Herbert, B. 2006. Hillary can run, but can she win? *New York Times*, May 19, A29.

Hewlett, S. A. 2002. *Creating a life: Professional women and the quest for children.* New York: Talk Miramax Books.

———, and C. B. Luce. 2005. Off-ramps and on-ramps: Keeping talented women on the road to success. *Harvard Business Review* 38 (3): 43–46, 48, 50–54.

Hill, J. L., J. Waldfogel, J. Brooks-Gunn, and W. Han. 2005. Maternal employment and child development: A fresh look using newer methods. *Developmental Psychology*, 41, 833–850.

Hill, M. 2003. Where have all the sisters gone? In *The difference "difference" makes: Women and leadership*, edited by D. L. Rhode, 98–101. Stanford, CA: Stanford Law and Politics.

Hines, M. 2004. *Brain gender*. New York: Oxford University Press.

Hirsch, B. T. 2004. Why do part-time workers earn less? The role of worker and job skills. IZA Discussion Paper No. 1261. Institute for the Study of Labor, Bonn, Germany.

Hochschild, A. R. 1997. *The time bind: When work becomes home and home becomes work*. New York: Metropolitan Books.

Hogan, R., and R. B. Kaiser. 2005. What we know about leadership. *Review of General Psychology* 9: 169–180.

Hogue, M., and J. D. Yoder. 2003. The role of status in producing depressed entitlement in women's and men's pay allocations. *Psychology of Women Quarterly* 27: 330–337.

Hollands, J. 2002. *Same game, different rules: How to get ahead without being a bully broad, ice queen, or "Ms. Understood."* New York: McGraw-Hill.

Holtgraves, T., and B. Lasky. 1999. Linguistic power and persuasion. *Journal of Language and Social Psychology* 18: 196–205.

Hosoda, M., and D. L. Stone. 2000. Current gender stereotypes and their evaluative content. *Perceptual and Motor Skills* 90: 1283–1294.

House, R. J., P. J. Hanges, M. Javidan, P. W. Dorfman, and V. Gupta, eds. 2004. *Culture, leadership, and organizations: The GLOBE study of 62 societies*. Thousand Oaks, CA: Sage.

Howell, J. P., and D. L. Costley. 2006. *Understanding behaviors for effective leadership*. Upper Saddle River, NJ: Pearson Prentice Hall.

Hoyt, C. L., and J. Blascovich. In press. Leadership efficacy and women leaders' responses to stereotype activation. *Group Processes and Intergroup Relations*.

Huddy, L., and N. Terkildsen. 1993. The consequences of gender stereotypes for women candidates at different levels and types of office. *Political Research Quarterly* 46: 503–525.

Hudson, K. 2001. She learned to pass tests from the boys. In *How Jane won: 55 successful women share how they grew from ordinary girls to extraordinary women*, edited by S. Rimm and S. Rimm-Kaufman, 117–121. New York: Crown Business.

Huffman, M. L. 2004. Gender inequality across local wage hierarchies. *Work and Occupations* 31: 323–344.

———, and L. Torres. 2002. It's not only "who you know" that matters: Gender, personal contacts, and job lead quality. *Gender & Society* 16: 793–813.

Hull, K. E., and R. L. Nelson. 2000. Assimilation, choice, or constraint? Testing theories of gender differences in the careers of lawyers. *Social Forces* 79: 229–264.

Hultin, M. 2003. Some take the glass escalator, some hit the glass ceiling? Career consequences of occupational sex segregation. *Work and Occupations* 30: 30–61.

Hunt, J. G. 2004. What is leadership? In *The nature of leadership*, edited by J. Antonakis, A. T. Cianciolo, and R. J. Sternberg, 19–47. Thousand Oaks, CA: Sage.

———, K. B. Boal, and R. L. Sorenson. 1990. Top management leadership: Inside the black box. *Leadership Quarterly* 1: 41–65.

Huston, A. C., and S. R. Aronson. 2005. Mothers' time with infant and time in employment as predictors of mother-child relationships and children's early development. *Child Development* 76: 467–482.

Hyde, J. S. 1984. How large are gender differences in aggression? A developmental meta-analysis. *Developmental Psychology* 20: 722–736.

———. 2005. The gender similarities hypothesis. *American Psychologist* 60: 581–592.

Hymowitz, C. 2004. Through the glass ceiling. *Wall Street Journal*, November 8, R1, R3.

———. 2006a. The 50 women to watch. *Wall Street Journal*, November 20, R1.

———. 2006b. In the lead: Women tell women: Life in the top jobs is worth the effort. *Wall Street Journal*, November 20, B1.

———, and T. C. Schellhardt. 1986. The glass ceiling: Why women can't seem to break the invisible barrier that blocks them from top jobs. *Wall Street Journal*, March 24, special supplement, 1, 4.

Ibarra, H. 1997. Paving an alternative route: Gender differences in managerial networks. *Social Psychology Quarterly* 60: 91–102.

Ilies, R., N. Hauserman, S. Schwochau, and J. Stibal. 2003. Reported incidence rates of work-related sexual harassment in the United States: Using meta-analysis to explain reported rate disparities. *Personnel Psychology* 56: 607–631.

Inglehart, R., and P. Norris. 2003. *Rising tide: Gender equality and cultural change around the world.* New York: Cambridge University Press.
International Institute for Democracy and Electoral Assistance and Stockholm University. 2007. *Global database of quotas for women.* http://www.quotaproject.org.
Inter-Parliamentary Union. 2007. *Women in national parliaments* (situation as of February 28, 2007). http://www.ipu.org/wmn-e/world.htm.
Ishida, H., K-H. Su, and S. Spilerman. 2002. Models of career advancement in organizations. *European Sociological Review* 18: 179–198.
It wasn't so easy for Roosevelt, either. 2005. *New York Times,* July 31, Education Life, 36.
Ito, T. A., and G. R. Urland. 2003. Race and gender on the brain: Electrocortical measures of attention to the race and gender of multiply categorizable individuals. *Journal of Personality and Social Psychology* 85: 616–626.
Izraeli, D. N. 1983. Sex effects or structural effects? An empirical test of Kanter's theory of proportions. *Social Forces* 62: 153–165.
———. 1984. The attitudinal effects of gender mix in union committees. *Industrial and Labor Relations Review* 37: 212–221.
Jackman, M. R. 1994. *The velvet glove: Paternalism and conflict in gender, class, and race relations.* Berkeley: University of California Press.
Jackson, R. A., and M. A. Newman. 2004. Sexual harassment in the federal workplace revisited: Influences on sexual harassment by gender. *Public Administration Review* 64: 705–717.
Jackson, R. M. 1998. *Destined for equality: The inevitable rise of women's status.* Cambridge, MA: Harvard University Press.
Jacobs, B. A. 2002. Where the boys aren't: Non-cognitive skills, returns to school and the gender gap in higher education. *Economics of Education Review* 21: 589–598.
Jacobs, J. A. 1992. Women's entry into management: Trends in earnings, authority, and values among salaried managers. *Administrative Science Quarterly* 37: 282–301.
———, and G. Gerson. 2004. *The time divide: Work, family, and gender inequality.* Cambridge, MA: Harvard University Press.
Jacobs, R. L., and D. C. McClelland. 1994. Moving up the corporate ladder: A longitudinal study of the leadership motive pattern and managerial success in women and men. *Consulting Psychology Journal: Practice & Research* 46: 32–41.
Jacobsen, J. P. 1998. *The economics of gender.* 2nd ed. Malden, MA: Blackwell.
———, and L. M. Levin. 1995. Effects of intermittent labor force attachment on women's earnings. *Monthly Labor Review* 118(9): 14–19.
Jaffee, S., and J. S. Hyde. 2000. Gender differences in moral orientation: A meta-analysis. *Psychological Bulletin* 126: 703–726.
Jago, A. G., and V. H. Vroom. 1982. Sex differences in the incidence and evaluation of participative leader behavior. *Journal of Applied Psychology* 67: 766–783.
Jalalzai, F. 2004. Women political leaders: Past and present. *Women & Politics* 26: 85–108.
James, D., and J. Drakich. 1993. Understanding gender differences in amount of talk: A critical review of research. In *Gender and conversational interaction,* edited by D. Tannen, 281–312. New York: Oxford University Press.
Janzen, B. L., and N. Muhajarine. 2003. Social role occupancy, gender, income adequacy, life stage and health: A longitudinal study of employed Canadian men and women. *Social Science and Medicine* 57: 1491–1503.
Jarrell, S. B., and T. D. Stanley. 2004. Declining bias and gender wage discrimination? A meta-regression analysis. *Journal of Human Resources* 39: 828–838.
Jayne, M. E. A., and R. L. Dipboye. 2004. Leveraging diversity to improve business performance: Research findings and recommendations for organizations. *Human Resource Management* 43: 409–424.
Jenkins, P. 1998. *Moral panic: Changing concepts of the child molester in modern America.* New Haven, CT: Yale University Press.
Johnson, B. T., and A. H. Eagly. 2000. Quantitative synthesis of social psychological research. In *Handbook of research methods in social and personality psychology,* edited by H. T. Reis and C. M. Judd, 496–528. New York: Cambridge University Press.
Johnson, M. P., and K. J. Ferraro. 2000. Research on domestic violence in the 1990s: Making distinctions. *Journal of Marriage and the Family* 62: 948–963.
Jones, D. 2006a. Not all successful CEOs are extroverts. *USA Today Online,* June 7. http://www.usatoday.com/money/companies/management/2006-06-06-shy-ceo-usat_x.htm.

———. 2006b. Women-led firms lift stock standing. *USA Today Online*, December 27. http://www.usatoday.com/money/companies/management/2006-12-27-women-ceos-usat_x.htm

Jones, J. M. 2005a. Gender differences in views of job opportunity: Fifty-three percent of Americans believe opportunities are equal. August 2. Gallup Brain, http://brain.gallup.com.

———. 2005b. Nearly half of Americans think U.S. will soon have a woman president. October 4. Gallup Brain, http://brain.gallup.com.

Judge, T. A., J. E. Bono, R. Ilies, and M. W. Gerhardt. 2002. Personality and leadership: A qualitative and quantitative review. *Journal of Applied Psychology* 87: 765–780.

———, D. M. Cable, J. W. Boudreau, and R. D. Bretz, Jr. 1995. An empirical investigation of the predictors of executive career success. *Personnel Psychology* 48: 485–519.

———, A. E. Colbert, and R. Ilies. 2004. Intelligence and leadership: A quantitative review and test of theoretical propositions. *Journal of Applied Psychology* 89: 542–552.

———, and R. F. Piccolo. 2004. Transformational and transactional leadership: A meta-analytic test of their relative validity. *Journal of Applied Psychology* 89: 901–910.

———, R. F. Piccolo, and R. Ilies. 2004. The forgotten ones? The validity of consideration and initiating structure in leadership research. *Journal of Applied Psychology* 89: 36–51.

———, C. J. Thoresen, J. E. Bono, and G. K. Patton. 2001. The job satisfaction–job performance relationship: A qualitative and quantitative review. *Psychological Bulletin* 127: 376–407.

Judiesch, M. K., and K. S. Lyness. 1999. Left behind? The impact of leaves of absence on managers' career success. *Academy of Management Journal* 42: 641–651.

Juran, J. M. 1988. *Juran on planning for quality*. New York: Free Press.

Kabacoff, R. L. 1998. Gender differences in organizational leadership: A large sample study. Paper presented at the annual meeting of the American Psychological Association, San Francisco, August.

Kalev, A., F. Dobbin, and E. Kelly. 2006. Best practices or best guesses? Assessing the efficacy of corporate affirmative action and diversity polities. *American Sociological Review* 71: 589–617.

Kanter, R. M. 1977. *Men and women of the corporation*. New York: Basic Books.

———. 1997. *Rosabeth Moss Kanter on the frontiers of management*. Boston: Harvard Business School Press.

Kaplan, H., K. Hill, J. Lancaster, and A. M. Hurtado. 2000. A theory of human life history evolution: Diet, intelligence, and longevity. *Evolutionary Anthropology* 9: 156–185.

Kark, R. 2004. The transformational leader: Who is (s)he? A feminist perspective. *Journal of Organizational Change Management* 17: 160–176.

Kasof, J. 1993. Sex bias in the naming of stimulus persons. *Psychological Bulletin* 113: 140–163.

Kathlene, L. 1994. Power and influence in state legislative policymaking: The interaction of gender and position in committee hearing debates. *American Political Science Review* 3: 560–576.

———. 2001. Words that matter: Women's voice and institutional bias in public policy formation. In *The impact of women in public office*, edited by S. J. Carroll, 22–49. Bloomington: Indiana University Press.

Kaufman, G., and P. Uhlenberg. 2000. The influence of parenthood on the work effort of married men and women. *Social Forces* 78: 931–947.

Kay, F. M., and J. Hagan. 1998. Raising the bar: The gender stratification of law-firm capital. *American Sociological Review* 63: 728–743.

———, and J. Hagan. 1999. Cultivating clients in the competition for partnership: Gender and the organizational restructuring of law firms in the 1990s. *Law & Society Review* 33: 517–555.

Keith, K., and A. McWilliams. 1997. Job mobility and gender-based wage differentials. *Economic Inquiry* 35: 320–333.

———, and A. McWilliams. 1999. The returns to mobility and job search by gender. *Industrial and Labor Relations Review* 52: 460–477.

Kelleher, D., P. Finestone, and A. Lowy. 1986. Managerial learning: First notes from an unstudied frontier. *Group and Organization Studies* 11: 169–202.

Kellerman, B. 2003. You've come a long way baby—And you've got miles to go. In *The difference "difference" makes: Women and leadership*, edited by D. L. Rhode, 53–58. Stanford, CA: Stanford Law and Politics.

Kellett, J. B., R. H. Humphrey, and R. G. Sleeth. 2002. Empathy and complex task performance: Two routes to leadership. *Leadership Quarterly* 13: 523–544.

Kelley, J., and N. D. DeGraaf. 1997. National context, parental socialization, and religious belief: Results from 15 nations. *American Sociological Review* 62: 639–659.

Keltner, D., D. H. Gruenfeld, and C. Anderson. 2003. Power, approach, and inhibition. *Psychological Review* 110: 265–284.

Kenney, R. A., B. M. Schwartz-Kenney, and J. Blascovich. 1996. Implicit leadership theories: Defining leaders described as worthy of influence. *Personality and Social Psychology Bulletin* 22: 1128–1143.

Kenrick, D. T., M. R. Trost, and J. M. Sundie. 2004. Sex roles as adaptations: An evolutionary perspective on gender differences and similarities. In *The psychology of gender*, edited by A. H. Eagly, A. Beall, and R. J. Sternberg, 2nd ed., 65–91. New York: Guilford Press.

Kilbourne, B. S., P. England, G. Farkas, K. Beron, and D. Weir. 1994. Returns to skill, compensating differentials, and gender bias: Effects of occupational characteristics on the wages of white women and men. *American Journal of Sociology* 100: 689–719.

Killeen, L. A., E. López-Zafra, and A. H. Eagly. 2006. Envisioning oneself as a leader: Comparisons of women and men in Spain and the United States. *Psychology of Women Quarterly* 30: 312–322.

Kimball, M. M. 1995. *Feminist visions of gender similarities and differences*. Binghampton, NY: Haworth Press.

King, J., and G. Gomez. 2007. *The American college president: 2007 edition*. Washington, DC: American Council on Education, Center for Policy Analysis.

Klein, K. E. 2006. Minting women millionaires. *BusinessWeek Online*, May 11. http://www.businessweek.com/print/smallbiz/content/may2006/sb20060511_780723.htm.

Klenke, K. 1997. Women in the leadership and information labyrinth: Looking for the thread of Adriadne. *Women in Leadership* 1: 57–70.

Klerman, J. A., and A. Leibowitz. 1999. Job continuity among new mothers. *Demography* 36: 145–155.

Kling, K. C., J. S. Hyde, C. J. Showers, and B. N. Buswell. 1999. Gender differences in self-esteem: A meta-analysis. *Psychological Bulletin* 4: 470–500.

Klumb, P. L., and T. Lampert. 2004. Women, work, and well-being 1950–2000: A review and methodological critique. *Social Science & Medicine* 58: 1007–1024.

Knapp, M. L., and J. A. Hall. 2002. *Nonverbal communication in social interaction*. 5th ed. Stamford, CT: Wadsworth/Thompson Learning.

Knauft, B. M. 1991. Violence and sociality in human evolution. *Current Anthropology* 32: 391–409.

Knight, G. P., R. A. Fabes, and D. A. Higgins, 1996. Concerns about drawing causal inferences from meta-analyses: An example in the study of gender differences in aggression. *Psychological Bulletin* 119: 410–421.

Koch, S. C., R. Luft, and L. Kruse. 2005. Women and leadership—20 years later: A semantic connotation study. *Social Science Information* 44(1): 9–39.

Koenig, A. M., and A. H. Eagly. 2007. The sources of stereotypes: How observations of groups' social roles shape stereotype content. Unpublished manuscript, Northwestern University.

Kolb, D. M., and J. Williams. 2000. *The shadow negotiation: How women can master the hidden agendas that determine bargaining success*. New York: Simon and Schuster.

Konrad, A. M., and J. Pfeffer. 1991. Understanding the hiring of women and minorities in educational institutions. *Sociology of Education* 64: 141–157.

———, J. E. Ritchie, Jr., P. Lieb, and E. Corrigall. 2000. Sex differences and similarities in job attribute preferences: A meta-analysis. *Psychological Bulletin* 126: 593–641.

Kossek, E. E., and M. D. Lee. 2005. *Making flexibility work: What managers have learned about implementing reduced-load work*. Summary of findings from Phase II of Alfred P. Sloan Grant # 2002-6-11. Michigan State University and McGill University. http://flex-work.lir.msu.edu/.

Kramer, L., and S. Lambert. 2001. Sex-linked bias in chances of being promoted to supervisor. *Sociological Perspectives* 44: 111–127.

Kramer, R. M. 2006. The great intimidators. *Harvard Business Review* 84(2): 88–96.

Kramer, V. W., A. M. Konrad, and S. Erkut. 2006. *Critical mass on corporate boards: Why three or more women enhance governance*. Executive summary. Wellesley, MA: Wellesley Centers for women. http://www.wcwonline.org/pdf/CriticalMassExecSummary.pdf.

Kray, L. J., A. D. Galinsky, and L. Thompson. 2002. Reversing the gender gap in negotiations: An exploration of stereotype regeneration. *Organizational Behavior and Human Decision Processes* 87: 386–409.

Krishnan, H. A., and D. Park. 2005. A few good women—on top management teams. *Journal of Business Research* 58: 1712–1720.

Kuhn, P., and F. Lozano. 2005. The expanding workweek? Understanding trends in long work hours among U.S. men, 1979–2004. National Bureau of Economic Research Working Paper No. W11895. http://www.nber.org/papers/w11895.

———, and C. Weinberger. 2005. Leadership skills and wages. *Journal of Labor Economics* 23: 395–436.

Kunda, Z., and L. Sinclair. 1999. Motivated reasoning with stereotypes: Activation, application, and inhibition. *Psychological Inquiry* 10: 12–22.

———, and S. J. Spencer. 2003. When do stereotypes come to mind and when do they color judgment? A goal-based theoretical framework for stereotype activation and application. *Psychological Bulletin* 129: 522–544.

———, and P. Thagard. 1996. Forming impressions from stereotypes, traits, and behaviors: A parallel-constraint-satisfaction theory. *Psychological Review* 103: 284–308.

LaFarge, A. 2001. Her wish is to make an enduring contribution. In *How Jane won: 55 successful women share how they grew from ordinary girls to extraordinary women*, edited by S. Rimm and S. Rimm-Kaufman, 110–116. New York: Crown Business.

LaFrance, M., E. L. Paluck, and V. Brescoll. 2004. Sex changes: A current perspective on the psychology of gender. In *The psychology of gender*, edited by A. H. Eagly, A. Beall, and R. J. Sternberg, 2nd ed., 328–344. New York: Guilford Press.

Lahelma, E., S. Arber, K. Kivelä, and E. Roos. 2002. Multiple roles and health among British and Finnish women: The influence of socioeconomic circumstances. *Social Science and Medicine* 54: 727–740.

Laland, K. N., and G. R. Brown. 2002. *Sense and nonsense: Evolutionary perspectives on human behavior*. New York: Oxford University Press.

Lam, S. S. K., and G. F. Dreher. 2004. Gender, extra-firm mobility, and compensation attainment in the United States and Hong Kong. *Journal of Organizational Behavior* 25: 791–805.

Landau, M. J., S. Solomon, J. Greenberg, F. Cohen, T. Pyszczynski, J. Arndt, C. H. Miller, D. M. Ogilvie, and A. Cook. 2004. Deliver us from evil: The effects of mortality salience and reminders of 9/11 on support for President George W. Bush. *Personality and Social Psychology Bulletin* 9: 1136–1150.

Landino, R. A., and S. V. Owen. 1988. Self-efficacy in university faculty. *Journal of Vocational Behavior* 33: 1–14.

Langewiesche, W. 2003. Columbia's last flight: The inside story of the investigation—and the catastrophe it laid bare. *Atlantic Monthly*, November, 58–64, 66–74, 76–78, 80–82, 84–87.

Lauterbach, K. E., and B. J. Weiner. 1996. Dynamics of upward influence: How male and female managers get their way. *Leadership Quarterly* 7: 87–107.

Lawless, J. L. 2004. Women, war and winning elections: Gender stereotyping in the post-September 11th era. *Political Research Quarterly* 57: 479–490.

Lawrence, T. B., and V. Corwin. 2003. Being there: The acceptance and marginalization of part-time professional employees. *Journal of Organizational Behavior* 24: 923–943.

Leary, M. R., K. M. Patton, A. E. Orlando, and W. Wagoner Funk. 2000. The impostor phenomenon: Self-perceptions, reflected appraisals, and interpersonal strategies. *Journal of Personality* 68: 725–756.

Lee, D. M., and J. M. Alvares. 1977. Effects of sex on descriptions and evaluations of supervisory behavior in a simulated industrial setting. *Journal of Applied Psychology* 62: 405–410.

Lee, P. M., and E. H. James. 2007. She-E-Os: Gender effects and investor reactions to the announcements of top executive appointments. *Strategic Management Journal* 28: 227–241.

Lee, Y., L. J. Jussim, and C. R. McCauley, eds. 1995. *Stereotype accuracy: Toward appreciating group differences*. Washington, DC: American Psychological Association.

Lemm, K. M., M. Dabady, and M. R. Banaji. 2005. Gender picture priming: It works with denotative and connotative primes. *Social Cognition* 23: 218–241.

Lepowsky, M. 1993. *Fruit of the motherland: Gender in an egalitarian society*. New York: Columbia University Press.

Levering, R., and M. Moskowitz. 2006. Best companies to work for 2006: How we pick the 100 best. *Fortune* at *CNNMoney.com*. http://money.cnn.com/.element/ssi/sections/mag/fortune/bestcompanies/2006/how.popup.html.

Levinson, R. M. 1982. Sex discrimination and employment practices: An experiment with unconventional job inquiries. In *Women and work: Problems and perspectives*, edited by R. Kahn-Hut, A. N. Daniels, and R. Colvard, 54–65. New York: Oxford University Press.

Lewin, K., R. Lippitt, and R. K. White. 1939. Patterns of aggressive behavior in experimentally created "social climates." *Journal of Social Psychology* 10: 271–299.

Lewis, G. 1998. Continuing progress toward racial and gender pay equality in the federal service. *Review of Public Administration* 18: 23–40.

Liden, R. C. 1985. Female perceptions of female and male managerial behavior. *Sex Roles* 12: 421–432.

Lifetime Women's Pulse Poll. 2006. Generation why? March. http://www.pollingcompany.com/cms/files/Executive%20Summary%20Layout%20FINAL.pdf.

Likert, R. 1961. *New patterns of management*. New York: McGraw-Hill.

Lillie, C. R. 2003. Multicultural women and leadership opportunities: Meeting the challenges of diversity in the American legal profession. In *The difference "difference" makes: Women and leadership*, edited by D. Rhode, 102–108. Stanford, CA: Stanford Law and Politics.

Lim, S., and L. M. Cortina. 2005. Interpersonal mistreatment in the workplace: The interface and impact of general incivility and sexual harassment. *Journal of Applied Psychology* 90: 483–496.

Lindner, M. 2001. Girl scouting, ballroom dancing, and dyslexia gave her confidence. In *How Jane won: 55 successful women share how they grew from ordinary girls to extraordinary women*, edited by S. Rimm and S. Rimm-Kaufman, 68–73. New York: Crown Business.

Lipman-Blumen, J. 1996. *The connective edge: Leading in an interdependent world*. San Francisco: Jossey-Bass.

———. 2005. *The allure of toxic leaders: Why we follow destructive bosses and corrupt politicians—and how we can survive them*. New York: Oxford University Press.

Lippa, R. A. 1998a. Gender-related individual differences and the structure of vocational interests: The importance of the people-things dimension. *Journal of Personality and Social Psychology* 74: 996–1009.

———. 1998b. The nonverbal display and judgment of extraversion, masculinity, femininity, and gender diagnosticity: A lens model analysis. *Journal of Research in Personality* 32: 80–107.

Lips, H. M. 2000. College students' visions of power and possibility as moderated by gender. *Psychology of Women Quarterly* 24: 39–43.

———. 2001. Envisioning positions of leadership: The expectations of university students in Virginia and Puerto Rico. *Journal of Social Issues* 57: 799–813.

Lipsey, M. W., and D. B. Wilson. 2001. *Practical meta-analysis*. Thousand Oaks, CA: Sage.

Littlepage, G., W. Robison, and K. Reddington. 1997. Effects of task experience and group experience on group performance, member ability, and recognition of expertise. *Organizational Behavior and Human Decision Processes* 69: 133–147.

Lizza, R. 2007. The invasion of the Alpha male Democrats. *New York Times*, January 7, Week in Review, 1, 3.

Lockheed, M. E. 1985. Sex and social influence: A meta-analysis guided by theory. In *Status, rewards, and influence*, edited by J. Berger and M. Zelditch, Jr., 406–429. San Francisco: Jossey-Bass.

Loden, M. 1985. *Feminine leadership: Or how to succeed in business without being one of the boys*. New York: Times Books.

Lord, R. G., D. J. Brown, J. L. Harvey, and R. J. Hall. 2001. Contextual constraints on prototype generation and their multi-level consequences for leadership perceptions. *Leadership Quarterly* 12: 311–338.

———, C. L. de Vader, and G. M. Alliger. 1986. A meta-analysis of the relation between personality traits and leadership perceptions: An application of validity generalization procedures. *Journal of Applied Psychology* 71: 402–410.

———, and K. J. Maher. 1993. *Leadership and information processing: Linking perceptions and performance*. New York: Routledge.

Lovenduski, J., and P. Norris. 2003. Westminster women: The politics of presence. *Political Studies* 51: 84–102.

Low, B. S. 2000. *Why sex matters: A Darwinian look at human behavior*. Princeton, NJ: Princeton University Press.

Lowe, K. B., K. G. Kroeck, and N. Sivasubramaniam. 1996. Effectiveness correlates of transformational and transactional leadership: A meta-analytic review of the MLQ literature. *Leadership Quarterly* 7: 385–425.

Lucas, J. W. 2003. Status processes and the institutionalization of women as leaders. *American Sociological Review* 68: 464–480.

Lundberg, S., and E. Rose. 2000. Parenthood and the earnings of married men and women. *Labour Economics* 7: 689–710.

Lundgren, L. M., J. Fleischer-Cooperman, R. Schneider, and T. Fitzgerald. 2001. Work, family, and gender in medicine: How do dual-earners decide who should work less? In *Working families: The transformation of the American home*, edited by R. Hertz and N. L. Marshall, 251–269. Berkeley: University of California Press.

Luthans, F. 1988. Successful vs. effective real managers. *Academy of Management Executive* 2(2): 127–132.

———, F., R. M. Hodgetts, and S. A. Rosenkrantz. 1988. *Real managers*. Cambridge, MA: Ballinger.

Lynch, J. P. 2002. Trends in juvenile violent offending: An analysis of victim survey data. Office of Juvenile Justice and Delinquency Prevention, U. S. Department of Justice. http://www.ncjrs.gov/pdffiles1/ojjdp/191052.pdf.

Lyness, K. S., and M. E. Heilman. 2006. When fit is fundamental: Performance evaluations and promotions of upper-level female and male managers. *Journal of Applied Psychology* 91: 777–785.

———, and M. K. Judiesch. 1999. Are women more likely to be hired or promoted into management positions? *Journal of Vocational Behavior* 54: 158–173.

———, and M. K. Judiesch. 2001. Are female managers quitters? The relationships of gender, promotions, and family leaves of absence to voluntary turnover. *Journal of Applied Psychology* 86: 1167–1178.

———, and D. E. Thompson. 1997. Above the glass ceiling? A comparison of matched samples of female and male executives. *Journal of Applied Psychology* 82: 359–375.

———, and D. E. Thompson. 2000. Climbing the corporate ladder: Do female and male executives follow the same route? *Journal of Applied Psychology* 85: 86–101.

Maass, A., M. Cadinu, G. Guarnieri, and A. Grasselli. 2003. Sexual harassment under social identity threat: The computer harassment paradigm. *Journal of Personality and Social Psychology* 85: 853–870.

MacCoun, R. J. 1998. Biases in the interpretation and use of research results. *Annual Review of Psychology* 49: 259–287.

MacDonald, E., and C. R. Schoenberger. 2006. The world's most powerful women: No. 7, Sallie Krawcheck. *Forbes.com*., August 31. http://www.forbes.com/lists/2006/11/06women_Sallie-Krawcheck_DFBE.html.

Madden, M. E. 2005. 2004 Division 35 presidential address: Gender and leadership in higher education. *Psychology of Women Quarterly* 29: 3–14.

Magley, V. J., C. L. Hulin, L. F. Fitzgerald, and M. DeNardo. 1999. Outcomes of self-labeling sexual harassment. *Journal of Applied Psychology* 84: 390–402.

Maier, M. 1999. On the gendered substructure of organizations: Dimensions and dilemmas of corporate masculinity. In *Handbook of gender & work*, edited by G. N. Powell, 69–93. Thousand Oaks, CA: Sage.

Mainiero, L. A. 1994. On breaking the glass ceiling: The political seasoning of powerful women executives. *Organizational Dynamics* 22(4): 4–20.

Major, B. 1994. From social inequality to personal entitlement: The role of social comparisons, legitimacy appraisals, and group membership. In *Advances in experimental social psychology*, edited by M. P. Zanna, Vol. 26, 293–355. San Diego: Academic Press.

Mallabar, J. 2006. First person: When you give up a successful career. *Saturday Guardian*, April 2, Family section, 3.

Mandel, H., and M. Semyonov. 2005. Family policies, wage structures, and gender gaps: Sources of earnings inequality in 20 countries. *American Sociological Review* 70: 949–967.

Mandell, B., and S. Pherwani. 2003. Relationship between emotional intelligence and transformational leadership style: A gender comparison. *Journal of Business and Psychology* 17: 387–404.

Mann, E. S. 2005. Familialism in Nicaragua: Reproductive and sexual policy regimes, 1979–2002. Paper presented at meeting of Research Committee 19 of International Sociological Association, Chicago, September. http://www.northwestern.edu/rc19/Mann.pdf.

Mann, J. 2000. Who says a woman can't be president? We do. *Washington Post*, January 28, C11.

Manning, A., and B. Petrongolo. 2006. The part-time pay penalty for women in Britain. IZA Discussion Paper No. 2419. Institute for the Study of Labor, Bonn, Germany.

Mansfield, H. G. 2006. *Manliness*. New Haven, CT: Yale University Press.

Manuel, T., S. Shefte, and D. J. Swiss. 1999. *Suiting themselves: Women's leadership styles in today's workplace*. Cambridge, MA: Radcliffe Public Policy Institute.

Marini, M. M., P. Fan, E. Finley, and A. M. Beutel. 1996. Gender and job values. *Sociology of Education* 69: 49–65.

Markoff, J. 1999. Hewlett-Packard picks rising star at Lucent as its chief executive. *New York Times*, July 20, C1.

Marks, S. R. 1977. Multiple roles and role strain: Some notes on human energy, time, and commitment. *American Sociological Review* 42: 921–936.

Martell, R. F., D. M. Lane, and C. G. Emrich. 1996. Male-female differences: A computer simulation. *American Psychologist* 51: 157–158.

———, C. Parker, C. G. Emrich, and M. S. Crawford. 1998. Sex stereotyping in the executive suite: "Much ado about something." *Journal of Social Behavior and Personality* 13: 127–138.

Martin, A. 2005. *The changing nature of leadership: A CCL research report*. Greensboro, NC: Center for Creative Leadership. http://www.ccl.org/leadership/pdf/research/NatureLeadership.pdf.

Martin, P. Y. 1990. Rethinking feminist organizations. *Gender & Society* 4: 182–206.

———. 2003. "Said and done" versus "saying and doing": Gender practices, practicing gender at work. *Gender & Society* 17: 342–366.

Martinez, G. M., A. Chandra, J. C. Abma, J. Jones, and W. D. Mosher. 2006. *Fertility, contraception, and fatherhood: Data on men and women from Cycle 6 of the 2002 National Survey of Family Growth*. U.S. Department of Health and Human Services, National Center for Health Statistics, Vital and Health Statistics, Series 23, No. 26. http://www.cdc.gov/nchs/data/series/sr_23/sr23_026.pdf.

Mastekaasa, A. 2000. Parenthood, gender, and sickness absence. *Social Science and Medicine* 50: 1827–1842.

Matschiner, M., and S. K. Murnen. 1999. Hyperfemininity and influence. *Psychology of Women Quarterly* 23: 631–642.

Matsui, C. 2001. Growing up in the best of two worlds. In *How Jane won: 55 successful women share how they grew from ordinary girls to extraordinary women*, edited by S. Rimm and S. Rimm-Kaufman, 122–127. New York: Crown Business.

Mattingly, M. J., and S. M. Bianchi. 2003. Gender differences in the quantity and quality of free time: The U. S. experience. *Social Forces* 81: 99–1030.

Maume, D. J., Jr. 1999a. Glass ceilings and glass escalators: Occupational segregation and race and sex differences in managerial promotions. *Work and Occupations* 26: 483–509.

———. 1999b. Occupational segregation and the career mobility of white men and women. *Social Forces* 77: 1433–1459.

———. 2004. Is the glass ceiling a unique form of inequality? Evidence from a random-effects model of managerial attainment. *Work and Occupations* 31: 250–274.

———, and P. Houston. 2001. Job segregation and gender differences in work-family spillover among white collar workers. *Journal of Family and Economic Issues* 22: 171–189.

Mayer, J. D., P. Salovey, and D. R. Caruso. 2004. Emotional intelligence: Theory, findings, and implications. *Psychological Inquiry* 15: 197–215.

McBroom, P. 1986. *The third sex: The new professional woman*. New York: W. Morrow.

McCall, L. 2001. *Complex inequality: Gender, class, and race in the new economy*. New York: Routledge.

McCall, M. W., Jr., M. M. Lombardo, and A. M. Morrison. 1988. *The lessons of experience: How successful executives develop on the job*. Lexington, MA: Lexington Books.

McCauley, C. D. 2004. Successful and unsuccessful leadership. In *The nature of leadership*, edited by J. Antonakis, A. T. Cianciolo, and R. J. Sternberg, 199–221. Thousand Oaks, CA: Sage.

———, M. N. Ruderman, P. J. Ohlott, and J. E. Morrow. 1994. Assessing the developmental components of managerial jobs. *Journal of Applied Psychology* 79: 544–560.

McClelland, D. C. 1985. *Human motivation*. Glenview, IL: Scott, Foresman.

———, and R. E. Boyatzis. 1982. Leadership motive pattern and long-term success in management. *Journal of Applied Psychology* 67: 737–743.

McClure, E. B. 2000. A meta-analytic review of sex differences in facial expression processing and their development in infants, children, and adolescents. *Psychological Bulletin* 126: 424–453.

McCrae, R. R., and P. T. Costa. 2003. *Personality in adulthood: A five-factor theory perspective*. New York: Guilford Press.

McElroy, J. C., P. C. Morrow, and S. N. Rude. 2001. Turnover and organizational performance: A comparative analysis of the effects of voluntary, involuntary, and reduction-in-force turnover. *Journal of Applied Psychology* 86: 1294–1299.

McIntyre, S., D. J. Moberg, and B. Z. Posner. 1980. Preferential treatment in preselection decisions according to sex and race. *Academy of Management Journal* 23: 738–749.

McLean, B., and P. Elkind. 2004. *The smartest guys in the room: The amazing rise and scandalous fall of Enron*. New York: Portfolio.

McMunn, A., M. Bartley, R. Hardy, and D. Kuh. 2006. Life course social roles and women's health in midlife: Causation or selection? *Journal of Epidemiology and Community Health* 60: 484–489.

McPherson, M., L. Smith-Lovin, and J. M. Cook. 2001. Birds of a feather: Homophily in social networks. *Annual Review of Sociology* 27: 415–444.

Mehdorn, H. 2006. Letter to the editor. *Financial Times*, March 13. FT.com, http://search.ft.com/searchArticle?queryText=Lecturer+or+listenerandy=7andjavascriptEnabled=true&id=060313000697&x=15.

Melamed, T., and N. Bozionelos. 1992. Gender differences in the personality features of British managers. *Psychological Reports* 71: 979–986.

Mendell, A. 1996. *How men think: The seven essential rules for making it in a man's world*. New York: Fawcett Columbine.

Mero, J., and P. Sellers. 2003. Power—Do women really want it? *Fortune*, October 13, 80–100.

Merrill-Sands, D., J. Kickul, and C. Ingols. 2005. Women pursuing leadership and power: Challenging the myth of the "opt out revolution." *CGO Insights, Briefing Note No. 20*, February. http://www.simmons.edu/som/docs/centers/insights_20.pdf.

———, and D. M. Kolb. 2001. Women as leaders: The paradox of success. *CGO Insights: Briefing Note No. 9*, April. http://www.simmons.edu/som/docs/centers/insights_9.pdf.

Meyerson, D. E. 2001. *Tempered radicals: How people use difference to inspire change at work*. Boston: Harvard Business School Press.

———, and J. K. Fletcher. 2000. A modest manifesto for shattering the glass ceiling. *Harvard Business Review* 78(1): 126–136.

Meyersson Milgrom, E. M., and T. Petersen. 2006. The glass ceiling in the United States and Sweden: Lessons from the family-friendly corner of the world, 1970 to 1990. In *The declining significance of gender?* edited by F. D. Blau, M. C. Brinton, and D. B. Grusky, 67–101. New York: Russell Sage Foundation.

Milkie, M. A., S. M. Bianchi, M. J. Mattingly, and J. P. Robinson. 2002. Gendered division of childrearing: Ideals, realities, and the relationship to parental well-being. *Sex Roles* 47: 21–38.

———, M. J. Mattingly, K. M. Nomaguchi, S. M. Bianchi, and J. P. Robinson. 2004. The time squeeze: Parental statuses and feelings about time with children. *Journal of Marriage and the Family* 66: 739–761.

Miller, D. T., B. Taylor, and M. L. Buck. 1991. Gender gaps: Who needs to be explained? *Journal of Personality and Social Psychology* 61: 5–12.

Miller, L. C., L. L. Cooke, J. Tsang, and F. Morgan. 1992. Should I brag? Nature and impact of positive and boastful disclosures for women and men. *Human Communication Research* 18: 364–399.

Miller, M. 2005. Listen to my wife. *New York Times*, May 25, A27.

Milwid, B. 1990. *Working with men: Professional women talk about power, sexuality, and ethics*. Hillsboro, OR: Beyond Words Publishing.

Mineham, C. E. 2005. An introduction. *Regional Review*, Federal Reserve Bank of Boston, Quarter 1. http://www.bos.frb.org/economic/nerr/rr2005/q1/introduction.pdf

Miner, J. B. 1993. *Role motivation theories*. New York: Routledge.

———, and N. S. Raju. 2004. Risk propensity differences between managers and entrepreneurs and between low- and high-growth entrepreneurs: A reply in a more conservative vein. *Journal of Applied Psychology* 89: 3–13.

Mintzberg, H. 1979. *The structuring of organizations: A synthesis of the research*. Englewood Cliffs, NJ: Prentice Hall.

Mitra, A. 2003. Access to supervisory jobs and the gender wage gap among professionals. *Journal of Economic Issues* 37: 1023–1044.

Mnookin, S. 2004. *Hard news: The scandals at the New York Times and their meaning for American media*. New York: Random House.

Moore, D. 1992. Discrimination and deprivation: The effects of social comparisons. *Social Justice Research* 4: 49–64.

Moore, D. P., and E. H. Buttner. 1997. *Women entrepreneurs: Moving beyond the glass ceiling*. Thousand Oaks, CA: Sage Publications.

Moore, D. W. 2003. Little prejudice against a woman, Jewish, black, or Catholic presidential candidate. June 10. Gallup Brain, http://brain.gallup.com.

———. 2005. Gender stereotypes prevail on working outside the home: Modest backlash among women against working; men warming up to staying home. August 17. Gallup Brain, http://brain.gallup.com.

Moore, G. 1988. Women in elite positions: Insiders or outsiders? *Sociological Forum* 3: 566–585.

———. 1990. Structural determinants of men's and women's personal networks. *American Sociological Review* 55: 726–735.

———. 2004. Mommies and daddies on the fast track in other wealthy nations. *Annals of the American Academy of Political and Social Science* 596: 208–213.

Moreland, R. L., and J. M. Levine. 2001. Socialization in organizations and work groups. In *Groups at work: Theory and research*, edited by M. E. Turner, 69–112. Mahwah, NJ: Erlbaum.

Morrill, C. 1995. *The executive way: Conflict management in corporations*. Chicago: University of Chicago Press.

Morris, B. 2002. Trophy husbands: Arm candy? Are you kidding? While their fast-track wives go to work, stay-at-home husbands mind the kids. They deserve a trophy for trading places. *Fortune*, October 14, 78–82, 86, 90, 94, 98.

Morris, M., and B. Western. 1999. Inequality in earnings at the close of the twentieth century. *Annual Review of Sociology* 25: 623–657.

Morrison, A. M. 1992. *The new leaders*. San Francisco: Jossey-Bass.

———, and M. A. von Glinow. 1990. Women and minorities in management. *American Psychologist* 45: 200–208.

Morse, J., and A. Bower. 2002. The party crasher. *Time*, December 30, 52 ff.
Moskowitz, D. S., E. J. Suh, and J. Desaulniers. 1994. Situational influences on gender differences in agency and communion. *Journal of Personality and Social Psychology* 66: 753–761.
Munson, L. J., A. G. Miner, and C. Hulin. 2001. Labeling sexual harassment in the military: An extension and replication. *Journal of Applied Psychology* 86: 293–303.
Murray, A. 2007. Business: Behind Nardelli's abrupt exit; Executive's fatal flaw: Failing to understand new demands on CEOs. *Wall Street Journal*, January 4, A1, A12.
Murrell, A. J., J. E. Olson, and I. H. Frieze. 1995. Sexual harassment and gender discrimination: A longitudinal study of women managers. *Journal of Social Issues* 51: 139–149.
Musteen, M., V. L. Barker III, and V. L. Baeten. 2006. CEO attributes associated with attitude toward change: The direct and moderating effects of CEO tenure. *Journal of Business Research* 59: 604–612.
Myers, W. 2005. Keeping a gentle grip on power. *U.S. News & World Report*, October 31. http://www.usnews.com/usnews/news/articles/051031/31whitman.htm.
Nadis, S. 1999. Women scientists unite to combat cowboy culture. *Nature* 398: 361.
Naff, K. C. 1994. Through the glass ceiling: Prospects for the advancement of women in the federal civil service. *Public Administration Review* 54: 507–514.
National Center for Health Statistics. 2006. *Body measurements*. http://www.cdc.gov/ndhs/fastats/bodymeas.htm.
Nelson, R. L., and W. P. Bridges. 1999. *Legalizing gender inequality: Courts, markets, and unequal pay for women in America*. Cambridge, UK: Cambridge University Press.
Neuman, J. H., and R. A. Baron. 1998. Workplace violence and workplace aggression: Evidence concerning specific forms, potential causes, and preferred targets. *Journal of Management* 24: 391–419.
Neumark, D., with the assistance of R. J. Bank, and K. D. Van Nort. 1996. Sex discrimination in restaurant hiring: An audit study. *Quarterly Journal of Economics* 111: 915–941.
Newman, M. A., R. A. Jackson, and D. D. Baker. 2003. Sexual harassment in the federal workplace. *Public Administration Review* 63: 472–483.
Newport, F. 2001. Americans see women as emotional and affectionate, men as more aggressive: Gender specific stereotypes persist in recent Gallup poll. February 21. Gallup Brain, http://brain.gallup.com.
Ng, T. W. H., L. T. Eby, K. L. Sorensen, and D. C. Feldman. 2005. Predictors of objective and subjective career success: A meta-analysis. *Personnel Psychology* 58: 367–408.
NICHD Early Child Care Research Network. 2006. Child care effect sizes for the NICHD study of early childcare and youth development. *American Psychologist*, 61, 99–116.
Niederle, M., and L. Vesterlund. 2005. Do women shy away from competition? Do men compete too much? National Bureau of Economic Research Working Paper No. 11474. http://www.nber.org/papers/w11474.
Nieva, V. G., and B. A. Gutek. 1981. *Women and work: A psychological perspective*. New York: Praeger.
Noonan, M. C., and M. E. Corcoran. 2004. The mommy track and partnership: Temporary delay or dead end? *Annals of the American Academy of Political and Social Science* 596: 130–150.
Northouse, P. G. 2004. *Leadership: Theory and practice*. 3rd ed. Thousand Oaks, CA: Sage.
Oaxaca, R. L. 1973. Male-female wage differentials in urban labor markets. *International Economic Review* 14: 693–709.
Offermann, L. R., J. K. Kennedy, Jr., and P. W. Wirtz. 1994. Implicit leadership theories: Content, structure, and generalizability. *Leadership Quarterly* 5: 43–58.
Ohlott, P. J., M. N. Ruderman, and C. D. McCauley. 1994. Gender differences in managers' developmental job experiences. *Academy of Management Journal* 37: 46–67.
Olian, J. D., D. P. Schwab, and Y. Haberfeld. 1988. The impact of applicant gender compared to qualifications on hiring recommendations: A meta-analysis of experimental studies. *Organizational Behavior and Human Decision Processes* 41: 180–195.
Olsson, S. 2006. "We don't need another hero!": Organizational storytelling as a vehicle for communicating a female archetype of workplace leadership. In *Gender and communication at work*, edited by M. Barrett and M. J. Davidson, 195–210. Burlington, VT: Ashgate.
O'Neill, J. 2003. Catching up: The gender gap in wages, circa 2000. *American Economic Review* 93: 309–314.
———, and S. Polachek. 1993. Why the gender gap in wages narrowed in the 1980s. *Journal of Labor Economics* 11: 205–228.
Ones, D. S., and C. Viswesvaran. 1998. Gender, age, and race differences on overt integrity tests: Results across four large-scale job applicant data sets. *Journal of Applied Psychology* 83: 35–42.

———, C. Viswesvaran, and F. L. Schmidt. 1993. Comprehensive meta-analysis of integrity test validities: Findings and implications for personnel selection and theories of job performance. *Journal of Applied Psychology* 78: 679–703.

Oppenheimer Funds and Mass Mutual Financial Group. 2002. Successful women business executives don't just talk a good game . . . they play(ed) one. http://www.massmutual.com/mmfg/pdf/boardroom.pdf.

Osterman, P. 1995. Work/family programs and the employment relationship. *Administrative Science Quarterly* 40: 681–700.

Ott, E. M. 1989. Effects of the male-female ratio at work: Policewomen and male nurses. *Psychology of Women Quarterly* 13: 41–57.

Otto, C. 2001. Visualizing success made a difference. In *How Jane won: 55 successful women share how they grew from ordinary girls to extraordinary women*, edited by S. Rimm and S. Rimm-Kaufman, 99–103. New York: Crown Business.

Pallier, G. 2003. Gender differences in self-assessment of accuracy on cognitive tasks. *Sex Roles* 48: 265–276.

Panczer, L. M. 2002. Women, representation, and public policy in the 103rd Congress. Doctoral dissertation, University of Missouri, Saint Louis. *Dissertation Abstracts International* 62: 3553-A.

Paolillo, J. G. P. 1981. Manager's self assessments of managerial roles: The influence of hierarchical level. *Journal of Management* 7: 43–52.

Paris, L. D., J. P. Howell, P. W. Dorfman, and P. Hanges. 2007. *Gender differences in implicit leadership theories: The moderating effects of culture and industry*. Manuscript submitted for publication.

Parker, P. S., and d. t. ogilvie. 1996. Gender, culture, and leadership: Toward a culturally distinct model of African-American women executives' leadership strategies. *Leadership Quarterly* 7: 189–214.

Pavett, C. M., and A. W. Lau. 1983. Managerial work: The influence of hierarchical level and functional specialty. *Academy of Management Journal* 26: 170–177.

Pear, R. 2006. Married and single parents spending more time with children, study finds. *New York Times Online*, October 17. http://select.nytimes.com/search/restricted/article?res=F30E11FA35540C748DDDA90994DE404482.

Pearson, A. 2002. *I don't know how she does it: The life of Kate Reddy, working mother*. New York: Knopf.

Perse, E. M., A. I. Nathanson, and D. M. McLeod. 1996. Effects of spokesperson sex, public service announcement appeal, and involvement on evaluations of safe-sex PSAs. *Health Communications* 8: 171–189.

Peter, K., and L. Horn. 2005. *Gender differences in participation and completion of undergraduate education and how they have changed over time*. NCES 2005-169. U.S. Department of Education, National Center for Education Statistics. http://nces.ed.gov/pubs2005/2005169.pdf.

Petersen, T., I. Saporta, and M. L. Seidel. 2000. Offering a job: Meritocracy and social networks. *American Journal of Sociology* 106: 763–816.

Petrides, K. V., and A. Furnham. 2000. Gender differences in measured and self-estimated trait emotional intelligence. *Sex Roles* 42: 449–461.

Pew Research Center for the People and the Press. 1997. Motherhood today: A tougher job, less ably done. http://people-press.org/reports/print.php3?ReportID=109.

Pfeffer, J., and A. Davis-Blake. 1987. The effect of the proportion of women on salaries: The case of college administrators. *Administrative Science Quarterly* 32: 1–24.

Phillips, J. S., and R. G. Lord. 1982. Schematic information processing and perception of leadership in problem-solving groups. *Journal of Applied Psychology* 67: 486–492.

Phipps, S., P. Burton, and L. Osberg. 2001. Time as a source of inequality within marriage: Are husbands more satisfied with time for themselves than wives? *Feminist Economics* 7: 1–21.

Plant, E. A., and P. G. Devine. 1998. Internal and external motivation to respond without prejudice. *Journal of Personality and Social Psychology* 75: 811–832.

Podsakoff, P. M., S. B. MacKenzie, J. B. Paine, and D. G. Bachrach. 2000. Organizational citizenship behaviors: A critical review of the theoretical and empirical literature and suggestions for future research. *Journal of Management* 26: 513–563.

Polgreen, L., and L. Rohter. 2006. Where political clout demands a maternal touch. *New York Times Online*, January 22. http://www.nytimes.com/2006/01/22/weekinreview/22roht.html.

Powell, G. N. 1990. One more time: Do male and female managers differ? *Academy of Management Executive* 4(3): 68–75.

———. 1999. Reflections on the glass ceiling: Recent trends and future prospects. In *Handbook of gender & work*, edited by G. N. Powell, 325–345. Thousand Oaks, CA: Sage.

———, and D. A. Butterfield. 1994. Investigating the "glass ceiling" phenomenon: An empirical study of actual promotions to top management. *Academy of Management Journal* 37: 68–86.

———, D. A. Butterfield, and J. D. Parent. 2002. Gender and managerial stereotypes: Have the times changed? *Journal of Management* 28: 177–193.

———, and L. M. Graves. 2003. *Women and men in management*, 3rd ed. Thousand Oaks, CA: Sage.

———, and L. M. Graves. 2006. Gender and leadership: Perceptions and realities. In *Sex differences and similarities in communication*, edited by K. Dindia and D. J. Canary, 2nd ed., 13–98. Mahwah, NJ: Erlbaum.

Pratto, F., J. D. Korchmaros, and P. Hegarty. 2007. When race and gender go without saying. *Social Cognition*, 25: 221–247.

Prentice, D. A., and E. Carranza. 2002. What women and men should be, shouldn't be, are allowed to be, and don't have to be: The contents of prescriptive gender stereotypes. *Psychology of Women Quarterly* 26: 269–281.

———, and D. T. Miller. 2006. Essentializing differences between women and men. *Psychological Science* 17: 129–135.

Price, D. 1997. Lady Justice: Her commitment to the underdog may bring Ruth Bader Ginsburg the court's top job. *Detroit News*, January 3, E1.

Price Waterhouse v. Hopkins, 490 U. S., 228 1989.

Propp, K. M. 1995. An experimental examination of biological sex as a status cue in decision-making groups and its influence on information use. *Small Group Research* 26: 451–474.

Prowse, V. 2005. How damaging is part-time employment to a woman's occupational prospects? IZA Discussion Paper No. 1648. Institute for the Study of Labor, Bonn, Germany.

Pryor, J. B. 1987. Sexual harassment proclivities in men. *Sex Roles* 17: 269–290.

———. 1995. The psychosocial impact of sexual harassment on women in the U. S. military. *Basic and Applied Social Psychology* 17: 581–603.

———, J. L. Giedd, and K. B. Williams. 1995. A social psychological model for predicting sexual harassment. *Journal of Social Issues* 51: 69–84.

———, C. M. LaVite, and L. M. Stoller. 1993. A social psychological analysis of sexual harassment: The person/situation interaction. *Journal of Vocational Behavior* 42: 68–83.

———, and L. M. Stoller. 1994. Sexual cognition processes in men high in the likelihood to sexually harass. *Personality and Social Psychology Bulletin* 20: 163–169.

Purvanova, R. K., J. E. Bono, and J. Dzieweczynski. 2006. Transformational leadership, job characteristics, and organizational citizenship performance. *Human Performance* 19: 1–22.

Putnam, R. D. 2000. *Bowling alone: The collapse and revival of American community*. New York: Simon and Schuster.

Quinn, K. A., N. J. Roese, G. L. Pennington, and J. M. Olson. 1999. The personal/group discrimination discrepancy: The role of informational complexity. *Personality and Social Psychology Bulletin* 25: 1430–1440.

Ragins, B. R. 1999. Gender and mentoring relationships: A review and research agenda for the next decade. In *Handbook of gender & work*, edited by G. Powell, 347–370. Thousand Oaks, CA: Sage.

———, J. M. Cornwell, and J. S. Miller. 2003. Heterosexism in the workplace: Do race and gender matter? *Group & Organization Management* 28: 45–74.

———, and J. L. Cotton. 1999. Mentor functions and outcomes: A comparison of men and women in formal and informal mentoring relationships. *Journal of Applied Psychology* 84: 529–550.

———, and E. Sundstrom. 1989. Gender and power in organizations: A longitudinal perspective. *Psychological Bulletin* 105: 51–88.

———, B. Townsend, and M. Mattis. 1998. Gender gap in the executive suite: CEOs and female executives report on breaking the glass ceiling. *Academy of Management Executive* 12: 28–42.

Ramchandani P., A. Stein, J. Evans, T. G. O'Conner, and the APSPAC team. 2005. Paternal depression in the postnatal period and child development: A prospective population study. *Lancet* 365: 2201–2205.

Rapoport, R., L. Bailyn, J. K. Fletcher, and B. H. Pruitt. 2002. *Beyond work-family balance: Advancing gender equity and workplace performance*. San Francisco: Jossey-Bass.

Rapp, E. 2003. A pep talk for women to end all pep talks. *New York Times*, September 28, 11.

Reinelt, C. 1994. Fostering empowerment, building community: The challenge for state-funded feminist organizations. *Human Relations* 47: 685–705.

Repetti, R. L., K. A. Matthews, and I. Waldron. 1989. Employment and women's health: Effects of paid employment on women's mental and physical health. *American Psychologist* 44: 1394–1401.

Reskin, B. F., and D. B. McBrier. 2000. Why not ascription? Organizations' employment of male and female managers. *American Sociological Review* 65: 210–233

———, D. B. McBrier, and J. A. Kmec. 1999. The determinants and consequences of workplace sex and race composition. *Annual Review of Sociology* 25: 335–361.

Reynolds, J. 2003. You can't always get the hours you want: Mismatches between actual and preferred work hours in the U. S. *Social Forces* 81: 1171–1199.

Rhoads, K. V., and R. B. Cialdini. 2002. The business of influence: Principles that lead to success in commercial settings. In *The persuasion handbook: Developments in theory and practice*, edited by J. P. Dillard and M. Pfau, 513–542. Thousand Oaks, CA: Sage.

Rich, F. 2001. The father figure. *New York Times Magazine*, September 30, 23.

———. 2004. How Kerry became a girlie-man. *New York Times*, September 5, section 2, 1.

Richard, O. C., T. Barnett, S. Dwyer, and K. Chadwick. 2004. Cultural diversity in management, firm performance, and the moderating role of entrepreneurial orientation dimensions. *Academy of Management Journal* 47: 255–266.

Richerson, P. J., and R. Boyd. 2005. *Not by genes alone: How culture transformed human evolution*. Chicago: University of Chicago Press.

Ridgeway, C. L. 1982. Status in groups: The importance of motivation. *American Sociological Review* 47: 76–88.

———. 1987. Nonverbal behavior, dominance, and the basis of status in task groups. *American Sociological Review* 52: 683–694.

———. 1997. Interaction and the conservation of gender inequality: Considering employment. *American Sociological Review* 62: 218–235.

———. 2001. Gender, status, and leadership. *Journal of Social Issues* 57: 637–655.

———. 2006a. Gender as an organizing force in social relations. In *The declining significance of gender?* edited by F. D. Blau, M. C. Brinton, and D. B. Grusky, 265–287. New York: Russell Sage Foundation.

———. 2006b. Status construction theory. In *Contemporary social psychological theories*, edited by P. J. Burke, 301–323. Stanford, CA: Stanford University Press.

———, and C. Bourg. 2004. Gender as status: An expectation states theory approach. In *The psychology of gender*, edited by A. H. Eagly, A. Beall, and R. J. Sternberg, 2nd ed., 217–241. New York: Guilford Press.

Riger, S. 1994. Challenges of success: Stages of growth in feminist organizations. *Feminist Studies* 20: 275–300.

Riggio, R. E. 1986. Assessment of basic social skills. *Journal of Personality and Social Psychology* 51: 649–660.

Rimer, S. 2005. At Harvard, the bigger concern of the faculty is the president's management style. *New York Times*, January 26, A17.

Robinson, D. 1998. Differences in occupational earnings by sex. *International Labour Review* 137: 3–31.

Robinson, J. P., and G. Godbey. 1997. *Time for life: The surprising ways Americans use their time*. University Park: Pennsylvania State University Press.

———, and M. A. Milkie, M. A. 1998. Back to the basics: Trends in and role determinants of women's attitudes towards housework. *Journal of Marriage and the Family*, 60, 205–218.

Roehling, P. V., M. V. Roehling, and P. Moen. 2001. The relationship between work-life policies and practices and employee loyalty: A life course perspective. *Journal of Family and Economic Issues* 22: 141–170.

Rones, P. L., R. E. Ilg, and J. M. Gardner. 1997. Trends in hours of work since the mid-1970s. *Monthly Labor Review*, April, 3–14.

Roper Starch Worldwide. 1995. *The 1995 Virginia Slims opinion poll: A 25-year perspective of women's issues*. New York: Altria Group.

Rose, H., and S. Rose, eds. 2000. *Alas poor Darwin: Arguments against evolutionary psychology*. London: Jonathan Cape.

Rose, S. J., and H. I. Hartmann. 2004. *Still a man's labor market: The long-term earnings gap*. Washington, DC: Institute for Women's Policy Research. http://www.iwpr.org/pdf/C355.pdf.

Rosen, B., and T. H. Jerdee. 1973. The influence of sex-role stereotypes on evaluations of male and female supervisory behavior. *Journal of Applied Psychology* 57: 44–48.

———, and T. H. Jerdee. 1974. Effects of applicant's sex and difficulty of job on evaluations of candidates for management positions. *Journal of Applied Psychology* 59: 511–512.

Rosener, J. B. 1990. Ways women lead. *Harvard Business Review* 68(6): 119–125.

———. 1995. *America's competitive secret: Utilizing women as management strategy*. New York: Oxford University Press.

Rosenthal, C. S. 1998. *When women lead: Integrative leadership in state legislatures*. New York: Oxford University Press.

———, ed. 2002. *Women transforming Congress*. Norman: University of Oklahoma Press.

Rosenthal, P., D. Guest, and R. Peccei. 1996. Gender differences in managers' causal explanations for their work performance: A study in two organizations. *Journal of Occupational and Organizational Psychology* 69: 145–151.

Rosenthal, R. 1990. How are we doing in soft psychology? *American Psychologist* 45: 775–777.

———, and D. B. Rubin. 1982. Comparing effect sizes of independent studies. *Psychological Bulletin* 92: 500–504.

Rosenwasser, S. M., and N. G. Dean. 1989. Gender role and political office: Effects of perceived masculinity/femininity of candidate and political office. *Psychology of Women Quarterly* 13: 77–85.

Rosnow, R. L., and R. Rosenthal. 1989. Statistical procedures and the justification of knowledge in psychological science. *American Psychologist* 44: 1276–1284.

Ross, L., T. M. Amabile, and J. L. Steinmetz. 1977. Social roles, social control, and biases in social-perception processes. *Journal of Personality and Social Psychology* 35: 485–494.

Rosser, M. 2005. Mentoring from the top: CEO perspectives. *Advances in Developing Human Resources* 7: 527–539.

———, and T. M. Egan. 2003. Types and functions of mentoring relationships: A review of the literature. In *Proceedings of the 2003 Academy of Human Resource Development Conference*, edited by S. Lynham and T. M. Egan, 928–934. Minneapolis, MN: Academy of Human Resource Development.

Rost, J. 1991. *Leadership for the 21st century*. New York: Praeger.

Roter, D. L., and J. A. Hall. 2004. Physician gender and patient-centered communication: A critical review of empirical research. *Annual Review of Public Health* 25: 497–519.

———, J. A. Hall, and Y. Aoki. 2002. Physician gender effects in medical communication: A meta-analytic review. *Journal of the American Medical Association* 288: 756–764.

Roth, L. M. 2006. *Selling women short: Gender inequality on Wall Street*. Princeton, NJ: Princeton University Press.

Rotundo, M., D. Nguyen, and P. R. Sackett. 2001. A meta-analytic review of gender differences in perceptions of sexual harassment. *Journal of Applied Psychology* 86: 914–922.

Roxas, J. L., and J. Y. Stoneback. 2004. The importance of gender across cultures in ethical decision-making. *Journal of Business Ethics* 50: 149–165.

Rudman, L. A. 1998. Self-promotion as a risk factor for women: The costs and benefits of counterstereotypical impression management. *Journal of Personality and Social Psychology* 74: 629–645.

———, and P. Glick. 1999. Feminized management and backlash towards agentic women: The hidden costs to women of a kinder, gentler image of middle managers. *Journal of Personality and Social Psychology* 77: 1004–1010.

———, and P. Glick. 2001. Prescriptive gender stereotypes and backlash toward agentic women. *Journal of Social Issues* 57: 743–762.

———, and S. A. Goodwin. 2004. Gender differences in automatic in-group bias: Why do women like women more than men like men? *Journal of Personality and Social Psychology* 87: 494–509.

———, and S. E. Kilianski. 2000. Implicit and explicit attitudes toward female authority. *Personality and Social Psychology Bulletin* 26: 1315–1328.

Rutter, A., and D. W. Hine. 2005. Sex differences in workplace aggression: An investigation of moderation and mediation effects. *Aggressive Behavior* 31: 254–270.

Ryan, C. S. 2002. Stereotype accuracy. In *European review of social psychology*, edited by W. Stroebe and M. Hewstone, Vol. 13, 75–109. Hove, England: Psychology Press/Taylor and Francis.

Ryan, M. K., and S. A. Haslam. 2005a. The glass cliff: Evidence that women are over-represented in precarious leadership positions. *British Journal of Management* 16: 81–90.

———, and S. A. Haslam. 2005b. The glass cliff: Implicit theories of leadership and gender and the precariousness of women's leadership positions. In *Implicit leadership theories: Essays and explorations*, edited by B. Schyns and J. R. Meindel, 137–160. Greenwich, CT: Information Age Publishing.

———, and S. A. Haslam. 2007. The glass cliff: Exploring the dynamics surrounding women's appointment to precarious leadership positions. *Academy of Management Review*, 32, 549–572.

Rynecki, D. 2003. Can Sallie save Citi, restore Sandy's reputation, and earn her $30 million paycheck? *Fortune*, June 9, 68–72.

Sahlstein, E., and M. Allen. 2002. Sex differences in self-esteem: A meta-analytic assessment. In *Interpersonal communication research: Advances through meta-analysis*, edited by A. Allen, R. W. Preiss, B. M. Gayle, and N. Burrell, 59–72. Mahwah, NJ: Erlbaum.

Saint-Germain, M. A. 1993. Women in power in Nicaragua: Myth and reality. In *Women as national leaders*, edited by M. A. Genovese, 70–102. London: Sage.

Salmansohn, K. 1996. *How to succeed in business without a penis: Secrets and strategies for the working woman.* New York: Harmony Books.

Salzman, P. C. 1999. Is inequality universal? *Current Anthropology* 40: 31–44.

Sanday, P. R. 1981. *Female power and male dominance: On the origins of sexual inequality.* New York: Cambridge University Press.

Sandberg, J. F., and S. L. Hofferth. 2001. Changes in children's time with parents: United States, 1981–1997. *Demography* 38: 423–436.

Sargent, A. G. 1981. *The androgynous manager.* New York: AMACOM.

Sayer, L. C., P. N. Cohen, and L. M. Casper. 2004. *The American people: Women, men and work.* New York: Russell Sage Foundation.

Schaller, M., and M. O'Brien. 1992. "Intuitive analysis of covariance" and group stereotype formation. *Personality and Social Psychology Bulletin* 18: 776–785.

Scheepers, D., and N. Ellemers. 2005. When the pressure is up: The assessment of social identity threat in low and high status groups. *Journal of Experimental Social Psychology* 41: 192–200.

———, N. Ellemers, and N. Sintemaartensdijk. 2007. Suffering from the possibility of status loss: Physiological indicators of social identity threat in high status groups. Manuscript submitted for publication.

Schein, V. E. 2001. A global look at psychological barriers to women's progress in management. *Journal of Social Issues* 57: 675–688.

Schmader, T., and M. Johns. 2005. Converging evidence that stereotype threat reduces working memory capacity. *Journal of Personality and Social Psychology* 85: 440–452.

Schmid Mast, M. 2001. Gender differences and similarities in dominance hierarchies in same-gender groups based on speaking time. *Sex Roles* 44: 537–556.

———. 2004. Men are hierarchical, women are egalitarian: An implicit gender stereotype. *Swiss Journal of Psychology* [Schweizerische Zeitschrift für Psychologie—Revue Suisse de Psychologie] 63: 107–111.

Schmidt, F. L., and J. Hunter. 2004. General mental ability in the world of work: Occupational attainment and job performance. *Journal of Personality and Social Psychology* 86: 162–173.

Schmitt, M. T., N. R. Branscombe, and T. Postmes. 2003. Women's emotional responses to the pervasiveness of gender discrimination. *European Journal of Social Psychology* 33: 297–312.

Schneer, J. A., and F. Reitman. 1994. The importance of gender in mid-career: A longitudinal study of MBAs. *Journal of Organizational Behavior* 15: 199–207.

Schneider, J., and K. Cook. 1995. Status inconsistency and gender: Combining revisited. *Small Group Research* 26: 372–399.

Schneider, K. T., S. Swan, and L. F. Fitzgerald. 1997. Job-related and psychological effects of sexual harassment in the workplace: Empirical evidence from two organizations. *Journal of Applied Psychology* 82: 401–415.

Schoen, R., N. M. Astone, K. Rothert, N. J. Standish, and Y. J. Kim. 2002. Women's employment, marital happiness and divorce. *Social Forces* 81: 643–662.

Schor, J. 1991. *The overworked American: The unexpected decline of leisure.* New York: Basic Books.

Schor, S. M. 1997. Separate and unequal: The nature of women's and men's career-building relationships. *Business Horizons* 40(5): 51–58.

Schroeder, P. 1999. And please call me Ms. President. *New York Times,* February 22, A17.

Schubert, R., M. Brown, M. Gysler, and H. W. Brachinger. 1999. Financial decision making: Are women really more risk averse? *American Economic Review* 89: 381–385.

Schutte, N. S., J. M. Malouff, L. E. Hall, D. J. Haggerty, J. T. Cooper, C. J. Golden, and L. Dornheim. 1998. Development and validation of a measure of emotional intelligence. *Personality and Individual Differences* 25: 167–177.

Schwartz, F. N. 1989. Management women and the new facts of life. *Harvard Business Review* 67(1): 65–76.

———, and J. Zimmerman. 1992. *Breaking with tradition: Women and work, the new facts of life.* New York: Warner Books.

Schwartz, S. H., and T. Rubel. 2005. Sex differences in value priorities: Cross-cultural and multimethod studies. *Journal of Personality and Social Psychology* 89: 1010–1028.

Sciolino, E. 2006a. Is France ready to be led by a woman? *International Herald Tribune Online,* April 7. http://www.iht.com/articles/2006/04/06/news/royal.php.

———. 2006b. Gender war à la Française shakes up political arena. *New York Times,* December 26, A10.

Scott, K. A., and D. J. Brown. 2006. Female first, leader second? Gender bias in the encoding of leadership behavior. *Organizational Behavior and Human Decision Processes,* 101: 230–242.

Sczesny, S. 2003a. A closer look beneath the surface: Various facets of the think-manager—think-male stereotype. *Sex Roles* 49: 353–363.

———. 2003b. Führungskompetenz: Selbst- und Fremdwahrnehmung weiblicher und männlicher Führungskräfte [Leadership competence: Self perceptions and others' perceptions of feminine and masculine leadership abilities]. *Zeitschrift für Sozialpsychologie* 34: 133–145.

———, J. Bosak, D. Neff, and B. Schyns. 2004. Gender stereotypes and the attribution of leadership traits: A cross-cultural comparison. *Sex Roles* 51: 631–645.

———, and U. Kühnen. 2004. Meta-cognition about biological sex and gender-stereotypical physical appearance: Consequences for the assessment of leadership competence. *Personality and Social Psychology Bulletin* 30: 13–21.

Seibert, S. E., M. L. Kraimer, and R. C. Liden. 2001. A social capital theory of career success. *Academy of Management Journal* 44: 219–237.

Sellers, P. 2006. Rising star: Mary Minnick, Coca-Cola: Meet corporate America's next generation of leaders. *Fortune Online*, January 24. http://money.cnn.com/2006/01/23/magazines/fortune/stars_minnick_fortune_060206/index.htm

Semadar, A., G. Robins, and G. R. Ferris. 2006. Comparing the validity of multiple social effectiveness constructs in the prediction of managerial job performance. *Journal of Organizational Behavior* 27: 443–461.

Shackelford, S., W. Wood, and S. Worchel. 1996. Behavioral styles and the influence of women in mixed-sex groups. *Social Psychology Quarterly* 59: 284–293.

Shapiro, M., C. Ingols, and S. Blake-Beard. 2007. Optioning in versus "opting out": Women using flexible work arrangements for career success. *CGO Insights* 25: 1–4. http://www.simmons.edu/som/docs/centers/insights_25.pdf.

Sharpe, R. 2000. As leaders, women rule: New studies find that female managers outshine their male counterparts in almost every measure. *BusinessWeek*, November 20, 74. BusinessWeek Online, http://www.businessweek.com/common_frames/ca.htm?/2000/00_47/b3708145.htm.

Shelton, B. A., and D. John. 1996. The division of household labor. *Annual Review of Sociology* 22: 299–322.

Shelton, J. N., and J. A. Richeson. 2006. Interracial interactions: A relational approach. In *Advances in experimental social psychology*, edited by M. Zanna, Vol. 38, 121–181. San Diego: Academic Press.

Shrader, C. B., V. B. Blackburn, and P. Iles. 1997. Women in management and firm financial performance: An exploratory study. *Journal of Management Issues* 9: 355–372.

Sicherman, N. 1996. Gender differences in departures from a large firm. *Industrial and Labor Relations Review* 49: 484–505.

Sidanius, J., and F. Pratto. 1999. *Social dominance: An intergroup theory of social hierarchy and oppression.* New York: Cambridge University Press.

Sieber, S. D. 1974. Toward a theory of role accumulation. *American Sociological Review* 39: 567–578.

Silver, R. C., E. A. Holman, D. N. McIntosh, M. Poulin, and V. Gil-Rivas. 2002. Nationwide longitudinal study of psychological responses to September 11. *Journal of the American Medical Association* 288: 1235–1244.

Silverman, I. W. 2003a. Gender differences in delay of gratification: A meta-analysis. *Sex Roles* 49: 451–463.

———. 2003b. Gender differences in resistance to temptation: Theories and evidence. *Developmental Review* 23: 219–259.

Silvestri, M. 2003. *Women in charge: Policing, gender and leadership.* Portland, OR: Willan Publishing.

Simons, T. 2002. Behavioral integrity: The perceived alignment between managers' words and deeds as a research focus. *Organization Science* 13: 18–35.

Sims, C. S., F. Drasgow, and L. F. Fitzgerald. 2005. The effects of sexual harassment on turnover in the military: Time-dependent modeling. *Journal of Applied Psychology* 90: 1141–1152.

Singh, V., S. Vinnicombe, and S. Terjesen. 2007. Women advancing onto the corporate board. In *Handbook of women in business and management*, edited by D. Bilimoria and S. K. Piderit, 304–329. Cheltenham, UK: Edward Elgar.

Singleton, A., and J. Maher. 2004. The "new man" is in the house: Young men, social change, and housework. *Journal of Men's Studies* 12: 227–240.

Smith, P. B., S. Dugan, and F. Trompenaars. 1997. Locus of control and affectivity by gender and occupational status: A 14-nation study. *Sex Roles* 36: 51–77.

Smith, R. A. 2002. Race, gender, and authority in the workplace: Theory and research. *Annual Review of Sociology* 28: 509–542.

Smuts, B. 1995. The evolutionary origins of patriarchy. *Human Nature* 6: 1–32.

Sokolove, M. 2006. Follow me. *New York Times Sports Magazine*, February, 96–101, 116–117.

Solberg, E. J. 1999. Using occupational preference in estimating market wage discrimination: The case of the gender pay gap (decomposition of a reduced-form wage equation). *American Journal of Economics and Sociology* 58: 85–113.

Souchon, N., G. Coulomb-Cabagno, A. Traclet, and O. Rascle. 2004. Referees' decision making in handball and transgressive behaviors: Influence of stereotypes about gender of players? *Sex Roles* 51: 445–453.

South, S. J., and G. Spitze. 1994. Housework in marital and nonmarital households. *American Sociological Review* 59: 327–347.

Spangler, W. D., and R. J. House. 1991. Presidential effectiveness and the leadership motive profile. *Journal of Personality and Social Psychology* 60: 439–455.

Spence, J. T., R. L. Helmreich, and C. K. Holahan. 1979. Negative and positive components of psychological masculinity and femininity and their relationships to self-reports of neurotic and acting out behaviors. *Journal of Personality and Social Psychology* 37: 1673–1682.

Spencer, S. J., S. Fein, C. T. Wolfe, C. Fong, and M. A. Dunn. 1998. Automatic activation of stereotypes: The role of self-image threat. *Personality and Social Psychology Bulletin* 24: 1139–1152.

Spivey, C. 2005. Time off at what price? The effects of career interruptions on earnings. *Industrial and Labor Relations Review* 59: 119–140.

Spock, B. 1946. *Baby and child care*. New York: Meredith Press.

Spragins, E. 2001. Is my mom better than yours? *New York Times*, July 1, section 3, 10.

Spurr, S. J. 1990. Sex discrimination in the legal profession: A study of promotion. *Industrial and Labor Relations Review* 43: 406–417.

Stangor, C., L. Lynch, C. Duan, and B. Glass. 1992. Categorization of individuals on the basis of multiple social features. *Journal of Personality and Social Psychology* 62: 207–218.

Stanley, T. D., and S. B. Jarrell. 1998. Gender wage discrimination bias? A meta-regression analysis. *Journal of Human Resources* 33: 947–973.

Steel, D. 1993. *They can kill you . . . but they can't eat you*. New York: Pocket Books.

Steele, C. M., S. J. Spencer, and J. Aronson. 2002. Contending with group image: The psychology of stereotype and social identity threat. In *Advances in experimental social psychology*, edited by M. P. Zanna, Vol. 34, 379–440. San Diego: Academic Press.

Steinberg, J. 2003. Executive Editor of *The Times* and top deputy step down. *New York Times*, June 5. http://www.nytimes.com/2003/06/05/national/05CND-RESI.html.

Steinpreis, R. E., K. A. Anders, and D. Ritzke. 1999. The impact of gender on the review of curricula vitae of job applicants and tenure candidates: A national empirical study. *Sex Roles* 41: 509–528.

Sternberg, R. J. 2007. A systems model of leadership: WICS. *American Psychologist* 62: 34–42.

Stockdale, M. S. 1998. The direct and moderating influences of sexual-harassment pervasiveness, coping strategies, and gender on work-related outcomes. *Psychology of Women Quarterly* 22: 521–535.

Stone, P., and M. Lovejoy. 2004. Fast-track women and the "choice" to stay home. *Annals of the American Academy of Political and Social Science* 596: 62–83.

Story, L. 2005. Many women at elite colleges set career path to motherhood. *New York Times*, September 20, A1.

Strasser, S. 1982. *Never done: A history of American housework*. New York: Pantheon Books.

Stroh, L. K., J. M. Brett, and A. H. Reilly. 1992. All the right stuff: A comparison of female and male managers' career progression. *Journal of Applied Psychology* 77: 251–260.

Stuhlmacher, A. F., and A. E. Walters. 1999. Gender differences in negotiation outcome: A meta-analysis. *Personnel Psychology* 52: 653–677.

Sullivan, K. M. 2005. Justice in the balance: The precedent-setting life of the all-important swing vote on the high court. *Washington Post*, December 25, Book World, T03.

Sung, H. 2003. Fairer sex or fairer system? Gender and corruption revisited. *Social Forces* 82: 703–723.

A surgeon cuts to the heart of the matter. 1991. *People Weekly*, October 28, 36, 50.

Sutton, C. D., and K. K. Moore. 1985. Executive women—20 years later. *Harvard Business Review* 63(5): 42–66.

Swamy, A., S. Knack, Y. Lee, and O. Azfar. 2001. Gender and corruption. *Journal of Development Economics* 64: 25–51.

Swim, J. K. 1994. Perceived versus meta-analytic effect sizes: An assessment of the accuracy of gender stereotypes. *Journal of Personality and Social Psychology* 66: 21–36.

———, E. Borgida, G. Maruyama, and D. G. Myers. 1989. Joan McKay versus John McKay: Do gender stereotypes bias evaluations? *Psychological Bulletin* 105: 409–429.

———, and L. J. Sanna. 1996. He's skilled, she's lucky: A meta-analysis of observers' attributions for women's and men's successes and failures. *Personality and Social Psychology Bulletin* 22: 507–519.

Swiss, D. J. 1996. *Women breaking through: Overcoming the final 10 obstacles at work*. Princeton, NJ: Peterson's/Pacesetter Books.

Tajfel, H., and J. C. Turner. 1979. An integrative theory of intergroup conflict. In *The social psychology of intergroup relations*, edited by W. G. Austin and S. Worchel, 33–48. Monterey, CA: Brooks/Cole.

Tannen, D. 1990. *You just don't understand: Women and men in conversation*. New York: William Morrow.

Taps, J., and P. Y. Martin. 1990. Gender composition, attributional accounts, and women's influence and likability in task groups. *Small Group Research* 21: 471–491.

Tarsala, M. 2003. eBay's Meg Whitman named CEO of the year by CBS MarketWatch. *Silicon Valley News of Benchmark Capital*, September 18. http://www.benchmark.com/news/sv/2003/09_18_2003.php.

Taylor, S. E., and S. T. Fiske. 1978. Salience, attention, and attribution: Top of the head phenomena. In *Advances in experimental social psychology*, edited by L. Berkowitz, Vol. 11, 249–288. New York: Academic Press.

Tepper, B. J., S. J. Brown, and M. D. Hunt. 1993. Strength of subordinates' upward influence tactics and gender congruency effects. *Journal of Applied Social Psychology* 23: 1903–1919.

Tharenou, P. 1999. Gender differences in advancing to the top. *International Journal of Management Reviews* 1: 111–132.

Third Clinton-Bush-Perot Presidential Debate. 1992. The American presidency project at University of California, Santa Barbara. http://www.presidency.ucsb.edu/showdebate.php?debateid=17.

Thoits, P. A. 1992. Identity structures and psychological well-being: Gender and marital status comparisons. *Social Psychology Quarterly* 55: 236–256.

Thomas-Hunt, M. C., and K. W. Phillips. 2004. When what you know is not enough: Expertise and gender dynamics in task groups. *Personality and Social Psychology Bulletin* 30: 1585–1598.

Tiger, L. 1999. *The decline of males*. New York: Golden Books.

Timberlake, S. 2005. Social capital and gender in the workplace. *Journal of Management Development* 24: 34–44.

Timmons, H. 2006. Tradition-breaking choice to be chief of mining giant. *New York Times*, October 25, C10.

Tischler, L. 2004. Where are the women? *Fast Company*, February, 52–55, 58, 60.

———. 2005. The CEO's new clothes. *Fast Company*, September, 27–28.

Tomaskovic-Devey, D., C. Zimmer, K. Stainback, C. Robinson, T. Taylor, and T. McTague. 2006. Documenting desegregation: Segregation in American workplaces by race, ethnicity, and sex, 1966–2003. *American Sociological Review*, 71, 565–588.

Toner, R. 2007. Women feeling freer to suggest "vote for mom." *New York Times*, January 29, A1, A14.

Tornow, W. W., and P. R. Pinto. 1976. The development of a managerial job taxonomy: A system for describing, classifying, and evaluating executive positions. *Journal of Applied Psychology* 61: 410–418.

Tosi, H. L., and S. W. Einbender. 1985. The effects of the type and amount of information in sex discrimination research: A meta-analysis. *Academy of Management Journal* 28: 712–723.

Trivers, R. L. 1972. Parental investment and sexual selection. In *Sexual selection and the descent of man: 1871–1971*, edited by B. Campbell, 136–179. Chicago: Aldine.

Troemel-Ploetz, S. 1994. "Let me put it this way, John": Conversational strategies of women in leadership positions. *Journal of Pragmatics* 22: 199–209.

Truell, P. 1996. Success and sharp elbows: One woman's path to lofty heights on Wall Street. *New York Times*, July 2, D1.

Turner, N., J. Barling, O. Epitropaki, V. Butcher, and V. B. Milner. 2002. Transformational leadership and moral reasoning. *Journal of Applied Psychology* 87: 304–311.

Twenge, J. M. 1997a. Attitudes toward women, 1970–1995: A meta-analysis. *Psychology of Women Quarterly* 21: 35–51.

———. 1997b. Changes in masculine and feminine traits over time: A meta-analysis. *Sex Roles* 36: 305–325.

———. 2001. Changes in women's assertiveness in response to status and roles: A cross-temporal meta-analysis, 1931–1993. *Journal of Personality and Social Psychology* 81: 133–145.

———, W. K. Campbell, and C. A. Foster. 2003. Parenthood and marital satisfaction: A meta-analytic review. *Journal of Marriage and the Family* 65: 574–583.

The 2006 Global 500: Women CEOs. 2006. *Fortune* at CNN.Money.com. http://money.cnn.com/magazines/fortune/global500/2006/womenceos/.

Uggen, C., and A. Blackstone. 2004. Sexual harassment as a gendered expression of power. *American Sociological Review* 69: 64–92.

Uhlmann, E. L., and G. L. Cohen. 2005. Constructed criteria: Redefining merit to justify discrimination. *Psychological Science* 16: 474–480.

Uleman, J. S., L. S. Newman, and G. B. Moskowitz. 1996. People as flexible interpreters: Evidence and issues from spontaneous trait inference. In *Advances in experimental social psychology*, edited by M. P. Zanna, Vol. 28, 211–279. San Diego: Academic Press.

Underwood, M. K. 2003. *Social aggression among girls*. New York: Guilford Press.

United Nations Development Programme. 2006. *Human development report 2006*. New York: United Nations Development Programme. http://hdr.undp.org/hdr2006/pdfs/report/HDR_2006_Tables.pdf.

U.S. Bureau of Justice Statistics. 2005. *Criminal victimization in the United States: Gender by offender*. http://www.ojp.usdoj.gov/bjs/abstract/cvus/gender.htm.

U.S. Bureau of Labor Statistics. 2005a. *Unpublished tabulations from the American Time Use Survey*, Table 8-A. Washington, DC: U.S. Department of Labor.

———. 2005b. *News: Workers on flexible and shift schedules in May 2004*. http://www.bls.gov/news.release/pdf/flex.pdf.

———. 2006a. *Highlights of women's earnings in 2005*. http://www.bls.gov/cps/cpswom2005.pdf.

———. 2006b. *News: American time-use survey—2005 results announced by BLS*. http://www.bls.gov/news.release/pdf/atus.pdf.

———. 2006c. *News: Employment characteristics of families*. http://www.bls.gov/news.release/pdf/famee.pdf.

———. 2006d. *Women in the labor force: A databook*. Report 996. http://www.bls.gov/cps/wlf-databook2006.htm.

———. 2007a. *Historical CPS employment for 1983–99 on the 2002 Census industry and occupational classifications*. http://www.bls.gov/cps/constio198399.htm.

———. 2007b. *News: Work experience of the population in 2005*. http://www.bls.gov/news.release/pdf/work.pdf.

———. 2007c. *Tables from employment and earnings: Annual averages, household data*. http://www.bls.gov/cps/home.htm.

U.S. Census Bureau. 1973. *Statistical abstract of the United States: 1973*. http://www2.census.gov/prod2/statcomp/documents/1973-01.pdf.

———. 1975. *Bicentennial edition: Historical statistics of the United States, Colonial Times to 1970*. http://www2.census.gov/prod2/statcomp/documents/CT1970p1-01.pdf.

———. 2007. *Statistical abstract of the United States: 2007*. Washington, DC. http://www.census.gov/prod/www/statistical-abstract.html.

U.S. Department of Defense. 2005. *Active duty military personnel by rank/grade* (for September 2005). http://siadapp.dior.whs.mil/personnel/MILITARY/Miltop.htm.

U.S. Department of Labor, Women's Bureau. 2006. *20 leading occupations of employed women; full-time wage and salary workers; 2005 annual averages*. http://www.dol.gov/wb/factsheets/20lead2005.htm.

U.S. Equal Employment Opportunity Commission. 2006. *Sex-based discrimination*. http://www.eeoc.gov/types/sex.html.

U.S. Government Accountability Office. 2003. *Women's earnings: Work patterns partially explain difference between men's and women's earnings* (GAO-04-35). http://www.gao.gov/new.items/d0435.pdf.

U.S. Merit Systems Protection Board. 1995. *Sexual harassment in the federal workplace: Trends, progress, continuing challenges*. http://www.mspb.gov/studies/sexhar.pdf.

U.S. National Center for Education Statistics. 2005. *Digest of education statistics, 2005*. http://nces.ed.gov/programs/digest/d05_tf.asp.

U.S. Office of Personnel Management. 2005. *The fact book: Federal civilian workforce statistics*. http://www.opm.gov/feddata/factbook/2005/factbook2005.pdf.

Valian, V. 1998. *Why so slow? The advancement of women*. Cambridge, MA: MIT Press.

van Engen, M. L, R. van der Leeden, and T. M. Willemsen. 2001. Gender, context and leadership styles: A field study. *Journal of Occupational and Organizational Psychology* 74: 581–598.

———, and T. M. Willemsen. 2004. Sex and leadership styles: A meta-analysis of research published in the 1990s. *Psychological Reports* 94: 3–18.

van Knippenberg, A., M. van Twuyver, and J. Pepels. 1994. Factors affecting social categorization processes in memory. *British Journal of Social Psychology* 33: 419–431.

van Knippenberg, D., and M. C. Schippers. 2007. Work group diversity. *Annual Review of Psychology* 58: 515–541.

Van Rooy, D. L., A. Alonso, and C. Viswesvaran. 2005. Group differences in emotional intelligence scores: Theoretical and practical implications. *Personality and Individual Differences* 38: 689–700.

———, and C. Viswesvaran. 2004. Emotional intelligence: A meta-analytic investigation of predictive validity and nomological net. *Journal of Vocational Behavior* 65: 71–95.

Van Steenbergen, E. F., N. Ellemers, and A. Mooijaart. In press. How work and family can facilitate each other: Distinct types of work-family facilitation and outcomes for women and men. *Journal of Occupational Health Psychology*.

Van Velsor, E., and J. B. Leslie. 1995. Why executives derail: Perspectives across time and cultures. *Academy of Management Executive* 9(4): 62–72.

van Vianen, A. E. M., and A. H. Fischer. 2002. Illuminating the glass ceiling: The role of organizational culture preferences. *Journal of Occupational and Organizational Psychology* 75: 315–337.

Van Vugt, M. 2006. Evolutionary origins of leadership and followership. *Personality and Social Psychology Review*, 10, 354–371.

———, S. F. Jepson, C. M. Hart, and D. De Cremer. 2004. Autocratic leadership in social dilemmas: A threat to group stability. *Journal of Experimental Social Psychology* 40: 1–13.

Vecchio, R. P. 2002. Leadership and gender advantage. *Leadership Quarterly* 13: 643–671.

Vinkenburg, C. J., M. L. van Engen, A. H. Eagly, and M. L. Johannesen-Schmidt. 2007. *Beliefs about the leadership styles of women and men in relation to promotion*. Manuscript submitted for publication.

Vinnicombe, S., and J. Bank. 2003. *Women with attitude: Lessons for career management*. New York: Routledge.

Vistnes, J. P. 1997. Gender differences in days lost from work due to illnesses. *Industrial and Labor Relations Review* 50: 304–323.

Vogl, A. J. 2003. An unnatural match? *Across the Board* 40(3): 49–54.

Volkema, R. J. 2004. Demographic, cultural, and economic predictors of perceived ethicality of negotiation behavior: A nine-country analysis. *Journal of Business Research* 57: 69–78.

von Hippel, W., D. Sekaquaptewa, and P. Vargas. 1995. On the role of encoding processes in stereotype maintenance. In *Advances in experimental social psychology*, edited by M. Zanna, Vol. 27, 177–254. San Diego: Academic Press.

Vroom, V. H., and P. W. Yetton. 1973. *Leadership and decision-making*. Pittsburgh, PA: University of Pittsburgh Press.

Wagner, D. G., R. S. Ford, and T. W. Ford. 1986. Can gender inequalities be reduced? *American Sociological Review* 51: 47–61.

Wajcman, J. 1998. *Managing like a man: Women and men in corporate management*. University Park: Pennsylvania State University Press.

Wakin, D. J. 2005. In American orchestras, more women are taking the bow. *International Herald Tribune*, July 27, 10.

Waldfogel, J. 1997. The effect of children on women's wages. *American Sociological Review* 62: 209–217.

———. 1998. The family gap for young women in the United States and Britain: Can maternity leave make a difference? *Journal of Labor Economics* 16: 505–545.

Wallis, C. 2004. The case for staying home. *Time*, March 22, 51–59.

Wal-Mart Class Website. 2004. *Federal judge orders Wal-Mart Stores, Inc., the nation's largest private employer, to stand trial for company-wide sex discrimination: Media advisory*, June 22. http://www.walmartclass.com/walmartclass94.pl?wsi=0&websys_screen=all_press_release_view&websys_id=14.

Walsh, K. C. 2002. Enlarging representation: Women bringing marginalized perspectives to floor debate in the House of Representatives. In *Women transforming Congress*, edited by C. S. Rosenthal, 370–396. Norman: University of Oklahoma Press.

Walsh, M. W. 2001. So where are the corporate husbands? For women at the top, something is missing: Social, wifely support. *New York Times*, June 24, section 3, 1.

Walter, T., and G. Davie. 1998. The religiosity of women in the modern West. *British Journal of Sociology* 49: 640–660.

Walters, A. E., A. F. Stuhlmacher, and L. L. Meyer. 1998. Gender and negotiator competitiveness: A meta-analysis. *Organizational Behavior and Human Decision Processes* 76: 1–29.

Warner, J. 2005. Mommy madness. *Newsweek*, February 21, 42–49.

———. 2007. Trying to imagine a woman in the White House. January 25. *Times Select*, http://warner.blogs.nytimes.com/.

Warr, M., and C. G. Ellison. 2000. Rethinking social reactions to crime: Personal and altruistic fear in family households. *American Journal of Sociology* 106: 551–578.

Warren, E. 2004. No apologies, no regrets. *Chicago Tribune Magazine*, December 5, 13–17, 19, 20, 31.

Washington Post, Kaiser Family Foundation, and Harvard University 2006. *African American men survey*. Menlo Park, CA: Henry J. Kaiser Family Foundation.

Wax, A. L. 2004. Family-friendly workplace reform: Prospects for change. *Annals of the American Academy of Political and Social Science* 596: 36–61.

Wayne, J. H. 2003. Who is a good organizational citizen? Social perception of male and female employees who use family leave. *Sex Roles* 49: 233–246.

Wayne, S. J., and R. C. Liden. 1995. Effects of impression management on performance ratings: A longitudinal study. *Academy of Management Journal* 38: 232–260.

Weber, M. 1968/1925. The types of legitimate domination. In *Economy and society: An outline of interpretive sociology*, edited by G. Roth and C. Wittich, 212–301. New York: Bedminster Press. Original work published 1925.

Weichselbaumer, D., and R. Winter-Ebmer. 2005. A meta-analysis of the international gender wage gap. *Journal of Economic Surveys* 19: 479–511.

Weinberger, C. 2006. Are there racial gaps in high school leadership opportunities? Working Paper, University of California, Santa Barbara. http://econ.ucsb.edu/~weinberg/leadopps.pdf.

———, and P. Kuhn. 2006. The narrowing of the U.S. gender earnings gap, 1959–1999: A cohort-based analysis. National Bureau of Economic Research Working Paper No. 12115. http://www.nber.org/papers/W12115.

Weir, A. 1998. *The life of Elizabeth I*. New York: Ballatine Books.

Wellington, S. 2001. *Be your own mentor: Strategies from top women on the secrets of success*. New York: Random House.

Welsh, S. 1999. Gender and sexual harassment. *Annual Review of Sociology* 25: 169–190.

White, K. 1995. *Why good girls don't get ahead but gutsy girls do: 9 secrets every working woman must know*. New York: Warner Books.

Whitley, B. E., Jr., A. B. Nelson, and C. J. Jones. 1999. Gender differences in cheating attitudes and classroom cheating behavior: A meta-analysis. *Sex Roles* 41: 657–680.

Whitman, C. T. 1999. Christine Todd Whitman in conversation with Ruth B. Mandel and Mary S. Hartman. In *Talking leadership: Conversations with powerful women*, edited by M. S. Hartman, 257–278. New Brunswick, NJ: Rutgers University Press.

Why not many mommy tracks? 1989. *New York Times*, March 13, A18.

Wigboldus, D. H. J., A. Dijksterhuis, and A. van Knippenberg. 2003. When stereotypes get in the way: Stereotypes obstruct stereotype-inconsistent trait inferences. *Journal of Personality and Social Psychology* 84: 470–484.

Wilde, A., and A. B. Diekman. 2005. Cross-cultural similarities and differences in dynamic stereotypes: A comparison between Germany and the United States. *Psychology of Women Quarterly* 29: 188–196.

Wilkie, J. R., M. M. Ferree, and K. S. Ratcliff. 1998. Gender and fairness: Marital satisfaction in two-earner couples. *Journal of Marriage and the Family* 60: 577–594.

Williams, C. L. 1992. The glass escalator: Hidden advantages for men in the "female" professions. *Social Problems* 39: 41–57.

———. 1995. *Still a man's world: Men who do women's work*. Berkeley: University of California Press.

———, P. A. Giuffre, and K. Dellinger. 1999. Sexuality in the workplace: Organizational control, sexual harassment, and the pursuit of pleasure. *American Sociological Review* 25: 73–93.

Williams, J. 2000. *Unbending gender: Why family and work conflict and what to do about it*. New York: Oxford University Press.

Williams, J. E., and D. L. Best. 1990. *Measuring sex stereotypes: A multination study*. Newbury Park, CA: Sage.

Williams, J. M. 1980. Personality characteristics of the successful female athlete. In *Sport psychology: An analysis of athlete behavior*, edited by W. F. Straub, 2nd ed., 353–359. Ithaca, NY: Movement Publications.

Williams, K. Y., and C. A. O'Reilly. 1998. Demography and diversity in organizations: A review of 40 years of research. *Research on Organizational Behavior* 20: 77–140.

Williams, M. L., M. A. McDaniel, and N. T. Nguyen. 2006. A meta-analysis of the antecedents and consequences of pay level satisfaction. *Journal of Applied Psychology* 91: 392–413.

Wilson, D. C. 2006. *When equal opportunity knocks*. April 13. Gallup Brain, http://brain.gallup.com.

Wilson, M., and M. Daly. 1992. The man who mistook his wife for a chattel. In *The adapted mind: Evolutionary psychology and the generation of culture*, edited by J. H. Barkow, L. Cosmides, and J. Tooby, 289–322. New York: Oxford University Press.

Winter, D. G. 1988. The power motive in women—and men. *Journal of Personality and Social Psychology* 54: 510–519.

Wirth, L. 2001. *Breaking through the glass ceiling: Women in management*. Geneva: International Labor Office. http://www.ilo.org/public/english/support/publ/pdf/btgc.pdf.

———. 2004. *Breaking through the glass ceiling: Women in management, update 2004*. Geneva: International Labor Office. http://www.ilo.org/public/english/support/publ/pdf/btgc.pdf.

Woo, D. A., and G. P. S. Khoo. 2006. Corporate culture and leadership: Traditional, legal, and charismatic authority. In *Gender, race, and ethnicity in the workplace: Issues and challenges for today's organizations*, edited by M. F. Karsten, Vol. 1, 79–111. Westport, CT: Praeger.

Wood, R. G., M. E. Corcoran, and P. N. Courant. 1993. Pay differences among the highly paid: The male-female earnings gap in lawyers' salaries. *Journal of Labor Economics* 11: 417–441.

Wood, W., P. N. Christensen, M. R. Hebl, and H. Rothgerber. 1997. Conformity to sex-typed norms, affect, and the self-concept. *Journal of Personality and Social Psychology* 73: 523–535.

———, and A. H. Eagly. 2002. A cross-cultural analysis of the behavior of women and men: Implications for the origins of sex differences. *Psychological Bulletin* 128: 699–727.

———, and C. A. Kallgren. 1988. Communicator attributes and persuasion: Recipients' access to attitude-relevant information in memory. *Personality and Social Psychology Bulletin* 14: 172–182.

———, and S. J. Karten. 1986. Sex differences in interaction style as a product of perceived sex differences in competence. *Journal of Personality and Social Psychology* 50: 341–347.

Woopidoo! 2006a. Quotations: Business quotes by talk show host Oprah Winfry. http://www.woopidoo.com/business_quotes/authors/oprah-winfrey-quotations.htm.

———. 2006b. Quotations: Inspirational business quotes—encouragement quotes. http://www.woopidoo.com/business_quotes/encouragement-quotes.htm.

Wootton, B. H. 1997. Gender differences in occupational employment. *Monthly Labor Review* 120: 15–24.

Wosinska, W., A. J. Dabul, R. Whetstone-Dion, and R. Cialdini. 1996. Self-presentational responses to success in the organization: The costs and benefits of modesty. *Basic and Applied Social Psychology* 18: 229–242.

Wrangham, R. W., J. H. Jones, G. Laden, D. Pilbeam, and N. Conklin-Brittain. 1999. The raw and the stolen: Cooking and the ecology of human origins. *Current Anthropology* 40: 567–577.

Wright, E. O., J. Baxter, and G. E. Birkelund. 1995. The gender gap in workplace authority: A cross-national study. *American Sociological Review* 60: 407–435.

Yang, J. L. 2005a. Alpha females. *Fortune* at *CNN.Money.com*, November 14. http://money.cnn.com/magazines/fortune/fortune_archive/2005/11/14/8360719/index.htm.

———. 2005b. Goodbye to all that. *Fortune* at *CNN.Money.com*, November 14. http://money.cnn.com/magazines/fortune/fortune_archive/2005/11/14/8360706/index.htm.

Yoder, J. D. 2001. Making leadership work more effectively for women. *Journal of Social Issues* 57: 815–828.

———. 2002. 2001 Division 35 presidential address: Context matters: Understanding tokenism processes and their impact on women's work. *Psychology of Women Quarterly* 26: 1–8.

———, and T. L. Schleicher. 1996. Undergraduates regard deviation from occupational gender stereotypes as costly for women. *Sex Roles* 34: 171–188.

———, T. L. Schleicher, and T. W. McDonald. 1998. Empowering token women leaders: The importance of organizationally legitimated credibility. *Psychology of Women Quarterly* 22: 209–222.

———, and L. M. Sinnett. 1985. Is it all in the numbers? A case study of tokenism. *Psychology of Women Quarterly* 9: 413–418.

Young, H. 1990. *One of us: A biography of Margaret Thatcher*. London: Pan.

Yukl, G. 2006. *Leadership in organizations*. 6th ed. Upper Saddle River, NJ: Prentice Hall.

Zaccaro, S. J. 2007. Trait-based perspectives of leadership. *American Psychologist* 62: 6–16.

———, C. Kemp, and P. Bader. 2004. Leader traits and attributes. In *The nature of leadership*, edited by J. Antonakis, A. T. Cianciolo, and R. J. Sternberg, 101–124. Thousand Oaks, CA: Sage.

Zahra, S. A., R. L. Priem, and A. A. Rasheed. 2005. The antecedents and consequences of top management fraud. *Journal of Management* 31: 803–828.

Zaleznik, A. 1977. Managers and leaders: Are they different? *Harvard Business Review* 55(3): 67–78.

Zanna, M. P., F. Crosby, and G. Lowenstein. 1987. Male reference groups and discontent among female professionals. In *Women's career development*, edited by B. Gutek and L. Larwood, 28–41. Newbury Park, CA: Sage.

Zeidner, M., G. Matthews, and R. D. Roberts. 2004. Emotional intelligence in the workplace: A critical review. *Applied Psychology: An International Review* 53: 371–399.

Zelechowski, D. D., and D. Bilimoria. 2003. The experience of women corporate inside directors on the boards of *Fortune* 1000 firms. *Women in Management Review* 18: 376–381.

Zick, C. D., and W. K. Bryant. 1996. A new look at parents' time spent in child care: Primary and secondary time use. *Social Science Research* 25: 260–280.

Zweigenhaft, R. L., and G. W. Domhoff. 1998. *Diversity in the power elite: Have women and minorities reached the top?* New Haven, CT: Yale University Press.

作者简介

艾丽斯·H. 伊格利，西北大学教授，心理学系系主任，该校首位詹姆斯·帕迪利亚(James Padilla)艺术与科学教授，兼任西北大学政策研究所教职研究员，曾于密歇根州立大学(Michigan State University)、马萨诸塞大学阿默斯特分校(University of Massachusetts at Amherst)和珀杜大学(Purdue University)执教，获密歇根大学博士学位。主要从事性别、态度、偏见、文化成见和领导力方面的研究。曾获得过实验社会心理学协会杰出科学家奖、唐纳德·坎贝尔(Donald Campbell)社会心理学杰出贡献奖、女性心理学协会卡罗琳·伍德·谢里夫(Carolyn Wood Sherif)奖以及美洲心理学家奖。曾在多本杂志和论文集上发表过学术论文，著有《社会行为中的性别差异——从社会角色的角度加以诠释》(*Sex Differences in Social Behavior: A Social Role Interpretation*)和《态度心理学》(*The Psychology of Attitudes*)(与谢利·蔡金合著)，另外还与人合著出版了《性别心理学》(*The Psychology of Gender*)等四本专著。

琳达·L. 卡莉，韦尔斯利学院心理学系副教授，获马萨诸塞大学阿默斯特分校社会心理学博士学位，研究领域包括性别对女性领导力的影响、团队互动、沟通与影响力以及如何应对逆境，完成的相关学术成果合计达75项，其中包括在各类期刊上公开发表的学术论文、被论文集收录的论文以及讲座等。目前，卡莉主要从事有关性别歧视以及职业女性所面临的挑战的研究。卡莉还是心理学和管理学专业协会的积极参与者，现任女性心理学协会执行委员会委员。曾与艾丽斯·伊格利一起担任过《社会问题杂志》(*Journal of Social Issues*)女性领导者专刊的编辑。卡莉在韦尔斯利学院主要讲授组织心理学和应用心理学课程。她还发起并主持过多期多元化培训研讨会以及为女性领导者举办的谈判和冲突解决研讨会。另外，她还曾多次为企业、学术机构及其他组织举行过有关性别和多元化的讲座。

译后记

作为一名有着劳动经济学专业背景的女性，性别差异和性别歧视一直是我非常关注的问题。所以，第一眼看到这本书时，我就对它产生了浓厚的兴趣。经过仔细阅读之后，我更是被作者深入、透彻的分析所吸引，于是就迫不及待地接下了这本书的翻译工作，希望能够早日把这样一本优秀的著作介绍给广大读者。

这是一本横跨多个学科的经典论著。作者打破了学科限制，在钻研了大量心理学、社会学、人类学、经济学、管理学研究成果的基础上，对女性领导者在其成长道路上遇到的各种障碍进行了深刻、睿智的剖析。凭借其全面深入的论述，这本书的学术分量是毋庸置疑的。更为难能可贵的是，本书一改学术著作晦涩难懂的特点，语言风格通俗易懂、引人入胜，书中还使用了很多真实的案例分析和妙趣横生的趣闻逸事。因此，无论是对相关领域的专家学者、相关专业的学生，还是对对这一问题感兴趣的普通读者来说，这本书都同样适合。

适值本书出版之际，特对在本书翻译过程中为我提供过无私帮助的朋友、家人表示感谢。本书能够顺利出版，商务印书馆的李彬编辑功不可没。在整个合作过程中，李彬编辑认真负责的工作态度和耐心、宽容、谦和的待人之道都给我留下了深刻的印象，在此特表示衷心的感谢！还要感谢我的丈夫陈翰军，他给我的翻译工作提供了很多宝贵的意见，并在百忙之中抽时间帮我进行了部分文字录入、图片修改和审校工作。东北财经大学国际商务外语学院的王鑫宇老师对部分译稿进行了初次审校，提出了很多中肯的修改意见，在此一并表示感谢！

由于原书涉及多个学科的很多专业术语，加之本人才疏学浅、水平有限，错误和不妥之处在所难免，欢迎广大读者批评指正。

王 丽

2011 年 4 月于东财